《聖靈真見證冊》校注
真耶穌教會魏保羅長老傳教日誌

原著　魏保羅
校注　謝宗豪、何妤柔、陳敬樺、劉康平、陳脩介
審定　陳聖明

國家圖書館出版品預行編目（CIP）資料

《聖靈真見證冊》校注：真耶穌教會魏保羅長老傳
　教日誌 / 魏保羅原著；謝宗豪, 何好柔, 陳敬樺,
　劉康平, 陳脩介校注. --初版. -- 高雄市：
　巨流圖書股份有限公司, 2023.03
　　面；　公分

　ISBN 978-957-732-686-7(精裝)

　1.CST: 魏保羅　2.CST: 真耶穌教會
　3.CST: 傳教史　4.CST: 基督教傳記

246.97　　　　　　　　　　　　　111021411

《聖靈真見證冊》校注
真耶穌教會魏保羅長老傳教日誌

原　　　　著　魏保羅
校　　　　注　謝宗豪、何好柔、陳敬樺、劉康平、陳脩介
審　　　　定　陳聖明
特 別 感 謝　李政勳、黃恩宇
責 任 編 輯　林瑜璇
封 面 設 計　黃士豪

發 行 人　楊曉華
總 編 輯　蔡國彬

出　　　　版　巨流圖書股份有限公司
　　　　　　　802019高雄市苓雅區五福一路57號2樓之2
　　　　　　　電話：07-2265267
　　　　　　　傳真：07-2264697
　　　　　　　e-mail: chuliu@liwen.com.tw
　　　　　　　網址：http://www.liwen.com.tw

編 輯 部　100003臺北市中正區重慶南路一段57號10樓之12
　　　　　　　電話：02-29222396
　　　　　　　傳真：02-29220464

郵 撥 帳 號　01002323巨流圖書股份有限公司
購 書 專 線　07-2265267轉236

法 律 顧 問　林廷隆律師
　　　　　　　電話：02-29658212

出版登記證　局版台業字第1045號

ISBN 978-957-732-686-7（精裝）
初版一刷・2023年3月

定價：420 元

目錄
CONTENTS

序文：邢福增   v

導讀：葉先秦   vii

校注說明   xv

重要事件年表   xviii

上冊   001

楔子 此生願做天路客，來世還當完全人   002

第一章至第二章 ｜ 河北蹉跎欲訪諏 京華輾轉竟尋真 006

第三章至第五章 ｜ 聲聞俯入長流水 呼起仰看榮耀神 016

第六章至第九章 ｜ 禁食卅九邇天路 例約六五始黃村 020

第十章至二十章 ｜ 美以美會辯正道 團河行宮浸全身 034

廿一章至廿五章 ｜ 聖傳南苑始開齋 歸道北京遇戰荒 053

廿六章至卅一章 ｜ 東會證道駁群牧 黃村歸真建主堂 068

卅二章至卅五章 ｜ 夜來天使現神啓 曉起聖徒除煞殃 083

卅六章至卅九章 ｜ 水靈二洗賈腓力 函呈三會吳炳湘 092

四十章至四九章 ｜ 京畿初定人猶少 海子獻堂志滿酬 099

五十章至六一章 ｜ 佳音百里盡直隸 福報千家至霸州 117

六二章至六七章 ｜ 舌戰保府長老會 教傳安新縣城樓 135

六八章至七六章 ｜ 終返午方宣父老 甫來容縣賣田疇 147

七七章至八十章　│　以撒試啼西保定　保羅自比東馬丁　156

八一章至八五章　│　訓文小子衷腸斷　聞曲牧師應涕零　164

八六章至八九章　│　捐款捨身體聖意　獻詩寄語動天聽　173

九十章至上冊末　│　又離容縣梧桐老　首下天津楊柳青　180

下冊　185

第一章至第二章　│　見證略書新付梓　聖職名冊覆函封　186

第三章至第八章　│　全備弟兄多共事　屬靈信友更相從　192

第九章至十六章　│　旗帳揚揚傳獨步　經綸凜凜辯爭雄　206

本書下冊十七章　│　憶爾聖徒遍地在　感懷李氏天家逢　225

十八章至十九章　│　正氣自勝諸訟獄　從容無懼滿弓刀　235

二十章至廿二章　│　教佈天津現恩典　步傳直隸顯劬勞　241

廿三章至卅十章　│　二返往來無駿馬　一江涉渡有輕舠　251

卅一章至卅四章　│　約翰啞吧復話語　保羅長老又刑牢　265

卅五章至卅六章　│　惟道真神獨一論　不言上帝不稱王　272

卅七章至卅九章　│　福音今廣莫貴遠　真道久傳須整光　278

四十章至五七章　│　河西一夢警三友　公同此會兩分將　283

五八章至下冊末　│　旋回京闕盟馴馬　再下津沽牧群羊　304

後記　307

附錄　309

基督教於近代中國的時代脈絡：李政勳　309

魏保羅時代的背景淺談　317

人物要略　321

重要名詞索引　359

魏保羅傳教路線示意圖　362

參考書目　363

　　研習中國基督教史者，都不會對「真耶穌教會」這名字感到陌生。據統計，1949 年真耶穌教會在中國大陸的信徒人數已達 12.5 萬，佔全國信徒約 12.5%，成為僅次於中華基督教會的第二大「宗派」。真耶穌教會在短短三十年間的急速增長，在在吸引了許多治史者的關注。

　　作為近代中國早期興起的本土自立教會，真耶穌教會在歷史座標中該如何定位？到底是強調其「自立」訴求？還是突顯其「本土」性格？而這「本土性」跟基督教傳統，不論是主張回歸使徒教會的復原主義（Restorationism），還是二十世紀初五旬宗靈恩運動的關係如何，也是值得深入檢視與釐清的。如何在錯縱複雜的歷史中還原最接近客觀的真實，正是史學工作者的志業所在。

　　史學作為實證研究，史料的重要性是毋庸置疑的。缺乏史料，便無從建構史論。新史料的發掘與整理，也有助解決懸而未決的問題，或是修正約定俗成的答案。真耶穌教會的研究，現時流傳較廣，且較常使用的文獻，主要是 1947 年出版的《真耶穌教會卅週年紀念專刊》，以及由總會出版的刊物（如《聖靈報》）。至於主要教會領袖的著述，則仍集中於教會內留存。因此，這本《聖靈真見證冊》的重刊及註釋，無疑具有重大的意義。

　　《聖靈真見證冊》是真耶穌教會創辦人魏保羅 1917 至 1918 年間的傳道日誌。就時間而言，正是這個基督教新興運動孕育的重要時期。珍貴的傳道日誌，從時、地、人、事四方面呈現魏保羅早年的活動軌跡及網絡。這對我們認識這個本土基督教運動，提供了詳盡及重要的線索。如何解讀魏氏早年的思想，《聖靈真見證冊》無疑是不可或缺的第一手史料。

抑有進者，在謝宗豪諸位真耶穌教會信徒的努力下，嚴謹地對《聖靈真見證冊》作出詳盡的註釋，將之回置於歷史脈絡之中，並以更為可讀性的形式重新編纂，將百多年前的歷史呈現在廿一世紀的讀者眼前。細閱文本，其對相關人、事、地的考證與補充，一絲不苟。我們彷彿進入時光隧道，窺見百多年前魏保羅的傳道行跡。

　　E. H. Carr 在 *What is History* 一書中回答「什麼是歷史」的問題時，指這是史家與史實間不斷的互動過程，也是現在與過去間無休止的對話。閱讀史料，既是史料向我們說話，也是我們向史料發問。這樣看來，《聖靈真見證冊》不僅是記錄聖徒及聖靈相通的傳道者行傳，也構成古今對話的文本與連接。

　　衷心感謝編者的付出，並期待更多與真耶穌教會有關的珍貴史料，可以重新整理出版，將相關研究帶進新的境界。

　　是為序

邢福增

旅次福爾摩沙

中央研究院近代史研究所

2022 年 10 月 1 日

葉先秦
政治大學華人文化主體性研究中心博士後研究員
臺灣與香港神召神學院兼任教師

　　《聖靈真見證冊》實為研究真耶穌教會早期歷史不可或缺的第一手資料，尤其對於爬梳魏保羅生平以及其草創「萬國更正教」與「真耶穌教會」構想的生成和發展歷程助益良多，是瞭解魏氏傳教事業的重要文獻。可惜以往流通度有限，往往必須透過內部信徒的關係方能取得。本書而今不但得以重新付梓，更得政治大學歷史系科班出身的謝宗豪先生組織一群同為文史背景的該會信徒作注，從中不難發現考證功力之深厚，且讓整部《聖靈真見證冊》讀來更為立體，尤其看到許多同時代華北地區的基督教人物躍然紙上，令人更為深刻感受到本書敘事在二十世紀初的共時性。此外，經由前述有志者的生花妙筆，以章回小說的方式重新編排，令人耳目一新，為本書增添更高可讀性。

　　本書可謂魏保羅直抒胸臆的傳教日誌和自傳，讀來亦略有《使徒行傳》的味道，雖然未如路加筆下不時可見匠心獨運的敘事策略，卻也不是一些淺嚐即止的讀者所認為毫無意義的「流水帳」。魏保羅撰寫本書當然有其意圖和動機，並非單純記事，而旨在宣稱其傳教事業的正當性。大致而言，從本書可見魏氏傳教主要基於三項信念：教會自立、恢復主義、反帝國主義情緒，或許也可理解為貫穿本書的三條主線，而且不難發現這三項信念之間有重疊之處。

首先是教會自立，本書開始不久就提及鹿完天倡議自立，魏氏受其影響而投身此一運動。值得注意的是，當時他參與的教會自立運動圈子以及往來的人士多為「自由主義」或溫和福音派背景，並受誠靜怡在愛丁堡宣教大會之後所發起的合一運動號召。過去不少研究較為忽視魏氏推動教會自立的早期淵源，加上一些無端、證據不足的中國民間宗教前理解之聯想與假設的連結，以為魏保羅倡言自立只是出於中國民間宗教底蘊下自然而生的排外情緒。當然魏氏的傳教立會及其自立主張確有排外因素，然而不能完全忽略起初與誠靜怡等人在華北地區所推動與西方差會維持合作的那種具有普世性、大公性的自立運動淵源。回顧魏保羅與宓治文（Samuel Evans Meech）、施列民（Arthur Clifford Selmon）、賁德新（Bernt Berntsen）三名西方宣教士的往來，或能佐證其自立主張並非自始就是激烈仇外的，反而從中依稀能見前述清末民初華北地區自立運動「中西新教建制」（Sino-foreign Protestant Establishment）脈絡。這在真耶穌教會其他早期文獻如《萬國更正教報》以及該會體制化、更加「中國中心」後編纂的《真耶穌教會總部十週年紀念專刊》、《真耶穌教會創立卅週年紀念專刊》是難以發現的。當然自立運動本身就對差會甚至西方的帝國主義和文化侵略持批判、抵抗的態度，對西方傳入的宗派也抱持疑慮，只是基於經濟和教會的普世性和大公性等考量，遂未選擇與差會或宣教士分道揚鑣。從本書中或可發現，魏保羅開始轉為排外，一方面是如前所述中國教會自立運動本身就蘊含抗拒外國勢力的動機，而其早先與鹿完天的接觸或許也是催化的動力之一[1]；另一方面，八國聯軍過後的北京社會對於西方帝國勢力有鮮明且第一手的體認，魏保羅身處此般氛圍下，對西方差會及其對教會的控制自然有所芥蒂，再加上革命與民國肇建激起的愛國情緒（北京亦是前朝和新興政權重要的政治角力場）和稍後愈發高升的救亡圖存聲音以及隨之而來對半殖民地苦況的反抗，均可能影響魏氏；再一方面，或許與他和宣教士如賁德新關係的不睦有關。

1　無法確知鹿完天對華北地區教會自立運動影響的程度，不過他確實曾表示在中國人和基督徒兩種身分上的掙扎，教會自立對其而言或許是解方。鹿完天在義和團事件期間曾圍困使館，在聯軍攻破北京之際，獲救的教民欣喜若狂，但他表示自己心情非常複雜，一方面為獲救歡喜，但另一方面，作為一個中國人，他看到中國守軍從崇文門兩邊棄甲敗走，感到淒然淚下。參顧衛民，《基督教與近代中國社會》（上海：人民出版社，2010），頁 264。另外，他也認識王明道之父王子厚，在其《庚子北京事變紀略》提及王子厚在圍困東交民巷期間自縊一事，參王明道，《五十年來》（新北：橄欖出版社，2012），頁 20-21。

此外，不少學者在研究真耶穌教會與魏保羅時，慣於將之放在五旬節運動研究的範疇裡，然而這些學者卻忽略魏氏的傳教工作主要目的實為推動自立，靈恩經驗或先知靈感的能力其實是他用以更有效鼓吹、帶領自立運動的工具。由於在早先他在華北一眾推動教會自立的基督教同道之中並無話語權和主導權，主要是透過出資以共襄盛舉。乃因相較其他知識分子背景的同道，魏氏的文化資本顯然不足以讓他成為主導者，尤其是建立論述的能力明顯有別。當他在信心會得到聖靈經驗後，以此自我賦權，聲稱能獲得真實、準確的超自然啟示且擁有種種屬靈能力，這在草根群眾之中不啻為用以樹立權威的宗教資本來源。而且透過五旬節信仰裡的異象（神視）經驗與近似前現代世界觀訴諸的靈界「真實性」，以及該派實踐層面的「趕鬼」，強化一種二元對立屬靈態勢。於是，各公會宗派，包括那些魏保羅認為自立覺悟不夠、仍與差會關係曖昧的前同道以及如華北的中華基督教會等團體按他所見成為敵對「真正自立運動」的勢力，且有邪靈的工作在其中。君不見，本書當中魏氏不時將與他不合的個人或團體（有時稱：假教會、假信徒）視為魔鬼的工具。前述可能受五旬節派影響而來靈界二元對立的觀念無疑讓他對自身傳教工作的正當性、獨特性更具信心。自此魏氏的傳教工作成為華北另一教會自立運動的勢力，而他也成為其中的領袖，與誠靜怡等人互別苗頭。

其次，是恢復主義。魏氏屢次指出各會「傳錯教規」，而且曾指「外國人傳錯了教」、「眾信友都上了外國人的當」，也強調使徒所傳的教導和實踐，這些包含五旬節運動（尤其是獨一神論五旬節派）主張的聖靈的洗和「奉耶穌的名施洗」，另外尚有面向下受洗、守禮拜六為安息日、洗腳禮等。魏保羅認為這些均是使徒時代的教導，他的傳教工作就是要讓基督教信仰從前述各教會（尤其指向西方教會）造成的扭曲狀態恢復過來。面向下受洗雖無《聖經》的明文記載，但該會官方立場認為這是仿效耶穌在十字架上受死斷氣時，頭垂下的樣式，意即「在他死的形狀上與他聯合」。在本書，魏保羅並未說明原由，但他引述一位長老張天俊的解釋，指出如此行乃因人犯罪的器官都在前面云云。值得一提的是，魏氏指出曾見一教會也是以面向下方式施洗，據本書編註者考證，或為東正教會。無論如何，此舉亦帶有「恢復」的意涵。這樣的恢復主義或許承襲賈德新的五旬節派信仰，此一當時正在萌芽的運動標榜「使徒信仰」，尤其當中稍晚生成的獨一神論派更強調自己是「使徒五旬節派」，該派認為其他三一論五旬節派未遵循《使徒行傳》「奉耶穌的名受洗」的模式，因此「使徒性」不足，未夠資格自稱持信「使徒信仰」。魏保羅認為自己的傳教工作是宗教改革運動，他表示自

己因閱讀《路得改教記略》一書備受激勵，尤其看到路德改教時「一夫當關」抗衡羅馬教廷的壯舉，便覺自己四處到各教會上門挑戰，繼而與之為敵的激進舉措有所依託；而因激進的傳教作風所招致的「迫害」也從路德改教生平獲得安慰。因此他說「路得馬丁更正天主教就是這樣更正，必須到各教堂去，更正辯明真道。」

正如歷史神學家羅雲·威廉斯（Rowan Williams）指出宗教改革的史觀揭示了一種「真教會」和「冒牌教會」之間的張力和對立，對改教人士而言，基督教世界的最高當局實為敵基督者，信徒殉道或遭迫害，不是出於異教徒政權，而是這個「冒牌教會」[2]。魏保羅正是如此理解中外基督教世界的各機構、宗派，譴責其為「背道」的「假教會」，自己則是因糾正其錯謬而遭逼迫。貫穿整本書的敘事觀點正是如此。從魏保羅對路德的自我投射與效法以及本書的傳教記述不難發現，正如路德等宗教改革者一樣，他起初並非意欲建立一個新的教派組織，而是鑑於教會已成為「冒牌的假教會」，便覺有必要力挽狂瀾，而接受其改革主張者就構成「真教會」。這或許與日後許多研究者的認知有所殊異，也稍異於 1918年開始略見組織化與「後魏保羅時代」體制化的真耶穌教會以及今日的官方論述。

簡而言之，「魏保羅 1917 年在北京成立真耶穌教會」這樣的敘述過於扁平。魏氏在領受「啟示」且開始建立自己的群眾時，他實際上是在推行一個宗教改革運動，「萬國更正教」即是此一運動名稱，「更正」就指向改正的意涵，他意圖將所有「墮落」、「偏差」的教會改正過來。有某些學者將「萬國更正教」譯為「Universal Correction Church」，但筆者認為此處「教」並非指「教會」，而更趨近「教導」，與和製漢語「宗教」一詞以及西方意義的「宗教」（Religion）理解尚未進入中國社會之前，傳統對「教」的理解相似。因此筆者傾向譯為「Universal Correction Teachings」。而當他採用「更正教會」一詞時，「更正」有時是動詞，意即去改正眾教會；而有些時候「更正」是形容詞，趨向意指已得到「更正」的教會，即他所建立的教會，由他所「更正」的信徒組成，偶爾也稱「萬國更正教會」，但絕大多數是用在稱其第一份機關報《萬國更正教報》（他寫成《萬國更正教會報》）。整體而言，「萬國更正教」是此一改革運動的綱領性標語，「真耶穌教會」意指真正的教會，與「更正教會」同義。

2　羅雲·威廉斯《教會史是如何煉成的？》（新北：校園，2020），頁 23。

雖然「真耶穌教會」一名在稍後的張巴拿巴治理時期或魏以撒以及更晚近領袖的言論裡可見各樣不同詮釋，然而魏保羅提出此名時的原初意義應為真正的「耶穌教會」。基督教在民國時期有時被稱為「耶穌教」，基督教會也常被稱為「耶穌教會」。從本書記述也可發現，無論是「更正教會」或「真耶穌教會」，均非固定或正式的會名，雖然在他寫下的〈更正教永例〉提到「⋯⋯全都更正改成統一的名稱均改更正耶穌教會，這是極正大的會名，存到永遠」。但是當他首次提起自己的團體之名時，是稱「耶穌教會」，而本書卷首則稱「更正新教真耶穌教會」。此外尚可見「更正耶穌教會」、「更正新教」、「更正教」等名。在下卷一段敘述中，魏保羅更是同時使用三個不同的會名。顯然他對於會名頗為隨興，箇中原因或許是他最初並無建立新宗派的意圖。這些名稱與其說是會名，毋寧說是形容其所建立信仰群體的正統性，無論「更正」或「真」均是如此。簡而言之，魏保羅傳教工作的目的是「更正」所有「假教會」，使之成為「真」耶穌教會。而其所謂「真」除了教義上的，可能也暗指自立的程度。

其實前述的理解與當時華北地區的「中華基督教會」[3]、初期的中國耶穌教自立會概念有些相似，這兩個團體並非宗派（至少開始時不是），而是希望中國教會不受西方的宗派主義牽制，甚至不再需要宗派之名。以中國、中華為名是強調教會的本地性與自立，意即期盼中國各教會不再分門別派，都是「中華的」基督教會。1912 年誠靜怡就呼籲中國教會採取「中華基督教會」的名稱，1915 年宣佈其牧養的倫敦會米市堂（即魏保羅受洗的雙旗杆教堂）自立並以此名立案。誠靜怡等人推動的自立，其實也指向教會合一，自立運動強調脫離西方差會宰制，達致自治、自養、自傳；教會合一運動主張西方傳入的宗派是導致本地教會無法合一的主因，從某個角度而言，無法合一，其實意味教會並未脫離西方宗派與差會勢力而自立。因此，自立與合一可謂一體兩面，相互關連。魏保羅的傳教工作同樣不是意欲建立教派，而是教會自立和改革，成為「真」且「更正」的教會。一般人對真耶穌教會的教會觀印象是排他性的，由本書所見魏保羅的行止似乎印證此般印象，但是魏氏激烈挑戰各公會，指責其為「假」的行徑可能蘊含某種

---

3 在二十世紀初，北京、天津、濟南、青島、煙台的一些自立教會便已開始以「中華基督教會」為名，後來逐漸組織化，形成「華北中華基督教會」，每年舉行年會，但對於其下各會無管轄權，該會並沒有嚴密組織。這與後來廣為人知，1927 年由英國長老會、倫敦會、公理會發起成立的聯合教會「中華基督教會全國總會」沒有直接關係。

「合一」的意向，意即：解散或脫離各自宗派，接受「更正」，成為一個「合一」的「真正的」耶穌教會。

　　此外，稍前提及的五旬節運動，或許也是另一個構成或充實其「宗教改革」和恢復主義論述的相關因素。有「五旬節之父」稱號的早期五旬節運動領袖巴罕（Charles Parham）的一些追隨者曾有類似思考，在 1912 年的《道與見證》（*Word and Witness*）提及，「使徒信心運動」（Apostolic Faith Movement，五旬節運動早期最普及的稱呼）不是某個教會之名，而是一個由所有得潔淨的人組成的宗教改革運動（Religious Reform Movement），這些人呼籲教會回歸基督和使徒、回歸一次交付聖徒的信仰、回歸新約經驗，且他們願意為此而戰。後來這些五旬宗人士感覺「使徒信心運動」仍不夠「合乎《聖經》」，遂決定沿用當時兩個富含恢復主義的五旬節宗派名稱「神的教會」（Church of God）和「基督神的教會」（Churchof God in Christ）稱這個運動的群眾[4]。但這不是就宗派的意義而言。他們接受並採用這兩個名稱，乃基於符合《聖經》觀點的教會（基督徒群體）理解，其實蘊含恢復主義的認知。正如魏保羅用「萬國更正教」命名其發起的「宗教改革運動」，稱那些被「更正」之人組成的教會為真正的「耶穌教會」，即「真耶穌教會」，這同樣不是要另立教派，而是意圖恢復所謂原始基督教的面貌[5]。

　　其三，魏保羅的傳教工作隱約反映、呼應當時國族建立與救亡圖存的時代脈絡。如前所述，他的教會自立意向可能在某種程度上受到鹿完天以及華北教會自立運動的啟迪，這兩者均主張中國基督教的自主性，也無可避免關涉到脫離差會管治甚至對西方帝國主義的批判。中國基督教的尋求自立，與庚子拳亂以及由此招致的八國聯軍關係密切，因此教內有志之士盼望教會能夠脫離「洋教」的刻板印象。這樣的努力可謂貫穿整個二十世紀。魏保羅推動教會自立可能也多少建立

4　這兩個團體是在五旬節運動出現之前就已存在的聖潔運動宗派，兩個宗派的領袖在亞蘇薩街復興運動爆發以後陸續接受五旬節派的信仰，並將整個宗派帶進五旬節運動。初期五旬節運動人士普遍反對組織，也不贊成建立宗派，當時存在的一些五旬節宗派其實都是既存宗派改宗該運動而成。而此處沿用兩個宗派名稱的人士，其實是寫做 Churches of God 與 Churches of God in Christ，以表示這兩個名字僅是用以稱呼各地五旬節會眾的集合名詞。

5　Edith L. Blumhofer, *The Assemblies of God: A Chapter in the Story of American Pentecostalism, Volume 1-To 1941* (MO, Springfield: Gospel Publishing House, 1989), p.131.

於此種救國情緒，他頗為關心時事，曾捐款支持彭翼仲和吳梓箴創辦的《京話日報》，該報有鮮明的政治主張也猛烈批評各種權貴、官僚的惡行，對帝國主義的抨擊更是不遺餘力，不過卻對革命黨持反對態度，而贊同君主立憲[6]。在本書可見，魏保羅對 1918 年吳梓箴自殺身亡一事深感悲痛之餘宣稱吳氏是「為義而死」，雖未入教但按良心行事為人，因此是「得救」的，並乞靈於「聖靈的啟示」支持其看法。從文獻看來，魏氏對當時的中華國族建構工程未有太多關注和期待，在意的是帝國主義的侵略行為，加上他對某些國外宣教士言行的負面印象，也許這是他「揭竿」而起號召自立的主因。

魏氏的反帝情緒以及某種程度的仇外情緒，讓其在稍後採取較當時華北地區中華基督教會激進的自立路線。從本書以及其他相關文獻還能發現，他將「錯謬道理」、「假道」連於西方差會的傳教工作，意即當前教會之所以為「假教會」乃肇因於接受、奉行西方宣教士所傳。因此，若欲成為「真教會」，就必須棄絕差會的教導並脫離前者所傳入、設立的各宗派和公會。同樣主張自立的中華基督教會何以也成為魏氏與之辯道並意圖予以「更正」的對象？部分主因在於其自立程度不夠，與差會和宣教士仍維持聯繫，在魏氏看來或許合一有餘但自立不足，因而不是「真正的耶穌教會」，當然他所宣佈的《更正要約》諸多條文所示同樣是判準。

以上三條主線貫穿《聖靈真見證冊》，也是三個彼此關連的主題。或許這並非作者的原初意圖，況且嘗試做此還原容或不切實際，亦或有「意圖謬誤」（Intentional Fallacy）的問題。但若從文本中心或是讀者回應的角度而言，這樣的解讀或能為讀者帶來些許啟發。至少可以說，魏保羅應該也設定了「隱含讀者」（Implied Reader），希望他預想的目標讀者藉由品讀本書可以瞭解其傳道工作的意義，並得啟發，進而尋求「更正」。也許魏保羅在本書中不斷重複的：聚會、禱告、聖靈充滿說方言、出外作見證或與人辯道等記載，確是無意中寫下的「流水帳」，然而這樣的「循環模式」似乎能被理解為一種修辭，讓讀者知道聖靈能力與其傳道工作乃密不可分。不知是否有意為之，這樣的「循環模式」與

6　這份報紙於 1904 年創刊，文體為白話文，因彭氏認為選用白話才能收開啟民智之效。該報推行各種新式觀念，例如反對私塾教育，提倡興辦新學堂，並反對體罰；此外也主張男女平等，號召女子放足、接受教育；報館本身也熱心各種社會公義事業。參劉青松，《天朝的天窗：晚清最後十年報刊風暴》（上海：三聯書店，2012），頁 174-176。

《使徒行傳》頗為相似，並反映路加「先知靈感」以及與宣教有關的聖靈觀。無論是筆者的導讀抑或本書的注疏、校勘，雖儘量考證文本形成時以及作者寫作時的歷史場景和脈絡，但並非意在完整還原魏保羅書寫的意圖，而在於探詢文本裡的意思，使讀者得益。其實，在漢語思想界裡，注疏所受的重視往往不亞於原典，即使明朝曾有原典回歸的風潮，但並未偏廢古老的注疏文本。本篇導讀與此《聖靈真見證冊》校注版無意挑戰真耶穌教會內部傳統觀點的詮釋，也無意將吾輩所做的詮釋定於一尊。惟望提供更為立體、深入的解釋，尤其希望能拓展本書的閱讀群體，不僅限於真耶穌教會人士以及研究相關歷史的學者，還能拉闊至其他的教內外人士。

2022/9/4

於內潤仔壢

　　《聖靈真見證冊》，又稱《聖靈真見證書》、《真見證書》、《聖靈真見證記略書》等名稱，是真耶穌教會魏保羅長老從 1917 年開始記載至 1919 年離世前的傳教日誌。據其子魏文祥所述應有三冊，但刊行的只有 1917 年的上冊，以及 1918 年的下冊，而屬於 1919 年的第三冊似未付梓刊行[1]。依照記載，《聖靈真見證冊》很可能有過四至五個版本，最早的應該是天津春秋印刷局的版本[2]，其後是魏文祥在大會上的分章分節版本、南京真耶穌教會版本[3]與湖南真耶穌教會版本[4]，最後是黃呈聰收藏的分章版本[5]。由於其他版本現已不存或難以取得，本書將以黃呈聰所藏版本，即《聖靈真見證冊》的上、下冊為準，來進行重新整理與校注。

　　本書是魏保羅於傳教過程中隨傳隨寫，不免錯字誤植，或人物地名記為同音異字，或時序錯置，或事後追憶，或弔詭矛盾，皆有逐一釐清之必要。再者，1910-1920 年代，距離現今已邁百年，敘述方式與用語較之今日多有不同，確有重整語句結構並修改詞語，以便利目前讀者瞭解並降低閱讀門檻。

　　雖內容文白夾雜，但為符合目前中文閱讀習慣與閱讀流暢，除魏保羅的說話

1　唐紅飆，《真耶穌教會歷史史蹟考》（北京：中國文化出版社，2006），頁 591。

2　請參見本書下冊第 1、9 章。

3　真耶穌教會，《萬國更正教報》第四期（北京：自刊，1920.01），第 4 面。

4　真耶穌教會，《真耶穌教會卅年專刊》（上海，真耶穌教會，1948.12），頁 C12。

5　黃呈聰，即臺灣真耶穌教會的黃以利沙長老，其藏書甚多，早期教會文獻、手稿與報刊多經其手而輾轉進入臺灣，目前其所留文獻與孤本多數存於位於臺灣的真耶穌教會總會圖書室之中。

習慣與方言外，其他如《聖經》引用《北京官話譯本》或《官話和合本新約 1906 年版》的內容，諸如「呌」、「阿利路亞」等現今未普遍採用的字詞或同義異體字，儘量改換成目前習慣的中文用語。例如：「纔」改寫為「才」；「豫言」改寫為「預言」；「阿利路亞」改寫為「哈利路亞」；「着」改寫為「著」；「賬」改寫為「帳」；「豫備」改寫為「預備」；「異像」改寫為「異象」；「繙」改寫為「翻」；「裏」改寫為「裡」；「取銷」改寫為「取消」；「甚麼」改寫為「什麼」；「棹」改寫為「桌」；「敵擋」改寫為「抵擋」；「驗」改寫為「驗」；「合式」改寫為「合適」；「認視」改寫為「認識」；「拏」改寫為「拿」；「証」改寫為「證」；「爵」改寫成「罰」；「倫惇」改寫為「倫敦」；「卽」改寫為「既」、「瘢疵」改寫為「瑕疵」等用語，不逐一列舉，也不另行加註說明。

其次，如有錯字、排版漏字、電子辨識錯誤等的基本錯誤類型時，例如「欵待＞款待」、「干步＞干涉」、「決＞決」、「大護全勝＞大獲全勝」等，均直接改正，不另做說明；如有人名錯誤或重要內容錯誤時，多數保留原文不進行更動，並另以注解說明。

再者，如遇兩者皆可且為目前習慣通行的字詞，如「作／做」，則不予更改。雖然目前以「做」較為通用，但「作」字在使用上並非不流行，而字義上亦無不可，因此保留原文「作」字不做更動。惟其他非原文處，採用現行較為通俗的「做」字。

如遇可能有雙重意義或細微差異者，例如「絕不／決不」、「和好／合好」等詞彙，我們首先採取尊重原文的選擇，如需要更改時，採取編者群以投票公決的方式來決定最終選用詞彙，儘量保持詞彙一致性。

如部分基於《聖經》譯本的特殊用字或神學解釋將衍生歧異者，例如「肉體／情欲」、「方言／別國的方言」此類譯本差異的用語，皆尊重原文不做更動，僅在校注或註腳予以補充，必要時附上不同版本的譯本經文或關鍵詞彙，以利讀者瞭解。

此外，在儘量保持原文順序與章節不變的前提下，為加強可看性，加入章回篇題以利建立目錄，並於各章開頭加入日期，以利讀者參考時序。惟日期有半數以上為推理而得，並非是切確日期，與其他書籍資料或研究資料記載可能有所差異，不周之處，還請讀者海涵。

最後，全書內容屬於原文部分，我們採用微軟正黑體；篇章之中於必要時會適時加入校注，採用標楷體以資區別；提及人物時，僅會在該章節第一次出現時於括號內說明其本名或通稱，在同章再次出現時則不逐一括注。其餘內容若非屬於《聖靈真見證冊》原文內容者，如序、附錄、參考資料等，仍採用微軟正黑體寫作。

如有未臻之處，還建請讀者自行對照《聖靈真見證冊》原版，以更深入瞭解其差異。

∞ 重要事件年表

國曆日期	其他日期記載	主要事件	出處
1901	-	張彬（張靈生）受洗歸入長老會。	唐紅飆，《真耶穌教會歷史史蹟考》（北京：中國文化出版社，2006），頁 93。
1902	-	魏保羅受點水禮歸入倫敦會。	唐紅飆，《真耶穌教會歷史史蹟考》，頁 35。
1909	-	張靈生向張殿舉（張巴拿巴）傳教。	傳 p2
1910.01.31 一	己酉年臘月廿一日	張靈生受聖靈。後脫離長老會，受洗歸入信心會。	唐紅飆，《真耶穌教會歷史史蹟考》，頁 93。
1910.03.16 三	庚戌年二月初六日	張巴拿巴自述受聖靈。	傳 p3
1910.10.13 四	庚戌年九月十一日	誠靜怡被按立為北京東城教會（米市堂）的首任華人牧師，此時已經是倫敦會自 1861 年在華宣教的第 50 年。	趙天恩著，《誠靜怡與中國教會自立》（新北市：橄欖出版，2017），頁 167-168。
1911.02.11 六	辛亥年正月十三日	張巴拿巴受洗歸入信心會。	傳 p4
1911.10.10 二	辛亥年八月十九日	革命黨人武昌起義為辛亥革命開端。	-
1914	-	張靈生受賁德新（Bernt Berntsen）與奎長老按立為信心會長老。	唐紅飆，《真耶穌教會歷史史蹟考》，頁 93。
1915	-	魏保羅從基督復臨安息日會的施列民（Selmon, Arthur Clifford）與蘇殿卿處接受安息日教義。	真上 1
1915.10 月	-	《通傳福音真理報》第七期發行，賁德新確立用「真神」稱呼，而不用「上帝」之稱。	通 7P1
1916.08.17 四	丙申年七月十九日	魏保羅患疾許久未癒，經張之瑞、新聖民等人引介協助，按手禱告後得以康復，受洗歸入信心會。	真上 1
1916.09.12 二	丙申年八月十五日	魏保羅受聖靈。	真上 1

國曆日期	其他日期記載	主要事件	出處
1917.05.22 二	丁巳年四月初二日	魏保羅「自述」寫《聖靈真見證冊》第一天。	真上 1，但從前後文來看比較像是後續補述，因魏表示之前寫的見證冊內容實際上已經被劉愛給燒了。
1917.05.23 三	丁巳年四月初三日	魏保羅禁食 39 日開始。	真上 21，反向推算時間。
1917.05.26 六	丁巳年四月初六日	魏保羅受洗，並指斥面向上的張仲三；逐張仲三、張錫三；面向下受洗後，即離開北京前往黃村佈道。	魏保羅三次洗禮記載分別為真 4、真 8 向趙得理等人的說明、1918《萬國更正教報》第一期的〈魏保羅經歷略表真見證〉中。《萬國更正教報》的時間記載為 1917 年的陰曆 3 月間，即國曆 5 月前後，與《聖靈真見證冊》所記日期不同。
1917.05.29 二	丁巳年四月初九日	魏保羅禁食傳教後第一批受洗者：趙得理、任義奎、范廉能、劉得玉、李永慶、孫查林等人。	真上 8
1917.05.31 四	丁巳年四月十一日	魏保羅提出更正教六約五例。	真上 9
1917.07.01 日	丁巳年五月十三日	魏保羅禁食 39 日結束；張勳復辟開始（ 1917.07.01-1917.07.12 ）。	真上 1、21，結束禁食日期為禮拜日，該日禁食完畢後與人辯道。
1917.07.04 三	丁巳年五月十六日	首次記載洗禮完後接續洗腳禮。	真上 22
1917.07.28 六	丁巳年六月初十日	黃村教會獻堂。	真上 31
1917.07.31 二	丁巳年六月十三日	魏文祥起聖名為「再造」，接受張重生按手後，發生聖靈撲倒現象。	真上 33
1917.08.02 四	丁巳年六月十五日	魏保羅初次得「天使抱薪」的異夢，為未來「耶穌數年內再臨」啟示的重要依據之一。	真上 34
1917.08.05 日	丁巳年六月十八日	賈潤齋受洗。	真上 36

國曆日期	其他日期記載	主要事件	出處
1917.08.08 三	丁巳年六月廿一日	魏保羅向北京警察廳廳長吳炳湘遞呈北京、黃村、南苑三處「耶穌教會」的正式申請公文。	真上 38
1917.08.09 四	丁巳年六月廿二日	魏保羅以玉米麵饅頭做餅，白水做杯，當聖餐祝謝後食用。	真上 39
1917.08.26 日	丁巳年七月初九日	南苑教會獻堂。	真上 47
1917.08.28 二	丁巳年七月十一日	南苑新任駐防交接，因此向南苑司令部各官長重新遞送教會設立的公函。	真上 48
1917.08.31 五	丁巳年七月十四日	李文華被立為長老，聖名為約翰、得生。	真上 49
1917.09.02 日	丁巳年七月十六日	長途步行宣教。1917.09.02 從黃村出發；09.28 到霸縣；10.11 到午方村；12.19 抵達天津；12.30 離開天津返回北京。	真上 50
1917.09.09 日	丁巳年七月廿三日	王玉貴被立為長老，聖名為復生。	真上 52
1917.09.11 二	丁巳年七月廿五日	明確「天火焚燒天地」的末日時間為 5 年以內。	真上 53
1917.09.27 四	丁巳年八月十二日	魏文祥在南孟鎮認宏師娘為乾媽。	真上 60
1917.10.11 四	丁巳年八月廿六日	魏保羅返回家鄉保定容城的午方村。	真上 65
1917.11.11 一	丁巳年九月廿七日	魏保羅將老家田產變賣用於傳教。	真上 79
1917.11.13 二	丁巳年九月廿九日	魏保羅為其妻李路得與妻姐施洗。	真上 80
1917.11.27 二	丁巳年十月十三日	新聖民、趙得理等人協助賁德新狀告魏保羅，要求魏保羅償還昔前賁德新所放之利錢。（實際日期不詳，以魏保羅記載此事之日期為時點）	真上 89
1917.12.19 三	丁巳年冬月初六日	魏保羅抵達天津楊柳青。	真上 90

國曆日期	其他日期記載	主要事件	出處
1917.12.26 三	丁巳年冬月十三日	《聖靈真見證冊》上冊結束。	真上 90
1918.01.02 三	丁巳年冬月二十日	「耶穌教會」立案得到核准，將教會成員名單呈送北京警察廳；開設北京打磨廠教會，首次正式使用真耶穌教會名稱。	真下 2
1918.03.06 三	戊午年正月廿四日	立范守信（范六）為長老，聖名為彼得，後任天津地區監督。范守信於同年 5 月離世。	真下 9
1918.04.28 日	戊午年三月十八日	魏保羅在天津青年會與郝瑞滿、仲偉儀等人衝突，遭警察逮捕下監，直到 1918.04.30 因楊以儉干涉而得釋放。	真下 18
1918.07.03 三	戊午年五月廿五日	長途步行宣教。1918.07.03 從天津出發；07.11 返抵北京。	真下 22
1918.08.27 二	戊午年七月廿一日	王志德開始禁食 39 日（1918.08.27-1918.10.04），被按立為長老，聖名更新、彼得，位列使徒第二位，序列在李文華之前。	真下 24-26、31
1918.08.28 三	戊午年七月廿二日	長途步行宣教。1918.08.28 從天津出發；10.04 抵達黃村，王志德禁食結束；10.05 返抵北京。	真下 25-31
1918.10.05 六	戊午年九月初一日	啞吧孫子真復能說話，此事登載在《京話日報》。	真下 31
1918.10.17 四	戊午年九月十三日	魏保羅等人因孫子真復語事件遭北京警察廳下監，直到 1918.10.20 釋放。	真下 31-34
1918.11.14 四	戊午年十月十一日	勞貴遠被立為監督，是為真耶穌教會全球副總監督，聖名為整光。	真下 38
1918.11.23 六	戊午年十月二十日	長途步行宣教。1918.11.23 從北京出發，主要活動均在天津河西務一帶；1919.01.10 日之前返抵北京，但實際日期不詳。	真下 40-57
1918.12.28 六	戊午年冬月廿六日	魏保羅接到來信，由李文華、王世榮、劉寶元等人所組織的基督徒公同會從真耶穌教會分裂出去。	真下 57

國曆日期	其他日期記載	主要事件	出處
1919.01.19 一	戊午年臘月十八日	《聖靈真見證冊》下冊結束。	真下 60
1919.02.01 六	己未年正月初一日	《萬國更正教報》第一期發行。	萬 1
1919.02.27 四	己未年正月廿七日	張靈生與張殿舉（張巴拿巴）兩人互相施洗，受面向下的洗，兩人歸入真耶穌教會；張靈生任山東監督。	萬 2P1
1919.04.22 二	己未年三月廿二日	國語《官話和合本》出版。	-
1919.05.03 六	己未年四月初四日	於魏保羅造訪山東期間，山東維縣北門大街靈恩會舉開；張巴拿巴被按立為長老。	萬 2P3
1919.05.14 三	己未年四月十五日	山東博昌縣唐家莊靈恩會舉開，郭長愷（郭司提反）禁食 39 日，被按立為長老；梁明道（梁巴比倫）受聖靈，歸入真耶穌教會。	萬 2P2
1919.07.27 五	己未年六月初九日	《萬國更正教報》第二期發行。	萬 2
1919.08.10 六	己未年七月初七日	張巴拿巴、郭司提反、梁巴拿巴三人的宣教團從山東出發進入江蘇境內。（實際日期不詳，暫以立秋日作為時點）	傳 p33
1919.10.29 三	己未年九月初六日	魏保羅離世。	卅 M7

註：「真」字為《真聖靈見證冊》的縮寫，「上」字為上冊，「下」字為下冊；「萬」字為《萬國更正教報》的縮寫；「通」字為《通傳福音真理報》的縮寫；「十」字為《十周年紀念刊》的縮寫；「卅」字為《卅年專刊》的縮寫；傳字為《傳道記》的縮寫。

上冊

聖靈真見證冊

耶穌降世一千九百十七年
中華民國六年耶穌門徒魏保羅　著
聖靈啟示門徒行傳更正新教真耶穌教會

楔子
此生願做天路客，來世還當完全人

今將門徒保羅歷始行傳詳如左：

我，魏恩波，名靈生（原名魏雲波，字大山。生於 1877 年，卒於 1919 年。魏保羅的生年有多處不同記載，《卅年專刊》[1]從過世年分推算，即得魏保羅應生於 1877 年。其他記載有學者鄭家政[2]、唐紅飆[3]、連曦[4]認為在 1876 年，學者王惠姬則認為可能是約 1879 年[5]），主起名門徒保羅。因為家中貧窮，幼而失學；為人性情不好，吾母愛我過甚，我甚覺不孝。有罪到十六歲（1892 年），上北京學紙行生意三年（1895 年），回本縣容邑（今河北省保定市容城縣[6]），又上京，改成布行小生意。在本縣、在北京行為甚是不好，性情暴烈，好打架等等的大罪都有。

到了光緒二十八年（1902 年），因吾親母云：「我在你表叔那家吃了一頓蕎麥麵的餃子，解饞了。」我就掉下淚哭了，我於是云：「母親可同兒上北京去，無論怎樣還比家強。」因吾父親早故去了，我就請同吾母、同妻還有小兒四口人往北京去，住在唱戲名角楊寶珍家。他兒認我作為義父，爾後來與我作洋貨布匹買賣。

1　《卅年專刊》，即《卅年紀念專刊》或稱《三十周年紀念刊》。

2　鄭家政，《真耶穌教會歷史講義》（臺中：腓利門實業股份有限公司，2015.06），頁 29。

3　唐紅飆，《真耶穌教會歷史史蹟考》，頁 14。

4　連曦，《浴火得救：現代中國民間基督教的興起》（香港：香港中文大學，2011），頁 23。

5　王惠姬，〈真耶穌教會的起源再探（二）〉，收錄在《聖靈月刊》第 459 期（臺中：聖靈月刊雜誌社，2015.12），頁 88。

6　從本書後續篇章可知是容城縣午方村人，林獻生認為魏保羅為容邑黃村人應為誤植。林獻生，《真耶穌教會史》（臺中：真耶穌教會台灣總會出版組，1981），頁 5。

有一日與人打架，忽然來了一位王德順信友，他素來就熱心，好打抱不平，他替我出力。我問他姓名住址，我就到他家道謝。他引我到磁器口倫敦會（今北京市東城區磁器口一帶，即東柳樹井堂）教堂慕道。到一年多，也因陳五哥，號新三的行為幫助，大家的熱心，願叫我受洗入教。密志文（宓治文，Samuel Evans Meech）牧師就給我施了洗，我在教會中很是熱心，每逢禮拜，到會堂一切的捐助，幫助貧窮人一切的苦難、補助等事，神和世人可為我作見證[7]。

這也是應當的，這在神面前還是萬分報不過一分來呢！這時我就開了一個恩信永布店，先是二間門面，後改了四間門面，用有三十多人。

忽然有一位陸完天（鹿完天），此人是匯文大學校[8]院長，他說應當辦自立會，我就大發熱心自立大會。邀請各公會、牧人教者、首領在磁器口教會（東柳樹井堂）聚會。我將家買莊宅的三千元大洋[9]，現交與公會捐助。有劉名、陳新三、萬子青、劉廣慶、任朝海、張佩之，還有幾位（如金得思、唐聯升、雍濤等人[10]）。

---

7 時值 1904 年秋，請參鄭家政，《真耶穌教會歷史講義》，頁 29。

8 匯文大學校始建於 1871 年，原稱懷裡書院，1888 年增設大學部稱匯文書院，1902 年定址在北京崇文門內船板胡同，1904 年稱匯文大學堂，1912 年改稱匯文大學校。此處所稱的匯文大學校當為此名稱。惟 1918 年後，匯文大學校與協和女子大學、通州協和大學等併校，稱為燕京大學，遷址到現今北京大學的校址，也是今北京大學的前身。原在船板胡同的舊址則改為匯文學校。詳請參 Jessie Gregory Lutz 著，曾鉅生譯，《中國教會大學史（1850-1950）》（浙江：浙江教育出版，1987），頁 509。

9 如為俗稱的 1914 年開版的「袁大頭」銀元，依米糧價格的購買力換算與新臺幣比值約為 1:500，故此處記載約為 150 萬元新臺幣。清末民初時期有清末的大洋與數種貨幣混用的情形，但後來以 1914 年出版的袁世凱銀圓純度高品質佳而受廣泛流通，取代了清末的龍銀、鷹洋、貿易銀等多種銀幣混用的情況，此處為 1914 年以後，較可能是以袁世凱銀圓。又《聖靈真見證冊》全文時間，尚未有 1919 年版的袁大頭銀元，是故全文提及貨幣的折算，當以 1914 年版的銀元貨幣為購買力平價計算的標準貨幣。另洋元與袁大頭銀元之價差不大，故以下提到內容均以 1:500 的銀元兌新臺幣比值進行換算，以方便理解。比值的換算推理如下：1911-1919 年間 1 銀元約可買 15 公斤白米，臺灣 2021 年粳種白米薑售價格約在每公斤 30-37 元，為求計算與理解方便，以單價 33.33 元為計算，1 銀元約等於新臺幣 500 元。詳細換算請參陳明遠，《文化人與錢》（天津：百花文藝出版社，2001），頁 9。

10 但就其他記載看來，魏保羅當時克己樂獻的東柳樹井堂，總共募捐了只有 900 元，再靠米市堂支

在青年會（YMCA）[11]聚會約有半年之久，忽然，我被大魔鬼毒害，上了他的大當，被錢財迷惑，又犯了奸淫第七罪，又犯貪財大罪，被教會革除了我的教籍。我就晝夜地經常地大哭，約莫三、四年的工夫，就有聲音說：「主還用你，他們不要你，主要你，如要浪子回頭一樣。[12]」

於是我就歡喜，發起熱心來，在教會捐錢、各處傳道。忽然，我們又發起佈道團，到各處去佈道福音。在天壇祈年殿（今北京市東城區天壇公園）宣講，聽的人千千萬萬的，在先農壇（今北京市西城區先農壇，與天壇隔著北京城中軸線相對）搭設大棚宣講、在各大戲台上宣講（從後續內容看起來，魏保羅主要是在各齣戲的中間休息時間上台講道）、在各處熱心佈道。忽然，有李引之無道德的假牧師，要用警察廳的權柄來管信徒佈道，這真是自古至今未有的魔鬼阻擋之事。

我雖然這樣熱心，那可是仍舊離不開罪，後來還犯了奸淫等等的大罪，真是應當下地獄受永遠的大刑罰。感謝全能無所不知慈悲的神、永在的父，從死裡復活的救主耶穌基督，從大罪坑裡把我救出來，叫我受聖靈的洗（應該指的是在加入信心會後，領受聖靈一事）。聖靈又生了我一回，叫我能離開一切的大罪，拋棄一切所有的跟從主耶穌，效法他的榜樣和使徒的榜樣。現在雖然受各樣大苦難、逼迫、悔謗等等難過的事；三十九天不吃飯，真是日日歡喜快樂（自1917.05.23 開始禁食至 1917.07.01 禁食結束，同日復辟事件開始。禁食的過程並

援的 500 元，以及雍濤捐的 1,500 元，總共募捐只有 2,400 元，與魏保羅此處所說的 3,000 元金額仍有差距。不過，魏保羅在本書上冊第 89 章有另有提到也捐給了女子學校數百元，或可推知魏保羅對於 3,000 大洋的金額概念是把各項捐款加總計算，而非單指此次的募捐活動。此外，上冊第 26 章魏保羅將其在教會建堂募捐的金額縮減僅為數百元，與此記載有所差異，但比較符合《北京誌》內的記載。不過，無論是數百或是上千，以當時物價來看也仍是一筆相當大的數目。附帶一提，1915 年東柳樹井堂建成，魏保羅雖已出教，但仍與中華基督教會內的人士保持一定程度往來。

11 青年會為跨宗派的基督教組織，多數成員仍各歸各宗派教會聚會，但也同時參與青年會的聚會活動。

12 真耶穌教會傳統認為是因為魏保羅娶了當時已守寡 6 年的劉愛為妾而遭到除名，但從時序上來看，魏保羅 1902 年加入倫敦會，1908 年娶劉愛同年並生女惠英，1912-1913 年左右東柳樹井堂才開始正式的克己樂獻募捐活動，直至 1915 年蓋完。因此，魏保羅既然有參與東柳樹井堂的建堂募捐，也就是表明其遭到開除出倫敦會的時間點應落在 1913-1915 年之間。如回溯至 1908 年即遭開除，則無後續參與募捐建堂一事，可見此處所謂犯奸淫之罪，應該並非指著娶劉愛一事，而是另有其事。

非隱居禁食，而是仍每天進行傳教活動）。

校注按：

此時由誠靜怡所主導的自立教會，即魏保羅所稱之中華基督教會，是魏保羅曾積極參與過的基督教團體。

這些早期的自立教會是在倡導華人教會自立的中華歸主運動下所催生出來的，並非專屬於單一教派所建立。其成員包含豐富，可能來自於倫敦會、聖公會、美以美會、公理會、長老會等宗派，也可能由跨宗派團體如青年會的加入[13]。

但無可避免的，初期自立階段仍受到各原屬教會的影響。以北京的教會為例，米市堂、東柳樹井堂（即磁器口堂）、東直門外福音堂，在 1916 年創立之初，仍受到倫敦會的影響。多年後陸續隨著自立教會的規模推展開來後，在 1927 年方成立了中華基督教會全國總會[14]。

正如誠靜怡所說：「簡單地說，我們希望看到不久的將來，在中國能有一個合一的基督教會出現，沒有任何宗派及教派的特徵。這聽起來可能讓你們覺得奇怪，但是，朋友們，請從我們的角度觀察我們，如果你們不這樣做，那麼你們將永遠無法理解中國人。[15]」

一位基督徒屬於複數間教會的情形並不罕見，除少數宗派外，大型宗派間的分野，也不如想像中強烈。也因此，魏保羅所拜訪的人物與教會可能屬於美以美會，但到另處記載時又屬於其他教會；或已經信了魏保羅所傳的更正教，之後又回到原本所屬教會擔當職務等情形。畢竟當時仍有一種對於合一的追求，宗派主義並不是在中國如此受到歡迎，討論什麼是「真信仰」或許才是當時人們對於道理追求與熱愛的真實展現。

---

13 及至中華基督教會全國總會成立後，據 1928 年的統計，已包含的宗派或差會高達 16 個，全國人數多達 12 萬人，佔當時基督徒人數約 1/3。詳參：Marina Xiaojing Wang, *Cheng Jingyi and the Church of Christ in China*, Christian Study Centre on Chinese Religion and Culture, Ching Feng, n.s., 13 (Hong Kong: Christian Study Centre on Chinese Religion and Culture,2014）, p. 88.

14 北京市地方誌編纂委員會編，《北京誌：民族．宗教卷．宗教誌》，頁 484-485。

15 Brian Stanley, *The world Missionary Conference Edinburgh 1910,GrandRapids* (MI: Wm. B Erdmans, 2009), p. 107-11.

河北蹉跎欲訪諏　京華輾轉竟尋真

第一章
1916-1917.05.24　北京城內

　　聖靈真見證書，本是神的大恩、耶穌基督的寶血，聖靈得大能、大力，藉著門徒行傳要救天下萬國人的宗旨，阿們！

　　前者有個安息日會到了北京，門徒魏保羅就非常的受感研究安息日的道理，絲毫不錯，救主耶穌和眾使徒均是守著禮拜六為安息日[16]。

　　到了民國五年（1916 年），魏保羅病的很重，找醫生吃藥，無論用各樣的方式，都未得痊癒。

　　有一位新聖民長老（時任信心會長老）來到恩信永綢緞布莊（今北京市崇文區東茶食胡同），對魏保羅說：「你要定志不吃藥、不靠醫生，我可以給你抹油祈禱，便可以好了。」魏保羅就聽了他的話，一心深信耶穌能治，二人就上樓禱告祈求、抹油。（1916.08.15/1916.08.17[17]）

　　次日（1916.08.18）又到了東城信心會（位於今北京市東城區興隆街一帶，距魏保羅布莊走路約 10 分鐘內）。一見此會的牧師賁德新（Bernt Berntsen），看起來很貧窮的樣子。雖然是貧窮的樣子，但比別的教會更有道德。他給魏保羅等洗腳，魏保羅大受感動。

　　從那時就交成密友，他很幫助魏保羅許多的聖經道理。有一天在恩信永樓上

---

16 這邊指的是 1915 年，上海的基督復臨安息日會的美籍傳教士施列民（Selmon, Arthur Clifford）醫師與華籍傳教士蘇殿卿牧師，與魏保羅展開詳談。然部分著作將蘇殿卿植為魏殿卿，敬請讀者知悉。請參：謝順道，《聖靈論增訂版》（臺中：腓立門實業，2019，增訂五版），頁 234。

17 張撒迦（張錦章）主編，《真耶穌教會總部十週年紀念專刊》（上海：真耶穌教會總部，1937），頁 83。惟內容說明引述自《通傳福音真理報》第 13 期第 8 面應為誤植，實則引述自《通傳福音真理報》第 13 期的第 1 面，時間可能為 1916.08.17，字跡模糊無法確定。

聚會祈禱，魏保羅受了聖靈的洗，說出許多的方言[18]，就大大地歡喜快樂讚美主。後來就有聲音說：「肉體的思念就是死，聖靈的思念乃是生命平安。」（與《羅馬書》8:6 內容相似，內容較為貼近 1906 年版的《官話和合本新約》。《北京官話譯本》則將「肉體」譯為「情欲」）

一連數次的這樣聲音，從此就離開了一樣姦淫的大罪。我們由守禮拜六為安息聖日起，就更得能力、福氣、平安、快樂。每逢安息日，恩信永、恩振華二號買賣都關門、不作買賣，鋪中眾夥友學生，還有許多別處的男女信徒，都來在恩信永鋪內聚會，我們就大大地熱心努力禱告祈求、宣講神國的真道、研究聖經的要理，聖靈時常大降。有好幾個人受了聖靈洗的，說出方言來，男女都是一樣的說方言。

有一回魏保羅女兒（魏惠英）得了重病要死的樣子。保羅（魏保羅）同賁含立（賁含立，Henry Bernhard Berntsen，賁德新之子）跪著禱告祈求，有神的聲音說：「女兒好了！」我們起來，果然好好的了，讚美耶穌。

又有一回魏保羅正思睡不睡的樣子，有一個大魔鬼率領許多小魔鬼站在魏保羅眼前，保羅就大聲說：「奉耶穌的名趕鬼。」群魔便都跑了，從此保羅就知道，全能的主賞賜他醫病、趕鬼的大權了。

到了民國六年四月間有個安息聖日，魏保羅同鋪中夥友有信友張仲三至興隆街信心會（即東城信心會，今北京東城區興隆街，距魏保羅布莊走路約莫 10 分鐘內）守安息。到了有先去的正唱著詩呢！我們也站著，大家唱畢，我們坐下。張仲三忽然站起，用方言講論神國的真道，魏保羅就大大地受感動，但就有幾個人

18　雖然王子明在《通傳福音真理報》第 12 期記載魏保羅受聖靈的時間為 1916.12.12，但應為誤植，比較可能的時間點為 1916.09.12。主要根據是 11 月時張之瑞已記載魏保羅是已受聖靈信心充足，同時段還幫趙得理等人施洗，更況《通傳福音真理報》第 12 期的出刊時間是 1916 年 9 月以後，因此時間只可能在此之前，考量到魏保羅 1916.08.17 才剛入信心會，因此比較可能得到聖靈的時間應是在 1916 年 8 月至 9 月間，推測以 1916.09.12 最為可能。請參：王子明，〈王子明的見證〉，收錄在《通傳福音真理報》第 12 期（正定：自印，1916.09），第 5 面；張之瑞，〈聖靈在北京作工〉，收錄在《通傳福音真理報》第 13 期（正定：自印，1916.11），第 2 面。此外，張靈生也認為魏保羅得聖靈的時間應為 1916 年。請參：張靈生，〈第五次臨時全體大會記要〉，《聖靈報》第 4 卷第 8、9 期合刊（上海：真耶穌教會總會，1929），頁 2；或見張靈生，〈張靈生答覆上海總會原稿〉，信函第 2 張。

疑惑，動起了議論分辨的事。有假信徒王子明、范先生、韓先生、趙景元，連賁太太（Magna Berntsen，賁德新妻子）也受了他們的串通，現在好些明白過來了，也未可定。

此時保羅站起來大聲說：「諸位弟兄姊妹請聽，從前使徒彼得等說：『主賜聖靈給他們和給我們一樣。』現在賜聖靈給我們，像給他們一樣。」還講了許多的真道、要言。散會後，魏保羅被聖靈充滿，也是因著定志禁食三天為得能力之故，回到鋪中樓上，就心裡很有能力，願意將從前一切的虛榮都捨去了，就將許多的相片、字畫都取下來了。

少時，張仲三來了。他說：「主指示他說：『你上魏信友那裡去，那是聖地，他可以為主作見證。』。」我們二個人一見就非常地歡喜快樂起來，於是就聚會禱告，祈求祝謝讚美主為大。少時，張仲三被聖靈指示說：「你寫信。」他說：「我寫什麼詞句、向誰寫信呢？」聖靈說：「他知道。」這說的就那個門徒，是指著魏保羅說的。於是我們禱告求聖靈指示，全要主的意思，不要我們一點意思。聖靈大大地感動我們二個人的心，魏保羅就代筆寫信於左：

聖父明明地指示，你給各公會人派的不是神派的那些假牧師、假教師、假道學家[19]，讀書人寫信說：「你們有大禍了！你們關了神國的門，有人要進去你們阻擋他們，你們用口親近我，心卻是遠離我，拜我也是枉然哪！你們傳錯了道，瞎子領瞎子，全掉在無底深坑裡，噯！你們用一點水滴在人頭上，就算受了洗，你們說合乎耶穌的聖旨嗎？耶穌是用一點水受洗的嗎？眾使徒是這樣受洗的嗎？使徒給人施洗這樣嗎？你們受了假洗之後，又不講求聖靈的洗；你們不受聖靈的洗，怎能離開罪呢？你們不能離開罪，怎能得救呢？

你們還說：『我們已經受了聖靈了，不受聖靈感動，不能認耶穌為主。』噯！你們這些硬心不化的糊塗人們哪！你們是受了聖靈感動了，還沒有受聖靈的

---

19 道學家一詞源自於宋代基於儒學產生的詞彙，意為上承道統。南懷仁時，將此詞彙意義做進一步衍伸將天主教重要人士與來華傳教士的事蹟寫作《道學家傳》一書。及至清末民初時，該詞彙已經進一步衍伸為修習過基督宗教神學、研究基督教相關學問者，尊稱為道學家。民國時期則進一步放寬到宗教教育上，也可被稱為道學，如耶穌家庭曾舉辦過的道學班。魏保羅在使用此詞彙時，通常並不帶有正面意義，而是偏向中立或貶意，認為道學家們學習那麼多，卻連道理都不明所以，因而大加貶斥。

洗呢！天主教也都認耶穌為主，他們也算受了聖靈的洗了嗎？你們還添改主耶穌許多的教規，你們真有大禍了。你們要不迅速悔改，必受地獄永遠萬年的刑罰，你們有了病還是找人治，不求神治，這是證明你們不信耶穌的大罪了。

你們說：『因信能得救！』魔也信，卻是戰驚，你們不遵守主的道，不聽從他的話，又不守他的誡命，怎能得救呢？你們自己問自己的良心，能得救嗎？你們不守主的真安息聖日，偏見錯以為有人要守，你們卻革出他的教籍，好叫別人也不遵守，你們是必有禍了。

你們貪愛世界的財物並虛榮，歡喜人人聽從你們的道，反倒不聽從神的道，自高自大、顛倒是非，有禍了！大禍快臨到你們身上了！聖靈說：『是的，阿們！』。

當日晚上，大約六點鐘。有趙得理的父親趙老翁，領著二人來到恩信永布莊樓上，先已來到一位名叫永文彬，與我們爭論，我們就心裡禱告著，回答他，給他講天主的真道。我們靠著聖靈的大能勝了他。當時我們同魏劉氏，大家聚會先唱靈歌讚美主，於是大眾一同發言禱告，祈求聖靈降臨大家，甚為受感，歡樂散會，哈利路亞讚美耶穌！

臨散會時，張仲三等著聖靈的意思想著：「在何處去住？」他沒說話，但聖靈卻感動了那個門徒（魏保羅）說：「你今天住在我這裡吧！聖靈願意我們暢談到晚。」約八、九點鐘時，又同著我們全鋪中夥友、學徒生，大眾查經、講論、唱歡、禱告、祈求聖靈，聖靈又大降，我們就受能力。魏劉氏（劉愛）也願意留張仲三住，因她也看出聖靈的能力果子來，就甚歡喜快樂讚美耶穌，阿們！

到晚上安歇睡了，夜間張仲三，得了聖靈的啟示：「叫那個人（魏保羅）你儆醒點！」聖靈在他心裡說：「父親在裡面呢！」他（張仲三）說：「我還不知道了。」又說他（魏保羅）：「你叫小耶穌呢！」哈利路亞！讚美耶穌，他心裡甚是平安快樂，阿們！

又到了明日早起來，仲三說先淨面，我們就禱告，聖靈又大降，感動了大眾。我們大聲宣講福音、全鋪查聖經，論畢大家歡樂而散。那天就寫了一天的信稿，聖靈的見證書。到晚上，大家又聚會唱靈歌，祈禱講論天國的福音，又同發言禱告，大眾非常地歡樂讚美耶穌，就安息了。

舊曆初三日（1917.05.23，星期三）早晨起來，我們就聚會祈禱唱歌，大家查

經講論真道，聖靈降臨，都受了感動歡喜而散。我們又寫了好多靈稿子，忽然來了一位劉鎮東，他是多年在教會熱心宣講道理的，也是那個人的舊友，與我們爭論，我們禱告靠著聖靈的大能勝了他，臨行歡樂而去。

我們起行至前門外打磨廠，恩振華鋪布內櫃房。我們就唱歌祈禱，哈利路亞！讚美耶穌。忽然傅布青老翁，他是在舊教會作師傅、教師多年的老道學家，他與我們辨論，先是聖靈幫助我們放膽與他辨論，後來他用許多的經，並用他的狼魔鬼的學質問，此時如我們靠自己一點，就不平安了。

忽然，來了一位周信夫，他是早在恩信永布店當書帳人，他早受了聖靈的洗，也說了很多的方言。他一來聖靈就大降，我們三個人就大大地歡喜，快樂讚美耶穌，證明了聖靈的大能，歡樂而散，哈利路亞讚美耶穌！聖靈說：「是的，阿們的。」忽然又來了一位王子明，他來就帶了魔鬼來的，他用詭詐與我們辨論。假借聖經、假意禱告，我們就靠著聖靈大得獲勝，甚為歡喜，哈利路亞，阿們！

我們又回到恩信永，到了大約八、九點鐘，又同全鋪中人聚會讀經、禱告。先是那個門徒（魏保羅）本著聖經論說天國的福音，大家甚是受感。後來仲三宣講時，魔鬼借此迷惑了他，就講了許多的錯話，那個門徒也受了一點迷惑。講畢祈禱完了，那個門徒就醒悟過來，就說你受了迷惑了，他說：「沒錯，我受了點迷惑。」於是我們就又切切地禱告祈求，就覺著有能力，又歡喜了，於是安息睡了。

張仲三，又起新名字叫張靈生（並非山東濰縣的張靈生長老），說：「次日（1917.05.24，星期四），咱們早起！」那個門徒說：「阿們！」聖靈說：「是的。」

第二日，我們起的很早就上樓房頂去禱告，聖靈大降，我們就得了聖靈的大能。我們下來又聚大會，祈禱、唱靈歌、讀經、講論天國的福音，聖靈又降臨感動了大眾，就大大地歡喜而散，哈利路亞讚美耶穌！

少時，我們同魏劉氏與魏惠英四人（即魏保羅、張仲三、魏劉愛、魏惠英）祈禱、查經，正論說著呢！進來了一個女人，那個門徒就禱告趕鬼，心裡禱告。於是又講道給他們聽，又跪下切心禱告祈求，於是聖靈大降甚是歡喜，讚美耶穌！

過了幾時又來了一位康久如教友，另又來了一位張錫三信友，後又來了一位

邊森林教師。我們正講論的時候也沒有止住，於是與邊教師講論應受聖靈的洗，水和聖靈生的才能進神的天國；當守安息聖日；有病不可叫人治，當求耶穌治；應當奉耶穌的名的施洗；上帝的稱呼也不對，神的稱呼才對了。又說：「進天國的人很少。」他與我們辯論說：「難道說，耶穌不能得勝嗎？這真是魔鬼的大詐言。」那時，那個門徒（魏保羅）心裡無話回答。於是，就奉耶穌的名趕鬼禱告。便就對邊某人說：「你想耶穌的話落了空嗎？衪說：『找著的多，選上的少！』還說：『領到永生的門是小的、路是窄的，進去的人少；領到滅亡的門是大的，進去的多。』。」他就無話回答。我們給他講了很多的真道，就打了極好的美仗，得了大勝，哈利路亞，讚美耶穌！我們又在一桌用點心，我們喝的是白水，給他白糖水喝，我們先祝謝唱讚美歌唱，然後才用，大大地歡樂而散。

於是我們又同魏劉氏祈禱，聖靈大降，充滿了屋子。那個門徒得了聖靈的大能說起方言來，用方言的禱告，手按魏劉氏，她就受了聖靈的大感，切實的認罪，痛心大聲禱告祈求。許久，張錫三也受了大感，那個門徒給他按手，很覺得有力量，那個門徒說的方言很多。我們禱已畢就非常歡喜快樂，大大地讚美主，哈利路亞，讚美耶穌！於是我們又禱告著寫聖靈的見證，直寫到晚。

我們三個人又立志禱告，切求神我主耶穌基督，賞賜我們三個人的適任：一個像馬可（張錫三）、一個像保羅（魏保羅）、一個像約翰（張仲三），哈利路亞讚美耶穌！這是我們所期盼的，阿們！聖靈說：「是的。」

校注按：

本章有數點需要進行說明。

首先是有關安息日記載，除了影響關於魏保羅對安息日教義的啟發，也影響著真耶穌教會起源脈絡的關鍵。如新加坡的董玉林即認為：「神的使女懷愛倫（Ellen Gould White，安息日會創辦人之一）在 1915 年安息了（1915.07.16 離世）。到 1917 年神為了要使經上的話得以應驗，為了要使末後的救恩更擴大和更顯明，衪就召選了衪的僕人魏保羅，命令他做一件偉大的聖工。[20]」這暗示著真耶穌教會與安息日會為接續性的脈絡關係。然而，除了守安息日、全身受洗這兩點

---

20 董玉林，《聖城》（新加坡，真耶穌教會（TJM）新加坡教會，1949），頁 5。

與安息日會觀點接近外，對於末世觀則相當歧異。

安息日會的末世觀採取的是前千禧年論（Premillennialism），帶有時代論（Dispensationalism）色彩，認為主降臨前聖徒被提，神在災難中將審判不信的人，接著神和教會降臨開始千禧年，之後撒旦才被釋放，丟在火湖，接著是永世。

但比較魏保羅、張靈生（張彬）或張巴拿巴（張殿舉）所留下的資料來看，他們並沒有採取與千禧年論相符或近似的論述，例如聖徒被提、千年王國、一同作王等概念，頂多只能從他們與他們後繼者近似時代論的發言中，勉強找尋到一些微弱的連結[21]。考慮到二十世紀前葉在中國的一連串動盪，有沒有可能在中國的時代論只是反映出一種對當時時代局勢的變化呢？這可能需要更多資料方能進一步解讀。

初步推斷，從第一手及其他早期史料顯示真耶穌教會的起源關聯與安息日會除安息日教義外，可能不是太過密切。比起安息日會而言，反倒是信心會的關係及脈絡是較為深遠的。

此外，有關於安息日的看法，信心會的立場是隨時間變遷的，並不是說不守安息日，而是對安息日的日期看法有所不同。

賁德新首先是接受了張靈生的意見[22]，在 1916 年開始守星期六為安息日[23]，但由於內部意見認為國際換日線的日期差異原因，再將星期六安息日改成星期日[24]，

---

21 魏文祥，〈真信雅各四位夫人為預表教會歷史的標準〉，《真耶穌教會卅年專刊》，B 3 頁

22 張靈生於 1910 年前後曾購得安息日會的書籍，在自主研究後認為應當守安息日；張巴拿巴亦在加入信心會前早已開始守安息日可資佐證。雖賁德新開始研究安息日的時間相當早，但從目前資料來看，賁德新確定全教會守安息日的開始時間應該是不早於 1916 年前，是故，以張靈生說服賁德新守安息日做為判斷的依據始點為較有力之證據。請參張靈生，〈張靈生答覆上海總會原稿〉（自撰，約 1929 年），信函第 1 張，現收存於臺灣真耶穌教會總會圖書館；相關討論請參葉先秦，〈華北五旬節運動宣教先驅賁德新及其思想〉，收錄在《建道學刊》第 38 期（香港：建道神學院，2012），頁 52-55。

23 賁德新，〈正定信心會之宗旨〉，《通傳福音真理報》第 13 期（正定：自印，1916.11），第 1 面。

24 樂長老，〈在中國禮拜日就是安息日〉，《通傳福音真理報》第 18 期（正定：自印，1918.03），第 7-8 面。

直至 1919 年再改回守星期六為安息日[25]。也因此有了在本書下冊第 15 章魏保羅對賈德新守安息日日期的批評。其餘關於安息日的規範，與真耶穌教會遵守內容大致相同。

其二、早期的五旬節運動也被稱為使徒信心運動，而使徒信心會一詞即是賈德新所採用亞蘇薩街在 1907 年所創立 Apostolic Faith Mission 而得名，事實上是早期美國五旬宗宣教士組成的一個鬆散組織，嚴格而論並不應視為宗派。

來華傳教士中雖號稱使徒信心會者，但也有不少人是號稱神的教會，亦有先後加入了神召會者，這包含賈德新自己也名列其中。賈德新所使用的名稱也是如此，不僅限於使徒信心會，例如曾使用過福音堂、真神教信心會、神教會等名稱[26]。但未避免讀者閱讀時的混亂，本書內容提到有關以賈德新帶領的教會，仍統一從魏保羅的觀點稱其為「信心會」，將不加以嚴格區分，請讀者知悉。

其三、在本書中「聖靈降臨」一詞出現次數相當之高。但對於魏保羅而言，聖靈所展現的「降臨」與希臘原文 eperchomai（來臨／臨到）、lambano（被動著領受）等詞彙所蘊含的意義有一定程度上的區別。魏保羅理解的來臨，大致可分為三種概念，詞彙間相互通用，並沒有特別區分用法。

第一種其概念會趨近於「召喚神靈（Summon）／祈求神通（Invocation）」，而非聖靈的「臨到／來臨」。換句話說，從魏保羅的描述來看，聖靈看似非恆常內住的，需要透過祈求，聖靈方能「大降／降臨」，進而有外在的一些展現，例如歡喜快樂、禱告大聲等。至於為什麼會有這個現象呢？可能受到一些主流經節使用與解釋方法的影響，例如《哥林多前書》第 12 章第 3 節後段：「若不是被聖靈感動的，也沒有能說耶穌是主的。」

第二種概念是得著聖靈。出現有聖靈撲倒，說出方言等現象。

第三種概念是魏保羅油然而生的當下感動，將其記錄下來，並將之歸在「聖靈降臨」，並非是聖靈真的降臨了，類似概念近於「聖靈感動」。

---

25 賈德新，〈安息聖日在中國的日期〉，《通傳福音真理報》第 21 期（北京：自印，1919），第 3 面。

26 葉先秦，〈華北五旬節運動宣教先驅賈德新及其思想〉，收錄在《建道學刊》第 38 期，頁 37-39。

最後，「哈利路亞」在本書原文記載為「阿利路亞」，是聖經《北京官話譯本》或《官話和合本新約 1906 年版》的翻譯用法，如《啟示錄》19:4 的差異。為符合目前閱讀習慣，本書全文統一將「阿利路亞」改為《官話和合本》所採用的「哈利路亞」，請讀者知悉。

第二章
1917.05.24-05.25‧星期四、五　北京城內

約九點鐘，有韓老翁臨樓，此人係多年道學家，最為熱心。我們先行禱告，他繼續跪禱。我們蒙靈的指示說：「他身帶魔鬼而來。」那個門徒（魏保羅）最切心禱告，奉耶穌名趕他的鬼。趕鬼即退去，復又大眾祈禱畢。韓又命張仲三再行禱告，如是張仲三跪於床上，他立在背後厲聲指辱之意。那個門徒一見，形容有偏，立即大聽哈利路亞，奉耶穌的名趕鬼，於是禱告時手按此鬼，即退去。次後，鬼氣未平復，以藝詞與眾人辨駁，那個門徒蒙聖靈的指示立責其邪誕，人愧鬼恥，無言以對，忿怒下樓而去。喬蔚亭證明此邪鬼之相，又張錫三作見證，大獲全勝此乃聖靈的大能。耶穌的大能歸榮耀作主父，哈利路亞，讚美耶穌，聖靈說：「是的。」又禱告祈求天父給大能力，我們聚會唱靈歌，講道談論天國的福音。我們又切心禱告祈求，就安息睡了。

第二天（1917.05.25，星期五）我們起來就上樓房頂，切切地禱告祈求，我們就得蒙聖靈能力，祈禱的工夫很大。下樓頂至樓屋內，我們又同本鋪人聚大會，禱告祈求聖靈就大降充滿了我們的心，就大有能力，大聲禱告天父許久。大聲痛哭，大眾很受感動。忽然，有大鬼助著我的那個第二回娶的女人（劉愛），她大聲對我說：「這買賣不作了，你想你的白溝河（今河北省保定市附近，與魏保羅故鄉的保定容城縣鄰近）的那個女人了。」好大的魔鬼呀，我就為她趕鬼勸她悔改，她不聽勸。我很愛她，叫她跟著我們行走天路，她說我要飯吃，也不跟你去，她就下樓去了。

我們同仲三又名張靈生，聖靈又給他起名叫二約翰（即第二個約翰），同心同聲，大大地歡喜快樂，大聲唱靈歌讚美耶穌，那個門徒，主的聖靈又給他起名

叫二個保羅（即第二個保羅，與後續所稱的二約翰、二馬可的命名方式亦同）。我們大大地歡喜快樂讚美耶穌基督不止，非常地快樂，歡歡喜喜地一面禱告一面唱靈歌，讚美耶穌，哈利路亞讚美主、聖靈、讚美天父，阿們！聖靈說：「是的。」

忽然來了一位多年舊教會教友，知道聖經的意思。然而未受聖靈的洗，他有一回，他有個母親信道多年，也到了前門外（今正陽門外北京前門大街）興隆街（即北京東城區興隆街）耶穌聖堂（即興隆街信心會）去禮拜。

至那天是天父的真安息聖日，二約翰受聖靈的洗。那一日，我們就大家同禱告，聖靈用約翰說的方言很多，用方言禱告祈求。忽然天父大降聖靈，充滿了保羅的心，他就大大地受了聖靈，然後痛哭不止。那個門徒名保羅的，給他按手就覺著有能力在他身上，他叫張錫三，聖靈有給他起名叫二馬可，他今日來到那個門徒樓上，我們一見就同心，大大地歡喜，快樂同聲，同心大大讚美耶穌，唱哈利路亞、哈利路亞、哈利路亞，常唱哈利路亞。

二保羅說未來的大事，說咱們寫完了這一本門徒行傳書，就寫到我們臨終的時候。於是我們三個人就奉耶穌基督的名，求天父大降聖靈指示我們對否，聖靈說：「是的。」哈利路亞，大聲讚美耶穌基督，阿們！

又忽然我們想起設立聖餐來，我們因為此禮是極大的聖禮，我們就奉主耶穌基督的名，大聲禱告，問主：「現在就吃可以否？」聖靈不許。又來一個問題：「我自己能行天路否？」魔鬼用力迷惑我很大，我就禱告問主，聖靈說：「自己不能行走。因為耶穌說：『你們離開我不能作甚麼。』。」（《官話和合本》約翰福音 15:5）哈利路亞，讚美耶穌基督。

忽然大魔鬼，藉著王子明假信徒來了一封信，要借保羅大洋二元（依米糧價格的購買力換算約為 1,000 元新臺幣）。他的詭計是這樣，你已是受了聖靈的洗，你難道還沒有愛心借給我二塊錢嗎？你要借我呢！你就受了我的迷惑了，就犯罪了。我們就切心禱告主，不准借給他，因為我立志拋一切所有的我，就不算再有錢的人了，將來王子明要不悔改必定受極大苦難，我們靠著神的大能，大獲全勝了，讚美耶穌基督，阿們！

少時，我們用飯、唱靈歌，讚美主說，哈利路亞讚美耶穌！哈利路亞！哈利路亞！讚美耶穌！

聲聞俯入長流水　呼起仰看榮耀神

第三章
1917.05.26・星期六　北京南城永定門、永定河

　　正寫字時，忽然大鬼來到，借著劉氏女人就說，你寫的找大禍的那一本子，我把他燒了[27]。請看魔鬼多大的謀算，他明白這本聖靈的冊，名叫聖靈的真見證書。因為頂要緊一件事論說聖靈的洗，是大要緊的。人一受聖靈的洗就能離開罪。

　　此時我們就禱告，大聲痛哭，聖靈就大降，充滿那個人（魏保羅）的心，奉耶穌的名趕鬼。禱告哭的時候很大，就有天軍很多現出來，那個門徒（魏保羅）明明地看見這是聖靈的見證很是實在，我們就大獲全勝，打了極好的美仗。

　　我們就到永定門外（今北京市東城區永定門），離城約有七、八公里路（約3.5-4公里），我們走了去的，那個門徒立志永不坐車，因為主造人的全身都是有用的。再者，我傳福音的，應當受苦，耶穌一是為人沒有坐過車。我們到了長流水的河[28]的地方，因為那個門徒說：「最要緊一件，就是此本聖靈的真見證。」並有一個包裹，裡面還有好多的要緊的為聖事、傳真教所有的東西。那個門徒說：「可將此寶物放在一個人不能見的地方。」張仲三他說：「我問了主了，給我看看。」魏保羅於是看出他受了魔鬼的迷惑來，就對他說：「你受了迷惑了。」他於是就與那個門徒即魏保羅爭起架來了，二人又彼此趕鬼。那個門徒明明看出他是魔鬼來了，就大聲禱告趕鬼，但那個門徒的力約莫不足，就趕不出去。

---

27 《聖靈真見證冊》雖然起始時間應該是 1917.05.22，但實際上是回頭補述內容，可從魏保羅的自稱與書寫角度觀之，即可得知前後有著不一貫的特性。

28 永定門外為護城河，護城河分別與涼水河間有許多支流，據《萬國更正教報》第一期〈魏保羅經歷略表真見證〉與第二期〈靈界大戰魏保羅靠聖靈論〉記載相互參照，應為大門紅河，據考應為現木樨園附近河流，即在南護城河與涼水河之間，今已被填平。長流水指的即是活動流水的溪流，並非特指某地名。

於是張仲三就往河裡走，帶著衣裳，就下水去了。他在河裡顯出他是大魔鬼來了，他還假充聖徒也禱告耶穌，又從水裡上來，就走了。我們看他的行為，就看出他此時實在是受了魔鬼迷惑來了。一、他試探主說主看著呢；二、是他動武力；三、是他身帶衣服就下河去；四、是他走的也太無理由。這些大大地顯明，他是一個大鬼魔來了。

第四章
1917.05.26·星期六　北京永定河、北京城近郊

魏保羅就切切禱告，問主說：「我喝水可否？受大洗否？」主說：「可以。」於是魏保羅就下到水裡去，禱告了許久說：「耶穌給我們施洗。」在水裡的時，就大大地受感，還有四位，張錫三也下去，那個門徒給他按手，沒有什麼力量，就知道他還有鬼在他身上。那個門徒從水裡上來，就大蒙聖靈感動，歡歡喜喜，讚美耶穌基督。

在那裡，有幾個貧人。那個門徒（魏保羅）就給他們講論天國的福音。他們很是願意聽，先禱告了一回，又切切地禱告，正禱告間來了三個軍人叫喚我們。禱畢，我們唱靈歌讚美主，起來，就對他們說：「我們是耶穌教會的。」於是很平安快樂讚美主，回來的時候一路奉耶穌基督的名禱告趕鬼，因那個門徒看路上，一路的都是被鬼魔所迷著。

校注按：

首先要說明的是這段面向下受洗的故事，在多處地方有著類似卻不盡相同的紀錄。

魏保羅受洗在《真聖靈見證冊》上冊、下冊、《萬國更正教報》第一期〈魏保羅經曆略表真見證〉與第二期〈靈界大戰魏保羅靠聖靈論〉、〈人必須受全身洗禮求聖靈的洗方能進神的國耶穌基督的僕人魏保羅本聖經論〉、《卅年專刊》均有記載。惟記載重點不一，依時間順序是：《真聖靈見證冊》上冊第 3、4 章「魏不給張仲三看傳教寶物起爭論，張仲三自行下水」；第 8 章「魏保羅與張仲

三爭執『面向上』受洗問題」；《萬國更正教報》第一期、第二期「魏保羅得聖靈全副軍裝，與魔鬼交戰後大勝」；《真聖靈見證冊》下冊第 17 章「不可與婦人行淫」；《卅年專刊》內容與萬國更正教報相同。

主要四處不同記載，但是否可互為補充資料運用或解讀，則應更為謹慎。

時間部分的記載有些許歧異。《萬國更正教報》第一期內容認為發生在陰曆的 3 月間，但時序與內容的配對合不起來，可以推斷該處的記載是誤植的可能性較高。另學者王惠姬推測的時間是在 1917.05.28[29]。

另一要說明的是關於貫穿本書的另一主題，「耶穌教會」是什麼樣的概念？

時人為分辨基督宗教，將基督宗教主要分成兩類，一類是天主教會（即羅馬公教），另一類是耶穌教會（即基督新教），因此對他人講述自己是耶穌教會，好比現今對他人講述說：「我是信耶穌的。」有著同樣的概念，這也才有了本書下冊第 7 章的一段對話：

「有一個頂無知的人，他問李長老說：『你們是什麼教會的？』李長老回答說：『我們是耶穌教會的。』他說：『哪有個耶穌教會呀？你們到底是什麼會名子？是美以美會呀？是倫敦會？是哪一會？』。」

但對於魏保羅而言，耶穌教會是一個「抽象的泛指」，也是一種「具體的實指」。泛指的是魏保羅要改革基督教會的運動並非是脫離原本宗教，因此他仍然是「耶穌教會」中的教會，但另一方面，卻也有以更正教條例為藍本的具體實踐，也因此他心中仍有一個他理想中的「耶穌教會」，也就是後來的「真耶穌教會」。

第五章

1917.05.26．星期六　北京城內

到了關帝廟內（因趙得理與魏保羅為同業，依此可推測為北京市崇文門內甕城的關帝廟較為可能），就問主說：「我們進趙得理鋪，可否？」主回應說：

---

29 王惠姬，〈真耶穌教會的起源再探（二）〉，頁 91。

「可以進去。」我們進去後一見面就歡喜。此鋪是趙得理的局子。趙老翁很是願意接待我們，我們就與趙老翁禱告，按手在他頭上，他便很受感動。

　　魏保羅看著張錫三有魔鬼，就奉耶穌基督名，給他趕鬼，總不出去，就告訴他說：「你回家去吧。」他就走了，這二個人的奇事非常的大，但看張錫三，實在不能走天路，這就應了耶穌的話說：「找著的多選上的少。[30]」這也是神的意思，耶穌基督的大恩，借著他加添那個門徒大信心，哈利路亞，讚美耶穌，阿們！聖靈說：「是的！」我們又同趙老翁禱告，按手在他頭上，他大受能力，並且聖靈說：「他已受聖靈，賜他全身軍甲。」哈利路亞，讚美耶穌基督。

---

30 張錫三被出教原因不明，但如果從《萬國更正教報》第一期的〈魏保羅經曆略表真見證〉中記載：「一路上的人都以為他瘋了，跟隨他的張錫三也不知道他在殺什么。此時北京城內已經有不少人傳說他瘋了。後來，不少人稱他為『魏瘋子』就是由此而來的。」可推知張錫三對於魏的行為已經覺得魏瘋了，因此可能與魏對此有所爭執，才在趙得理的鋪中將張錫三趕走。另一可能是前文稱張錫三是第二個馬可，但《聖經》中記載保羅與馬可最後分道揚鑣，是否魏保羅有此隱喻暗示，或未可知。

禁食卅九邁天路　例約六五始黃村

第六章
**1917.05.26-27，
星期六、日　北京城內、北京城近郊潘家廟、草橋村一帶**

我就一人行路，神與我同在，阿們！

出門起行的時候，一路上做醒禱告，奉耶穌基督名趕鬼，甚是危險，因路過淫戰，幸得全能的大君、永生的神，賞賜我全身的軍裝鎧甲，就放膽與淫鬼大魔打了一路的仗，靠主全能大獲全勝，唱哈利路亞，讚美耶穌基督，阿們！

出了南西門（今北京市豐台區右安門，通常為北京出城向黃村的主要通道），一路上也是趕鬼，因我蒙聖主指示，凡不信耶穌、不受聖靈洗的人，全是魔鬼所用的人。出城幾里路（依魏保羅行走路線，大約是從北京正陽門向右安門走，城內的路程約莫 1.5 小時，走出城後路已無城內好行走，因此至黃村路程，仍約有 2.5-4 小時的路程）就大累了，便光腳走了一時，我禱告主說：「我要遵命，蒙全能的大主，聖靈指示，給各公會牧師、教師、學問人所寫的那封信，我今天給主寫才好。」主說：「我必給你指示所備之處予合適地方。」於是，我又行了不甚遠，就見一個茶館我就進去，對店內的人說道：「給我一碗涼水喝。」他說：「可以。」我又說：「我可以在你這裡寫封信可以嗎？」他說：「可以。」我便為給他祝福，我就切切地禱告，祈求說：「求主的聖靈寫這一封信，千萬不要我一點意思。」聖靈就大降在我身上，我的手就不由我自己了。我就覺著很有大能力，在我身上、心裡、手上，就像寫字一樣的動手寫了。寫畢，就許多的人圍著我，我就宣講天國的福音真道。小孩多，因為小孩進天國的多。

我起行時，將一塊墨給了一個小孩，他給我送至很遠，還有二、三個小孩，我就奉全能大主的名，為他們祝福。又行路至到曠野清雅之路，一面走一面祈禱，正走時忽然聖靈大大地降臨在我身上，我就說方言很多，整齊我的全身，或作鎧甲軍服，主賜我非常的大能，我就與空中的大鬼大大地打了一仗，靠著主的全能大獲全勝了，又打了極好的美仗，唱哈利路亞，讚美耶穌基督，阿們！

又走了不甚遠，就甚累了，就見一個沙土地方，有樹蔭，見那裡有許多的螞蟻，我就禱告。主說：「造螞蟻的是主。」主一定能管他，不能叫他在身有權柄，我起身的時候，一隻螞蟻也沒有。

忽然來了一個多事的鬼，他將我鋪中人叫來，意思叫我回去，天也晚了，我說：「這裡有店否？」他說：「有。」（從第七章看來，多事的鬼應該指的是魏劉愛，來找他的應是李恆芳）我們不聽他一點，因他是魔鬼用的小鬼。他說往南邊，我就往北邊走。（魏應該當時已過草橋村，李恆芳才追上他，但魏又打算往北走回草橋村，而非向南繼續走到潘家廟）到了店裡，有一個段信徒，他來到與我說了幾句話，就給我趕鬼，我就靠全能的天父、聖靈的大能、耶穌的十字架大功、主賜的全身鎧甲、聖靈的寶劍，大獲勝他。

又王子明試探我給帶了二千錢票[31]。他說：「你不是無一個錢嗎？我送給你二千錢。」我說：「我不要你魔鬼的錢。」他就退去走了。

到了半夜聖靈說：「你起來禱告。」我就禱告。忽然聖靈的大能，大大地降臨，充滿我心，全能的大主，賞賜我全身的鎧甲，切切地禱告祈求，聖靈指示我未來的大事，忽然看見天上有救主耶穌、摩西和以利亞顯現，我便喜出望外。我又求救主耶穌說：「求你叫我看見十二個使徒，我才知足。」

忽然十二個使徒來了，我細心數了一數整十二位使徒。我心裡明明白白，就大大地歡喜快樂，唱哈利路亞讚美耶穌基督，阿們！全能的主又指示我，更正門徒行傳的新教規條列，至要緊的事：

1. 必須切心求聖靈之要洗；

2. 也必須效法耶穌基督全身大洗；

3. 應當紀念真安聖日，取消現在的假禮拜日；

4. 當效法使徒行傳真法，使徒均是奉耶穌基督名給他們施洗，萬不可像他們的假教會奉三位說法，實在他們自己的私心，把我主的真規改了；

---

31 錢票通常為銅元錢票，若假設以 1,000 錢銅元兌換 1 銀元為標準，則約合新臺幣 1,000 元。由於民國初年銅元定值較不穩定，銅元兌銀元從 1000:1 至 3000:1 均有之，實際狀況有賴更多資料進行佐證。但從此處比對第二章王子明向魏保羅借 2 大洋一事即可知之，魏保羅並不覺得王子明是帶有絲毫善意的。

5. 還有大要緊的一件就是真正的信徒，有了病不可用藥，更不可找大夫，因為耶穌比藥、比大夫強之萬萬倍，你既然是真信從耶穌的，你想耶穌是死耶穌嗎？他有改變嗎？你想他不能給治病嗎？

忽然又魔鬼阻擋，我就靠全能大主所賜之大權殺死幾個鬼，又有個大鬼，借著本店的少掌櫃的，起來與我打仗，很是有力我自己不能勝他，正是無一點力的時候，我就跪下切心禱告祈求，忽然救軍天兵大隊來到，救主耶穌在我心裡實是天父聖靈的大能，就戰勝了大魔鬼，我就跪著不敢起來求問主，祂說：「不可起來。」我跪著聽命，祂指示好多的大事，還說：「你起來的時候，不可與他們說話，也不可挨近他們一切東西，將腳上塵土抖下去，走出六里路（三公里）去，再去歇著了。」

大約跪的有二點來鐘，到了天明（1917.05.27，星期日），主說：「你起來。」我就起來，我說：「方才已經叫我見了主耶穌，我還得見主的面我才走呢！」切心禱告祈求，忽然天上聚大會，我就觀看見有天軍許多，少時，來許多的先知、聖人、真正的信徒，男女很多，十二個使徒，保羅甚是光榮，天國的人無數，所看的工夫大之極也，天國的這回大聚會，多人就無法形容了，又有大隊魔鬼來，也聚會，我就很是膽小，說：「主阿！這些個魔鬼我怎能勝他呢？」全能的大君就顯現極多天軍，很多很多，又看見許多天使、天軍，各有各的責任，等的工夫很大，我就求主叫我迅速見耶穌的面，忽然來了一個像耶穌的，我就歡喜一點，先看著就不大很像，那知道他的面貌，改變成了一個極大的魔鬼，少時，真正救主耶穌來到，我就大大地歡喜快樂，哈利路亞讚美耶穌，阿們！

第七章
1917.05.27-05.28·星期日、一　潘家廟、黃村

我就要鋪中學買賣的，叫我歇息，我就不說話、用手示意，叫他跟我迅速走，他叫李恆芳，我也問主，他能得救！

我們就往外，店裡幾個人叫我犯罪，他們說：「魏先生喝水。」我就一句也不作聲，我就一點也不挨近他們的東西。我們走路甚覺累了，也不敢歇息，因全

能的主明明地告訴我，你走出六里地再歇息，我們努力的行走到了一個地方我就甚喝了，我問主說：「我喝水可以不可以否？」主說：「可以。」我們喝水，一問他們說：「離潘家廟多遠？」（今北京市豐台區潘家廟，離北京右安門約 6.5 公里 1.5 小時路程，離黃村約 10 公里 2.5 小時路程）他們云：「六里多地。（3 公里，此時可知他們倆人即位在今北京城豐台區草橋村附近）」我們就知道，這是主的預備。我打算在廟外歇息，忽然由廟裡出來了一個人，我說：「你有屋子沒有？」他說：「有，可是無炕。」回頭又說：「有一屋子炕，可是髒了點。」我說：「不髒那個，我們就進去。」與他說：「我們打算在這裡寫字。」他不大明白，我們給他祝福，他接待受大福。

還有一個詔得任教友說得可以，我正著睡覺，他卻叫醒我們，不容我們在他那裡歇息，我醒了忽然就說：「你必下地獄！」他還罵了我一句。他不知道，不是我說的，乃是主說的，我就起行走至一個地方，有一個店，我說：「這裡可以歇息嗎？」有一個老婦人說：「可以。」我們就到裡屋子去，寫主的大工事。

正寫著呢，忽然李恆芳出去看見二個轎車，李恆芳認得此車，說你上那裡去，他們回頭一看是恆芳他們回來，就進屋子，所來說二個人一看是鋪中的李壽臣，一個是我多年認識，按世俗說是頂好至友，他叫袁英臣，二個人大意是要將我非接回我去不可，我說你就是叫了大總統（黎元洪）發了大兵來，我也不能回去，他還說了好多的話，我半句也沒有容他們，我也切切問主：「袁英臣能得救不能？」主說：「能。」我叫丟去煙捲，他就立刻丟去，永不再吃煙，這雖然是極小的事，由這一件小事上看他能得救否。我也問主：「李壽臣能得救否？」主說：「不能。」他們見我決不能同他們回去，他們就走了，這真是大魔鬼借著我的世俗至友，來攔阻我行走天路，他們後我們也就起行，走的憔然非常累，可是心異常地歡喜快樂，讚美耶穌基督，這就是應驗主耶穌的話說，你們應當負我的軛、學我的樣式，因為負的軛到是容易的，挑的擔到是輕省的。

我們又走了個地方，睡了一覺，就到了黃村，一見了任義奎教友，他很接待我們，因為他素常就接信徒[32]，我們大大歡喜快樂，我們就禱告，我為祝福也切切

---

32 任義奎的店有數間房舍，應該是前為店，後為居家使用。而魏保羅在黃村的主要據點多數以該店為主，另在附近不遠的空地上搭了一座專供禱告用的葦堂。後來隨著逐漸發展，又向任義奎承租同址的一部分房舍作為教會會堂設址所在。

問主：「他能得救否？」主說：「能。」到了晚上，他將黃村的教師、教習有學問的人三個叫了來，意思是叫他們談談道理，他們來了，聖靈就將我的手按他頭上，給他們祝福禱告，他們以為我是自高自大，他們錯想了，我是個什麼人，我是個極大的惡人，比萬民的罪都大的多，因主的慈悲憐憫，從極大罪坑裡，叫逃避至逃城，他叫我拋棄一切所有，榮華富貴，一切的罪惡，哈利路亞讚美耶穌！他們那幾個教師、學習有學問的人，就沒有說什麼就走了。

我們到晚上，就切心禱告，唱靈歌讚美耶穌基督，就安息睡了。第二天早晨起來（1918.05.28，星期一），我就與任教友去與他們教會作首領說，這個禮拜叫我給他們講道，他們聽見這話，立刻說不叫他來，他要來時我們就叫軍人來辦他，我就蒙聖靈所賜的大能，放膽說：「他們人不叫我去，神叫我去，我一定要去。」我又寫主聖靈的聖工，到了約十點鐘的時候，我們就到了他們的禮拜堂坐下，就唱頌主詩第六十六首[33]。

唱畢，領首的人說了一個人禱告，我也蒙聖靈指示，切切禱告祈求，他們攔阻我禱告，我不聽他們的話，禱告完了，我就蒙聖靈大大充滿放膽，宣講天國的福音，他們就叫了軍人來，要打算將我辦著走，我就放膽說：「你是哪裡的軍人？」他說：「我們是某營的人。」我說：「你們叫了你們的營長來，你們管得著嗎？我有什麼錯處，這聖經的一切話，我講錯了哪一句，你們應當辦他們，因為他們忙告不實，這是法律管不著的。」那軍人無話可說，就立刻說：「你們可以坐下聽他講。」後來軍人無法管此無影無像之天道天法，因為這是法律不及的天法，軍人走的時候說：「無論何時，再請我們決不再來了。」（依 1912 年《暫行新刑律》縱然是第十六章秩序罪亦非該當，確實如魏所言無法可管）

我就蒙聖靈大大充滿，就放膽對領首二、三個人說：「你們是魔鬼，你們不進天國，有人要進去，你們不讓他進去，你們瞎子領瞎子，早晚掉在坑裡，你們不當用世上的權柄，叫了軍人來干涉這回事，這就顯明你們是魔鬼的行為。」還說了許多責備的話，他們不敢作聲，於是有許多虔誠婦女，還有男信友幾位，他們又來聚會，聽我給他們講論真道，我就蒙聖靈的大能、大力賞賜我聰明智慧、口才能力，溫柔謙遜地為他們盡心盡力細心講論天國的福音，所講的不外乎應當改一切他們傳錯了的道理：

---

33 無法確定版本。可能會是 1911 年版本的《頌主聖詩》。

1. 第一要緊的是必須求聖靈的洗，非水和聖靈的才能進神的天國；

2. 一是應當改守真安息聖日，因為這是神所應許降福的日子，就是他們的禮拜六日；

3. 一更應當有病不可吃藥找醫生，因為耶穌是無所不能的；

4. 一是當受全身大洗，因為主耶穌是受的全身大洗；

5. 一是更應當立一個被洗腳的禮，因為主耶穌說，你們應當彼此洗腳，這是極大彼此相愛的大禮，我們萬不可輕忽。

還講了許多的要話，也將我自己經歷的一切事，蒙主怎樣揀選、怎樣蒙主的聖靈引導、怎樣蒙主鴻恩，主顯現數次，凡聽的都受了感動，都靜心細聽講畢，我就同他們都跪下，大家全都發言，禱告祈求，我就唱靈歌讚美主，我們起來，大家非常地歡喜快樂。

主不叫我走，我就喝水，等候主的安排，主說：「沒有再見到他們首領的面，不能走。」有人叫了他們的首領來，我就又問他：「你們這所貼的『當守安息聖日』，怎麼講？」他胡亂講，我說：「主耶穌改了沒有？使徒改了嗎？」他就無話回答，還責備他好多的話，我就問主：「我走不走？」主說：「你走吧！」我臨起行我將話都告訴你們了，這罪可不再我身上了，我就出他們的教會。

校注按：

與第 6 章所記載不同的是「奉耶穌的名施洗」以及多增加了「當受洗腳禮」。綜合第 6、7 章的內容，對比信心會的宗旨[34]：

1. 洗禮奉耶穌的名全身下水。

2. 聖餐常在禮拜六的日落後。

3. 守安息日。

4. 洗腳禮。

5. 全信耶穌能醫治各樣的病。

---

34 賁德新，〈正定信心會之宗旨〉，《通傳福音真理報》第 13 期，第 1 面。

6. 求聖靈以說出方言為證。

7. 講道不出新舊約。

以及魏保羅在 1917-1918 年的實踐中，除了第 7 點以及獨創的面向下洗禮外，基本上與信心會的概念並沒有太大差異。

第八章
1917.05.28-05.29，星期一、二　黃村、團河

到了晚上，又有本地方的地方，許多的外教人，請我講道給他們聽，我就問主：「我去否？」主說：「你可以去。」我就蒙聖靈賞我聰明智慧、口才能力，放膽宣講天國的真道福音，聽的人很多，連叫他們站起禱告了二次，他們都順從，講畢大家歡喜而散。我又與任信友（任義奎）查了許多的聖經，就安息睡了。

第二天早晨起來（1917.05.29，星期二），我就到了一個有樹林子的地方，我就切心禱告祈求，又蒙主將全身的鎧甲全都穿上，我就大得能力，甚覺蒙恩，就唱哈利路亞讚美耶穌基督，阿們！到七點鐘，我最親愛的趙得理，同著綢緞布莊的一個學買賣的從北京來到，我們一見就非常地歡喜快樂讚美主，我就給他們講，我由蒙鴻恩，所行一切的路、所經營的一事，說了許多的話。他們就吃飯，他們吃完，我們又談話，說來說去說到受大洗的這層，從前我實在不懂這極大的事，因為由張仲三那天被大魔鬼所使的時候，他是仰著身子面向上在河受洗，他說他受洗，後來他被魔鬼拿了去，我就切心禱告說：「主阿！我怎樣方好？我受洗不受洗呢？」主說：「你受洗。」我說：「魔鬼已經污穢了。」主說：「一禱告就潔淨了。」我就在此禱告了許多，主指示我應當面向下受洗，我就切心的求主來給我施洗，耶穌果然來了給我施洗，還說好多的話。（此處受洗記載與第三、四章不同，是否可以互為補充，猶待商榷）

趙得理一聽，大有信心，就願受主耶穌基督親身洗禮，他就在前邊去講道，我就禱告，主阿！凡真心能得救的，可以將他交在我們手，可是不是，我們乃是交在主手裡，如要有應受洗得救的，主自然就叫他來了。

少時，趙得理來了，說任信友也很願意受主的大洗，還有幾位真弟兄也願。他們都來了，我們就禱告畢，大家起行一面走一面唱歌，大家歡歡喜喜地平安到了有好水的地方，那是活水（不確定地點，但從後續洗禮地點來看，應是選在圍河一帶）。實在是主預備的，我就先給他們一個樣式，更蒙主的聖靈充滿我的心，我就靠主的聖靈給他們施洗，實在不是我給他們施洗，實實在在的是全能大主在我裡面施的聖洗，大眾從水裡上來，都蒙聖靈大大感動，非常地歡喜快樂，就唱靈歌讚美主，大家又同心合意地禱告祈求，唱哈利路亞讚美耶穌，又唱哈利路亞讚美救主、讚美天父、讚美聖靈、讚美聖靈，阿們！大家歡歡喜喜地一同回來，阿們！

又到了晚上，我們就為大家講論，應當求受聖靈的聖洗，可以叫聖靈生我們一回，我們就不犯罪了[35]，我們就本著這受聖靈洗的大要緊的聖題目，就講的約有三、四點鐘，講畢我們就切切地同心合意禱告祈求，聖靈就降臨，我就給他們按手，他們大大地受感動，祈禱畢大家歡喜而散，這是主的鴻恩臨到黃村大兆頭，我們凡信主的人都當讚美主，阿們！我們又禱告，就安息睡了，讚美聖靈，阿們！

今將當日所受主的全身大洗名姓記於左：趙得理、任義奎、范廉能、劉得玉（劉德玉）、李永慶、孫查林這都是真正信徒，我已都問過主，全能得救，讚美主。

第九章

1917.05.30-05.31，星期三-四　黃村近郊

第二天（1917.05.30，星期三）我們起的很早，我們到了一個樹林子裡頭，就

---

35 魏保羅非常強調水、靈二洗均有遠離罪的功能，如果僅有水洗而沒有靈洗，還是無法遠離罪，最終與得救無份。此信仰內涵與現今的真耶穌教會得救概念有所出入。惟魏保羅強調的靈洗概念與賁德新差異不大，皆認為靈洗與得救有高度相關。可參：賁德新，〈受聖靈的洗要不要緊〉與〈主的道就是靈就是生命〉，《通傳福音真理報》第 15 期（正定：自印，1917.02），第 3-4 面。

跪下切切地禱告祈求，聖靈大降充滿了我的心，又穿上全身的鎧甲，靠聖靈的能力，又看見主耶穌基督顯現，我們就歡歡喜喜回店。

又有人來，我們聚會禱告，忽然來一位劉旭堂，他給我帶了一件大衣，我說我不要二套衣服，我又叫他又拿回去了，他來的意思是叫我回去，我是半句話也沒有聽他。我蒙主指示了許多的話，都很合適，讚美主！他走了，我就求全的主幫助我寫這聖靈真證，直寫了約有半天，雖然非常地累的，但心裡非常地快樂平安滿足，這是主的鴻恩，我們不配得的，阿們！哈利路亞讚美耶穌基督！

又到了晚上，又有那幾位已受大洗的真弟兄來到我們所住的地方，就是任義奎的店裡，我們就為他們講道，先是趙得理給他們講，他講畢，我雖然是又累又乏，我就靠著加給我的力量的基督打起精神來，為他們大聲宣講，所講的大意不外乎叫他們求聖靈重生，極大之洗，因為他們只受了全身的水洗，故此給他們講論此大要題，他們就大大地受感動，我們就跪下一同發聲禱告祈求，大家祈禱畢，更為受聖靈的大感動，就歡歡喜喜地各回各的住處去了，我們就安息睡了。這一夜我被魔鬼試探，他叫我順從惡欲，全能的主無所不在的神使我得勝。

第二天（1917.05.31，星期四）早，主說：「你起吧！」我就起來，叫趙得理也起來，我們二個人一同又到了我們從前禱告樹林子地方，就服服跪在地上，同心切切地禱告祈求，我又用方言禱告許久，忽然想起要求見主的面，就有許多的各樣的魔鬼假充救主耶穌基督，有主的聖靈在我心裡，我很認得真耶穌基督（真正的耶穌基督），我就說：「不是！」我就求主將牠趕在一邊去，我就奉主耶穌的名趕在一邊去了，我又觀看見有極大的大隊魔鬼，我就說：「這大隊的魔鬼，怎能勝他們呢？」我又觀看見有天軍大隊，少時，就不過了，我又心裡說：「這還不成阿！」少時，我又觀看見有天軍來到，這是極大的大隊，就有聲音說：「你往裡看。」我又看無邊無數的大隊天軍，我又觀看，忽然來的一個非常大的一個大箭，還有一個弓在後頭，箭的樣式像是極大的鐵煙筒，是的，比鐵煙筒可大的多，就有聲音說：「這就是魔鬼的火箭，必須用信德當藤牌拿在手中，可以滅盡那惡者一切的火箭。」我又觀看見有極大的一個毒蛇，說他能害天下萬國。

我又觀見有許多得勝的要人物，我就問主說：「這裡有十二個使徒都在嗎？」主說：「都在。」因為我先已求過要見主耶穌基督，又要求見摩西、以利亞與十二個使徒。主賞賜的比我求的多得多，我又看見許多的天軍、天使，都是很好看的，吹吹打打地快樂至極，我一看見這一切的天使這樣的快樂，我就非常

地歡喜快樂，我就與他們一同快樂起來，我又觀看見有魔鬼冒充救主，我就禱告說：「我還有什麼缺少的地方，求主加添。」主說：「你還是信心小。」我就切的求主賞賜大信心，加添我一切的能力，所跪的工夫就很大了。

趙得理要起來，主不叫他起來，主還指示我告訴趙得理一切的話，他也很願意領受，這個時候就大多了，我心裡說太累了，很是難受，就有聲音說：「你要為主死十字架呢！」我就心裡醒了，大有忍耐說是無論跪到死，我不見主決不能起來，此時還下點雨，有任義奎也跪下禱告，他先已經去了一回、二回又去了，他要走，聖靈在我裡面說：「千萬不要起來。」下點雨我們的衣裳不要緊，主的大事要緊，先也有一個劉信友（應該是劉德玉）也去了，因為他還未受聖靈的洗，力量不大，就不能與我同跪那門大工夫，我們就用跪工夫很大，全能的大主還指示我極要緊的非常的聖旨，就是神借著門徒行傳，更正教的大要緊、聖靈所指示的大規條。我就切心求聖靈叫我記著，今將全能的大主的聖靈指示的聖約條規，開列於左：

（一）魏保羅領受的聖約規條

1.聖約規條第一條吾人當受聖靈洗

聖主說：「第一要緊的，是必須求聖靈的聖洗，因為不是從聖靈的生，不能進神的天國，將這一條列在頭一條。」這是主定的第一條更正聖約的命令；

2.聖約規條第二條吾人當受大水洗

聖主又說：「必須受全身的大洗，因為主耶穌是受的是全身的大洗，眾使徒也是如此，受全身的大洗，當學法他們，要緊是聖經禮當遵守。」這是聖主說的可將這一條列在第二條聖約上；

3.聖約規條第三條應奉耶穌名施洗

聖主又說：「你告訴他們一切的教會，說你們不可給人領洗的時候說，我奉聖父、聖子、聖靈的名給你施洗，萬不可這樣，將主耶穌基督的話，錯會了意，因為父、子、聖靈的名就是耶穌基督，你看使徒給人施洗全是說：『我奉主耶穌基督的名給你施洗。』。」聖主說將這一聖條列在第三條聖約上；

4.聖約規條第四條生病當靠耶穌治

聖主又說：「你們應當告訴他們一切的教會說，你們有病不可用找醫生治，應當求聖主耶穌治，這才證明你們是真心信靠主的人。」聖主說將這一要條列在更正的第四條聖約之上；

5.聖約規條第五條當求趕鬼大權柄

聖主說：「你告訴一切的愛主的信徒說，你們應當求全能的大神賞賜趕鬼的大權，因為主耶穌基督賞賜眾使徒趕鬼的大權，主也必能賞給我們，我們這樣的大能，叫我們能趕出鬼魔。信徒要無此權，就不能勝過魔鬼，不能趕出魔鬼，就不能離開罪惡，不能離開罪惡就不能進天國，這是一定的道理。」聖主說你可將這條聖約列在第五條聖約；

6.聖約規條第六條吾人當守安息日

聖主又說：「你可切實的告訴各公會眾首領說，你們應當切切實實的遵守真安息聖日，這是我降福的日子，已經定為永永遠遠安息聖日，萬不可改變了，更不可將素常的禮拜日，當作安息日，他們已經大錯多年，叫他們迅速地改過來，這一切的聖條列。」聖主說：「我已經都借著你指示明明白白的了，他們要再不順從、再遵守，一定他們下地獄，受永遠萬萬年的大苦難、大刑罰，到那時候後悔晚矣。」聖主指示將這一聖條至要至約可列在更正教的第六條聖約。

（二）魏保羅領受的更正教永例

1.更正教永例第一條更正耶穌教會名

聖靈明說：「你廣告各公會一切的首領人說，你們迅速地將各公會分門結黨的名目會稱取消，全都更正改成統一的名稱均改更正耶穌教會，這是極正大的會名，存到永遠，因為別的會名的，各公會的名稱當初都是有私心，所起的會名。」你將這一條列在第一條更正教的永條列上。聖靈說：「是的。」；

2.更正教永例第二條人人不當師尊名

聖靈又說：「你可佈告各公會牧師教師一切作首領的說，你們迅速的將你們的牧師、教師的名稱改過來取消，因為你們自高自大，就不能進天國了，你們看使徒彼得保羅，他們都是稱作耶穌基督僕人的，保羅、彼得或是長老的說法。」

耶穌說：「你們不要多有作師傅的，因為作師的，受刑必是更重的。」耶穌又說：「你們只有一位師尊就是基督，聖靈才稱保惠師，我們人萬不可受師尊的稱呼，應當迅速的將這個師字取消，更正過來。」你可將這一條寫在第二條更正真教的條列以上；

3.更正教永例第三條真神乃是真名稱

聖靈又明明地說：「你宣佈各公會，作首領的各公會，真心信靠主的男女老幼說，永不可稱上帝或是天主為真神的名字，因為這都是中國人給他起個名字，卻實真正聖經上的原文，並沒有這上帝、天主的名稱，並且這第二個名稱範圍也太小，應當稱神這神的名稱包羅萬有，因為只有一位真神，所以神是創造天地萬物人的神，這是正大光明絲毫不錯的稱呼，大家要注意，上帝的稱呼無非是皇帝的皇帝，你想他只是皇帝嗎？不是人的皇帝嗎？天主的稱呼更不對了，怎麼他只是天的主？他不是萬物人的主嗎？應當說，天地萬物人的大主就對了，這樣說來，就稱呼神這個真正的稱呼就對了。」聖靈說：「你將這條寫在第三條更正的永列以上。」；

4.更正教永例第四條受感說話不應禁

聖靈明明地說：「你千萬廣佈一切的真信徒說，你們聚會、講論、禱告的時候，萬不可像他們那假冒為善的假教會，他們私派一個人講論或祈禱，或有時他再請一個某人禱告，這都是人的私心並不是神的意旨，你們應當到聚會的時候，誰要受了聖靈的感動，或得了主的什麼能力，或什麼異像什麼指示，一切的啟示、一切的恩惠，種種的教訓真神一切的大事，都可以隨意大聲宣佈講論，眾親愛的弟兄姊妹細聽，禱告的時候，可以大家都可以發言、禱告、祈求，因為神是各人的神，不是一個、二個人的神。」你可以將這一條列在第四條更正的永例上；

5.更正教永例第五條不可強收稅與捐

聖靈明說：「你們這一切真信徒，萬不可像他們假教會的規矩，每逢到了假禮拜日打好幾回捐錢，又提倡各樣的捐錢，總說不足用的，他們將各處或是別國的錢、或眾百姓的錢、或是極貧窮的錢，牢籠在他們手裡分肥，他們各首領人都發了財，各樣的財物、一切美容、一切虛華作闊，這是實大不對了。聖靈明說：『我都看見了！他們要不迅速悔改，他們必受永遠的刑罰。』你們千萬不可效法

他們的行為，你們聚會不可收捐錢，如有願意幫助真貧聖徒的，隨意可以幫助補足，這是神所喜悅的聖事，萬不可勉強人捐錢的事。」你可將這一條列在第五條更正的永列上；

6.更正教永例補充首領清貧守真道

聖靈明說：「你千萬切實的告訴各公會一切的外國自派、人派為牧師、教師的，或是中國一切作首領的說，你們應當悔改，真心效法耶穌基督，和眾聖使徒的榜樣，你們應當將你們的財物一切的變賣了，幫補一切的真正男女聖徒，這是聖主極歡喜的大善事，也是理所當然的，你們要這樣必上天國，萬年得福，千萬不可再住那樣大闊樓房，因為好多的無衣無食貧窮人，那你們就不問問自己良心，這一切的話對不對呢？」這實在是聖靈的真話，阿們！

校注按：

本章的六約五例，可與《萬國更正教報》第一期〈真耶穌教會的教規〉，進行對比參照：

1.必須面向下受全身的洗禮。

2.必須受聖靈洗說出方言方算為憑據。

3.必須守禮拜六的聖安息日。

4.必須求得醫病趕鬼的大能。

5.吃聖餐必須要用擘開勿用刀切。

6.必須弟兄彼此實行洗腳的禮。

7.必須實行按手的禮。

8.安息日宣講不限鐘點。

9.聚會均可輪流講論。

10.眾會祈禱時大家均可發聲。

11.求聖靈啟示立監督長老執事。

12.傳道人無一定工價。

13.奉獻十分之一。

可以推知，魏保羅在訂定教規時的概念是逐漸發展的，與最初領受已有一定程度的不同，但幾乎全部的內容都被保留在其後的發展過程中。例如上述未提到的：「不可稱師尊名」，在真耶穌教會發展的過程中即缺少牧師、教師等「師」字輩的職稱。

美以美會辯正道　團河行宮浸全身

第十章
1917.06.01-06.02，星期五、六　黃村

　　耶穌基督的僕人，小門徒保羅，將全能的主，一切聖靈的啟示，大約寫畢這一天，就寫了許多字就是這本聖靈的真見證。我一天是非常快樂，平安禱告祈求、唱靈歌讚美主耶穌基督，阿們！到了晚上我們安息睡了。

　　第二天（1917.06.01，星期五）早晨又起來聖靈引導，我們又換了一個禱告的地方，就上了葦堂裡。我們切心的禱告祈求，我又見了異象，就是親眼看見主耶穌。

　　我們就回到店裡，又休息了一時。忽然，趙得理又給起名叫門徒約翰的，他父親趙老翁由北京來，他的意思是叫約翰（趙得理）回京，我靠主的大能也多方的禱告，我們二個就勝了他，他就平平安安地回去了。

　　又到了晚上落太陽起就算安息聖日了，我們在黃教友（黃廣生）家要守安息聖日。去的人約有十七、八個人都是實實在在的真信徒，我們講論天國的真福音。先是約翰給他們應當守安息聖日的大題，引了許多的見證，應當這樣守，然後我給他們靠著聖靈講論，一時我們就大家禱告祈求，切求聖靈的洗，我就給他們按手，他們大受聖靈的感動，我們唱靈歌。哈利路亞讚美耶穌基督，阿們！大家歡歡喜喜地散會，各自回家去了。

　　又第二天早晨（1917.06.02，星期六）我們又到了一個葦堂，切心祈禱聖靈又充滿我們。又回來，又休息了一下，因所定的是任義奎家中聚會，守真安息聖日。去的人不少，大家同心意的細聽講論切熱心真道，歡喜快樂讚美主。我們所聚會工夫很大，大家都願意求聖靈的洗，聖靈又指示到十一點鐘再聚一個會。又到十一點鐘又聚會，與早晨的聚一樣大家非常地歡喜快樂。有二個極貧窮人，要受大洗，我們就往一個大長流河裡受洗[36]，大約離黃村有七里地（3.5 公里，地點

---

36 長流河與長流水概念類似，不是河的名稱。由於北京南邊水系發達，長流河通常指的是比較寬廣一

據推測可能是今北京市大興區鳳河一帶，或其他涼水河支流）。窮人中有一個是瘸子，他勉強著走，也有人扶著他的時候，我就奉主耶穌基督名給他們施洗，從水裡上來，真是特別的歡喜。我們在那裡就唱聖靈歌祈禱，大家歡歡喜喜回來。到了八、九點鐘又一起的聚會，與前二個會一樣。這一個安息聖日天上的真神降大福給我們了，就唱哈利路亞讚美耶穌，阿們！就又安息睡了。

第十一章

1917.06.03・星期日　黃村

　　第二天（1917.06.03，星期日）早晨我們又到了一個葦堂子裡，切心禱告祈求蒙主指示，聖靈明說：「你們進他們假禮拜堂（黃村美以美會）去，必須小心，不可與他說話，可以多多禱告。」先是頭一晚上作了一個夢，我因辦慈善事，寫了一個稟去呈見吳總監，出來了一個人，與我交談。

　　我說：「總監，何時將鬍刮去的阿？」我又細一看不是總監，我說：「是了，不是總監。」他將我的稟呈給改了，添上了幾個字。我說：「你爲什麼胡改呢？」他將我抓著，打我的意思。我說：「我認得總監。」心裡說：「大概一見總監就必罰他！」因為總監就是耶穌基督。

　　我們到了他們的禮拜堂就禱告，等的工夫不小，大家都來聚會，王假牧師（王兆科）自高自大的領禮拜，他先就不是好意思說：「不准別人禱告。」他就禱告，我也禱告，但他們阻擋我禱告。他說：「我不叫別人禱告，你怎麼禱告？」我說：「聽從你過於聽從神，你說合理嗎？我們不從人的，我們聽從神的。」他們大家打我們兩個人，我們就不動手，也不還口，他也罵來著，我們靠著神的大能重重責備他們，又叫軍人來，但卻無法辦我們。後來我妻魏劉氏，主賜他聖靈大力，放膽責備他們與他們辯論，很是說了幾句句有理的話，這就應了主說：「她能跟你傳道。」哈利路亞讚美耶穌！

　　任信友說許多的責備他們的話。有男信友，幾位都是很幫助我們的意思，有

　　點的河，如永定河、鳳河、團河等河流。

幾位女聖徒他們也大大地幫助我們辯論，證明我們所傳的聖靈的道理是真的。聖靈還不叫我出禮拜堂，後來進去，人都快充滿了堂，約翰先為他們講的工夫很大，後來我又靠聖靈，給他們講論天國真福音。痛哭了一大場，就感動了大眾。我就領著他們跪下，禱告祈求唱靈歌讚美主，哈利路亞，讚美耶穌基督！我們非常地歡喜快樂，平平安安回到了所住的地方，阿們！

　　這都是實實在在的聖靈的真見證，阿們！我休息了一小時。就起來寫此一切的大事。見證直寫到後半夜我就禱告。謝恩畢，安息睡了。

第十二章
1917.06.04，星期一　黃村

　　第二天（1917.06.04，星期一）早晨起來。蒙聖靈引導到了每日禱告的葦堂地方，我們就切心禱告祈求，又唱靈歌讚美主，我就靠著聖靈寫更正新教會的稿子，大約直寫了一天。先寫的一個給各公會作首領的一公函信稿。

　　到了晚上，任義奎受了一點約翰之父所託，來叫約翰（趙得理）回局子辦俗事。約翰受了大魔鬼的迷惑，也願意回去。聖靈在我心裡就大大為他擔憂，我們就禱告無大效，就安息睡了。

　　第二天（1917.06.05，星期二）早上起來。我們就葦堂切切地禱告祈求。忽然聖靈大降在我心裡，就為他痛哭，他受了聖靈的大感，就醒悟過來。我們跪的約有二個鐘頭的工夫，我見了天軍和救主耶穌基督、摩西、以利亞和十二使徒，主還指示了好多的大事，於是我們起來，唱靈歌讚美主，歡歡喜喜地回到住處。

　　這日，我們蒙主指示，到三點鐘在任信友家聚會，去的人約十個人，約翰先為他們講論的工夫很大，後來我為他們講論，我是先求聖靈在我裡面，給他們說的時候，千萬不要依我一點的意思，他們就都受大感動，聖靈指示我給他們按手，他們很是蒙大恩，我們回來就休息了一時，又起來禱告。

　　少時，我就靠著聖靈的指示寫更正教的大聖事的稿子，直寫了到天亮。（1917.06.06，星期三）才睡了一小時，又起來到葦堂去禱告。每日早晨都是我叫

約翰起來，因為聖靈先叫我，我就起來。我們禱告的工夫不甚大，因為主憐恤我太累了，因為神所辦的大聖事，我們有想不到的地方甚多。

忽然北京的鋪中人李恆芳來了，就想起這主的大聖旨按排的，我們就盡心盡力地看更正教的稿子內有錯沒有。友約翰又添上了幾句話，大約一切的聖約條規完全了。到了晚四點多鐘，我們就到長流河（地點據推測最可能是今北京市大興區鳳河流域的團河支流一帶，但也不排除其他涼水河支流的可能）的地方，給李恆芳施洗。聖靈大降充滿了，大家歡喜快樂祈禱讚美。歡歡喜喜地回來，到晚禱告畢，睡了。

第二天（1917.06.07，星期四）我們三個人到葦堂去禱告，工夫不小，大蒙聖靈感動，至七點鐘李恆芳更正新教稿子，並已切實的告訴他要言，將這極大聖工稿交與他，他便往北京去了。

第十三章
1917.06.07-06.10·星期四-日　黃村、團河

忽然，北京趙老翁叫約翰（趙得理）回去辦俗事過幾天再來。聖靈又為他擔憂，我為他切實的禱告。祈求已畢，聖靈指示我：「不要緊，我必保守他，不受魔鬼大害，這道是與你們都有益處。」我們又祈禱唱靈歌、握手、彼此約定禱告，約翰又說了幾句重要的話，就歡歡喜喜地相別了。走之前，我就又寫這聖靈的真見證冊，又給賈德新寫了一封信，大約有二千多字。所寫的詞句，滿是聖靈的啟示，重重的指責他一切的罪過，叫約翰細細地唸給他聽。

約翰走後。主的聖靈明說：「我與你同在！」阿們！我就甚得喜樂平安。到了晚上，有范信友（范廉能）、李教友（李永慶），我們聚會禱告時，聖靈降臨在他們身上。他們就大受感動，我每日都給他們按手。

第二天（1917.06.08，星期五）早晨我們同李信友往葦堂去禱告，很得能力，歡歡喜喜地回來。這一夜主與我同在，還有天軍、天使保佑我，到了快明的時候，有一個人像壯士，如同一個極有力量的人。他就是指著我說：「他就是極快

的刀。」我醒後細細的思想很有神的深意。是主叫我成了極快的刀殺魔鬼，必大得勝仗。

早晨又與任信友聚會禱告，我就睡了一時。

起來時，忽然我最愛的親兒，由北京來了，我就非常歡喜，快樂讚美耶穌，這也是聖靈的引導。哈利路亞讚美耶穌！

我又給李敬真寫信寫了三大張，還寫的沒一半呢，就到了禮拜五（1917.06.08，星期五）晚上，就是正當的安息聖日了，到會的男女真信徒約有十餘人，我靠著聖靈就切切地爲他們講論天國的真福音，講到約翰一書第四章第十節說：「不是我們愛神，乃是神先愛我們。」（各版本均無「先」字，引用經文貼近《官話和合本》）我們便哭了，痛哭不止。於是一面哭、一面講，大家也都受了聖靈的大感，便都哭了。我們又跪下禱告祈求，我們唱靈歌，讚美主。

第二天是主耶和華的安息聖日（1917.06.09，星期六）。我們同李信友、我兒三人上葦堂去禱告，就大得鴻恩，到了十點鐘我妻馬利亞，同我女兒惠英，與鋪中的馮星喬由北京來了，我們大大歡喜，快樂讚美主。

我們就一同聚安息日的聖會。當中任義奎的妻，很受他婆母和他姪兒的大逼迫，痛哭不止，我就用主道安慰他，也講了許多的道給他們聽，他們都受感動。於是，我們便都跪下，禱告全都發言，大聲禱告祈求。我又給他們全都按手，全是受了聖靈的大感，我們又唱靈讚美耶穌。聖靈指示我們，母子女三人（劉愛、魏文祥、魏惠英）連同馮香喬（馮星喬）共四人施洗去，他們都願意了。

我們就又禱告了二次，就起行，往從前施過多人洗的地方，大約有六里多地（約 3 公里，地點爲今北京市大興區鳳河流域的團河支流一帶，在黃村正東方 3.5 公里左右）。我們就歡歡喜喜地一直到了長流河的地方，我們又禱告唱靈歌讚美主，我們就下在河裡，切切禱告，祈求聖靈大降充滿各人的心。

我就奉主耶穌基督名給他們施洗。我們從水裡上來，就非常歡喜快樂讚美主。我們唱詩禱告畢，就起行回來。當中路過陳信友家，在他家喝了很多涼水，很是痛快。我們就爲他這一家求平安。大家禱告，唱靈歌讚美主，就歡歡喜喜回來了，他們母女同馮星喬坐火車回北京了。我就寫信給趙得理很長的一封信，就安息睡了。

第二天是他們的禮拜日（1917.06.10，星期日）。主早就告訴我：「你這禮拜日，不必去了。因為給他們講道理是了。」我就寫了一天聖靈的見證，為主的信件，哈利路亞讚美耶穌，阿們！

第十四章
1917.06.10-06.14，星期日-三　黃村、團河行宮

到晚上忽然韓老翁（韓世傑）由北京來。他是一個多年信道的人，他的意思是要勸我吃飯，我半刻鐘也沒有容他。又來了幾個男女信徒，我們就作禱告會，聖靈大降，充滿各人的心，我兒文祥大受聖靈。主對他說：「我用你。」哈利路亞讚美耶穌！我們就唱靈歌讚美主。大家歡歡喜喜地散會去了，我們又禱告就睡了。

第二天（1917.06.11，星期一）早晨我們同韓、李四個人（韓老翁、魏保羅、魏文祥）到葦堂去禱告，很得大恩。禱畢，韓某就回去南苑見張仲三，我就寫了賈德新大封信，又寫這聖靈真見證。少時范信友（范廉能）要上南苑，問我：「有信要帶過去嗎？」我告訴張仲三願來就可以來。我們又切心禱告，給他們求聖靈的大洗，很受大感動，就勸去了。這一天沒多少要事，禱告完了，就睡了。

第二天早晨（1917.06.12，星期二），還是照常到葦堂去。祈禱少時，忽然布店的李恆芳由北京帶了更正新教會聖約章程來了，我就大大歡喜快樂，讚美耶穌！成就主的大工。於是我就聚會祈禱謝恩，唱靈歌讚美主。這一日有李永慶的夫人李太太（李馬大），願主給她施大洗。還有義豐店的小夥計，任寶海也願受大洗，我們就又禱告祈求，唱歌讚美主，就起行。一路上，歡樂唱歌讚美主，我們路過陳信友村莊，順問陳太太願受洗否。

一到他家，陳太太（陳更新妻）在家，歡迎出來，甚樂意受大洗，我們又唱詩，祈禱聚會，就歡歡喜喜地到了長流河地方，就唱靈歌、祈禱，給他們施洗。是時，聖靈大降，感動大眾的心，都歡歡喜喜讚美神。

我們又進了一個前清國家的舊海宮內，已無什麼人了。我們到了亭子裡[37]，唱歌祈禱二次，我們又洗澡，甚是平安快樂，讚美主。

　　回來，又到陳教友（陳更新）家，聚會祈禱就歡歡喜喜回來了。忽然，趙得理來了一封極長的大信。他是受了大魔鬼的迷惑，要擋阻敵這大聖工，將我打倒。哪知道聖靈在我心裡很有力量，當日晚上就細看了一大晚上，我就切切地禱告祈求聖靈幫我給他寫回信，抵擋他回去。我就靠聖靈給他寫信，直寫到無油了，我就看快天明了（1917.06.13，星期三），便睡了一小時。

　　又起來，到葦堂去禱告，我們同李永慶、任寶海、我兒文祥四人去，禱告的工夫很大，就歡歡喜喜回來，又給趙得理寫信，直寫一天的工夫，又寫了別人的二封小信，我寫這聖靈的真見證，直寫點燈燒完後，才完了。

　　忽然，又接到我最親愛如弟劉鎮東一封信，言詞是非常地認罪悔改，信我的一切所說所見異象、禁食等等大恩聖事，我甚歡樂讚美主。到了晚上，我們又禱告、唱靈歌讚美主，歡歡喜喜地就睡了。

　　夜得一夢，夢見警察廳吳總監（吳炳湘）和步軍統領提督左領當統領官袁得充大人[38]，他二君同我在路上走。正走著路時，我就將我所要為主更正新教會的大聖工一邊說著，吳總監從他口裡就對著我的口裡，吐出一個小銅錢來，吐在我口裡，我一看這光景非常的危險，就知道他要拿我，我就與他打起架來，我的力量大，就勝了他。

---

37 較合理的推測為團河行宮。團河行宮位於今北京市大興區團河北村一帶，位在黃村正東方約 4 公里處。1917 年時，團河行宮依然健在，但此時正逢府院之爭，張勳率軍入京之際，駐軍主要是在今北京豐台區的南苑司令部，團河行宮直到 1922 年馮玉祥任陸軍檢閱使時方重新駐軍，1937 年行宮的宮殿群毀於中日戰爭。1917 年時的魏保羅一行人進入時，滿有可能如入無人之境般輕易進入。北京時稱南苑為南海子，海子即是因下雨、泉水、河流等原因匯流而成的湖面。團河行宮有六亭，依魏保羅一行人的路線、受洗方式，來進行地點測測，由於鄰近團河才有可能全身入水，因此最可能的位置是在行宮西湖過河亭的位置。

38 北洋政府體系在袁崩殂後一直呈現多頭馬車狀態，軍、警界限難以區分，京師警察廳與京師步軍統領衙門的司法權限相互交錯，難以區分，警察廳為偏向現代化的編制，步軍統領衙門則為前清時期所遺留下來的京畿戍衛編制。時任警察總監的吳炳湘與步軍統領的江朝宗便是民初時期擔任北京治安系統的重要角色，亦是參與張勳復辟事件的重要人物。袁得充的銜職為京師步軍統領衙門左翼總兵官，是步軍統領江朝宗的副官。

於是他叫來了巡警。我就放開腳步飛跑，後頭有個人追趕我，跑的十分快。我便繞彎奔進了小胡同兒，一直到老家為止。見到了我的傻妻，她說：「我買魚去，我姐夫來了。」我就到家的意思，迅速將主所用的聖經，或這頂要緊的聖經真證冊子，一切的要物拿出來，還得快快地跑。

之後，我就醒了。細心思想這一個夢很有大的意思必要應驗。

這天早晨（1917.06.14，星期四），我們起的大早上葦堂裡去。李永慶後來也去了，聖靈大降充滿了我們三個人的心，就都大哭起來了，一面禱告，一面痛哭，工夫很大。祈禱畢，就歡歡喜喜地回店，我就休息了一個小時。

聖靈叫我寫信給各公會、給各省，已經打出底的來了，我知道我寫的字不好，他們假牧師、教師又看外貌，忽然來了一位范寫友（范廉能），他很有熱心，他快受聖靈的洗，他的手筆比我就強的多了。我問說：「你能有工夫幫我寫信嗎？」他很願意。於是，他就寫了多半天，這真是全能神早已就預備的人，哈利路亞讚美主耶穌！

主對我說：「可以分成三回，將這公信送去。」我又見郵政分局局長他很重看。我回來，又寫這聖靈真見證，我們聚會禱告。讚美耶穌，阿們！就睡了。

第十五章
1917.06.15-06.16‧星期五-六　黃村、團河

今將給各省、各教會、各處男女教徒所發的更正新教會的聖約、條列公信，開列於左：

北京

公理教會　信心教會　長老中國人公信　長老教會　中華教會　安立甘宗中國人公信　安立甘宗教會　美以美教會　正定信心會公信　公理宗中國人公信含立（賁含立）轉公信　青年會　美以美中國人公信　陳五（陳新三）轉公信萬子青轉公信　保定府各公會公信　潘太太轉公信　魏劉氏（劉愛）轉公信　美以美女信友公信　李敬真轉公信　公理宗女信友公信　黃村美以美會公信　公理

外國女信公信　任信友轉公信　長老女信公信　吳梓箴登報信　長老外國女信
群強報公信　安立甘女信公信　倫敦教會男女中外公信　安立甘外國女公信　神
學校公信　劉馨亭（劉芳，字馨庭）轉信　本人一紙信

　　　　　外省

　　山西各公會公信　天津各公會公信　山東各公會公信　天津中國人各公會公
信　廣西各公會公信　河南各公會公信　廣東各公會公信　浦口（今南京市浦口
區）各公會中國人公信　浦口各公會公信　直隸北通縣（今北京市通州區）各公
會公信　上海各公會公信　上海各各會中國人公信　天中國教會公信　天津青年
會公信

　　到了晚上我們禱告謝恩，讚美主，就安息睡了。

　　次日晚上（1917.06.15，星期五），因為是安息聖日的起頭，就來了幾位信友
一同聚的會。也講論了半天，聖經有恩惠的天道，有陳教友（陳更新）、陳太太
（陳更新妻）、李永慶信友、李太太、范信友（范廉能），還有吾兒文祥，聖靈
降臨。大家歡歡喜喜地祈禱，詩歌唱哈利路亞，讚美耶穌，阿們！

　　第二天早晨（1917.06.16，星期六）因為是正當的安息聖日，我們就早起到葦
堂去，三個人同心合意地祈禱，天父聖靈很有能力，幫助我們禱告，我們歡喜回
店去睡了一小時，忽然吾妻馬利亞（劉愛）由北京同鋪中學生董鴻早（董鴻藻）
來了，帶了吾女兒惠英，我就大大地歡喜快樂起來，因為我早已就盼鴻早來，好
給他施真大洗。

　　因安息六，張仲三同張錫三他人已來了，他們吃完飯就自己私自上他們的假
禮拜堂去見劉首領（劉芳），他們因為還受著魔鬼的迷惑呢！就失了敗，不能得
勝，我就打起人去叫他們二、三回，他們都不回來。他們後來回店，我責備他
們，看那他們的意思，還不大願意。他們同大眾勉強著聚了一個會，又認意妄
為，出去賣書。我與他們說：「受大洗應當面向下，你們還得這樣受主的大洗才
好，他們不聽，就出去了。」

　　（張錫三雖然在 1917.05.26 魏保羅面向下受洗事件中，雖勉強接受按手洗
禮，但不久即離開，未與魏保羅同去黃村。但從此處看來，魏保羅並不覺德張錫
三在之前的洗禮有效。）

　　那天（1917.06.16，星期六）忽吾最親愛如弟的劉鎮東由北京來望看我來了，

我就更喜上加喜、樂上加樂，因為我素常就盼望他來，好給他施大洗，我們這早安息聖日的，聚會有十餘人。我給他們講論天國的真福音，也說今日是上主耶和華降福的日子，也叫他們頭項要緊的是求聖靈洗。因為不受聖靈洗，不能重生，而不能重生，就不能進天國去。講的工夫很大，我們大家同發聲禱告祈求，聖靈大降，感動大眾，就甚歡喜快樂，讚美主！唱哈利路亞，讚美耶穌！

我們又說了半天我所經歷的大事，如何見主的一切異象，由蒙聖靈施洗直到黃村一切的聖工，都一一的細報告給吾弟聽，聽得他很有信心，說畢，我們就起行到了團河內（地點為今北京市大興區鳳河流域的團河支流一帶，在黃村正東方3.5公里左右），給董鴻早（董鴻藻）、劉鎮東施洗。

我們先祈禱唱歌，我們到那裡又先禱告唱歌，我們同下水裡去，為他們祈禱切求聖靈大降。我就奉耶穌基督名給他們施洗，他們從水裡上來，就大大歡喜快樂，讚美主！

我們到了上回聚會祈禱的地方（即團河行宮過河亭），我們讀經馬太福音三、四章，講論耶穌受洗的時候受魔鬼的試探，耶穌基督大勝三仇，我們應當勝三大仇（指馬太福音第四章耶穌三勝魔鬼一事）。我們又唱詩禱告祈求讚美主，就歡歡喜喜散會，與劉君離別，他回北京了。

我們就同到店裡，我就睡了一小時。任義奎信友就叫我起來聚會去，因為我定的是在黃教友（黃廣生）家，五點鐘開離別會，好為他們述說我在黃村由來起，為他們所留下的好標樣，凡聖靈指示我的話，沒有一樣我不細心講給他們聽的。我也說：「我雖然不在這裡，神的保惠師會常與你們同在，那是比我強的多了。」我就痛哭不止，大家也都哭了，因為聖靈大降，講論的工夫很大，我們都跪下禱告祈求，又哭了。祈禱畢，大家歌詩讚美主，又唱哈利路亞，讚美耶穌，阿們！大家歡歡喜喜，散會去的人不少，吾妻住在徐大姐家。

校注按：

關於信件中提及的宗派在此做一個簡短介紹：

公理宗：基督新教宗派之一，理念與喀爾文主義相近，但並未強硬主張信條，強調公眾治理。在中國的傳教歷程，時常與長老會、循道宗等不同教派團體聯合行動。十九世紀由多數公理宗人士所組成的倫敦傳道會開始在華傳教，魏保羅也曾在倫敦會聚會數年時間。

使徒信心會：基督教差會之一，組成由循道宗、五旬節派等傳道人所組成，但並非嚴密性的差會組織。1908 年傳教進入正定府（即今河北省石家莊一帶），主要活動地點為北京市、石家莊、邯鄲市等河北地區。使徒信心會的傳道人賁德新與後來成立真耶穌教會的魏保羅、張靈生頗有淵源，魏、張兩人亦曾在信心會受洗。真耶穌教會在神觀、洗禮教義、醫病異能、說方言等方面，與獨一神論五旬節派（The Oneness Pentecostals）觀點近似，惟真耶穌教會在末世觀、洗禮面向下等觀點有所歧異。

長老會：基督新教改革宗的流派之一，多數信守西敏信條。在中國的傳教歷程，以美國北部的美北長老會於十九世紀後半葉入華傳教，在北京的主要據點在北京市的北邊靠安定門一帶，與魏保羅主要活動的崇文門一帶約有 6 公里遠。

青年會：即基督教青年會（Young Men's Christian Association, YMCA），是基督教的非政府組織，組成跨宗派國籍。1885 年傳入中國福州。雖然真耶穌教會對青年會由外國人領導頗有微詞，但如裴相臣、高大齡等後來加入真耶穌教會者，卻曾為青年會董事。

中華基督教會：指的是由誠靜怡所領導，中華歸主運動中所成立的華人自立教會。其來源多元，由倫敦會、美以美會、公理會等宗派之華人所形成，早期在北京的發展主要是從倫敦會的會堂所更改過來。

安立甘宗：基督教新教宗派之一，即聖公會，兼具有喀爾文與路得神學思想。各教會有自治權利。1835 年率先由美國聖公會開始於中國傳教，江蘇、上海一帶是重要的傳教範圍。1912 年時在上海聯合成立中華聖公會。

倫敦會：即倫敦傳道會，組成主要為公理宗人士。1861 年後依據《北京條約》在北京使館區開始在華傳教，後於北京市內米市大街興建教堂，稱米市教堂，或稱雙旗竿教堂，即魏保羅進入倫敦會時主要聚會的會堂，該堂由誠靜怡所領導，後於 1916 年宣佈自立，改為中華基督教會米市堂。

美以美會（The Methodist Episcopal Church）：循道宗自 1844 年大分裂直到 1936 年重新聯合前，美以美會活躍於美國北方。在中國傳教時，主要工作地點在福州、北京一帶。在北京，由於主要會堂集中於北京城南邊，因此與魏保羅交集較深。

《群強報》：為民國初年白話報之一，自 1912 年出刊，開設在北京正陽門外

櫻桃斜街中間路北（今北京市西城區櫻桃斜街一帶），主編陸澤，為民初與《晨報》、《世界日報》等同為北京發刊與廣告量較多的報紙，每份1銅元。

第十六章
1917.06.17-06.18，星期日-一　黃村

　　第二天（1917.06.17，星期日）下雨，我說這是我不叫我妻走，還有聖工當作。

　　我們早晨祈禱，工夫很大，因為李信友（李永慶）痛哭不止。我就問主：「我今日要在大戲臺上宣福音可以否？」主說：「可以。」我就蒙主指示先上徐大姐家去，在那裡可聚會、禱告，我就給她講道，她很受感動，她立刻將她素常毛病一切罪認出來，立志不再作了，於是將一切的門神對子紙畫都拿下來，也戒煙酒，立志永遠靠主。我們切心禱告祈求，唱哈利路亞，讚美主耶穌阿們！

　　畢會，我就同李信友（李永慶）見本地的會頭去，一見他們都贊成，我們便上臺宣講。我睡了一小時，就起來到戲臺上宣講天國福音，吾兒文祥接了三次，我講了四次，都有聖靈的大能，末後這回更有聖靈的能力，我就放膽宣講天國的真福音，也說他們外國的鬼子傳道傳的不對了，我要靠神的大能。更正教聽的人很多，講畢。有三位官長來，都與我認識，我們說一陣子話，就下台回來了。這天是非常大大地歡喜快樂，讚美主，阿們！我回來就盡心盡力寫這聖靈的真見證，到了晚上我們禱告，就安息睡了。

　　第二天（1917.06.18，星期一）早晨，我們又到葦堂去禱告，工夫不小。主又指示我還是上戲台宣講，我們到十二點鐘又上台，宣講天國的真福音。同吾兒文祥先行歌唱聖詩畢，我就先宣講，文祥接我又講少時，我又接著講。李永慶信友很熱心，為主放膽，幫助諸事聽講的人。有幾個假教會大學校教員，他們也來聽道。我就放膽大聲宣講，宣佈他們假教會、假牧師、假教規、外國的鬼子所傳的假錯道理，你們大家千萬不要聽從他們，總要以耶穌基督眾使徒為標準、為榜樣，聽的人很多，天就要打雷、要下雨，講的工夫也就很多。我就又說：「我實在是愛中外各國人了。」我這樣講，好叫他們悔改上天國，又安慰了他們一番的

話就下臺，歡歡喜喜回來了，哈利路亞，讚美主耶穌，阿們！我睡了一時多又起來，寫這聖靈的真見證。晚上又禱告祈求。讚美耶穌睡了。

第十七章
1917.06.19-06.20．星期二-三　黃村

第二天（1917.06.19，星期二）早晨我們又到葦堂去，切心禱告，祈求聖靈幫助我們，又唱靈歌讚美主，就歡歡喜喜地回來。

這一天下雨很多，就無宣講的聖工，我就盡心盡力，寫了八封名信片，都是小字居多，到了晚上我們又同陳信友（陳更新）講論了必須求聖靈的洗，才能進天國去，他也很信，我就跟他一起禱告，又按手在他頭上，他就得著點能力。禱畢，又唱哈利路亞讚美耶穌！少時，我們又同李永慶、文祥三人一起同禱，聖靈又幫助我們，就歡喜睡了。

第二天（1917.06.20，星期三），我們又早起上葦堂，去禱告唱歌。聖靈指示我今日可早點上戲臺宣講。我睡了一時就起來，到李信友（李永慶）家，為他妻治病。我們就給她念聖經多處，好叫她深信，並給她講論，我們跪下同心合意禱告祈求，並且我給她按手。聖靈告訴我：「她必好了。」我就明告訴她說：「你好了。」我們就唱哈利路亞讚美耶穌。

之後，我們起行往戲臺上去，早點就先到韓家（韓寶田家）去，為他一家講道。他家很愛聽，少時，我們上台等了一時，就散戲，我就大聲放膽宣講天國的福音，聽的人很多。吾兒文祥接我講了一時，我上去宣講工夫不小，也有他們假教會的人，我就蒙聖靈大大地感動，就對著他們大聲放膽宣講，雖然二十八天未進一點食（本日是禁食的第 29 天，禁食開始日是 1917.05.23），還是精神照常，更有力量了。因為真有神的大能在我身上，讚美耶穌。

所以文祥又接我一小時，我又宣講，我見又有假教師們，我更精神重重的責備他們，並責備他們外國鬼子們許多的話，因為有聖靈的大能，他們就無話回答，又講的工夫很大，文祥又接我一時，我又上去，大聲放膽宣講。因為此次假

教會教師們很多，我被聖靈感動，就大大地責備他們大家並外教一切的男女老幼，因為他們宣嘩，我就大聲勝了他們，放膽責備那些外國鬼子們、假教會的假牧師、假道學家和說道卻不行道的人。因聖靈的大能，堂音極大，講得直到開戲，我就下臺回來店中，哈利路亞，讚美耶穌。

我又睡小時，又起來盡心盡力，又寫這聖靈的真見證，直寫到點燈才完。少時，我們又聚會祈禱，唱靈歌，讚美耶穌！就睡了。

第十八章

1917.06.21-06.22，星期四-五　黃村

第二天早晨（1917.06.21，星期四），我們照常到葦堂去禱告，聖靈很幫助我們，又唱哈利路亞，讚美耶穌！就回店。

我睡一少時，起來寫了二封信，送走後，到了前櫃與任義奎談聖經、得救的真法、要道。正說著呢！忽然美以美會的假牧教師，他也是匯文大學校總教習老師（人物未詳，但依照描述可能是王治平），大腳來到黃村，大約還是特特地與我辯道，我就靠神的聖靈大能大力，與他談論聖經，他將更正教的十一條約例大約，都撿了大多要緊的題目，他也是深通英文、聖經的原文，他很通答，我靠聖靈，他靠自已的學問智慧，聖靈指示我責備他許多的話，他也聽著。因為很有能力，句句有理。我也告訴他，你非求受聖靈的洗，若不是聖靈生的，就不能進神的國，他也欽佩了這話，我靠聖靈的大力大獲全勝，他就說佩服的話，就回京去了。我們就說哈利路亞，讚美耶穌！阿們！

到了晚上，我們又同李永慶信友、吾兒文祥禱告唱歌，讚美主，李信友住在這屋裡。

第二天（1917.06.22，星期五）我們三人又到葦堂去禱告祈求，我雖是整三十天未進食物，卻更有大精神禱告祈求，我就大聲禱告祈求，工夫很大。祈畢，又起來給他們二人按手，為他們祈求，聖靈大降，大有能力，又高聲唱哈利路亞，讚美耶穌。

完了，就回店中睡了一時，我就起來寫這聖靈的真見證冊，聖靈指示這日是晚燔日就是安息聖日了，聖靈定的在韓教友（韓寶田）家守這聖日，李信友就給各家送信去了，讚美主。到了約有五、六點鐘，到會的人約有二十餘人。我們大家就先說主一切的各樣道理，聚齊了人，我們就唱歌詩，我為他們靠著聖靈講論天國的福音。先講的叫他們大家必須遵守真實安息聖日，又講的必須領受全身的大洗，效法耶穌、使徒；又講的是必須求受聖靈的洗，若不重生，不能進神的國。這一定的真理，大家都被聖靈感動，眾人跪下，同心合意地禱告，祈求工夫很大，並且還是在院子聚的會。也就顯出大家的虔心來了。還有外教數位，也一同跪下了，我被聖靈指示問他們：「明日你們願受大洗去否？」他們願意同去受洗，我們同吾兒文祥、李信友回來，吾兒也很幫助念聖靈、唱詩歌等等大事。晚上我們又禱告，就睡了。

第十九章
1917.06.23-06.24・星期六-日　黃村、團河行宮

　　第二天早晨（1917.06.23，星期六），我們照常到了葦堂去，切心禱告，祈求聖靈，很有能力，加添我的信心，唱：「哈利路亞讚美救主，加添我熱心；哈利路亞，讚美耶穌，加添我信心；哈利路亞，讚美天父，加添我愛心。」又唱：「哈利路亞讚美聖靈，加添我能力！」又唱三回：「哈利路亞讚美聖靈，加添我大能。」

　　我們回店，我睡了一時。我們到韓家（韓寶田家）後，我們便起行往團河去（即今北京市大興區新鳳河流域的團河支流一帶，應該仍是團河行宮過河亭附近）。蒙聖靈大大感動，一路上平安、快樂非常。

　　到了後，我們就唱聖靈祈禱，聖靈很有大能幫助，雖然下著雨，我們下河受洗，李永慶信友先給他們學一個受洗的樣式，是面向下往水裡上來，我就為他們禱告，先給韓老先翁（韓世傑）之小兒（韓寶田）施洗，聖靈很幫助我們，又唱靈歌。

又給徐趙氏施洗，她雖然是堂客（堂客為妻子的別稱），真有信心，下到河裡，往水裡去，從水裡上來，非常地快樂，讚美耶穌；又給韓老婦人（韓世傑妻）施洗，她也有信心，我先為她禱告，她從水裡上來，大大地歡喜快樂，讚美主。

我們到上一回亭子裡唱歌祈禱，因為下雨我們從這亭子裡，往那西邊亭子裡去[39]，禱告祈求，唱歌讚美耶穌工夫很大，非常快樂，我們又禱告、讀聖經、唱聖靈詩歌讚美主，天就不下雨了。

我們起行歡歡喜喜地回店來了，我睡了一小時。起來，聖靈指示我往任義奎屋裡去見他，為他講論天路歷程書，基督徒必須經歷的大事，也是頂要緊的一件。到天城管天門的要什麼？必須要執照，我問：「這執照是什麼？」他先回答的不對，後回答說：「是聖靈。」我說：「對了！人非受聖靈的洗，萬不能進神的國。」我切切勸他就是求聖靈的洗要緊，他也很信，我們禱告，我們又祈禱就睡了。（從此推斷，任義奎至少到 1917.06.23 以前尚未受聖靈）

第二天（1917.06.24，星期日）我們早起又到葦堂，先祈禱唱歌讚美主。因為下雨，我睡的工夫很大，之後，我起來就盡心盡力地寫這聖靈的真見證，晚上禱告唱詩，我們就睡了。

第二天（1917.06.24，星期日）早晨起來，我們又到葦堂，切心禱告祈求，聖靈大降充滿了我心，很是幫助。我們就蒙主指示，定在他們假禮拜堂宣講天國的福音。

我就睡了一時，大約十點鐘，我們起行往大街去，那天是大集，各村來趕集的人很多，我們就先唱詩，也禱告，我就大聲宣講，假教師先生們也出來聽講，我就更高聲宣佈他們的錯道，因為有聖靈的大力，我就放膽。吾兒文祥接我一時，我又接著宣講，聽的不少，文祥又接我宣講一時，我靠聖靈的大能放膽宣講天國的福音，聽道的人更多，他們假教會的教師、假道學家，還有匯文大學校的教習也聽講，我就大聲放膽宣講，他們裡大家自亂其說不一，也無法阻擋我們，文祥又接我一時，我又上去宣講了，一時就散了集，人就少了，因此我們便回來了。

---

39 過河亭以西就剩下十字房、小船塢以躲雨，如果以人數、距離與避雨情境等設想，當以小船塢，即一洞天寶座船塢為魏保羅所選的避雨地點。

我睡了一時，又定在黃村北頭郭宅、趙宅二家聚會。我們去了，街坊四鄰來的人很多，願聽道的多，我就為他們講道、又唱詩，工夫很大為禱告祈求。

文祥又為他們唸啟示錄二十一章，天國新耶路散冷城的大題目，他們很都願聽，我們同唸主禱告文，散會，大家非常地歡喜快樂，讚美主。

回到店內，又祈禱、唱靈歌，哈利路亞讚美耶穌，就睡了。

第二十章
1917.06.25-06.29，星期一-五　黃村、黃村村北

第二天早晨（1917.06.25，星期一），我們上葦堂禱告，聖靈那天都幫助我們，因為聖靈常在我心裡，也常有聲音說：「我永不離開你。」我也明明地知道，神要離開我一時，我就不能活，就是極大的罪人，必須得死。讚美主，全能的神，永在的父。

忽然我的好友，康久如教友由北京來看我，並帶了好多衣服給我，我就將一切的衣服換下來帶回去，我留下的不多。也帶了錢，因為吾兒文祥得用錢吃飯，他母親也給文祥帶的衣服。我為他講的道很多，又禱告祈求，徐大姐也來，坐的工夫很大，我給她講的道也不少，我們禱告、唱詩，康大哥吃完飯，我又禱告為他祝福，送他起行回北京去了。到了晚上有范信友（范廉能）來了，我們同李永慶四人一同聚會祈禱，聖靈大降充滿了我們的心，大聲禱告祈求，唱哈利路亞讚美主，就睡了。

第二天早晨（1917.06.26，星期二）起來，我們三人又上葦堂去祈禱，因為李永慶他在我屋睡，他也是特特地看著我的禁食真不真，大約也有別人派他一點的原因，由我一禁食起，他就盡心留上我的神，他費心很大，我也歡喜，因為神和世人為我作見證，連店裡的眾人，我別處許多的人，都留上我的心，這才是顯出神我們的天父和我主耶穌基督的大能大力來呢！阿們！讚美主。

睡了一小時就起來，盡心盡力地寫這聖靈的真見證，我是靠著神，加給我力量的基督，晝夜加勤勞辦理這救世更正教的大事、永不能奪的產業，切盼凡看這書的，都知這是聖靈的真見證書，一點無謊言的。

吾兒文祥也很幫我寫點字[40]，因為他比念書多，又給李六更寫了一封信很長的信，還給西陵軍人李子超信友信寫了一封大信，都是關乎更正教的大事，這天非常的熱，到晚上我們大聲祈禱。唱歌就睡了。

　　第二天舊曆五月初九日（1917.06.27，星期三），我們大聲在葦堂裡禱告，聖靈大降，感動我們，歡歡喜喜回店，我到任義奎信友屋裡，有劉教友（劉玉坦）在他那裡坐著，他素常是給教會賣書的，我們談起道來，我將一切經歷的大事，主全能的神怎樣與我顯現，叫我看見種種的異象，他都很信，他也信必須受聖靈才能進天國。

　　他走了以後，我回屋裡睡了一時，工夫很大。因為我求問過主，這天也不叫我上別處去，天也太熱，我便起來看看他們假教會的一本書，此書的名目是《中華基督教會年鑑》[41]，是民國五年第三期，中華續行委辦會所編訂的，大約的意思我按著章，而全都看了一回，大概也無非是全榮耀他們自己，並顯他們的工，榮耀種種的虛名、虛榮就是了，都不合主耶穌的聖旨心意呀！噯！這也就看出教會是假的來了。

　　之後，我又寫這聖靈的真見證，雖然天氣很熱。我因作主的聖工，就歡喜快樂，高興去寫，讚美主。到了晚上，就睡了。我們必須先行，切心禱告祈求。然後才能睡，這都是已經定準的事奉主，這也是主的感動了。

　　第二天（1917.06.28，星期四）早晨起我們還是照常進那人葦堂去禱告，唱靈歌讚美主。回店這天非常地熱，我就嘔吐，甚覺難過，怎樣也不合適，站著也不合適、坐著也不合適、睡著也不合適。我就往大樹涼底下坐了時，又回來。這一天甚是不好受，因為也是禁食快滿期的故也。到了晚上，又吐了一回，就勉強著禱告祈求唱歌睡了。

　　第二天十一日（1917.06.29，星期五）早晨起來，我們三個人到葦堂去大聲禱告，讚美主！回店睡了一時，又起來寫了一封信，雖然是我嘔吐夜間起來，嘔吐一回，在院裡坐了半天。到了晚上六點，約定在黃村北頭聚會，也是趙教友的地

---

40 魏保羅口授由他人代寫是很常見的事情，幫他代筆或潤稿過的有范廉能、李恆芳、魏文祥、趙得理等人，至少在《萬國更正教報》刊出時，無論是錯字減少、通順度增加上，都看得出來是有明顯修飾過的痕跡。

41 中華續行委辦會主編，《中華基督教會年鑑》，第三冊（上海：中華續行委辦會，1916 年）。

方，四鄰街坊去的人很多，我們為他們講道，工夫不少。徐太太也去了，也是她的娘家，我們禱告，禱告都很順從，又唱二、三首詩讚美主。

聖傳南苑始開齋　歸道北京遇戰荒

第二十一章
1917.06.29-07.02，星期五-一　黃村、團河、大紅門、南苑

　　第二天，是安息日晚燔日，就算安息日了（1917.06.29，星期五）。到店來聚會的人，約有十餘人，男女都有，我為他講論創世紀頭一編，又細講亞當的大事，又神造人，按自己的形象造人，極善聖潔、平安快樂，主與他們夫婦時常同在，後來犯了大罪，善性也變惡了，我們世界萬民都是有罪，按公理都下地獄，受永遠的大苦難，天父是萬王之王之君，就是主耶穌基督，拋了天國榮耀，由降世以來，就為萬民受大苦，在世三十三年，臨於死在十字架上，從罪惡裡把我們救出來。他的十二個使徒效法他榜樣，為道捨命，我們真信徒，當如此效法救主耶穌，和使徒的榜樣行，這樣才能進天國。

　　又說：「雖然不在你們裡，救主聖靈與你們時常同在。」說到這裡就哭了，因為我掛念他們的靈魂太重，他們也都哭了。又講了一時，我們跪下一同發言，切切地禱告祈求，聖靈大降，充滿了屋子，每個人都大受感動。聖靈指示我問他們：「有人願受大洗否？」於是有七十九歲的老教友韓世傑，還有郭太太（黃村郭太太）。我們定在第二天安息聖日，在團河（地點為今北京市大興區鳳河流域的團河支流一帶，在黃村正東方 3.5 公里左右）受大洗。

　　我們早晨（1917.06.30，星期六）先在葦堂去禱告祈求，我跪了一小時起來，我們起行到韓宅先禱告，就往那裡去路過陳教友（陳文彬）家，兒文祥就跑了去叫他們夫婦，同我們在團河守安聖日。

　　我們非常地快樂一路平安，還有趙信友也跟去了，天氣很熱，一到團河，非常的涼快。那天男女信徒十個人，同心合意先禱告，唱詩讚美主，就奉耶穌的名給他們施大洗，同下到水裡，我們唱靈歌讚美主，聖靈大降充滿了我們每個人的心，歡喜快樂聚會，禱告祈求讚美，大家歡歡喜喜回來，晚上祈求，唱靈歌讚美主，就睡了

第二天是他們的假禮拜日（1917.07.01，星期日）。主明明地指示我去他們的堂，必賜我說的話。我們早晨先到大葦堂去禱告，吾妻馬利亞（劉愛）帶吾女惠英（魏惠英）從北京來，因為他們給我記著這天，晚半天是我禁食三十九天整滿期，他們也同了去禮拜堂，本堂首領教者將我領到一間屋裡，還有一位教師，他們二個人與我辯道，他們是靠自己的學問智慧大，我是靠聖經並聖靈的大能，就勝了他們。

　　又同我到禮拜堂聽講，所講的全是靠自己學問，是學成兒子，還說了一、二句大合理的話，說：「如有不願自由的人，就可以收到官廳獄裡」等語，我早已告訴劉教者（劉芳），他們講完，我對大眾說幾句，他也宣佈，我就站在當中被聖靈充滿，面上非常的有大喜榮，我靠聖靈說：「我到黃村來，今天已經三十多天了。今日晚是我禁食滿期三十九天整了（1917.07.01，星期日，自 1917.05.23 開始禁食至 1917.07.01 禁食期滿結束），一、二日我要回北京去。神的聖靈指示我來的，我與你們這裡教友們大約都素常不認得，一點仇也沒有，你們打我罵我，我並沒有還言還手，我每日還為你們禱告祈求，由我到你們這裡來，有一句錯話沒有？大約是沒有，我就盼望你們求聖靈洗，從今以後都要合好求得救要緊。」男婦老幼皆聽著歡喜，又請大眾站起來，我為他們切心禱告祈求，也有外國教士，他們哭的不小，大家送到我大門外，我就回店，這實在是神的大能、大力、大權，歸榮耀給神，哈利路亞，讚美耶穌。

　　到晚三點多鐘，店家給了小米飯，便坐了，我同吾妻子、兒女、李永慶信友、徐女信友，我們在一處吃飯，非常的大大歡喜讚美主，我們又禱告唱詩睡了。

　　第二天（1917.07.02，星期一）早晨，我們又照常禱告祈求，因為每日到這葦堂聚會禱告，唱靈歌大聲均可，因為離著道路甚遠，都聽不見，聖靈指示我說：「今日你可起行回往北京走。」又蒙聖靈啟示，可再招聚一歡送離別會，來的男女信友很多，我就為他們講道，工夫很大。

　　我先哭了，他們也都哭了，吾兒文祥大哭著禱告祈求，我們都跪下同發言禱告祈求，我就切求主賞賜我手按誰，誰就可以受聖靈，我就心裡有能力起來，給他們按手，聖靈就大降，各人都受大感動，禱告工夫很大，又唱靈歌讚美耶穌。

　　有二個男子願受大洗，一個是多年信道，一個是初信道，聖靈也許可，他們二個人都是有大病的人。信多年道的他吐血多年，我靠全能的大主給他前十餘天

按手好了，永無再犯，故此他深信；另外這位是每年到冬天就大大地吐痰，咳嗽地十分厲害，我靠著神的大能，給他按手，神就告訴我說：「他好了。」

　　吾妻馬利亞帶了錢來，將店裡的一切花費、房錢、飯錢所有當給的夥友等等的錢，都開發算清了帳，然後與大家告離。

　　任義奎信友送到黃村大紅門（今中國北京市大興區西紅門地區，在黃村正北面），也將要緊話告訴他：「主必然幫助成立一個完好的耶穌教會。」

　　我們一口氣就到了團河（前述受洗地點多在團河行宮附近，但此次受洗，依魏保羅行走方向可能在今北京市大興區合適西路附近的團河支流，即過西紅門後往東），我們大大歡喜又禱告祈求，給他們講論救主耶穌受洗，受試探戰勝魔鬼大計，又唱詩，我們同下河，我奉主耶穌基督名給他們施洗。從水裡上來，就大大地歡喜，我們又講道給他們聽，唱靈歌讚美主。

　　我們又起行往南苑（今北京市大興區南苑一帶，魏保羅路線為一路向東）去，我問主：「到哪裡去？先上何處？」主聖靈指示說：「我必預備。」

　　我們一到耶穌教會[42]，這此會也是主藉著我起的這個耶穌教會會名，每月我捐助一元錢（約合新臺幣 500 元）的房錢，主早已預備了，李文華信友等著呢！我們進去，他說原本是打算回京。

　　我睡了不能起來，這實在是主預備的。我們說了幾句話，就洗了臉、淨了面，出去吃飯。回來我就詳詳細細地將我由入假教會以來的歷始、所行所言的諸事，並由受聖靈離開罪的大恩都告訴他了，李文華大有信心，他全都信我所說的，直說到半夜二點鐘（1917.07.03，星期二）才禱告，又唱靈歌讚美主，就睡了。

　　這晚上我頭一回出大恭，這頭回大便非常的難過，工夫很大，才大便下了。這一夜，主與我同在夢中，淨與主說無睡，多睡。

---

42 即南苑耶穌教會福音堂。福音堂為當時的一種泛用稱呼，並非是指某一宗派，不少時候是指還未正式獻堂前，即暫租為教堂會址的地方，例如天津自立會成立時的狀況，與現今真耶穌教會祈禱所的定位頗有相似之處。從上冊第 27 章內容看來，南苑福音堂的匾額最終是掛在黃村教會會堂，另在上冊第 37 章又記載魏保羅重新尋覓南苑的教會地點，也間接證明該耶穌教會是一臨時性的祈禱所性質。

第二十二章
1917.07.03-07.05 · 星期二-四　南苑、北京城內

　　第二天（1917.07.03，星期二）早晨我們起來，禱告、祈求、唱靈歌，他們吃飯去了，我就寫這聖靈真見證。他們吃完飯，李文華給賈潤齋送信，說我已住在福音堂內，賈潤齋信友到二點半之餘時，他一進門，我們大大地歡喜，因為素常他就接待信徒，我正要黃瓜吃，他因為是個醫生，他明白人的肚腹衛生一切事。他云：「不可吃涼東西，因為你方才進食吃東西。」我們出門，滿聽他講吃飯法子，就吃熱東西、稀弱的。他留我在鋪中（天福藥房）住很好，我們晚上聚二個會才睡了，還有一個教友來問道，看我他很信我。

　　第二天早晨（1917.07.04，星期三）李文華要回京，我說你不要回去，等咱你明天一同回去，我就起來，我們聚會、禱告、唱歌讚美主。聖靈很願我將所有的題目傳給賈潤齋信友，他也很願接受，他就將我這要緊題目寫下來，我為他講道許多。

　　忽然李文華同陳信友（南苑陳信友）要受大洗，賈潤齋的學生李玉芳也願受洗，我們就禱告，問主今日這天去可否？聖靈說：「可去。」

　　忽然又來了早已就受過聖靈的一位，張春長信友，主明指示他必須受真大洗，他特來受大洗，他一問，我們已定今日是要去受洗，大家與主同心合意，大眾又禱告祈求，我給他們按手，聖靈大降，充滿了屋子各人的心，又唱聖歌，讚美主，我們起行。

　　主的聖靈引導我們到了有水的地方（推測是今日北京市大興區南苑小龍河一帶），我們下河，切心禱告祈求，給他們四個人（張春長、李文華、南苑陳信友、李玉芳）都施了大洗。一路上就大大地歡喜，都從水裡上來，非常地歡喜快樂，不住地讚美主、感謝主。

　　我們又到了一個橋，有長流水的地方，水不深，我被聖靈感動，指示我給他

們都洗腳[43]，都洗完了，他更快樂了，就歡歡喜喜地回來。

我被聖靈又指示說，今日可以大眾吃聖餐，惟葡萄酒，不知在那裡去買。主說：「賈信友（賈潤齋）可作。」於是他果然作出來了，又買了一個餅，我給他們大家念一章哥林多前書十一章二十三節起直到末篇，為他們講論，忽然，聖靈大降充滿了我的心，就哭著講，他們也都哭了。我就拿起餅來，祝謝了，就擘開給大家分了吃，又拿起杯來給大家，大眾痛哭不止的，定志為主捨命的好幾位，大家非常的受感，歡歡喜喜地，唱哈利路亞讚美耶穌，歸榮耀給天父的聖靈，阿們！

他們回福音堂去，我們到晚上，又禱告唱靈歌讚美主，就睡了。

主指示我們，第二天（1917.07.05，星期四）起行進北京大城，他們起來到賈潤齋住處，到保羅那去，因為必須先聚會祈禱，李永慶、魏文祥、保羅均用了飯。

大家禱告祈求，唱靈詩讚美主，聖靈明明地指示，都是三人作見證，回心說出來。定了張春長禁食八天、李文華禁食十天。我們就起行歡歡喜喜地，全都行路，談論主的道，唱許多的聖歌讚美主。

我們到永定門外柏樹林子，主指示保羅必須先聚會祈禱，然後才可進大城。我們就遵照著主的啟示而行。保羅給他們唸路加第十九章二十九節起至末節（主騎驢進城），一面唸一面哭，他們也都哭了，我們就哭著祈禱，祈求工夫很大，又唱靈歌讚美主，這是聖靈大能，阿們！

我們就進大城，主的聖靈又指示保羅，因你出大城的時候是從趙得理信友局中出來的，你還得理當到那裡去，保羅問主說：「趙得理信友，在家否？」主說：「在。」我們進去果然他在家睡呢！

我們一見，大大歡喜快樂讚美主，我們就將這多日的事待我們的大恩顯現都告訴他，我們又祈禱，看他的樣子很懦弱，我們臨行，李文華未出來，我就叫他們三、四個（張春長、李永慶、魏文祥）都叫他出來，他出來了，我就放心了。

我們到了恩信永綢緞布莊鋪中，大家歡迎快樂之極，又上樓房，大家非常喜

---

43 這是首次見諸記載魏保羅替人在洗禮後行洗腳禮，可知原因是聖靈指示，此與後來真耶穌教會南派的傳統一致。

歡，我們用了飯，就大聲祝謝禱告讚美，全能大慈悲的真神救主耶穌基督，工夫很大。

賈德新長老來了，他淨為世俗說了點無用的話，就走了。少時，趙得理來了，他說有別人還要來，他先看更正教的聖約章程，保羅說：「你要是願意，咱再印他五千張，你花一半錢，叫恩信永花另一半錢。」他說：「我看看這合主的意思，我就花。」我說：「你已經看過了，並且早已看過。」未印已先他已看了一回。他還添加了幾句話呢！他這話實不是神真主那裡來的，這是魔鬼迷感他的話。保羅就為他切心默禱，祈求全知全能的大主感動他的心，開化他的心。

忽然趙景元、韓老信徒（韓世傑），由黃村來的一位蘆各莊人王玉貴信友、馮信友（有可能是馮世祥）都來了。保羅被聖靈充滿，就將由蒙主鴻恩起，如何得的受大洗面向下大見證、聖靈指示的預備、後來傳教的大舉、主顯現的大事、天國的大聚會等等各種異象、主所賜的全身鎧甲的大能，直到南苑等等大恩。主用見證加添我的信心、熱心、愛心、能力。

說到十一點來鐘，想不到他們全都信了，大家很同了心、合了意，我們一同跪下，切心禱告，祈求聖靈大降充滿了各人的心，像五旬節一樣了，也有說方言的、也有用方言禱告的、也有用方言唱靈歌的，就振動了那樓房。雖然此樓不是闊好樓，因為當初就是主預備禱告的地方，因此小樓，許多人受聖靈，許多人得大恩，他們就歡歡喜喜地散會去了，我們又唱詩就睡了

校注按：

魏保羅只要辦理聖餐時，講道多引用《哥林多前書》第 11 章的內容，而不是直接引述福音書中的章節，這與信心會對於聖餐引述經文的處理方式是相當類似的，差異甚微[44]。同樣或類似的引述，在本書中也多次重複出現，如上冊的第23、31、49、51、52、60、71、76 章；下冊第 3 章都出現過相同的經文。

但有意思的是無論是《北京官話譯本》、《官話和合本》，甚至是其他更古老的中文譯本，如《委辦譯本》，對於馬可福音第 14 章 25 節的記載均是翻譯為

---

44 博牧師，〈分辨是主的身體有活潑的信心能使病的權勢消滅〉，《通傳福音真理報》第七期（正定：自刊，1915.10），第 4 面。

「葡萄汁」，而非「葡萄酒」（請參考太 26:29、可 14:25、路 22:18，希臘文為「葡萄的產物」，KJV: fruit of vine，新譯本譯為葡萄酒），但魏保羅連「水」都可以代為「杯」的聖餐象徵概念，看來究竟是「葡萄汁」或「葡萄酒」可能並不是那麼的重要。

不過，多數的五旬節派是使用葡萄汁作為聖餐的「杯」應當是沒有太大疑義，公理宗亦是使用「葡萄汁」。因此，具有倫敦會與信心會背景的魏保羅，會採用「葡萄酒」或「水」作為聖餐的概念是從何而來？是否受到中華基督教會中的其他人影響？這有賴進一步資料的提供才能加以判斷。

張殿舉（張巴拿巴）則是不同於魏保羅，依照著譯本的經文而使用了「葡萄汁」[45]，這在 1930 年的《真耶穌教會細則》與其後的修正，均已得到確認[46]。從張巴拿巴的背景來說，其在信心會的時間相當久，合理推斷受到信心會的傳統影響應更為深遠，在沒有合理將「葡萄汁」解釋擴大的理由下，張巴拿巴所傳的範圍內，使用「葡萄汁」作為聖餐已被確認的事實，並且在其往後傳教經歷中，亦未受到質疑或挑戰。

但等到 1937 年時，南派、北派卻又對聖餐產生激烈辯論，乃重新議決將「無酵餅」與「葡萄汁」作為聖餐[47]。或可從此推知，這是由於真耶穌教會南派（從張巴拿巴領受）、北派（從魏保羅領受）依循著不同脈絡傳承下來所產生的差異所致。

第二十三章
1917.07.06-07.07，星期五-六　北京城內

第二天早晨（1917.07.06，星期五），我們起的很早，就到樓房頂禱告祈求，

---

45 張巴拿巴，《傳道記》（南京：真耶穌教會總部，1929），頁 15。

46 張撒迦主編，《真耶穌教會總部十週年紀念專刊》（上海：真耶穌教會總部，1937），頁 59、64。

47 鄭家政，《真耶穌教會歷史講義》，頁 185。

聖靈大降充滿了各人的心，大家很得能力，就歡喜快樂，工夫很大，唱哈利路亞讚美耶穌，阿們！

我們用完飯，我就寫這聖靈的見證。少時，李文華，主賜名得生，他自己出門去了，我不放心，我願找他去，主指示我，先辦更正教的聖約條例章程要緊，千萬不要代別人去，我就遵著主的啟示，出門到了一個石刷局，他要的錢多，我又恐怕他印不好，他是個外行的樣子，我出來，忽然有一個素來不識之人，他問我說：「你們沒有講成嗎？」我說：「是的。」他說：「我可領你到一個價目便宜，印得好的地方去。」他就領我到了一個印局，價錢公道，這就定妥了。

我到康久如教友鋪中借了二元洋錢（約新臺幣 1,000 元）先給石印局。我回來到了興隆街，我問主：「可到賈長老（賈德新）那裡去否？」主說：「可去。」我進去，他與我反對辯道，我靠著加給我力量的神，辯倒了他，因為更正教的十一聖約條例中，他云：「就是一條受大洗面向下不對。」我問他：「救主和十二個使徒，是怎樣受的洗呢？」他無話回答，他又說：「都對。」我說你既說不出所以然來，就得按著聖靈指示的面向下給人施洗。我們又說了許多話，就禱告。

我回來，天就變了。少時，下起雨來，有多年的一位教友，永文彬來看我，就很喜歡，談道工夫很大。因為這日是安息六（1917.07.06，星期五），我們就唱詩、祈禱、講論，聖靈降臨到我們中間，大家都受感動的多，哈利路亞，讚美耶穌。永信友（永文彬），他請我們到他家去，為他二女兒祈禱奉耶穌基督的名治病。他回家去了，我們又禱告唱靈歌讚美主，睡了。

第二天是主的安息聖日（1917.07.07，星期六）。我們起的很早，就上房頂，禱告祈求，唱歌讚美主。下樓頂，我們又招聚全鋪人大家都來聚會，我為他講論許多，安慰他們大家的心，因為國家大局不定，刀兵打仗，各界人民心內不安。（時值張勳復辟，北京多有軍事行動並宵禁管制）我為他們講完，都很歡喜，大家都發聲禱告祈求，工夫很大，唱哈利路亞，讚美耶穌。

蒙主的聖靈指示上永文彬家去，我們起行到了，聖靈明說：「這家得救了。」主又說：「這女兒必得痊癒好了，只是告訴他一家不要再犯罪了。」我就為他們講論主的大能應當信主，祂能治病並能叫死人復活，他家人都深信，我們大家都跪下為他女兒禱告祈求，大聲切心禱告，工夫很大。我給女兒按手，大禱告畢，我們唱聖靈歌讚美主。

中華基督教會的孟省吾假教師，忽然來了，我就靠著聖靈的大能責備著講，又云：「人必須受聖靈的洗，才能進天國。」又說：「我看見天國大聚會，也看見天主教大聚會，又看目見各公會大聚會，人非常的多，我向主說：『得救的多否？』主說：『少數。』[48]。」孟假牧師坐的工夫不大，就走了。

　　我們回到鋪中休息了一小時，又起來到興隆街信心教會去拜主，也是願意說話，賁長老（賁德新）講完，我就靠著聖靈的大能講論各公會有許多當得救的人。因為沒有人去把真道指示他們，怎能得救呢？我們應當靠著主的愛心迅速救他們去。講畢，我們就禱告，聖靈降臨，大家歡喜見面，眾人彼此拉手，等了一時工夫，賁長老與我辯道，工夫很大。趙得理也受了他的迷惑幫助他說。因為他們二個人，是受的一樣財迷鬼的大迷惑。我靠聖靈所感動說：「賁長老你是魔鬼，我將道理都告訴你們了，罪不在我身上，你們都了財迷世俗的迷惑。」我們就往外走，回到恩信永布店。

　　到了晚上，我們就吃聖餐，我給他們講論天國的福音，又唸哥林多前書十一章二十三起至三十二節，也為他講論。我拿起餅來祝謝了，我就哭的很多，擘開分給他們，都吃了；又拿起杯來，都喝了。都同心合意地禱告祈求，我們又唱靈歌讚美主，大家甚是歡喜快樂，共約十六個人。到了晚上，我們又禱告祈求就睡了。

第二十四章

1917.07.08-07.09．星期日-一　北京城內

　　第二天早晨（1917.07.08，星期日）我們又上樓頂禱告，聖靈大降，禱告的工夫很大，都歡歡喜喜地唱哈利路亞讚美耶穌，我就寫這聖靈的真見證。

---

48 魏保羅此時尚沒有真耶穌教會後來所提出「獨一得救」的明確概念，獨一得救的概念可能是在魏保羅過世以後才陸續有人提出，但也不可否認的是從魏保羅開始已建立起了「末世得救方舟」的概念雛型。詳參余子芳，〈真耶穌教會為得救獨一之門徑〉，《聖靈報》第一卷第一期，1926 年 8 月 15 日，頁 2-3。

正寫著呢！忽有一個交買賣的天聚興夥友李掌櫃的，他跟我要帳，這就是我當初的大罪，為人萬不可賒人家貨物東西，更不可借人家的錢，欠下人家錢就是人家的奴僕了，我就非常的難過。

我們同張重生，就坐著禱告，又跪下禱告，認罪大哭不止，約有一個多鐘的工夫，債主李某也走了，可是還有很多貨物呢，他的錢雖然暫時還清，還餘的多得多呢！這總是萬不可欠人的錢，是頂好。

這日（1917.07.08，星期日）李永慶信友回黃村，必須路過賈信友（賈潤齋）的南苑地方送信（實質上這是繞路的，需先從北京城先向南到南苑，再向西回黃村）。這所蒙主一切的大恩萬事都是與愛主的人有益，魏劉氏馬利亞就叫我們上北號恩振華布店去住，因為頭幾日，就將北號之貨物收到總號恩信永去了，我們在總號住了五天，馬利亞倒很熱心接待信徒，已經是多年了，這回我們五個人，在她樓上住，她也甚歡喜，給吃喝、事奉等等的熱心，她一定能升天國，阿們！

我們就往北號去，在這裡我又寫聖靈真見證，哈利路亞讚美耶穌。張春長當日因他禁著食飲，他說我要到外邊活動活動，他去就未回來，一定是受了點迷惑，到了晚上，我們同李得生又禱告祈求，唱詩讚美主，就睡了。

第二天（1917.07.09，星期一）我們起的很早，先行祈禱，讚美主，聖靈指示我們上陳新三家去講道，聖靈催著我們走，我們就起行，到了臨行之時，文祥受點迷惑，說他家還沒有吃飯呢，他這話並不是說他家沒有吃飯的意思，是因怕他自己餓著，我就於是說：「你老顧念吃，你看亞當夏娃，因著吃犯了大罪；魔鬼試探耶穌，也是用吃的。」我就告訴吾兒文祥不要掛念吃的，神必預備。

又有李得生，要往趙得理局鋪中拿大褂去，我知道趙得理受著世俗的迷惑呢！他一去就得受他一點串通，我就說在恩信永布莊與吾妻馬利亞要我一個羽毛沙大褂！可奇了，我就派文祥去，主又給他起名叫再造，去取，我就禱告主說：「千萬感動吾妻捨得給他。因他是為主傳道的。」再造一到，她歡歡喜喜地給他一個更好的串綢大褂，我們就感謝主，因主常聽我們禱告。

我們一到陳信友（陳新三）家，他家的人非常地歡喜快樂，我就說了半天我所蒙大主鴻恩，他有一個姪兒，過給他作兒子，有腿、胳膊痛的大病，他們一家人都信主，藉著我的手，能給他治好，我就為他們講論，救主耶穌是全能的主。我們跪下禱告，我就給按手，聖靈在我裡說：「他一定好了。」我就切實地告訴他可別再犯罪了。

他家給我們預備了飯很好，我們吃了又查聖經，唱詩祈禱讚美主，李得生（李文華）也很幫助一切，陳太太（陳新三太太）大有信心，他叫陳新三他的丈夫，領著我上他老家去，為他大哥奉主名治病，他是吐血的大病。

我們到了就查經、講論、唱詩、禱告，我給他按手，聖靈說：「他一定好了。」又唱哈利路亞，讚美耶穌。他家給我們預備了飯吃了。我們又聚會人很多，我為他們靠著聖靈講論了許久，又跪下禱告祈求，唱歌讚美主。

我們回來，又到了萬子青家去，他們夫婦很喜歡接待我們，就說了半天話，將我蒙主大恩所見的異象，一切的大事諸樣種種的顯現都說明了，他們很信，又查經、祈禱、唱詩，因為他們是多年的教師，我給他們講不受聖靈不能進天國，他們也信。

我們從他家出來，又上多年信道的老王教友（王德順）家去，我們一到他一家大大地歡喜快樂讚美主，王得順（王德順）老教友本是一個極大的罪魁，我切切地問過主二次說：「他一家能救否？」主說：「能得救。」我一講他就受感動，我給他按手很有能力，這樣看來人看人的外貌，神看人的內心，也是主來特要找罪人，這話是真實的。

我們祈禱畢，王信友（王德順）大聲為主作見證，我們回到恩信永綢緞莊的樓上，我妻馬利亞大有熱心，事奉接待李得生，並給我們洗的衣服，又給李得生二件裏衣，我就非常地歡喜快樂。這才是有無相通的實行呢！從今以後，再不說你的東西是你的，我的東西是我的。

我們禱告唱詩二次，都是聖靈大降，充滿了我們的心，就歡歡喜喜地回到恩振華去住，又禱告唱靈歌讚美主，就睡了。

第二十五章
1917.07.10-07.13，星期二-五　北京城內

第二天（1917.07.10，星期二）早晨，我們起的晚些，因昨日太累乏了，我們祈禱畢，我就寫這聖靈的真見證。

李得生（李文華）記錄我靠著主，得的題目很多給他，聖靈願意我傳給他。我們二個人，寫到約十點多鐘，得生寫完了就先睡了，我還寫了一時，也就息著了。

忽然王得順（王德順）老徒信友來了，我們就起來與他談道，工夫不小。先行祈禱，又唱詩三百零一首，我們切心，禱告力量很大，因為聖靈大降，所讀經是馬太福音第二十七章，我念的時候哭了，因為將無罪的主定了罪，我們唱靈歌讚美主，王信友歡樂回去了。

少時李得生起來說，咱上河沿去呀，我說：「可以！」我們走河沿邊的地方，得生又云：「要不然上教友地方去？」我問主說可否，主的聖靈指示說：「很好，必蒙大恩。」我們到了謝信友鋪中小樓上就為講道，細說我蒙主一切的鴻恩、得見主顯現異象，說的工夫很大，我們唱第六十六首詩，又跪下禱告切心祈求，唱聖靈讚美主，因為謝信友信心很大，我給他按手，聖靈有能力在他頭上，我們回來就給吾兒再造（魏文祥）通電話，恩信永鋪友云：「張重生也在這裡。」少時，他同再造來了，重生這二天很不平安，幸主之大恩保守，沒叫他開食，我們同歡喜快樂讚美主，又祈禱唱聖歌讚美主，就睡了。

第二天（1917.07.11，星期三）早晨，李得生起的早，就自己出門，我就心裡為他擔憂，又為他禱告，將他交託給主，我心內略得平安，聖靈指示我，再造找他，少時平安回來，我很喜歡，我們就切心禱告祈求主指示我們到何處何家去傳道，主的聖啟示我們到高信友家去。

我們起行，到了打磨廠口我又問到西月牆教友（劉玉坦）地方去可否？主說：「可。」我叫再造回去拿名片，因為那名片，是必須受聖靈的洗，神生的才能進神的天國，這個很大的題目，再造早晨先是因為他刷鞋犯了一點罪，正唱著詩呢！也快禱告，他先顧他自己穿的，他這回取名片，不往正路大道上走，往河沿上小路一走，就掉在泥裡，我們到了教友地方，好幾個教友全沒在屋。

我們在一個成衣局等著李得生等了一時，因為天氣太熱，就往外去涼快，我先給他講了幾句福音，後來張重生給他們講道，因為他也是成衣本行人，他們就願意聽，我又坐一小時，也出去，與得生同門外等著。

再造少時來了，他云：「我掉在泥裡了。」將鞋藏了，我就說：「這是報應！」我們進門將名片給他們三家信友，我們到了高信友家，他非常地歡喜快

樂，我們大家都彼此拉了手，就給他們講道聽，因為是一個雙目失明，不能看見聖經，我將全能的無所不知的主賞賜我的鴻恩、一切的異象、種種的顯現，由蒙主的聖靈之洗各樣的大事，都詳細告訴他了，他大有信心，我們講說的工夫很大，就禱告，切心祈求，唱靈歌，我給高信友按手很有能力，哈利路亞，讚美主耶穌。

我們出來，又到金教友（可能是金得思）家，他出門了，我們給他留下名片，又到了有信主多年教友的紙局裡。他有辯論的心、自高的心，我就禱告著，靠聖靈的大能勝了他，也將全能的主如何顯現，如得蒙見異象的能力，一一的說得很多，講論的工夫很大。

少時他同人黃信友（黃廣生）來了，他早已就佩服這真道，這時得生願走回去，我於是說：「不要回去，我們要查聖經。」得生就找了幾節聖經，很有能力。我們從此查了許多的聖經，要緊勸他求聖靈的洗，黃信友名叫廣生，他雖有信，心常有信而無信心，我們又禱告，切心祈求，唱詩讚美主，又唱哈利路亞讚美耶穌。

我們出來到了陳信友錫元住所。他未在，給他留名片，就往回行，因為這天走的道路甚遠，就非常地累了，到了恩信永樓上，馬利亞出門，我們在外邊房上息著，少時，她回來，我們切切地禱告、祈求，唱靈歌讚美主，回到恩振華住處，我們又禱告讚美神，這一天慈悲的神全能的救主用我們這四個卑賤的小民（魏保羅、魏文祥、李文華、張重生），應當讚美謝謝恩主聖靈，阿們！少時就睡了。

睡到約有四點多（1917.07.12，星期四），張重生起來說：「哈利路亞讚美耶穌。」我們都醒了，就同心合意地切心禱告，祈求全能無所不知各處全在的神與我顯現，我看上面明明白白地看見天軍圍著我們，又見了救主耶穌，我們唱靈歌讚美主，我切心求主，與吾妻馬利亞同在，保佑全鋪人，主又顯天軍，他們那裡圍著，就有聲音說：「我必保佑，你們全都平安。」我可沒有求主保護鋪中的貨物等事，就說願主的旨意成全，大恩臨到就是了。

又為我凡認識之人切心禱告，祈求國家的大兵甚多，革命軍也非常的多，他們大約由半夜就打起了，槍砲不住地響，真是打得厲害，這一個戰事死的人就無數了，這也主准的事了，因為他們犯了大罪，應當死亡，各樣各種槍砲大聲如雷，就在我們左右，直打到約八、九點鐘，還正打著呢！

我們禱告完了，就非常的平安，也為他們一切的死亡的萬民憂傷難過。雖然如此，更知主是公義的、全知的神，必不叫屈死一個人，這樣我們平安快樂。讚美感謝神，李得生睡了，我寫這聖靈的真見證，由起來用了一碗粥吃了點東西，就寫到約九點鐘，我們真心信靠主的人，到什麼景況，無論何地步，都是平安快樂的，哈利路亞，讚美耶穌，阿們！

吾兒再造也幫助我寫不少的字，讚美主，這也是主早已預備的，哈利路亞，讚美耶穌！

這北京城內的大戰事，槍炮的大聲，直打到午後二點鐘的時候才止住[49]，聽說有美國人出來給他們說合。我們又查經、祈禱、唱靈歌讚美，謝主鴻恩，平安過來。

我們四個人出門往幾處看望，安慰他們，去就先到了賁德新老信徒那裡，到了他樓上見了他，我與他拉了手，倒歡喜點。惟有他看了李得生就大變臉，動氣說：「你說我是魔鬼，你為什麼還與魔鬼來往阿？」得生無話回答他，後來賁說：「你寫信給我們說我們是魔鬼。」李得生說：「我沒有給你寫信。」我說：「他決不會給你寫信，他要寫了，他必要認。」

我們出來，吾兒再造說：「是李恆芳寫的。」得生也知道了。我們到了趙得理那裡，一說此信之事，李得生說我今天不回去了，我勸他說：「這已經顯出不是你寫的來了。你還有什麼難過的心呢？」並且我一寫給賁德新寫信，證明是李恆芳寫的。他軟弱說：「不能回去。」我們就禱告祈求，唱歌離別，我同再造到了恩信永安慰了馬利亞幾句話，又禱告、唱靈歌、讚美主，他給了我們二元錢，又給了幾斤米，還有東西，我們下樓，又為他們全鋪中人禱告，賜他們都平安。我們回到住處，張重生從賁（賁德新）那裡出來，就往他家去了。因他是本大城的人，又因七點鐘就誡令，不叫行人在街上，他未回來，我們父子二人又禱告唱靈歌就睡了。

到後半夜（1917.07.13，星期五）我作夢，大女鬼要害我，忽然蒙全能無所不在的神，聖靈的大力，叫我醒了，就禱告奉耶穌的名趕鬼，魔鬼還是不走。我又起來，又叫再造起來，我們同心合意禱告祈求，唱靈歌、讚美主，將鬼趕走了，

---

49 段祺瑞的討逆軍攻入北京城內，北京城內戰事四起，最終定武軍戰敗，張勳撤退至荷蘭使館，為期12 天的張勳復辟事件，至此日落幕。

聖靈指示我給賁德新寫信，我又求神的大能寫，聖靈全力寫的是：「你要是使徒不當，動著氣，對李得生說錯話，你還不知道，準是他寫信呢？你就這樣說話嗎？可見你是沒有聖靈能力。」我連他那幾個信心會的人，也都說上了。

又給李得生，寫了一封信。也是聖靈指示的，寫完天就明了。張重生又來了，帶了點麵在這裡坐著吃，我們就禱告祈求，聖靈大降充滿了我們的心，大聲禱告，大唱靈歌，用方言禱告許久，哈利路亞讚美耶穌，我們大大地歡喜快樂。又用了飯，我就寫這聖靈真見證，直寫到約十一點多鐘，吾兒再造就給各處信友送信。今日晚四點鐘在恩信永樓上有聚會，因今日晚，落日起就算正當的安息聖日了，明日是整天的安息聖日。之後，張重生執意上南苑接他妻回北京來，我們禱告完他才走的。

忽然，黃村的李永慶又主給他起名叫更生，他來了，說已經租妥了任義奎店裡的房三大間，耶穌教會，敬拜主的聖堂，我就喜出望外，大大地感謝讚美神的鴻恩成全，這是想不到大恩，因為任信友要出力，這教會就算成立了，眾信徒都很佩服他。

少時，我們一同到恩信永聚會，西月牆的劉教友（劉玉坦）來了，我們給他宣講福音，直到約有四點多鐘之久，他很有信心細聽，將聖經的要題，他都叫我給書寫下來。吾兒再造，就給他寫下來，我們禱告祈求，唱詩讚美主，聖靈大降充滿了我們的心，大大地歡喜快樂，唱靈歌哈利路亞，天色就到八、九點鐘了。

國家還是從七點鐘起，就不叫人行路了，因為有神的大能，就叫我們平安到了恩振華住處，也是素常廳上軍警認識我的多，我也有這一點的意思，萬事都當歸榮耀給神，因為也是主早已預備的，阿們！劉教友自然就不能回本住處去了，他就跟著我們住在一處。晚上，我們又查經祈禱讚美主，用完了飯又禱告，唱哈利路亞，讚美耶穌，阿們！就睡了。

東會證道駁群牧　黃村歸真建主堂

第二十六章
1917.07.14-07.15，星期六-日　北京城內

　　第二天（1917.07.14，星期六）早晨起來我們就禱告祈求，查經、唱詩、讚美主，劉信友就歡歡喜喜地回去了。

　　我們用完了飯，就上恩信永去，因為是安息聖日，必須早去，葛太太女信徒（葛撒拉）也到了，少時王得順老信友同他兒婦也來守安息聖日，拜主來了，我就給他們大家靠著聖靈，講論天國的福音真道，淨是本著聖經說的。還有本鋪子人聽道，共是十個人作聚會（魏保羅、魏文祥、劉愛、李永慶、葛撒拉、王德順家三人、董鴻藻?、馮星喬?等，共 10 人），因為是昨日才打過仗去，都不敢走路出門的多。

　　聖靈早指示我上中華基督教會去，宣傳真道，救當得救的人。因此，我告訴吾妻馬利亞和大眾說：「我明日一定到中華教會（中華基督教會）去，說給他們。」吾妻馬利亞（劉愛）大大地攔阻說：「你們要去，我不叫你們在恩振華地方住了。」（劉愛從魏保羅信主後，也陸續參與了倫敦會、中華基督教會、信心會的聚會，與當地信徒也都熟識，應該是基於此原因，才阻止魏保羅去找對方麻煩）我就說：「我們就上地上睡去。」我們就禱告祈求，我就哭了，因為吾妻軟弱，講論的時候，也哭的很痛，大約哭的人不少，我們又唱詩讚美主，哈利路亞讚美耶穌。後來就算歡喜聚會。

　　葛太太得的聖靈的能力很大，也算歡喜回去了。少時我就先回北號；少時忽然，在黃村受過大洗的范信友（范廉能）他來，頭二、三天時，我就想一個寫好字的人給各省、各處、各報界，可是教中報各處，還沒有去到的更正教會的聖約章程，因為他們假教會、假信徒都看外貌。

　　范信徒是個多年的學問人，寫的很好，我就非常地歡喜讚美主，他因為當警界人，每逢禮拜日，放工一日，他就住在我們這裡。我們晚上查經、祈禱、讚美主，我就將往各處去的公函底稿寫出來，我們就安歇了。

第二天（1917.07.15，星期日）是他們的假禮拜日，我們早晨起來，禱告祈求讚美主，完畢，范信友盡力寫了二、三十封信皮，因為每信皮內放一張更正教的聖約章程。

　　李得生也來了、張重生也來了，我們大家異常地歡喜快樂讚美主，我們又聚會，查聖經論說、祈禱、唱靈歌，聖靈大降，充滿了屋子各人的心，工夫不小，我們就都大大地歡喜快樂起來。

　　范信友在屋裡寫信，我們就起行往中華基督教會去，李得生往趙得理那裡拿衣服大褂去，被趙得理攔阻，因為趙得理被世俗的鬼和自高的鬼迷惑阻擋真道多次了。

　　我們到教堂，他們已經作大禮拜了，並沒有講說聖經，淨說了許多的世俗世上國家的打仗等等的不要緊的事，我被聖靈感動指示，我說：「你先與陳新三執事說：『等孟省吾講完了，請叫我說幾句話。』。」他先不願意說去，我說：「我當初入教記名是在這裡，發起辦自立教會，上攝政王府書，是我發起的；這堂（即東柳樹井堂）的地基是密牧師（宓治文）應許給我的，這本是一個舊廟[50]，我發起的克己樂獻會，每人一天一個銅元，二年工夫建造聖堂，我捐來的多，我自己本身捐助此處教堂的銀錢，大約好幾百元[51]，不叫我講道，叫誰講。都不叫我講，那可不行。無論怎樣，我今日要講道。難道你們拿我父的地方，當作賊窟了？」

　　陳教友（陳新三）一聽這話，不得已就與孟首領（孟省吾）說去了。少時，他說請我就等著，他們好幾個人淨說了點世俗的話，一點用處也沒有，我真是為他們哭阿！已經說完了，散會了，孟首領還不願叫我說話，我就站起來。他一看，出於萬不得己說：「魏靈生禁食完了，由黃村回來，要與你們說幾句話。」

---

50 原為娘娘廟，該廟的僧人慈明知兄長金得思信教後，常帶慈明入倫敦會慕道，後即被控訴勾結外國人士私買廟產，慈明因而在庚子事變不幸殞命。1902 年倫敦會派人將該廟修繕，將前殿改做福音堂，後殿改為萃文學校。1912 年誠靜怡到通州公理會邀請孟省吾擔任牧師，並成立中華基督教會，其後由魏保羅等人發起三年募捐運動，於 1915 年建成新會堂。至於宓治文有沒有「全權委任」給魏保羅來處理募捐建堂的事情？尚未有其它文件可以佐證。內容請參北京市地方誌編纂委員會編，〈民族宗教卷〉，收錄在《北京誌》105B 卷，頁 508。

51 雖只等同於新臺幣數萬元，但此時北京城內精華區的院落，頂多數百元即可得到擁有數間房廳的宅邸，魏保羅所捐的款項額度算是相當多的。此處的額度魏保羅捐的是數百元，而非第 1 章捐的 3,000 元，請讀者注意。

我就靠著聖靈的大能，給他們講論天國的福音真道，將更正教的聖約章程散給大家，本著更正的條例給他講的約有二點多鐘的工夫，聽的人都不願意走了，這也是全能無所不知的主預備的鴻恩。那天下雨不住，他們聽道的人心裡更平安領受。我們又到了談道所，坐的工夫不大，我們都脫了襪子與鞋，同李信友（李永慶）、吾兒再造同到恩信永見了。

　　馬利亞一說，她非常地歡喜，她那裡吃的飯是很好的餃子，馬利亞說你們吃這個，也得叫范信友（范廉能）吃這個，要不然就不合道理，我們甚佩服這話，於是就給范信友拿了不少的送去了，他一定吃的很好。

　　我同李永慶，光著腳走上趙得理那裡去。一路上有多人說：「這不是恩信永綢緞布莊掌櫃的嗎？他怎麼不顧車呢？」都以為希奇等等的議論。我心中非常地平安快樂讚美主。

　　到了趙得理局中一見很好，我報他們一切的事，主怎樣施恩蒙天父的保佑等事，王子明存著魔鬼的心呢！唸了二節聖經，意思就議論我，有欠人帳的地方。我被聖靈感動就問他說：「你給我算帳來嗎？」他說：「我沒有說你。」我說：「聖靈明告訴我，你說我呢！你說沒有說我，你不知就說我，算著不但不虧欠人，還有很多的富餘呢！」他就沒有什麼說的了。

　　他先是問說：「魏先生，我要不受你的洗，能與你一同傳道否？」我回答說：「我不勉強人，受我的洗，在這也不是受我的洗，是主耶穌基督藉著我給人施洗。」我後來對他說：「你不面向下受洗，我是一定不與你傳教。」少時，趙得理被大魔鬼迷惑說：「魏先生，你說要不受面向下的洗禮，全不得救嗎？」我說：「那個事情主知道，當知全能無所不知的主，祂的聖靈指示我的。受洗面向下，我就知面向下合禮。」趙得理說：「我看用水點禮小洗，也可以，我常在澡堂子裡洗澡，我就信，就算了。」我說：「我為你哭阿，了不得！你受了大迷惑了！」他說：「我下地獄。」我說：「你不能平安。」說到這裡，少時，我們就跪下禱告，祈求唱哈利路亞讚美耶穌，就都歡喜了。

　　我們就回恩振華，趙得理後悔了，也認了罪，李得生報告我聽了范信友寫的信很多，我們又禱告祈求。范信友很受聖靈的大感，這時范教友回警廳去了，我們到了晚上，又禱告祈求，唱詩感謝讚美主，哈利路亞讚美耶穌，聚會畢，就安歇了。

第二十七章

1917.07.16-07.17，星期一-二　北京城內

　　第二天（1917.07.16，星期一）早晨起的很早，我們禱告祈求讚美主。少時，李得生（李文華）也來了，我們就異常地歡樂，我們又禱告，祈求聖靈大降充滿了各人的心。我用方言祈禱，大家同心合意，快樂著上恩信永，去與馬利亞一同聚會。

　　因為定的是李永慶與李得生二人同上黃村去，路過南苑，因為有一個耶穌教會福音堂的匾，將他帶至黃村教會掛上（即李文華在南苑所開設耶穌教會福音堂的匾額），我們一到馬利亞樓上見葛女信友（葛撒拉）在上面，我們更是歡喜，我們講論聖經又禱告祈求，聖靈大降充滿了屋子，能力很大，禱告的工夫不小，大家歡喜。我又給他們講論，又唱詩，又為一個老婦有病的人禱告祈求，聖靈的能力又很大，馬利亞大受感動，拿出二元錢（當時物價，1 銀元約可購買 8 公斤左右的米，另 1 銀元用以購買些許配菜，以用度拮据一點來說，尚算勉強度日。）來給李得生一個月的吃的，因為得生一個月用二元錢的飯，就足足用一個月。又拿出二元來交李信友（李永慶），作為聖教堂糊棚動工（當時這類的工程，多半是以蘆葦作為骨架，然後使用棉紙糊漿塗在蘆葦架上，通常做為天花板防風使用）等用，還有一元錢的布帳，也歸捐與耶穌教會。我們四個人，在她那裡吃完飯，我們大眾又禱告，祈求讚美主，聖靈又充滿地充滿，又唱送行詩第三百八十二首。

　　他們二個人就歡歡喜喜上南苑去了，葛女信徒也走了。少時，永文彬、王德順二位教友來了。我為他們講論天國真福音，叫他們受聖靈的洗，就本著聖經講論查考，工夫很大。我們都跪下禱告祈求，聖靈很感動他們，甚是歡喜快樂讚美主，我同吾兒回來，又禱告就睡了。

　　第二日（1917.07.17，星期二）我同再造（魏文祥）讀唸講論彼得前書第一章，從第一節講至到末節。忽然，張重生來了，我們大大地歡喜快樂，讚美主。我們三個人聚會禱告祈求，唱靈歌，聖靈大降，我們非常地歡喜快樂讚美主。聖

靈指示叫他們二個人去傳道，他們二個人出去，到三家都很接待他們，回來甚是歡喜快樂讚美主。陳希元（陳錫元）信友，還有一個教友帶著外教人來了，我為他們講論天國的福音，也將自己由蒙聖靈洗所得的大恩，一切的異象、一切的顯現、一切的更正教的聖約條列種種的真道，講的工夫很大。

說到受聖靈洗，必須說方言，才算真見證。那一位外教人，大約是天主教人，他很與我辯論，我靠著聖靈的大能勝他，他就先走了，可見這受聖靈的洗，必須說方言，一定的見證，因為魔鬼一聽見這題目，他就極力地辯論打仗嗎？我們大家禱告祈求，唱詩讚美主，靈感非常之大，唱哈利路亞讚美耶穌，大家就歡歡喜喜地聚會。

忽然，又有張重生的妻來了，我寫這聖靈的真見證，直到晚上七點多鐘，同張重生的妻，大家聚會、禱告、祈求，聖靈很安慰她。少時，我們同他妻往到馬利亞那裡去，她很熱心接待張重生之妻，就留她在家住，這是想不到的鴻恩。

我們禱告，主的聖靈降臨感動大家，我們就歡歡喜喜地到北號去住，哈利路亞讚美耶穌，阿們！

第二十八章
1917.07.18-07.19．星期三-四　南苑

第二天（1917.07.18，星期三）早晨我們禱告，唱歌畢。少時，張重生他父親來了，我就為他講論聖經、又禱告、又查經、論說、又唱靈歌讚美主，聖靈大降充滿每個人的心，他很有信心，大家歡喜快樂讚美主。

我們起行往黃村去，蒙主指示，路過南苑，我們走路，我背著一個被卷，因為像著主受苦，就大大地歡喜快樂平安。

到了大紅門河（即南苑正門處，今北京市豐台區大紅門）的地方，我們先禱告、唱詩、讚美主。就下河為王得順（王德順）施大洗，聖靈大降充滿了我們各人的心，就異常歡樂讚美歸榮耀給全能慈悲的主。

我們又起行平安到了南苑，在張重生家用完了飯，就出門往賈信友（賈潤

齋）那裡去，才走不遠，買潤齋信徒歡迎來了，我們就到了他鋪中（天福藥房）講道談論天國的福音。潤齋很有進步，信心、熱心、愛心。我們聚會禱告祈求讚美主。少時，又查經禱告。潤齋留我們三個人在他鋪中住，我們二個人說許多的道理才安歇睡著了。

第二天（1917.07.19，星期四）早晨起來我們先禱告祈求，又查了許多的聖經題目的大旨，是應當顧念在上面的事，我們大家又跪下切心禱告祈求，聖靈大降充滿了屋子各人的心，大家非常地歡喜快樂讚美耶穌，又唱靈歌，哈利路亞讚美主，又唱讚美耶穌、又唱讚美天父、又唱讚美聖靈，我們就是這樣蒙主的鴻恩。

潤齋給我們預備了飯，吃完，又講論了一時。我們出去，到了張仲三成衣鋪去，他有二個學生，很願意接待我們，就給他們講論天國的福音。又禱告完了，我們到一個陳信友（南苑陳信友）地方去，他有個夥友，是多年已常聽道的人，可惜沒有真道，得人講給他聽。我們給他一講，他很受感動，我們給他一家禱告祈求，他甚是歡喜，讚美主。

我們又到大樹下，去宣講天國的福音，我先給那一切的軍人宣講，他們都很愛聽，我又請王德順給他們宣講，吾兒幫助傳福音，我就回到潤齊鋪中，寫這聖靈真見證，也給馬利亞寫了一封信。

張重生受魔鬼的試探，我們為他切心禱告祈求，靠全能的神聖靈的大力，必然大獲全勝，哈利路亞，讚美耶穌，阿們！

少時，我們就同心合意地禱告祈求，講論說千萬我們可別重釘了主耶穌基督的十字架，說到這裡，張重生大受聖靈的感動，祈禱的工夫很大，就勝了魔鬼，張重生就歡喜快樂讚美主，大家同張重生也就無回家去睡。

讚美聽人祈禱的真神。少時，我們大家就歡喜睡了。

第二十九章
1917.07.20-0722，星期五-日　黃村

第二天（1917.07.20，星期五）我們起來先行講論天國的真道，又切心禱告祈

求，唱應讚美耶穌。這幾天，蒙神真主的鴻恩，感動賈潤齋幫助預備了一切，所用的甚是周到，加添了我的信心喜樂。

我們又到了重生家，為他妻禱告祈求，唱哈利路亞讚美耶穌，又回到潤齋鋪中又祈求讚美主，我將雕羽的扇子與潤齋換著用，就起行往黃村走，約有二十里路（約 10 公里，路程約 2 個小時多，可推測賈潤齋的天福藥房應在龍河以南）。我們各人都背拿著東西，快快樂樂地行走，惟王德順願意雇腳，他就雇了一個代腳的牲口，就將一切的行李放在牲口上，我們三個人還是如常行路，走得很高興，一面走路一面唱歌讚美主。

歡歡喜喜地到了黃村邊上，我們在樹傍裡禱告，祈求讚美主，就進了村子。

任義奎信友非常地歡喜，他就預備了飯，同在一處吃的，到了落日就算安息聖日了，雖然下著雨，來的男女信徒卻不少，我就靠著聖靈為他們講道，工夫不小。又禱告唱詩讚美主，聖靈大降充滿了各人的心，大家歡歡喜喜地回去了。

第二天（1917.07.21，星期六）因為是主的聖日，也是降福的日子，我們起的很早，就到村外樹林子地方去禱告祈求，聖靈的能力很大我們就受感動，歡喜回店。

到九、十點鐘，男女信徒來守真安息聖日的很多。我給他們講論天國的福音，本著聖經講的多，又有王德順、再造、重生、義奎都發言、讀經、講論，大家異常地受感，又唱詩禱告祈求，唱哈利路亞讚美耶穌，大家非常地歡喜快樂，榮耀歸給主，阿們！

我又與德順談了許多的歷史道理，又給他唸講了更正教的聖約條例，到了晚上七點之時他問說：「今晚我吃飯可否？」我說：「隨意。要能行明日咱一同吃飯更好。」因他禁食三天半了，我們三個人是定的安息聖日為禁食，免得作飯、作工、買吃的等事，這向安息聖日大大地歡喜讚美主，到晚上又切心感謝禱告祈求讚美主，才睡了。

第二天（1917.07.22，星期日）因這一夜下的雨甚大，我們早晨起來，在店裡先行禱告祈求，讚美主。又出門，到了外邊因水很大，不能過去。忽然有一個人來搭小磚橋，我們就知道這是主預備的，讚美主。又到了一個高粱地的地方，我們祈禱唱靈歌讚美神，又回走，忽然韓寶田來了，我說：「這是主叫你來的，我們今日在你家吃飯。」到了他家，就為他一家求平安，又給他們唸了更正教的聖

約，細細地講了，又唱詩禱告祈求，聖靈大降充滿了各人的心，歡歡喜喜地唱哈利路亞，讚美耶穌。

又到了陳家（黃村陳信友，非陳更新），因為陳太太病了，是熱病。我們進了她家的屋子，就問她說：「你信耶穌能給你治好病否？」她說：「我信。」我說：「妳的信救了妳了。」我又給她講了許多的道理，我們一同跪下禱告祈求，張重生和我給她按手，聖靈大降充滿了各人的心，聖靈說：「她好了。」一定得了大恩，我們又唱靈歌讚美全能的主，阿們！

因陳家和韓家同院，就在韓信友家用了飯，又作聚會，講論、唱詩、祈禱、唱哈利路亞，讚美主，阿們！

我們又到任信友家禱告讚美主，又往徐女信徒（徐趙氏）家走，李永慶先到了，他因街坊婦女們的不便，就不願叫去，因這六月間婦女們都光著背的多，也是因他的軟弱，我們到了李信友家，大大地歡喜快樂，這也是應驗聖經主耶穌基督的話說，這家要不當得平安，你們所求的平安。就歸到你們了。

我們禱告祈求，讚美主，我們又起行到周教友家聚會，祈禱講論了許久，又唱歌讚美主。又到了王鴻恩家，他是英文大學校的大文學家，又是從幼兒研究道學的教師，他與我大大地辯論，他靠英文，又靠自己的學文假道學，我靠著聖靈大能，就大獲全勝，又唱詩祈禱，就歡歡喜喜地回到李信友家（李永慶）。

用完了飯，又禱告祈求，聲音很大，街坊受了魔鬼的大迷惑，就說了一句頂不好的話，我就奉耶穌的名趕鬼，將他趕出去了，我們就平安。張重生說預言，說：「耶穌快來了。」（魏保羅沒多久以後便開始將宣教重心放往末日來臨，不知是否與此時的預言有關）連說數句，我用方言禱告，唱歌讚美主，工夫很大。哈利路亞讚美耶穌，又回到店裡。睡了。

校注按：

此處是第一次提到耶穌快來的預言，首見於張重生領受的預言，隨後魏保羅在上冊第 34 章 1917.08.02 見到天使抱柴火的異象，只意味不明的解釋為「燒」，並不清楚要焚燒什麼或有何指涉，但魏保羅已經知道某種程度的時間不多，因此才有著「真是有無相通實行，大家日日歡歡喜喜地度餘下的光陰」一說。而隨著魏保羅傳道的工作發展，此概念卻逐漸清晰，直到下冊第 43 章得出焚毀世界的結論。

在上冊第 45 章 1917.08.21 時，魏保羅已經將末日審判的概念給具體了，因而給幾個婦女們講道說：「耶穌快來了，審判的日快到了，他要用大火燒天下萬國的人。」而第 53 章 1917.09.11 則更受到啟示「五年以前，四年以外，末日來到，主耶穌審判天下，天火焚燒天地萬物萬民」的具體時間指示，並進一步在到達白溝鎮後，將 1917 年河北淹大水一事，認為是這審判的起頭。

但此時魏保羅雖然隨傳隨講這末日概念，但心中仍是充滿疑惑，直到第 87 章 1917.11.24 又再次以同樣的事情問主，結果見到大火焚燒萬民，萬人在硫磺火湖被燒的痛苦異象。至此，耶穌五年內必來審判的概念，幾乎已完全性地滲入了真耶穌教會內，將真耶穌教會變成一個帶有較為激進色彩帶有強烈末世觀的本土教會，影響著之後在天津的宣教活動。

實際上，「耶穌快要到來」這個概念，並非魏保羅所獨有，在信心會時期，也有不少人抱有同樣強烈的呼求，甚至是在異象中有所領受[52]，特別是在魏保羅加入信心會的前後。也因此，魏保羅的末日概念可能是早已萌發，加之如原信心會的張重三等人的推波助瀾下，魏保羅的末日急迫性可說是一天高過一天。

魏保羅有這樣的體會，也可能與外在情況有關，例如前不久的張勳復辟事件，以及臨盆大雨造成廣大地區受災的河北水災，都進一步加強了魏保羅對於末日來臨的認知。

---

52 耶穌再三年或三年半要到來的消息，無獨有偶地出現在《通傳福音真理報》之內，均有提到類似的概念。詳見《通傳福音真理報》第 12 期，第 1、8 面；《通傳福音真理報》第 13 期，第 7 面。節錄如下：〈保定府廣昌縣孫家莊大聚會奇事照錄〉：「他吩咐我們給人按手受聖靈，受靈就降在人身上，他又說，耶穌三年半必定回來，大概他顯明降臨三年半隱居空中，唯有忍耐到底的能得救」；〈聖靈在元氏縣作工〉：「有大聲說，你不可喪志，恐怕你受害，因為耶穌不及三年就來，他妻醒來，就甚是快樂，是日當晚在聚會作這個見證。」；第 13 期賈含立又重述廣昌縣一事，表明包含三年半來的預言在內，都是聖靈說的話。

第三十章
1917.07.23-07.24・星期一-二　黃村

　　第二天（1917.07.23，星期一）早晨上大葦堂去，禱告祈求，聖靈降臨，在我
心裡十分充滿，忽然我就為黃村眾信友、假教會的大家、黃村的眾民，和各國、
各省、各處的假教會、假牧師、假教師、眾假教友，和一切的萬民，大大地痛哭
不止，約有一點鐘之久。

　　哭畢，甚是救主的安慰平安，我們又唱靈歌讚美主，就歡喜回到店裡。忽
然，徐女信徒（徐趙氏）來了，因為我為她禱告，求主的聖靈感動她的心，這一
定是被聖靈感動了來的，我為她講道又唱詩二首，我們又禱告祈求讚美主。

　　我們上李信友（李永慶）家去吃飯，我們又到街上宣講天國的福音，先是要
將更正教的聖條約貼在牆上。由於任義奎軟弱，早已就受財迷世俗的鬼迷惑，他
將我們所刷貼的聖約章程取下了。

　　我們先唱詩，我先宣講，吾兒再造（魏文祥）接著我宣講，他大有聖靈能力
宣講的工夫很大，張重生又接著講，聖靈大大地幫助他，李信友（李永慶）也作
了幾句見證，我又接著宣講的工夫很大，聖靈大降很幫助我，再造又講，他們三
個人講的工夫不小，我就寫這聖靈的真見證，直寫到六點多鐘，哈利路亞讚美聖
靈，阿們！

　　少時，我與幾個婦人在屋裡談講主的聖道許久，我們一同禱告祈求，聖靈降
下，大家甚為受感，就歡喜散會，陳太太（較可能是黃村陳太太）家中貧窮甚
苦，向我求點幫助，我就非常地替她難過，我就量力幫助她，因為他們夫婦都是
真心信主的人，又少時，李永慶與任義奎二人，因為道理辯論了許久，因為他們
都沒有受聖靈的洗，就都有錯處。

　　我在屋裡為他們禱告，聖靈說：「一定有益處。」我又給任信友寫了一封回
信，因為他說我們禱告的工夫太大了，他的意思大旨說，就用主禱文便可了，我
們父子二個人，細心查聖經內中有數多次耶穌種種的禱告祈求，有次救主耶穌整

夜禱告神，記載在路加福音第六章第十二節上（耶穌選立十二使徒前徹夜禱告），眾使徒多次的禱告祈求，他們有不住地禱告祈求的。

　　這封信大約寫到晚十點鐘，我叫醒他們禱告祈求，聖靈大降，我們禱告的工夫很大，又唱靈歌就睡了，到了後半夜，我起來祈禱，他們也起來禱告，工夫太大，李永慶信友祈禱的聲音非常之大，禱告的話也有幾句不對的，也就讓房東與任教友大不願意我給李信友按手，聖靈告訴我說：「一定得了勝！」李教友就止住禱告，這一夜，我在夢中魂靈離開身體往上升，很是平安，哈利路亞讚美耶穌。

　　第二日（1917.07.24，星期二）天亮，我們又禱告、祈求、讚美主，到李信友家吃了飯，還有幾個學生來聽道，我就給他們講論，又禱告查經，任信友過來很好和氣，這實在是聖靈大能，這一日，李信友、張重生、再造（魏文祥）、韓寶田四個人要往南苑去取板凳，以及聖堂所用的東西，我們先禱告。聖靈明說：「平安去，平安回來。」

　　他們走後少時趙窮教友（黃村趙教友）、陳信友來了，我為他們講道禱告祈求讚美主。少時，徐女信徒來了我就為她講道，她很有信心熱心，又有幾個學生來，我將他們的名姓寫在本冊後面，到了晚上，我就到一個玉米地裡，切切地禱告祈求工夫很大，我回來他們平安回來，我們又用完了飯，又禱告祈求讚美主，睡了。張重生未回來。（張重生原本就是南苑人，有可能就直接回家歇息了）

第三十一章
1917.07.25-07.28，星期三-六　黃村

　　第二天（1917.07.25，星期三）我們起的很早，在屋裡禱告、祈求，聖靈大降，我們日日歡喜快樂讚美主，吾兒文祥（魏文祥）得一夢兆上天國去看見救主，與他唱了幾句哈利路亞讚美耶穌，我就寫這聖靈的真見證，寫到後午天（下午）。還給馬利亞（劉愛）寫一封信，這一日聚了好幾個會，快樂至極讚美主，李永慶、同吾兒文祥、韓寶田三人，就建造聖堂的牆，又下雨而止住工，到了晚上我們又禱告祈求，就睡了。

第二天（1917.07.26，星期四）我們起來禱告祈求，這天下的雨很長，我又給王德順寫了一封信，又寫了各往各處去的更正教的條約信底稿，這日也聚了好幾個禱告會，就大大地快樂平安，哈利路亞讚美聖靈，因為聖靈永不離我，讚美主。徐女信友（徐趙氏）大大地熱心發起數次給我們送吃的來，讚美全知的主，她一來到我們就禱告祈求讚美主，聖靈就降臨感動我們的心，每逢祈禱時就歡喜快樂回去，到了晚上又禱告讚美主，就睡了。

第二天（1917.07.27，星期五）我們早晨禱告祈求，讚美感謝全能的主，這幾信友常來聚會祈禱，任義奎提醒說：「必須道地的面官長去。」我同李信友（李永慶）大去了一回，官長上北京去了，我就留下名片一個，今天就我、劉德玉來給官長寫公函，李信友送了去，李永慶大大熱心，受累非常之大，一切的土工等等累工，都是他辦得多。

到了三點鐘，張重生從南苑來了，我們一見大大地歡喜快樂，讚美主。劉德玉又給各處報界、學界，我早識之友人、各教會、各教友寫的信皮（信封皮）很多，他是一個早有大信心的人，又寫了聖靈啟示聖靈，唱歌一首大字今將所發的公信開列於左，從前還有許多往各省、各教會的報館去的信，還有給各處的教會教中人去的信，未記載這冊上很多了：

唐聯陞信友、安闊亭教師、唐堯臣教士、張佩之青年會總幹事員、陳鐵生教會之大人物、趙太太女信友、張颯豐信友、靳明倫信友、萬信友是龍鳳寺佈道團的首領人、北京報界同志會公信請各報登刊：天津耶穌教宣道所公信、采育教會（倫敦會）、十八里店教會（倫敦會，魏保羅於 1918.07.09 造訪）、得付南關公理教會[53]（公理會保定南關禮拜堂，與後續章節上冊的第 55、56、61 章的南關村、霸縣城所指之「南關」沒有關聯）、涿洲公理教會、天津倫敦教會、天津售品所宋則久（宋壽恆）信友之要信、北京臨記洋行楊臨齋（楊以儉）信友、蘆各莊王玉貴、天津青年教會總幹事仲子鳳（仲偉儀）（時任總幹事為郝瑞滿，仲偉儀為華人幹事，另一名華人幹事為宋愚溪）、天津校長張伯令（張伯苓）、北京報界趙華甫，請他登啟報；《京津時報》總理汪健齊（汪立元）、又報界廣告部總理任昆山、又《民視報》總理康甲承（康士鐸）、又報界首先發起的極大熱心

---

53 河北省地方誌編纂委員會編，《河北省誌：第 68 卷-宗教志》（北京：中國書籍出版社，1995），頁 443。

家彭異仲（彭詒孫字翼仲）、北京東四牌樓耶穌教會公信（位於今北京市東城區東四北大街旁的東四五條胡同一帶，為公理會的東四北公理會堂[54]）、又花市福音堂（位於今北京市東城區崇文門西花市大街，稱為美以美會的花市教堂[55]），我被聖靈感動心裡切的盼望迅速的鼓動各省、各縣、各公教會、各男女教友，以及各界人民全都驚天動地的大大地能力，我是靠加給我力量的基督，凡事都能作，甘心為主捨命。

這日到晚上，就是安息聖日了，男女信友來的很多，我就為講論天國福音，聖靈大降充滿了屋子，大家都切心禱告祈求，工夫很大，讚美主，他們就歡歡喜喜地都回去了，我們又禱告，忽然，聖靈充滿了張重生的心，他看我因我妻馬利亞軟弱來的信，他說：「今夜說不定不睡呢！」他說方言，叫我給他翻出來，我被聖靈感動就給他翻方言，他說的很多，都翻得很對，李永慶、文祥、韓寶田三個人聽著，他們心裡是都願聽，但身體軟弱了，我們先是求全能的主，明日晴開天好，慶賀主的聖堂，真正的更正耶穌新教新會聖堂祈禱讚美，說的工夫大約有後半夜一點之時，所說的方言，多半都說明他們三個人的罪過，叫他們悔改，他們很愛領受。

我睡了一小時，自己起來切心跪下禱告祈求，跪的工夫大約有一點多鐘。此時正下著大雨呢，聖靈大大地在我身上有能力，聖靈明說：「明日必晴開天氣。」神還指示我慶賀新聖堂禮節規矩，我就非常地歡喜快樂讚美主，我們五個人，又都起來同心合意地禱告祈求，聖靈大降充滿了我們各人的心，就心裡有能力，平安快樂讚美主，此新耶穌教會堂修理規著的甚是整齊，我又同著幾位信友切心禱告了三回，痛哭著祈禱，因為我一、二日要離開他們，為他們的軟弱掛念的心甚大。

到了九點多鐘，禱告著上新聖堂去，已經來了幾位男女信徒，我就給他們談道，少時，任義奎信友來堂，我們就算是開會，慶賀新堂。

---

54 北京市地方誌編纂委員會，《北京誌：民族·宗教卷·宗教誌》（北京：北京出版社，2007），頁 510。

55 花市教堂後稱為衛理公會花市福音堂，於 2004 年拆除。劉廣慶曾在此堂兼任過牧師，因此與魏保羅曾為舊識，後劉廣慶在天津倉門口教會成立後即應邀任職牧師。請參北京市地方誌編纂委員會，《北京誌：民族·宗教卷·宗教誌》，頁 511。

（從此觀之，黃村的會堂當屬於真正意義上的第一間由魏保羅創設的會堂。）

我被聖靈指示，上臺上去先請大家站立，大家發言祈禱已畢，又歌頌新堂獻主聖詩三百九十八首，讀舊約聖經歷代下第六章，大意就是所羅門建造極大的聖殿，行告成禮[56]祝福祈禱聖意總題，又讀第七章十二節起至末節，此章的總題是全能的主垂聽准了所羅門的禱告，也准凡在處祈禱告人，我讀唸完了此章節，又請大家，又唱慶賀新堂獻主聖詩第三百九十八首。

我就靠聖靈宣講天國的福音真道，舊約歷代下書起至引導新約救主使徒的聖經一切的要言，此時我一點也不敢靠自己，全靠聖靈的大能講論，忽然聖靈大降充滿了我的心，我就痛哭起來了，就是為一切的教友哭，惟恐我一、二天走了，他們要魔鬼的迷惑軟弱，就切切為他們在心裡禱告祈求著講論，張重生大大地得聖靈的恩賜，他說還有要緊的方言，對他們大家說的話，叫我給他翻出來，我就切切地禱告祈求，聖靈指示我能給他翻出來，他就說起方言來，我被聖靈感動給他翻方言，他說的工夫很大，話語甚多，所說的方言不外乎聖經要緊的道理、救主耶穌快來的大旨，又有指責李永慶、任義奎的罪過，我就明明地告訴他們，又有責備大家的話，很有聖靈的大能大力，感動了眾人，還有一位女信徒徐太太（徐趙氏），她跪下禱告，跪的工夫很大，聖靈明說：「她的罪免了。」又有李永慶之妻也跪在當中，主也說：「她的罪赦了。」

張重生還要責備他們假教會的二個假信徒，我被聖靈感動說：「還有責備你的話，惟恐你們受不了，你們自己省察，還有什麼罪，悔改就是了！」張重生就跪下禱告，我們大家也都跪下切心禱告，祈求聖靈大大地降臨，充滿了聖堂各人的心，都同心合意地禱告工夫很大，我被聖靈指示給他們按手，聖靈降在他們身上，我們唱第一百三十一首：主我來就十字架（我今來就主十架），大家熱心歡歡喜喜地起來。我又上臺報告大家吃聖餐的大事，我就唸哥林多前書第十一章第二十三至三十三節（保羅說明主設聖餐），我給他講論救主死的是何等大苦難，我就大哭了，哭著祝謝了，擘開分給大家，全都跪下吃了，又拿起杯來祝謝了，

---

56 魏保羅此處所引用的是歷代誌下 7:9 的《北京官話譯本》譯文，譯為「第八日、設一大會、為壇行告成禮。守節期七日、又守尋常節期七日」，同文在《官話和合本》譯為「第八日設立嚴肅會，行奉獻壇的禮七日、守節七日」。因此此處應當是採用了《北京官話譯本》。其他譯本的同字詞，如《委辦譯本》譯為「大會」；《施約瑟譯本》譯為「聖會」。

大家都喝了，哭的不少，這實在是聖靈的大能大力，榮耀歸給真神，我們禱告唱靈歌讚美主。

少時，南苑的賈潤齋信友來了，還同一位趙教友（趙成會）來了，他們也領了聖餐，這一日聖靈大大地顯現，榮耀歸給神，阿們！這天果然晴開天了，大家歡喜快樂讚美主，這一回證明了，主耶穌垂聽人的禱告祈求，以利亞禱告了也應驗了雅歌說以利亞和我們是一樣性情的人，大家會畢，就非常地歡喜快樂，眾信友還是不願走的樣子，又談了許多道理話才走了，真是歡榮而散。

賈潤齋信友同趙教友，還未走的趙信友（趙成會）有病，賈潤齋信友說：「可以求耶穌醫治。」於是我們為他講耶穌應許的話，給信徒醫病的權柄，他信了，我們為他跪下禱告祈求，我與張重生同按手在他頭上，聖靈說：「好了。」我們就唱哈利路亞讚美主的聖靈歌。少時，他們要回去，我們送行，分離又歌聖詩三百八十二首，又禱告讚美，就歡歡喜喜地回南苑去了。

我就靠著聖靈的指示大能，寫這聖靈真見證冊，直寫到天黑約有七點鐘之時，任義奎信友同他們幾個人來到聖堂，我就非常地快樂，我就先給他唸這聖靈真見證冊。這一日，任信友（任義奎）大得恩惠平安，有歡樂的樣子，因為都顯出來，先是張重生問任信友說：「你得感動了沒有？」他回答說：「這恩典大了。」還說了好幾句聖靈的話，晚上又來聚會，真是主意外的恩惠，加添我們的快樂讚美主的大恩，我們又唱二首詩，又跪下禱告祈求讚美主，就歡樂而散會，我就又寫這聖靈真證，直寫到約十二點多鐘後半夜，才安息睡了。

這日又安息聖日（1917.07.28，星期六）降福的日子，又是賀新堂的喜樂，又吃聖餐的日子，大家非常地歡樂，唱哈利路亞讚美耶穌，阿們！睡了不大的工夫，有大女鬼在夢中叫我犯罪，聖靈主耶穌基督永不睡著的神，忽然叫我醒了，我就打著精神禱告祈求，我又起來跪下切心大聲禱告，我也叫醒了他們四個人，李永慶先起來，張重生也起來禱告，我就求主賜我全身鎧甲，我被聖靈感動就站起來，與魔鬼交戰大大地戰了許久，我靠聖靈的寶劍，就是神的道戰勝了女鬼，也是我還有疑惑的罪，我們就都起來談論主的真道，聖靈又指示了很多的話，我們又為任信友、馬利亞、張重生之妻、韓寶田，他們這幾個人切切地禱告，祈求工夫很大，聖靈大降充滿了我們的心，我們就突然地歡喜快樂讚美主唱哈利路亞，讚美聖靈又唱靈歌，天就明了。

夜來天使現神啓　曉起聖徒除煞殃

第三十二章
1917.07.29-07.31．星期日-二　黃村

第二天（1917.07.29，星期日）早晨徐女聖徒（徐趙氏），和李太太（李永慶妻子）來了，還有陳文彬、張教友（張重生），我們就唱聖詩、查經、講論、禱告、祈求、讚美主，大家甚為歡喜快樂，又講論天國的福音。少時，張重生出門約有二點之時，他來了，我們三個人又同心合意地禱告祈求，聖靈大降，充滿了我們的心，我被聖靈大大感動，聖靈指示許多的大事。此時，主賜我鴻恩，加添了我的大信心能力，我同張重生按手在陳文彬頭上，聖靈就感動他，當時就看出進步來了，到晚半天，文彬又來了，我們二個人就查聖經很多，又講論幾回他聽著，他回答的也都甚好的。

徐女信徒（徐趙氏）又來了，她前半天來了一回，李永慶太太也來了二回，我們就禱告祈求，謝恩讚美主，唱哈利路亞，讚美父子聖靈，阿們！

少時，又來了一個外教常聽過道的人，名趙厚齋，我就靠聖靈，大有口才能力，宣講天國福音、更正教的條例等語；有一個假教會多年信道賣書的人，名劉玉坦也來了聽著，講到晚七點多之時，他們走了。我又到任信友（任義奎）屋裡，他唸從梧州來的宣道書局聖經，報賣書的那位人聽，他聽著很有受感動的樣子，我也聽著有地方章節內有受感動的地方，但是也有不對的幾句地方，就是將真神的聖名字，改成上帝的名字，這是我不太滿意的地方，比如我們稱呼世上的父母，就叫「桌子」，這不對呀！我看許多信友都拿著這聖名字不當要緊的樣子，噯！我的親愛弟兄們那你豈不知，差之分毫，謬之千里嗎？切切地盼望諸位親愛的兄弟姊妹，迅速的改過來，是弟所盼者也。

這一日李永慶、文祥（魏文祥）上南苑去，賈潤齋信友缺席，還有別的東西，韓寶田上北京恩信永布店去學買賣，因馬利亞叫他去後半天的時，張重生說我願意將家具與妻子接來黃村教會裡住，我們禱告，主說：「可以。」我們又禱告為李得生各等事，禱告祈求讚美主，他臨行時，我們又禱告求主賜他一路平安，唱聖靈所示之聖歌，哈利路亞！讚美父子聖靈，阿們！

到了晚上他們都沒有回來，賈信友一定是熱心接待他們，這日晚上我們與任信友，還有賣書的那位（劉玉坦）和和平平的聚完了禱告會，我就回聖堂裡，又切心禱告祈求，聖靈大降，非常地安慰我的心，這一天的鴻恩是說不盡的，我這一夜蒙主保佑平安。

第二天（1917.07.30，星期一）我起來切心禱告感謝讚美主完畢，我就收拾屋子裡等等的事，打掃乾淨一切的事，都辦完了，我就上任信友屋裡去談了一會兒張重生的事，又切心禱告祈求，讚美主。

回到聖堂我就給聖經報寫了一個信皮，將更正教的聖條約章，郵去一紙。任信友之姪兒，來到聖堂，我們又禱告，主聖靈的能力很大，就歡喜了，我就寫這聖靈真見證冊，一面寫一面祈禱，聖靈指示著寫，李永慶之妻太太她說因他們未回來，昨日作的飯都好了，我就可以拿來我吃，我吃了，非常地平安快樂讚美著吃，這可以證明是聖靈大能大愛，我們又同李太太聚了一個禱告會，聖靈時常與我們同在，哈利路亞讚美耶穌，阿們！

少時，徐女信徒來了，我教她唱詩，又來了一位教友，我們又唱了二首詩，就禱告祈求讚美主，陳文彬也來了，我們又講論禱告祈求讚美主。少時，我打算傳道宣講去，因為此日是黃村的小集，我們又禱告祈求，聖靈幫助我們宣講，祈禱畢，我們就出去先行歌詩讚美主，我就靠著聖靈宣講天國的福音，宣講完了我們回聖堂。文彬買了一個西瓜來，任信友又給我拿了飯來；少時，任信友來聖堂，說了好多的聖靈的話，很抵擋他們的假教會的人，陳文彬十點鐘就來了；少時，外莊的陳信友，也有李太太（李永慶太太）來聖堂，我們講論聖經；少時，寶海（任寶海）又來了，我們就禱告祈求，聖靈大降，充滿了各人的心，我按手在他們頭上，他們很受聖靈的大感動，素常都是不太會禱告的人，此時他們都是大聲禱告，切心祈求，寶海也是受了大洗的人，他看見救主給他按手，我們祈禱的工夫很大，就非常地歡喜快樂，唱哈利路亞讚美耶穌！我們又查聖經講論應當受大洗的禮，又講論必須受聖靈的洗，以說方言為受聖靈洗的真見證，我們用完了飯，又禱告，因為此時張重生同吾兒文祥來了，我就非常地歡喜，我們就睡了。

到了半夜約二點鐘（1917.07.31，星期二）我們起來，禱告祈求，聖靈降臨，就都大聲祈禱，我同重生蒙主所賜全身鎧甲靠主耶穌的大能趕鬼，與群魔交戰，就大獲全勝，就唱哈利路亞讚美耶穌得勝歌，我們又講論天國的真道。少時我們

又禱告，重生說今有聖靈的方言，叫我翻出來，我就切心禱告祈求，跪著翻此方言，他說的話很多，都是極有能力的話，很感動我，也感動文祥、文彬二個人，跪著說的約有一點半鐘之久，我們就大大地歡喜快樂讚美主，又同唸主禱文又靈歌讚美父子聖靈，我們又談講主的道理，少時重生說，還有要緊的方言，我們又跪下禱告祈求著說方言、翻方言，他說的是天國的子，一切的珍珠寶石建造的，種種的莊嚴華美，就如啟示錄二十一章至二十二章的事一樣，又用方言講論了許多的道理，天就明了，我們又禱告祈求讚美主，哈利路亞讚美耶穌，阿們！

第三十三章
1917.07.31-08.01．星期二-三　黃村

第二日（1917.07.31，星期二）我們就睡了一小時起來，淨面祈禱唱靈歌。用了飯，有幾個學生，我靠著聖靈為他們講論天國的福音，約有一個鐘之時，張重生用方言為他們講論天國的福音，我給他翻出來，眾學生都很受感動，因張重生這一日由早晨起來神不叫他說話，可用方言說，也不叫他出門。

少時，我們又切切地禱告祈求，聖靈大降充滿了我們的心，我切心求主，今日要受聖靈洗的人，我同張重生按手在任寶海頭上，聖靈降臨在他頭上，他就撲倒在地，我將他翻過身來，聖靈於是指示我叫他面向下可以，我又多知道一樣大事，他說的方言不少，我們祈禱了工夫很大，才唱哈利路亞讚美主。

忽然，接了任信友一個信紙，內中所寫之要意，不外乎指責我們禱告的聲音太大，因為他沒有受聖靈的洗，軟弱，我靠聖靈給他寫了一封回信，一定責備他的話，我寫這聖靈真見證冊，約寫到晚上二、三點鐘之時，忽然李永慶信友，由南苑來，我們都睡醒了。

昨日任寶海看見救主耶穌的異象，第二日決受了聖靈的洗。少時，我們用飯時，徐女信友來了，給我們送了三個麵合子餅（即麵盒子餅，通常內有包餡料），此晚飯正是差點不足，用得正合適，這雖然是小事，也真是全知慈悲的神愛我們的聖意了。用完了飯，就唱詩讚美主，先是張重生唸了帖撒羅尼迦前書第五章後，又用方言給徐女徒講道，我靠聖靈翻說方言，此時，聖靈降在徐女信友

心裡，她虔虔誠誠地細聽，還禱告著領受，在主面前認了許多的罪，許願每逢安息聖日禁食，又立了為主傳道熱心事奉主的願，我們講論工夫很大，又都跪下切心禱告祈求，聖靈降臨在各人身上，我同張重生按手在他們頭上，聖靈很有能力從我們身上出來，跪禱的工夫不小。

吾兒文祥又給他起名叫再造，他早蒙聖靈的感動，他見過幾回異象，他在主的道理上很有信心，熱心講論上也有口才，靈明放膽宣講天國的福音，這日，同張重生按手在他頭上二次，他也切心祈求，重生蒙聖靈指示說：「你可將他按倒下，他可受聖靈的洗。」於是重生將他按倒下了[57]，再造就受了聖靈的洗，說起新方言來，我們大家就大大地歡喜，非常地快樂，讚美的聲音不止的樣子，我就寫這聖靈的真見證冊，再造自己在外邊跪下禱告祈求，被我看見，這是受聖靈的能力，他又與大家拉手親近我們，就歡歡喜喜地散會，我直寫到九點多鐘，我們又聚會祈禱，唱哈利路亞讚美耶穌，就安睡了，阿們！

第二天（1917.08.01，星期三）早起禱告切心祈求，聖靈忽然降在我心裡大有能力，我就痛哭起來了，一面祈禱、一面哭，也為本會堂的款項，並為馬利亞哭，因為馬利亞熱心應許立教會的款項，此時她很軟弱了，早就當來，此處的女信徒多盼望她來，也切心為許多人、許多的聖工禱告祈求，又唱靈歌讚美耶穌，阿們！少時，馬利亞忽然由北京來了，大家非常地歡喜快樂，讚美主，說了一會兒教會的景況，一切的道理，張重生忽然被聖靈指示，用方言與馬利亞說話，所說的不外乎我們一見她的面，大為歡喜，又有主耶穌給馬利亞祝福的事，也有指責她的一切罪的事，她都很願意領受聖靈的聲音。

少時，徐女信友來了、任義奎之妻也來了，還來了好個女信徒，又來幾位男信友，正翻說方言呢！李永慶之妻，主給她起名叫馬大，忽然聖靈叫她當眾人跪下禱告祈求，少時有幾個女信徒也被聖靈所感跪下了，此時我們大家都跪下切心大聲禱告祈求，聖靈忽然大降，充滿了屋子各人的心，馬大忽然受了聖靈的洗，說的方言很多，大家男女信徒大大地熱心禱告，切心祈禱，都是同心合意地在主面前虔誠，懇求聖靈大大地降臨，大眾同聲讚美感謝頌揚主名，唱哈利路亞讚美耶穌，禱告的工夫非常之大，大家歡樂之極。

---

57 類似關於聖靈撲倒的記載也在信心會內發生過，魏保羅對此應該不感陌生才是。請參崔新三，〈今已悔改〉，收錄在《通傳福音真理報》第 10 期（正定：自印，1916.02），第 1 面。

歇了少時，我們又說翻方言，聖靈又大降感動了陳信友，主又給他起名字叫陳更新，他當大眾跪下切心禱告祈求，聖靈忽然降臨在他身上，張重生同我按手在他頭上，將他按倒面向下，翻過身來，也就說起新方言來，這才是證明受聖靈洗的真見證，哈利路亞，讚美耶穌。

大家同心合意地，又禱告祈求讚美主工夫很大，又歇了一小時，也談著道理，歇著，我們又翻說方言，聖靈指責李永慶，主又給他起名叫李變更的罪過，他妻馬大叫他跪下，他於是就跪下祈禱，我們大家同心祈禱，我同張重生按手在頭上，少時，聖靈降臨在他身上，他便說方言，我們將他按倒，叫他起來，他是樂著說的方言，我們大眾異常地歡樂，唱哈利路亞，讚美耶穌，阿們！

馬利亞大有熱心，拿出來了五塊銀錢（約等值新臺幣 2,500 元）交與再造（魏文祥）開發聖教新堂一切的花費，這真是聖靈的大能，讚美主，至四點之時，馬利亞要回北京，男女聖徒，都難推難離的樣子，大家又切心禱告祈求，聖靈大降充滿了大家的心，就歡歡喜喜送馬利亞上火車，回京去了。

這一天聖靈大大地降臨，大家非常地快樂切切地讚美主，唱靈歌、哈利路亞讚美耶穌、讚美天父、讚美主、讚美聖靈，直禱告祈求讚美了一天的工夫。少時，任義奎由南苑要帳回來，他拿著一個木杆進入聖教堂，我對他說：「你拿這木杆作什麼？你仗著木杆行路防你的身嗎？」他無正當的話回答我，於是我靠聖靈指責他說：「你要這樣就是不信主、不靠主了？」張重生用方言責備任教友許多的話，我都給翻出來，大家也甚歡喜讚美主。

少時，忽然我最親愛的如弟李得生（李文華）來了，我就非常地歡喜快樂讚美主，因為我們二人在靈界裡大大地同心合意，聖靈的恩賜在我們二個人身上大有能力，他也是拋棄父母兒女房產事業，並且甘心捨命為主耶穌基督，也是為萬民眾弟兄姐妹捨命，因為我們若不捨命，就不能從大罪坑裡，救大家出了魔鬼的手，我與得生即然同志，就很願意時刻常常的在一處，傳這更正的真道，榮耀主耶穌基督，一直進入天國，永遠平安快樂讚美主到萬萬年，哈利路亞讚美耶穌，阿們！

到了晚上任義奎來到聖堂，大大地辯論我們所翻說的方言，我就靠聖靈的大能與他交戰辯論，又給他讀唸講論哥林多前書十四章，就勝了他，我們又唱了二、三首詩，又跪下切心禱告祈求讚美主，哈利路亞讚美耶穌，阿們！義奎就歡歡喜喜地回他的屋子去了，我們又禱告祈求感謝讚美主，就安歇睡了。

第三十四章
1917.08.02-08.03，星期四-五　黃村

　　第二天（1917.08.02，星期四）我們起的很早，就切心大聲禱告、祈求、讚美耶穌，聖靈大降充滿了我們各人的心，正禱告著呢！聖靈指示我天城的樣子，甚是可親，見有許多電杆子，我問主，他說這就是無線電杆子，又路許多的樓房，極其華美，又見有一座極高的山。少時，就見了天城建造在這山上，榮耀至極。我又細細地觀看，見有二個基路伯，還有很多的鳥兒在城牆上，總而言之是非常地榮耀。少時，見有一位天使，加著一捆柴火，由天門裡出來，我切切地問主說：「這天使加著這捆柴是什麼意思？」主說：「燒。」主還指示我幾件大事，我們就非常地歡樂讚美主，我將這異象與李得生（李文華）、張重生，還有大家說了，我們就大大地歡喜快樂讚美主。（同樣記載在本書下冊的第 43 章，並說明這個異象的意思要降火燒毀世界）

　　這天是向集（即每月舉辦數次的一種定期市集），我們在街上唱詩二首，宣講天國的福音，李得生宣講的工夫很大，我回聖堂就寫書信、聖靈真見證冊，眾信徒也都很熱心常來聚會祈禱讚美主，此時真是有無相通實行，大家日日歡歡喜喜地度餘下的光陰。（從「歡歡喜喜地度餘下的光陰」來看，魏保羅應該在一定程度上知道了這個異象是暗指著世界末日）

　　張重生上南苑去了，到了晚上，任義奎同王玉貴來聖堂聚會，我們就講論了許多的道理，又唱聖詩歌，大家跪下禱告祈求，我按手在王玉貴頭上，聖靈大降充滿了我們的心，這又證明任義奎的信心，祈禱畢就安歇睡了。少時，李永慶因禁食在主面許願禁食一日，他吃了點食物，犯了罪，主罰他叫他嘔吐了很多，他就病了，我到屋裡為他切心禱告按手他頭上，聖靈說：「他好了。」

　　第二天（1917.08.03，星期五）早晨我禱告祈求，我給他們按手，聖靈降臨，充滿了我們的心，我給我兄弟得生按手，聖靈願賜他翻方言之能，聖靈在我裡面大大地跳動，大家歡喜快樂讚美主，少聖時徐女信友（徐趙氏）、馬大（李馬大）、寶海（任寶海）都來了，我們又禱告祈求，聖靈充滿了各人的心，我給陳

文彬主又給他起名叫重新，按手他受了聖靈，說出方言來，大家非常地歡喜快樂，唱哈利路亞，讚美耶穌，阿們！

　　我們用完了飯，我就寫這聖靈真見證冊，忽然任義奎，同打我的那個劉五（劉繼永）教友就是前者假教會的教友，他們來了，我們就拉手，非常地歡喜讚美主，我們就查聖靈洗的見證書，講論了許久，見他的意思很欽佩，我們又唱詩、祈禱，哈利路亞，讚美耶穌，阿們！

　　少時任義奎又從外邊回來，他與劉五說主的真道，我又給他論少時。

　　他們二個人走了，歇了一點鐘的工夫，再造（魏文祥）給各處送信，今晚落日就是安息聖日了。聚會，少時男女老幼來了，幾位假教會的賣書的人，他與我辯論說方言，我靠著聖靈勝了他，少時我們就站起來祈求，聖靈充滿了，很有能力，這個大事都是神的意思、大能，任義奎也受了聖靈的大感動，我們所講的工夫很大，大眾跪下禱告祈求讚美主，阿們！少時我們又聚安息聖日起頭的會，跪拜主的時刻，就是每逢安息六前日起，就算安息聖日了，聖靈叫李得生，也上臺我就讀唸聖靈指示的聖經，先叫得生唸，我靠著聖靈的大能，為他們宣講天國的福音，大家均已受感，就歡歡喜喜地散會了，晚上我們又禱告祈求讚美主，就安歇睡了。

第三十五章
1917.08.04-08.05，星期六-日　黃村

　　第二日（1917.08.04，星期六）是安息聖日正禮拜聖日。我們起的很早，切心祈求，忽然聖靈大降在我身上，我就說起方言來（魏保羅平時即用方言禱告，這邊的說起方言來，較可能的指涉是類似說方言、翻方言，要說一些預言與啟示性的內容），我用方言問主：「黃村的假教會能歸了主的真教會否？」（魏保羅認為其他差會的教會屬於假教會、牧師為假牧師、教師是假教師，因此此處的真教會應該不是指真耶穌教會的簡稱，而是相對於假教會而言）主說：「北京的孝順胡同，美以美大教堂不久改成更正教的真會堂。[58]」

---

58 該會堂即著名的亞斯立堂，位於今北京市東城區崇文門內後溝胡同丁 2 號，於 1870 年建立，後毀

我就非常歡喜讚美主，又指示我很多的事，因為這夜大魔鬼叫我犯罪，故此我起得太早，大約二點多鐘就起來了，這就是魔鬼多害我，全能的主倒叫我得了大益處，如同魔鬼將耶穌釘在十字架上死了，全能的主叫祂復活，與萬民有益，開了得救的大門。凡事都與愛主的人有益，我們各人跪禱的工夫很大，約有二、三點鐘之久，又唱靈歌讚美主，哈利路亞，讚美耶穌。

少時馬大（李馬大）、徐女信友（徐趙氏）來了，我又聚會、講論、唱詩、祈禱、讚美主，我們又歸著預備聖堂一切的桌子屋內等等事情，少時，男女攜幼來的不少，我就給他們先行談道。忽然，假教的劉某（可能是劉芳）來與李得生（李文華）用他自己的假冒思想錯問，得生一定是勝他，他們二個人辯論的工夫很大，到了早十點鐘我就上臺，也叫得生上聖臺代我唸聖經，我專靠聖靈的大能，宣講天國的福音，題目是叫人都作完全，人非完全不能進天國，講的工夫很大，忽然聖靈充滿了我的心，為此處的教會諸信友大哭起來，因為魔鬼百樣鬼計想要害教會的眾信徒，他們也哭的不少，大為受感，聖靈又叫得生給他們宣講這天國的福音，他們的工夫很大。

頭幾日因為張重生，全知的主給他又起名字叫路加，說方言事，有幾個人錯想了，我先給他們講論哥林多前書第十四章，爭論方言之事，聖靈的大能，他們就沒有疑惑了，讚美主得生大有口才、能力、膽量，聖靈又給他起名叫約翰，他講完了，我們又唱詩大家跪下同聲禱告祈求感謝讚美主，唱哈利路亞，讚美父子聖靈，獨一的主，阿們！

安息聖日的大聚會完畢，我們給一個十來年的傻子（趙更靈）施大洗去，黃村萬人都知道這個傻人得多，我們一路行，一路快樂讚美主，前幾天是奉耶穌的名給他趕鬼，因他姐姐信心大，當那日晚間我們說：「因你的信，鬼出去了。」

晚上，我們在外頭坐著，我看見一個小兒往大門那去，我們也往大門那裡去看，不見小兒了，路加（張重生）蒙聖靈指示說：「這小兒就是那個傻鬼，出去了。」過了幾天我們給傻子按手，又與魔鬼打仗，他很厲害，我們打不過他，有救主耶穌天軍大隊圍著了，就有一個小兒魔鬼就進來了，我又切心祈禱，蒙主賞賜信德的籐牌拿在手中，用聖靈的寶劍將鬼趕走，就大獲全勝，哈利路亞，讚美

於義和團，1904 年重建完畢。1917 年馮玉祥也在此會堂受洗。該會堂對北京的影響十分深遠，包含在教育界的匯文大學，即北京大學的前身。但該會堂自始都未歸於真耶穌教會治下，直到今日。

耶穌，我們給傻子施完了洗，他從水裡上來傻子變成伶子（聰明伶俐的人），故此主給他起名叫傻更靈。

我們回來又聚了一個會，男女信友來的也不少，我同約翰給大家讀經宣講，詩歌讚美頌揚主名，講的工夫不小，我講著哭了，因為我第二日（1917.08.05，星期日）就起行回北京，路過南苑地方由北京，說不定聖靈指示往何處去，不知何日才見眾弟兄姊妹的面，也知我走之後，必有魔鬼來害教會的人，因愛眾信徒之故，就為他們放聲大哭，聖靈大降充滿了眾人的心，大有能力。也交派了許多有力量的話與李得生又名約翰和任義奎，真是聖靈的大能大力，哈利路亞讚美耶穌，阿們！

我們又切心禱告祈求，讚美主就睡了，到後半夜我醒了，自己跪下禱告切心祈求，聖靈在我身上大有能力權柄，我用祈禱的無線電信打到他們四個人心裡（第 34 章領受的異象中看到過無線電桿子，從此處看起來應該不是傳導電流使用，而是類似現今無線電發射的基地臺功能），李永慶，主的聖靈又給名叫雅各，他實有雅各的膽量，他起來祈禱；約翰受聖靈的大感起來了；魏文祥，主的聖靈又給他起名叫安得烈；還有陳更新，聖靈又給他起名叫彼得；他們都起來了，同心合意地禱告祈求，聖靈充滿了各人的心，我蒙聖靈指示說，主必保護你們一路平安，到南苑一路平安，到北京，主必保佑眾聖徒諸事平安，主的恩典，阿們！少時任義奎進入聖堂大家歡喜快樂，又聚會講論聖經，也有聖靈所指示約翰、義奎的要言，聖靈很感動我們的心，大家禱告祈求讚美主。

水靈二洗賈胇力　函呈三會吳炳湘

　　義奎走後，天就亮了（1917.08.05，星期日），少時義奎又給我們作的飯我們
用了，就起行往南苑走，我們一路上用方言祈求，主指示許多的話，因為下的雨
水大，就光腳走路很遠，讚美主，阿們！

　　到了賈潤齋處，主又給他起名字叫胇力，他一見我們的面，非常地歡喜快樂
讚美主，我們少時聚會祈禱感謝讚美主，聖靈大降充滿了屋子各人的心，大家歡
樂。少時，我們給胇力（賈潤齋）、趙信友（趙成會），還有胇力之門生馮世祥
三位施大洗去，我們先行祈禱，切求聖靈充滿各人的心。

　　我們起行到了有水的地方，又切切地禱告祈求，聖靈降臨，我們一同下河，
我們為胇力禱告祈求都在水裡禱告的，我求聖靈當時就叫胇力受聖靈的洗，我求
主說叫他說出方言來，他當時就說出方言來了，我們被聖靈大大地充滿，胇力往
水裡又上來，又大大地被聖靈感動，我們就都熱心大聲唱靈歌感謝讚美主[59]。從黃
村給大眾施洗以來，都有像這樣蒙主的鴻恩，與主耶穌一樣受的大洗，又一同受
了聖靈的洗，我們又給趙信友（趙成會）施洗，聖靈又大降，我們又唱歌讚美主，
又為馮世祥切心禱告祈求，聖靈充滿了我們三個人的心，他就被大感動，我們按
手在他頭上，他說出方言來，從水裡上來非常特別的歡樂，大大地讚美父子聖靈，
我們就跳舞高聲頌揚天父，唱靈歌快樂著讚美耶穌哈利路亞，讚美主，阿們！

　　路加（張重生）說了很多的方言，我也是常常的用方言禱告祈求、歌唱等
事，路加靠著聖靈說的方言，很幫助鞏固眾聖徒的心。大家回來，他又說方言，
我靠著聖靈給他翻方言，我們又聚會祈禱，讀經唱歌讚美主，到了晚上，又禱告
祈求就安歇睡了。

---

59 《卅年專刊》有不同記載，將賈潤齋受洗地點記為黃村，但依照第一手資料優先性原則，仍應認為
賈潤齋受洗地點為南苑較為適切。請參真耶穌教會，《真耶穌教會卅年專刊》，C3 頁

第三十七章
1917.08.06‧星期二　南苑

　　第二天（1917.08.06，星期一）我們起的又很早，禱告祈求讚美耶穌，又蒙聖靈指示了許多的聖工之事，我被聖靈感動，知道路加（張重生）、安得烈（魏文祥）、彼得（陳更新），他們三個人都軟弱了，我就切切禱告祈求，聖靈說：「必然叫他們還照樣熱起來。」到了晚半天他們來到腓力（賈潤齋）屋裡，承認自己的罪過錯處，這真是神的大能大力，讚美主。這天下點小雨，我就靠著聖靈寫這聖靈真見證冊。

　　來到了一個王教友，他是假教會人，當教師多年，他滿心的自高自大，我的心願意叫他特改罪過，路加說方言，我給他翻出來，很有責備他的許多話，他與我與他們辯論，我問他：「基督徒進天國的執照（質照）⁶⁰是什麼？」他回答不上來，他還是有自高的心，他問我說：「比如一個人是個善人，我們要責備他說他不好，對否？」無容我回答，路加用方言責備他，他就無有忍耐，生氣而走了，晚半天我們給腓力之子賈麗華施洗，因為魔鬼要害他，我們就靠著耶穌的名，將鬼趕出去了，從水裡上來，大大地歡喜，我們大家禱告祈求歡樂而讚美主，到了晚上我們又聚會祈禱，我的心甚願在此處租房，開設成立一個耶穌教會，我同腓力（賈潤齋）等四人到街市上，看何處有閒房，走了很遠也無看有合適的房，我回來禱告祈求感謝讚美耶穌畢，就睡了。

---

60 此處經文為以弗所書 1:13-14，從《委辦譯本》與其他文理譯本譯為嗣業之質，《官話和合本》附
　　註為「質」看來。執照當為誤寫，應該是「質照」，即憑證、明確的證據意思。

第三十八章
1917.08.07-08.08，星期三、四　南苑、北京城

　　第二天（1917.08.07，星期二）我們起來禱告祈求，全能主指示我很多的大事，這夜我要見許多的男女老少，撿拾紙片到六沓（六疊）就足數了。我醒了，蒙聖靈指示明白此夢，照說此大事就是六條更正的聖約，人要得著這六條聖約之道理，必定進天國，我就非常地讚美耶穌，阿們！

　　少時，我們又唱詩讚美主，又講論這聖詩的要意一面講一面唱，工夫很大，又切心禱告祈求，唱哈利路亞，讚美耶穌。此日早晨李永慶主給他起名字叫雅各，他起來切心禱告祈求，主指示他看何處有房子，可見他為主的教會非常地掛心，忽然他看見一大間房，在營市街的中間路北，離街道甚遠大聲祈禱的時候很好，免得路過的人圍著聽看，腓力（賈潤齋）也看了，問好了每月二元錢，我們又切切地問合宜否，主說：「很合宜，必然大工成就。」哈利路亞，讚美耶穌，阿們！

　　我同腓力到了何教友那裡，他是公理假教會的多年教友，他又犯了許多的大罪，我們為他翻說方言，他大為受感，也承認自己的罪過，主的聖靈非常地歡喜快樂，他有二樣大病，我們給他按手，聖靈指示說他的罪免了、他的病好了，我們告訴他說你千萬不可再犯罪了，我為他禱告了二次，唱靈歌讚美主，歸榮耀給耶穌，阿們！

　　我們回來我就寫這聖靈真見證冊，直寫到四點多鐘，讚美聖靈，阿們！

　　潤齋腓力異常地熱心，接待我們大家，在他那裡吃飯等等的騷擾，他很歡歡喜喜地接待，哈利路亞，讚美耶穌，阿們！

　　到了晚日聖靈指示我們給許多外教人用翻說方言，宣講天國的福音，我們輪流著宣講聖靈很幫助大家，這實在是南苑立教會的兆頭，我們又禱告、祈求、讚美、感謝耶穌，哈利路亞，就睡了。

　　第二天（1917.08.08，星期三），三點多鐘就起來了，大家切心禱告、祈求、

讚美耶穌。我們起行往北京走，一路祈禱談道讚美耶穌，到了我們從前二次樹林裡禱告的地方，我唱詩祈禱唱哈利路亞讚美耶穌，平平安安地進了大城，我送麗華信徒（賈麗華）上火車，我同腓力祈禱著談心，淨是道理，到了恩信永緞莊，一見馬利亞（劉愛）不大甚歡喜，路加（張重生）、安得烈（魏文祥）已經來了，陳更新也來北京，他來是借錢的意思，故此就提一點魔鬼，我們用完了飯，我就寫呈子稟明地方官長，開設自立教會，今將底稿記意在左：

廳長閣下偉鑑，敬稟者。

耶穌教入華以來，百年餘矣，均是外國人來我國傳教，失利權非淺，由滿清宣統年間，上書於攝政王府，由民國元年中國人完全自立中華耶穌基督教會，因民國載在約法條例上，信教自由，這實乃中華萬民之幸福矣！現在敝人等在黃村街中間路東義豐店內，租妥東房三大間，定設耶穌教福音堂講論天國之福音，不干涉國俗事等語，以博愛為宗旨，不用外國權利款項，敝人等完全自立自養，所傳之教規，以耶穌基督為標準、為榜樣，以新、舊二約聖經為模範，與中華國家萬民大有益也，諒閣下深知耶穌教至慈至善，雖然如此，理合稟明地方官長，切祈閣下分心維持，遣派警人照科是荷[61]，順稟，道安。

耶穌教會公啟。

三個教會均是約同意思來稟呈（從後續看來，應該至少送達南苑的陸軍司令部以及北京警察廳的函是如此）。我寫完了此呈稿，就為主的聖工出去，先到喬蔚亭學房，他很正直，大有盼望；又到了中華基督教會，孟假教師（孟省吾）也在談道所，我們正禱告著，他出去了，可見證明他是一個假冒為善的人；又到了信心會，禱告完了，又到了寫呈子李某那裡，又到了馬利亞（劉愛）樓上，大家聚會，聖靈忽降臨充滿了我們的心，韓寶田忽然受了聖靈的洗，說了許多的新方言，我們大家非常地歡喜快樂讚美主，惟有馬利亞，此時受了魔鬼的迷惑，大大生氣，我們六個人（此時連同魏保羅自己在內，應該另有魏文祥、韓寶田、張重生、賈潤齋、陳更新、李永慶等6人）必須住恩振華緞莊去，馬利亞不給我們被蓋，很苦待我們，此時我們正往外走，她良心發現，又給了一個棉被，我們受這樣的苦，心裡非常地歡喜快樂，我們又禱告祈求讚美主，就安歇睡了。

---

61 是荷，指對受到的幫忙表示感謝之意，通常用於書信末尾。

第三十九章
1917.08.09-08.10，星期五-六　北京城

　　第二天（1917.08.09，星期四）早晨，我們禱告、祈求、讚美主，又查聖經，李先生又來查聖經，又禱告、祈求，聖靈指示我們還上馬利亞那裡去，腓力（賈潤齋）被聖靈指示住別處去了，我們到了葛太太（萵撒拉）那裡，他要我們去，我們來了一見，就非常地敬重她，又歡喜至極，我們上樓講論天國之福音，又唱聖歌讚美主，又切心禱告祈求工夫非常之大，大家異常地快樂。

　　又少時，葛太太將玉米麵饅頭擘開分給大家吃，說：「咱吃聖飯。」那我就吃了，聖靈忽然指示我說：「這就可以當聖餐的大禮實行更好。」因為隨時隨地都可以吃聖餐，比如那日給耶穌擺上饅頭（最後的晚餐），他也是一樣地祝謝，當聖餐吃用了，我們又拿起白水來，祝謝了送給大家喝，說這就是主耶穌基督的血都可以喝，這個馬利亞（劉愛）未喝、韓寶田未喝，因他們信心太小。哈利路亞讚美耶穌，從此就可以立這隨時隨地、隨著吃的無論什麼均可，當主的肉吃，只要是麵的食物就可以了。（從此處看起來，魏保羅對於聖餐的態度比較偏向象徵說的看法，而非後來真耶穌教會所採取的靈化說）

　　這一天，大眾信友就吃一回晚飯，因為馬利亞早晨不給我們吃，大家同受苦難，更是非常地快樂讚美主，到晚六點鐘，我同腓力至警察總廳上呈給吳總監說耶穌教會更正教的條例，本國應當自立自養的大聖事，還有給陸軍部（位於南苑）的一個呈稟，來回約有二十多里地，到晚十一點鐘才回來，到北京又禱告會完畢，我們雖然是受這極大的勞苦，非常之歡喜快樂讚美主，以上所寫的這聖靈真見證冊，實許多的事情，還未曾詳細記載，無非略表載在歸榮耀給耶穌，阿們！

　　第二天（1917.08.10，星期五）我後半夜就起來，切心禱告祈求，聖靈充滿了我們的心，跪禱的工夫約有二、三點鐘的時候，蒙聖靈指示了許多的事，就明的說了好幾次黃村、南苑、北京三個真教會算成工了，哈利路亞，讚美耶穌，阿們！

少時，安得烈（魏文祥）進來說馬利亞不叫去，因袁英臣在那裡，眾信徒就灰心不願去了，聖靈說：「去一定平安。」我們到了馬利亞那裡，說袁堂櫃的才走，我們讚美主，因為袁英臣是我一個外教朋友多年了，他被財迷鬼所害，他責備我，叫我也注重錢財才合他的心意。

我們就歡樂聚祈禱會，聖靈大降充滿了馬利亞的心，她熱心拿出錢來辦這北京、南苑的教會，聖靈也指示賜口才給腓力，這也是想不到的鴻恩，我們又用完飯，腓力、陳更新要回去，先是李雅各（李永慶）、魏再造（魏文祥）、陳彼得（陳更新）三個人都犯了大罪，因為俗事罪過，口頭的言詞起了爭端，我們一同哭著禱告祈求認罪，就平安了。因為大鬼想各樣的法子要害我們，我們靠著父子聖靈的大能大力大獲全勝了，大家就歡歡喜喜地送腓力、陳更新彼得也回去了，我就睡了一小時。

忽然醒了，於是來了一個官人傳我至總廳，我去了，行政處說晚日所呈之稟未貼印花（即印花稅，當時是作為一種軍資來做使用），我就回來叫再造送去，這樣看一點不小心就有錯，我就寫這聖靈真見證冊，直寫到晚七點來鐘，我們就上馬利亞那裡去，此時有二個警界的官人來聽道，他很願領受，他們有一個人說你的事都登在報上了，就是禁食三十九天之等等事。我們到了葛太太撒拉那，這撒拉的名字是主給起的名字，她實有撒拉聖潔的榜樣，她早來等著呢！我們上樓吃飯。

等他的工夫很大，張重生被世俗鬼給迷惑了，將子也撿了去，此時也願意作買賣辦世界的等等事，我說他的錯處，他不認錯，他就受了大魔鬼的迷惑。少時，馬利亞往下叫我說，你責備張重生的過錯，就是你一個人好，她很厲害地說我：「你一個人傳教吧！」我一點也沒有容她的話，到了樓上，張重生不上樓，我就知他軟弱了，還有韓寶田也隨著他們說，再造也不大甚好，因為張重生之妻，被大女鬼所迷，故此也要百樣的法子將重生提下去，我們樓上唱詩打算聚會。此時，我叫韓寶田請重生去聚會，馬利亞說：「誰跟你聚呀？」她生著大氣睜著大眼說：「你就是大魔鬼嗎？」她這樣一說我就跪下痛哭禱告，切心祈求她譏誚的話就像譏誚救主耶穌的那樣話很多，我就求全能的主賞賜我全身的鎧甲與大魔鬼大大地交戰。

於是，就見許多的魔鬼，我就用聖靈寶劍，還有天兵、天將，救主耶穌為大元帥，就大大得勝有餘了，可見人雖然是受了聖靈的洗，只要不小心謹慎，一時

一刻離開主，就得犯大罪。凡看這書的，千萬注意警教受聖靈洗的萬民。最可喜是我兒安得烈，聖靈指示他不疑惑，甚願跟著我傳教至到永生，阿們！雅各也跟著我們又切心禱告祈求，就安歇睡了。

京畿初定人猶少　海子獻堂志滿酬

第四十章
1917.08.11-08.12，星期六-日　北京城

　　第二天（1917.08.11，星期六）我們起的非常之早，就切切地禱告、祈求、讚美主，聖靈指示我寫這聖靈真見證，聖靈又差遣雅各、安得烈（魏文祥）往教友家傳道，他們回來大大地歡喜快樂，讚美主，得了勝回來，我們又感謝讚美主。我又寫這聖靈真見證冊，這二日神加添我們大能、大力、大熱心，哈利路亞，讚美耶穌，阿們！

　　聖靈的大恩，范信友（范廉能）來了，我們跪下切心禱告祈求，聖靈大降充滿了聖堂各人的心，我按手在范信友頭上，他就受了聖靈，說出新方言來，我們異常地快樂讚美主，少時董信友（董鴻藻）來了，我當時就給他講道，又禱告祈求讚美主，聖靈降臨，他很有信心。少時，女信徒撒拉（葛撒拉）、王德順一家三口人、陳錫元都來了，張重生也來了，我們切心禱告祈求，聖靈大大地降臨，充滿了各人的心，這也是想不到的鴻恩，看昨日決無今日之景況，這真是神的大能，歸榮耀給天父，阿們！

　　我又靠著聖靈給他們大家宣講天國的福音，我求主賜聖靈給撒拉說方言，我給她翻出來，於是我們二個人翻方言，大家都很受感動，歸榮耀給耶穌，阿們！這是女界中在中國北京頭一個翻說方言的人，我們就大大地歡喜快樂讚美主，我們又跪下同心合意地禱告，祈求聖靈充充滿滿地到了各人心內。祈禱畢，大家非常歡喜快樂。少時，耶穌講了一個教會的執事，陳錫元他宣讀聖經，又講論有聖靈的大能指示，有幾個大信心的女信徒都願受大洗去（確定的人有葛撒拉、王德順一家，其餘人不確定），聖靈指示我們到了永定門外有水的地方，我們一同下去，聖靈大大降臨，我們先行禱告祈求從水裡上來，聖靈充充滿滿的在各人心裡，大有能力，我們就歡歡喜喜地回來，又禱告、祈求、謝恩、讚美主，就睡了。

　　這夜間我起來禱告祈求，聖靈無論晝夜總與我同在，時刻在我心裡，阿們！

第二天（1917.08.12，星期日）我們早晨起來的很早，我們禱告祈求，忽然聖靈大大地降臨在我心裡，叫我看見異象，聖靈引著我觀看見，有十字架將我釘在上頭，我就非常地快樂鼓著掌，歡喜讚美主，又見天軍圍著救主耶穌在中間，又見著了自己的身體已經死了，倒臥在地上，用蓆頭蓋著，腿上傷破的一塊，我更快樂，真是不配為主死，哈利路亞讚美耶穌！

　　又見一個大魚掛在十字架上是像爛魚，我問主說：「怎麼個意思呢？」主說：「魚，是得勝有餘。」魚，是這個大事，大大地難受；後來又見十字架上掛著一個好魚，主說：「這就得勝有餘，大工成就了。」聖靈說：「是的，阿們！[62]」

　　我又看見有一個極高的無線杆子，上頂有火光，主說這就是你，還有許多電杆子（並非電線杆，而是無線電訊號的發射器，請見上冊第 34 章）能通萬國萬民，讚美聖靈，阿們！又指示我上中華基督教會去的打仗辯論進攻法子，聖靈啟示說：「你進門不要與他們說話，坐在會堂前頭先行祈禱，等他們禱告時，你就切心禱告祈求，他必攔阻你，當那時，聖靈必賜你當說有能力的話。」聖靈還指示我等等的話、等等的事，跪禱的工夫約有二個鐘頭多之久，又唱哈利路亞，讚美父子聖靈，阿們！

　　少時撒拉（葛撒拉）女信徒來了，她願同我們去，為主戰爭，我同雅各（李永慶）、安得烈（魏文祥），共四個人，就切心禱告著，往中華基督教會，我就照著主吩咐的去行，果然他們攔阻我的禱告，我說：「你們假冒為善的人，為什麼攔阻我的禱告，這不是禱告的地方嗎？」他們就無正當的理由回答我，時刻靠者全能的主、聖靈的大能辯論、宣講天國的福音，就大大地放膽，又跪下禱告祈求唱詩讚美主，阿們！

　　少時，陳錫元、金印恆（金得思）二個執事，孟假牧師（孟省吾）之妻，還有別人因為同情，將警界官人叫了來干涉此舉，我問警人說：「你們警章法律管

---

62 異象的本地化在 1910 年代以後的中國並不是一件十分特殊的事情，當時的基督教界已經從早期的文化批戴（Acculturation）層次開始往文化融入（Inculturation）的方向進展，從當時期的諸多基督教相關報刊上即常無獨有偶地出現本地化異象的概念或符號。褚瀟白，〈民國時期基督教圖像的本地化努力〉，收錄在《基督教文化學刊》第 29 輯（北京：基督教文化學刊，2013），頁 162-163。

得著嗎？」他們無話正答，聖靈更給我大力量了，這就更顯出他們是假教會、假教師、假執事來了，因為他們找外教官人干涉我們聖教會，孟假牧師之妻將眾男女教友都叫出去，我就放膽大聲宣講天國的福音，與警界大家辯論說，眾信友也都聽見了，講說到晚五點多鐘，我們又祈禱唱詩大大地讚美主、唱靈歌、哈利路亞、讚美耶穌，阿們！我們大大地歡喜快樂，因為得勝有餘了，就應驗了主所顯的異象的話，就歡歡喜喜地回到馬利亞那裡。

萬子青太太、劉太太又名拉合、王得順之兒婦，撒拉男女十餘人都來了，都大有信心。我在屋裡被聖靈充滿，指示我在門口宣講天國的福音，給貧窮人聽、眾街男女老幼都出來聽道，本地面的巡警干涉攔阻，我就很責備官人，我們就很寬闊之地宣講，王得順接著講，安得烈又接著講，雅各也作了幾句見證，聽的人約有三百餘人，最可喜的是劉太太，主又給起名叫拉合，她當著大眾就認罪說你救我吧，我有大罪呀，聖靈在我裡面說：「她的罪赦了。」我們就大大地歡喜快樂了，馬利亞也大大地歡喜讚美主，又我們講天國的福音，又祈禱讚美感謝主，阿們！

此時，李得生（李文華）來了一封信，重重地責備我用李永慶就是雅各是不當的，因為他們有幾個人，自高自大，不明白聖經是主的旨意，是我富貴貧賤賢愚大家成一個肢體，耶穌基督是教會的頭。少時李得生來了，一定是受了魔鬼的迷惑軟弱了，我就為得生、重生他們禱告祈求，我們又上樓講論祈禱讚美主，定明日給劉太太（劉拉合）施大洗，我們回到打磨廠耶穌教會，又禱告、祈求、讚美、感謝父子聖靈就安歇睡了。

（可以知道的是，李文華對於魏保羅的作為此時已有一定程度的不同意見，也可以說是未來公同會事件分裂的遠因之一，詳見本書下冊第57章。）

第四十一章
1917.08.13-08.14，星期一-二　北京城、永定河

第二天（1917.08.13，星期一）早晨我們先切心禱告祈求，唱歌讚美主，聖靈充滿我們各人的心，聖靈指示叫雅各（李永慶）回黃村，也叫寶田（韓寶田）見

馬利亞（劉愛）去，我們祈禱畢，就起行到了，袁英臣言先生在那裡，我就給他們二個人講道，又祈禱唱詩我們上樓禱告聚會，讚美主。

我們一路平安到永定門外長流水的地方，就給劉太太（劉拉合）施大洗，從水裡上來大大歡喜讚美主，我們禱告、祈求、讚美主，一路平安回到教會，有一個信心會的牧師外國人，我給他唸更正教的聖約章程，叫取消牧師改為長老，他認同。以至於別的條例，他也不甚反對，因為他還有罪在他身上。我們接待他叫他吃了飯，又聚會祈禱，重生說方言叫翻出來，我們切切地感謝讚美主的聖靈，阿們！

第二天（1917.08.14，星期二）我們切切地禱告祈求，聖靈降臨，指示了我很多事，聖靈又叫我責備然牧師（冉彼得，Nils Peter Rasmussen）說，你昨日不當要叫巡警替你出力，干涉拉東洋車的（即人力車），因為我們不用人的權力，就用神的權力，他也無說出所以然來，就歡歡喜喜地走了。

這一夜我夢見一個人，穿極破的衣裳，我將自己的好衣給了他，這是主說已經應了這個信心會的然牧師（冉彼得），我同韓寶田上撒拉家去聚會祈禱讚美主，去有一傻姑娘多年的傻病，還有氣風的大病，因他妹子一信就好了，我們禱告祈求，聖靈感動一個姑娘說：「我願吾母親熱心信主，她就是不能來，因為她軟弱。」聖靈說：「她能來。」於是小娘（小女孩）將她母親叫了來，我給他們講道，還有好幾個女生聽道我們聚會祈禱，大約有七、八個子，非常地歡喜快樂，讚美主。

聖靈指定晚六點鐘，在撒拉親家（韓宅）去聚會，聖靈引到我們二人，先到了公理會，與他們講論更正教的大聖事，又祈禱，教友們都很喜歡讚美主；又到了舊倫敦會，給他們留下一個更正教的聖約條例；又到了青年會德育部的劉底家，很接待我們，我就將由受大洗得的恩典，我自己本身的大病，耶穌給我治好，由受了聖靈的洗，得著非常地鴻恩，出大城為主受的苦難，種種的難，這更是主的大恩，明明地看見種種的異象救主耶穌摩西以利亞、十二個使徒、眾先知家、女聖徒，又看見天國的大聚會，一切的福氣、平安之快樂，又看見地獄的苦難、種種的大難，魔鬼害人之厲害，可是人受了聖靈，要謹慎禱告祈求，保守自己不犯罪，主說：「魔鬼一點權柄也沒有。」看見的天國的異象甚多，大略述說了一個鐘頭多之久，我們跪下禱告祈求，讚美耶穌，阿們！哈利路亞，讚美父子聖靈，阿們！

我們又到韓宅（葛撒拉親家，從後面敘述看來葛家、韓家可能就在隔壁或同一院落），進了屋子還有一個人與我談道，我為他講論天國的福音，也有破迷信之話語，就覺著自己有點說錯了話的地方，我自己認錯是理所當然，從今以後靠著聖靈，永不再講世俗的偶像歷史，因為偶像的歷史均是人編作的，未免有錯，切勸凡看這書的，總少講世俗和偶像的歷史。之後，又請我們到撒拉之女兒屋裡，我們就禱告、祈求、讚美主，她女兒大有信心膽量，聖靈降在她身上就說方言，自己說甚願為主受苦傳道去，我們又禱告祈求，大家非常地歡喜快樂，讚美主。

少時，她丈夫（應該是韓家的人）來了，我蒙聖靈指示給他按手，他就充充足足地受了聖靈，也願為主傳道，又談論了許多的道理，她老太太一家歡歡喜喜送我們出來了，這是想不到的大鴻恩臨到她家，因為她老太太和她丈夫素常很攔阻這個真道，今日都順從了，哈利路亞讚美耶穌，阿們！我們回來，又祈禱才睡了。

第四十二章
1917.08.15-08.16．星期三-四　北京城

第二天（1917.08.15，星期三）早晨我們禱告、祈求、讚美、感謝主，我就寫這聖靈真見證冊，安得烈同寶田（韓寶田）傳道去了，撒拉早晨就來了，我們禱告祈求，聖靈大有力在我們身上。

又來了一個文子俊，聖道信友，他是個警界官長，他很願拋了所有的為主傳道，我們又跪下切心禱告祈求，他妻子有病，聖靈說：「因著文子俊的信好了。」撒拉（葛撒拉）又唸聖經，我給講論工夫很大，又祈禱了四、五回，他們很得大恩，也加添了我的信心、愛心能力。

聖靈指示我們上羅家去，奉耶穌的名給他們女兒治病，還上別處去治病傳道，撒拉就先上馬利亞處等候，我直寫到一、二點鐘才寫到此，讚美聖靈，歸耀給耶穌，阿們！

我睡了一時，就起行到南號，馬利亞受了大魔鬼的迷惑不願接待撒拉，罵我不懂世界人事種種的罵話，是很厲害的，我就忍耐著，出來到了羅宅，我們先行禱告，唱詩讚美主，又講論天國的福音給他們聽，等了一時之久，他兒婦帶著他孫女來了，聖靈已經告訴我們說：「他的眼已經好了，就救他一家人的靈魂。」要緊我們又為他一家人禱告祈求，又唱靈歌讚美主，哈利路亞讚美耶穌。

　　我到了撒拉的姪兒家，奉耶穌的治病就禱告祈求給他按手，聖靈指示說：「他必定好了。」又唱哈利路亞，讚美耶穌，最可喜的他有街坊是個大學問家，他很有信心，我們二個談論了許久，就出來了。我們回來，歡歡喜喜地到了教會，又禱告祈求，讚美感謝主，唱哈利路亞讚美父子聖靈，阿們！就睡了。

　　第二天（1917.08.16，星期四）早晨我們起來禱告祈求，聖靈大降充滿了我們的心，少時王得順（王德順）來了，他云：「本院有個病人要死，聖靈說：『能活他回去。』。」述說給病人家聽，病人他丈夫信我們，就同撒拉先到了路加（張重生）家，先祈禱唱詩，到了那病人家看那病人，已經有大精神，眼看就好的樣子，我們為他一家人禱告祈求，為病人切心禱告，聖靈指示叫他去除偶像等香物，他妹子迷信攔阻不叫去那供偶像之物，聖靈說：「他必要死。」我們到王信友（王德順）屋裡，聚會祈求禱告，唱靈歌讚美主，又講論天國的福音，用完飯又禱告祈求，唱哈利路亞讚美耶穌，阿們！

　　我們出來又到了萬子青家，他女人不接待我們，萬子青與我辯論道理，聖靈很責備他，他說我受了魔鬼的迷惑了，我說凡貪受世俗的、自高的、不尊著主耶穌和使徒謗樣行的，才是真受了魔鬼的迷惑呢！我們連一碗水也沒喝他的就出來到了趙得理處，我與他談論了許久，他還受著世俗錢財自高的迷惑呢，我靠著聖靈就大獲全勝，出來回到教會。

　　少時，李雅各由黃村又來了，我們又聚會祈禱，聖靈時刻與我們同在，住在我們心裡永不離開我們，甚為平安快樂，聖靈總幫助我們順從天父我主耶穌基督旨意行事，凡我們我求的話，無一不應驗的，聖靈說：「是的。」

　　到了晚上，我們又聚會祈禱，歡歡樂樂的讚美感謝主，就安歇睡了。

第四十三章
1917.08.17・星期五　北京城

　　第二天（1917.08.17，星期五）我們起的很早，起來禱告祈求，聖靈充滿了各人的心，大家歡喜快樂讚美主，這日我前半夜給李文華還寫一封極大的長信，不外乎警教他，幫助他的力量，他有錯處叫他快改，勸勉他種種的要言，都是聖靈指示寫的，沒有我自己一點意思。就是每逢我說話行事，存心為人，寫這聖靈真見證冊，都是先切心禱求父子聖靈的意思不要我一點意，阿們！盡是全知的主，給我可以作見證。

　　聖靈指示，我們往馬利亞寓處去，她一見我們就說了很多的不好話，因為受了別人的串通，就犯了罪，又被世俗大魔鬼的迷惑，我們就禱告著上樓，她也上樓說了逼迫我們的話很多，她又使出一個機器公司的買賣鬼商人逼迫我，因為我給別人作的保，確實馬利亞足辦的了這極小的事，我們就切心禱告祈求，聖靈大大地降臨，充滿了屋子各人的心，我給他們幾個人按手，他們就受聖靈的大能大力，跪禱的工夫很大，我們又唱詩，先是大哭了半天，哈利路亞，讚美耶穌，阿們！

　　聖靈叫起來與商人說話，他是個商人之中的大鬼，我靠著聖靈的大能大力就勝了他，因為我們好幾個人二、三天不得什麼食物吃了，因為我妻馬利亞不給我們錢，她樓上放著一包子高乾食物，聖靈准我們吃，我們吃了，感謝神給我們預備的藉此食物，我們當聖餐吃了。

　　少時，馬利亞上樓來辱罵我們，捏造各樣的壞話毀謗我，全能的主，賞賜我有恆心忍耐能力，我就給她趕鬼，又切心禱告祈求聖靈的大能如在我身上，也靠著聖靈勸了她許多聖言，我們就出來讚美主耶穌，到了康信友（康久如）舖中，主給我們預備了二元錢的路費，主又指示我們到了潘掌櫃的舖中，他又給我們二十五千錢，這也是主的特恩，因為主指示我二、三日回容城去，救我本家本縣一切當得救的人，我們又到了謝信友舖中上到他小樓上，我們唱詩祈禱講論天國的福音，謝信友大有信心同我不住地唱哈利路亞，讚美耶穌，就歡歡喜喜地離別了我們回到教會。

少時，忽然馬利亞來到，她將一切的東西物件用車拉了許多的去，她又是連罵帶毀謗我的話很多，這就深看出魔鬼的心害人已到極處，我就靠主忍耐到底的心將她敵出去了，我靠著聖靈給趙成會（即前述提到的南苑趙信友）、賈潤齋、任義奎寫了三封信，少時撒拉（葛撒拉）來了，她是大有信心，熱心盡力地勞苦，天天來教會聽道聚會，祈禱唱詩讚美主。因為此日落日就算安息聖日了，我們又會祈禱感謝讚美主，哈利路亞讚美耶穌，阿們！禱告祈求感謝讚美主，就安歇睡了。

第四十四章

1917.08.18-08.20，星期六-一　北京城

第二日（1917.08.18，星期六）我們起的很早，因為是主的安息聖日，大家同心合意地禱告祈求，聖靈大降充滿了我各人的心，大家非常地歡喜快樂讚美耶穌，阿們！

聖靈指示雅各（李永慶）、安得烈（魏文祥）、寶田（韓寶田）三個人，為各處教友送信，來守安息聖日聚會，我就靠著聖靈寫這聖靈的真見證冊，少時劉拉合、撒拉（葛撒拉）、謝信友，劉鎮東帶著他妻兄、李老太太、吾女兒惠英等，男女信友都來了聚會，祈禱由女信徒來，我就靠聖靈給他講論天國的福音，一面講一面祈禱，不住地講論祈禱唱歌，聖靈大降充滿了各人的心，大家都歡喜領受，路加（張重生）被聖靈所感說方言，我靠著聖靈翻方言，說到地獄的苦難來為各公假教會，大哭起來了，大家哭得很痛，大家切心為各教會禱告祈求，又唱哈利路亞讚美耶穌！翻說方言，說天國的好處，平安快樂的聖城新耶路撒冷，種種的鴻恩榮耀，大家就非常地歡喜快樂，讚美主，謝信友忽然受了聖靈的洗，說起新方言來，就他為各教會傳錯了道，將來受大苦難的眾人哭的痛，這真是神的鴻恩顯現了；又來了一位王信友（推測可能是之後按立為執事的王勇敢），他很佩服這更正教的真道，我們禱告、祈求、讚美主，我們又禱告、祈求、讚美耶穌，阿們！這一天真是應驗耶和華應許降福與安息日，主耶穌也是安息日的主，大家歡歡喜喜平平安安守了一個完全安息聖日，就安息睡了。

第二日（1917.08.19，星期日）半夜我們起來切心祈禱，聖靈大降，充滿了我們的心，我蒙聖靈賜大能大力，指示我許多的事，啟示我進北京花市美以美教會（位於今北京東城區崇文門西花市大街，即花市教堂）。去的時候，用仁愛和平與他們辯論神的真道，聖靈指示我預言說，他決不能再叫巡警官人，也必平安去，平安回來，也必得勝有餘，必有許多當得救的人。我們禱告時後，約有二點多鐘的工夫，他們有幾個青年人跪軟弱了，我們又唱詩讚美主，哈利路亞讚美耶穌，我們歇了少時，又祈禱唱靈歌讚美耶穌。

　　我們就起行往假教會去，到了以後，聖靈指示我與他們大眾和氣，好生對待他們，將更正教的約章送給眾教友。我靠著聖靈給他們講論天國的福音，正談論著呢！假教會看堂的人和本堂的首領人攔阻，我靠聖靈的大能大力，將他們問住辯論了許久，就勝了他們，領他們禱告了二次，又唱靈歌，阿們！

　　又按著他們的規矩，作完了禮拜就回馬利亞處。少時，撒拉同她女兒還有一位崔信友，都願受大洗，我們祈禱起行往永定門外去，大家到了就先行切心禱告祈求，聖靈大降充滿了各人的心，我們又跪下禱告祈求，讚美主，我同路加按手在葛女士、崔女士，聖靈很有能力，我們同下水裡去，施洗從水裡上來，聖靈降在他們身上，就說起方言來，說的很多，在水裡禱告祈求讚美主，唱哈利路亞讚美耶穌！起了大風，我切心禱告求主將風止住，於是止住了，主聽虔誠人的禱告，阿們！

　　我們回到教會大大地歡喜快樂，這一天非常地歡樂，顯現平安至極，我們又禱告祈求，大大地感謝讚美耶穌，才睡了。

　　第二天（1917.08.20，星期一）早晨我們又切切地禱告、祈求、讚美主。少時，奎長老來了，我們先祈禱唱靈歌，我將所看見的異象種種大事，主對我種種顯現，一切的鴻恩，說都給他了，他也都深信。少時，撒拉也來了，同我們聚會祈禱讚美主，我們定的是十點鐘在馬利亞樓上聚會，我們到了就祈禱，唱詩讚美主，我靠著聖靈給他們大家唸講更正教的聖約條例，大家又跪下禱告祈求，奎長老走了，我們又唱詩讚美主，又祈禱，聖靈大有能力降在我們身上，我們歡歡喜喜地回到教會，我靠著聖靈就寫這聖靈真見證冊。少時王德順來了，我們又聚會祈禱，聖靈大降，我按手在他頭上，就有大能力到他身上，不住地唱哈利路亞讚美耶穌，我們用完飯，張路加（張重生）來了，他被聖靈感動有能力，我們三個人記過錄書寫，各人被聖靈指示的聖工就直寫到晚十點鐘的時候，又聚會切心，禱告祈求感謝讚美就安歇睡了。

第四十五章
1917.08.21-08.22，星期二-三　北京城、南苑

　　第二天（1917.08.21，星期二）我們起的很早，蒙聖靈大大感動，都心裡很有能力，就切切禱告、祈求、感謝讚美耶穌，我們同主起行往馬利亞（劉愛）處去，到了她樓上，我們先行祈禱，唱靈讚美主，崔信友女士來了、撒拉（萬撒拉）也來了、王德順也來了，我們大家就禱告祈求，聖靈大降充滿了我們的心，我們又吃主的聖餐，大家跪著吃主的肉、喝主的血，大家都哭了，因為聖靈降臨，切切地紀念耶穌在十字架上捨身流血之大工，我們都對不起主阿！

　　正吃著呢！奎長老來了，他跪著禱告，我給他送主的肉去他不吃，他心裡一定有議論的意見，聖靈指示我說他不對，他有自高軟弱的地方，我們唱哈利路亞讚美耶穌，我靠著聖靈給他們講論天國的福音真道，我們大家一同用飯，非常地歡喜快樂，大大地感謝讚美主，這天夜間下雨，早晨天冷，這是天父特別的鴻恩，天要不冷，馬利亞就不能動慈心給我們那個很多的擋冷的種種衣服，又給我們的川費（旅行費用），又唱送行詩歌，讚美感謝，祈求主哈利路亞讚美耶穌，阿們！

　　大家送行，惟撒拉等女信徒們送的甚遠，我們歡歡喜喜地走到永定門外，有一個樹凉而下，我們就唱詩讚美主，禱告祈求，給幾個婦女們講道說：「耶穌快來了，審判的日快到了，他要用大火燒天下萬國的人。」婦女們很信這話，我們起行又走到了一個地方，又禱禱告、祈求、讚美主畢，又走到南苑的橋頭上，我們切心禱告祈求，聖靈指示我說，可以為主宣講福音給大家聽，我就為講論了許久，韓寶田接著我講工夫也不小，安得烈（魏文祥）接著又講了許久，雅各（李永慶）也作了許多的見證，張路加（張重生）說方言，我給他翻說方言，聽道的人很多，聖靈幫助我們大有力量，哈利路亞，讚美耶穌，阿們！

　　又起來到了賈信友（賈潤齋）舖中，一見他的面，大大地歡樂讚美主，少時我們聚會祈求，聖靈大降充滿了我們各人的心，大家歡喜感謝讚美主，腓力熱心，給我們預備了飯，大家都吃飽足了，晚上又聚會祈禱，祝謝領楊讚美主就睡了。

第二天（1917.08.22，星期三）我們早早地起來切切地禱告祈求，工夫很大，聖靈加添我們的力量，又查講聖經跪下禱告祈求，唱哈利路亞，讚美父子聖靈的靈歌！我同信徒腓力（賈潤齋），看所租的教會房去，就叫了一個棚作工人來，講定一塊二毛錢糊好了頂棚，我就往張仲三成衣舖去，給他們同人講道。到了晚半天，我們又在腓力舖中，聚會禱告祈求，唱歌讚美主，也多讚美耶穌，也更講論天國的福音真道，少時又祈禱讚美主，就睡了。

第四十六章
1917.08.22-08.24・星期三-五　南苑

第二天（1917.08.22，星期三）我們起的又不晚，就跪下，都同心合意地禱告祈求，聖靈每日大降，充滿了我們各人的心，大家非常地歡喜快樂，讚美主，我們用完了飯，大家又查講聖經，聖靈很幫助我給他們講論，大家甚為受感，我們又禱告、祈求、讚美主，這天下了很多的雨，我們就多談論主的福音、天國的真道。到了晚上，又聚會祈禱，聖靈充滿了大家的心，就歡喜安歇睡了。

（四十五章的末尾與四十六章開頭內容合併為同一天，請讀者知悉。）

第二天（1917.08.23，星期四）我們大家早晨跪著禱告、祈求、讚美主，聖靈大有能力，幫助我們禱告祈求，因為我們不會禱告，必須有聖靈幫助指示我們，常禱告的話，才蒙應准，我們用完了飯，又查講聖經，聖靈大大地感動眾人的心，少時趙信友（趙成會）來了，我就異常地歡喜快樂，因為他是腓力靠著主結的果子，是個最誠實的教友，他甚盡心盡力查考聖經，約有半天的工夫，又有一位左仲德來了，他也是腓力（賈潤齋）靠著主結的果子，我給他講論天國的福音，我們禱告了二、三回，聖靈大降很感動他們二個人，就定了明日給左仲德施大洗去，這一日張重生就軟弱了一天，也沒精神拜主禱告，韓寶田也軟弱，我們晚上，又聚會禱告祈求讚美主，哈利路亞，讚美耶穌。

第二日（1917.08.24，星期五）我們早晨起來切切祈求禱告，聖靈降臨，我們很歡喜讚美主，用完了飯。

少時，左仲德來了，我們又禱告、祈求、讚美主，起行往有水的地方去，到了我們又切心禱告，祈求聖靈大降充滿了我們各人的心，我們同下水裡去，我們禱告祈求，聖靈大大地降下，充充滿滿地在各人心裡。從水裡上來，就大大地歡喜大家同聲讚美主耶穌，唱哈利路亞讚美耶穌、讚美天父、讚美聖靈，連連讚美多次這樣頌讚美主，大家敬謝完了，就歡歡喜喜回到賈潤齋腓力舖中，又聚會禱告祈求讚美主，又講論天國的福音給他們聽。這天張重生很軟弱，他沒有跟去，因為李永慶常動血氣，魔鬼常害他們，敵不住魔鬼，因此多人全不愛他，都很棄嫌他，就是我一個人愛他到底，我常常為他禱告祈求，也切切地勸他悔改，願主的大能大力感化他的心就是了。到了晚上，我們又聚會，祈禱祝謝頌揚主名，又定了安息聖日吃聖餐我們就大大地歡樂睡了。

第四十七章
1917.08.25-08.27，星期六-一　南苑、高米店村、黃村

第二天（1917.08.25，星期六）是安息聖日，我們起的很早，就同心合意禱告祈求，工夫很大，唱哈利路亞，讚美耶穌，我們講論天國的真道，又等了一點多鐘的工夫，我們吃聖餐，我們哭了，聖靈大降充滿了屋子，各人都很受感動，甚為安慰，也就歡喜了。我們就拿著公信內有更正教的聖約章程單子，見軍營的師長去，因為此教會所租的房子是歸營官管，因營長公出，我們沒見著就回來了。王德順執事由北京來了，這一天將南苑耶穌教會的聖堂，工程修理糊棚等等諸事都整齊了，就定了第二天慶賀新聖堂。到了晚上，我們又禱告祈求，讚美主，就睡了。我們每逢安息聖日，就禁食不吃就覺著很有能力，聖靈這一天大大地降臨，就非常地歡喜快樂讚美主，阿們！

（安息日禁食，可能是從魏保羅在信心會時就有的習慣。）

第二天（1917.08.26，星期日）我們起的更早，就禱告、祈求、讚美主，聖靈指示我幾樣兒要事，我就又上教會裡去，與王執事（王德順）一同祈禱畢，又到了張重生住處去，禱告、祈求、讚美主，我同重生到何教友那裡，同他祈求禱告，又到了趙教友（趙成會）那裡，又回到腓力（賈潤齋）舖中，又聚了一個

會，禱告祈求讚美講論聖經的真道。少時，我們一同上新教會聖堂去慶賀，就先站立祈求禱告，又唱慶賀新堂靈歌，又讀唸歷代下六章又讀唸七章十二節至末節（本書上冊第 31 章也唸過同樣的章節，所羅門獻殿）。聖靈大降，幫助我大有能力給他們講論慶賀新聖堂要言、要理、敬拜的禮，大家都為受感，我們又跪下，切心禱告祈求讚美主，又唱哈利路亞，讚美耶穌，大家非常地歡喜快樂。慶賀畢，我們又給外教多人大聲宣講天國的福音，聽的人很多，我們講畢，張重生願意在新教堂上住，聖靈許可我們起行，他們送行，重生送至南苑大外，我們在一個大樹下，祈禱歡樂唱靈歌讚美主，聖靈足足地感動我們二個人，彼此跳舞不止的讚美主，聖靈的喜樂就充滿了我們，歡喜而別了。

　　一路平安到了高米店村（今北京大興黃村鎮高米店村），我們禱告著給他們村子的人講論天國的福音，又到了一個小廟兒的地方，我們為講論許久，聽的人很多。又到了一個茶館地方，坐了許久，多給他們的男女老少大大地講論天國的福音真道，安德烈（魏文祥）熱心大聲宣講，此處聽的人非常地多，雅各（李永慶）也講論了一陣子，我們三個人都講的工夫很多，大家甚是歡喜快樂願受，茶館上也沒有要錢，因為永慶是這村的老家，認識他的人很多，聖靈很幫助我們就大大地歡喜快樂讚美主。到了黃村見了任義奎，聖靈在我們中間大大歡喜快樂，讚美主，又見了得生，又聖名字約翰，更是非常地歡樂，大大地讚美主。

　　到晚上，任信友同趙教友（黃村趙教友），來聖堂聚會查經祈禱講論讚美感謝跪拜主，我將這數日的諸大事，蒙主的鴻恩，所作的大聖工，都說給他們了，大家甚為歡喜睡了，這一天聖靈的大能、大恩，是說不盡的。

　　第二天（1917.08.27，星期一）我們起的太早，大約後半夜三點多鐘就切切地禱告祈求，聖靈大降充滿了各人的心，祈禱的工夫很大，哈利路亞，讚美耶穌。少時，徐女信友（徐趙氏）、李太太（李馬大，李永慶妻）來了，我們又聚會祈禱讚美主，又少時韓老教友（韓世傑）也來了、趙教友（黃村趙教友）也來了，我們又切心大聲禱告祈求，讚美主，我們給他們講天國的福音，真道聖靈大降，加添我的大歡樂。到了十二點鐘，我們禱告祈求，聖靈指示我們，在街上講道給窮人聽，這天是個集（趕集的集市）的日子，我們就先唱詩，看聽的人很多，我就先給他們宣講天國的福音，李約翰接著我講，他很有聖靈的口才能力，大聲宣講，李雅各也作了很多的見證，安德烈放膽講的工夫也不小，我們唱了詩，約翰又接著宣講，有一個姓劉的男子很受感動，他聽的工夫很大，他果然到了會堂

去，同我們跪拜祈禱讚美主，聖靈大大地幫助我們，讚美耶穌。任義奎信友大發熱心，給我們預備了飯，這也是聖靈的鴻恩，我們回到聖堂，大大地歡喜快樂，少時我們又禱告、祈求、讚美主，我們是常聚會，祈禱頌揚主，晚上又講論天國的福音，又切切地禱告祈求，祝謝讚美主，哈利路亞讚美耶穌。

第四十八章
1917.08.28-08.31·星期二-四　黃村

　　第二天（1917.08.28，星期二）聖靈叫醒了我們起來，大約後半夜三點多鐘，我們同心合意地大聲禱告祈求，聖靈充充足足的感動我們的心，禱告的工夫非常地大，又唱聖靈頌主詩歌讚美耶穌，蒙聖靈指示了許多的大事，正歡喜快樂的時候，談講主的道。忽然，李永慶受了魔鬼大迷惑，口裡胡說八道，爭是血氣之勇，我勸他不聽，我就切切地為他禱告祈求，跪的工夫很大，他便說：「我悔改了，不再說不好的話了。」

　　我起來到了任信友（任義奎）屋裡，見有劉教友（可能是劉玉坦）也在他屋裡，我們就查箴言聖書，又講論、禱告、祈求、讚美主。少時，徐女信友（徐趙氏）、李女信友（李馬大），我們又聚會祈禱，祝謝讚美主，我就靠聖靈給馬利亞（劉愛）寫了一封信，又給南苑總司令、師長、局長三位官長寫了三封公函郵了去[63]，我靠著聖靈寫這聖靈真見證冊，聖靈大大地加添我的能力信心，我們又聚會祈禱讚美主，到了晚半天，任義奎又預備了飯，他是常接待聖徒，給聖徒飯吃，他蒙主的鴻恩就更大了，到了晚上，我們又聚會祈求讚美主。

---

63 南苑陸軍部在復辟以前是由陳光遠的陸軍第十二師駐防，復辟事件結束後，陳光遠在 1917.08 調任江西督軍，撤離南苑；馮玉祥也可能只有在復辟事件期間短暫駐扎過南苑；而此時，由於馮國璋來北京就職，旋即調任第十五師的劉詢與第九師魏宗翰來駐防在南苑，因此，此時魏保羅接觸到的主管應該就是這兩人。雖然說 1917.08.08 已經去函報備過了，但此時人事更替，完全換了一撥人，也因此不得不再另寫公函，通知新到任的駐防的軍隊，一是避免軍隊騷擾，二是重申教會的合法性。請參：陶菊隱，《北洋軍閥統治時期史話》（北京：生活讀書新知三聯書店，1957），頁 101。

第二天（1917.08.29，星期三）聖靈又叫我們起來切心禱告祈求，聖靈指示說今天叫安德烈（魏文祥）上南苑取聖條章程去，必然一路平安也必不下雨，這是正常下大雨的時候，少時徐女信友、李馬太都來了，我們聚會祈禱，又講論天國的福音，有一個假教會的教友來了，他吃煙呢！可見他們假教會的教友行為，他同我們跪下禱告祈求，聖靈充滿了我們各心又唱靈歌讚美主。

我們用完飯，就寫這靈冊真見證，此時安德烈要起行上南苑去，我們先行禱告祈求主，與他同在同去，這日是個小集，我們先禱告祈求，聖靈指示我們先唱詩，就大聲宣講天國福音，聽的人很多，李約翰（李文華）神派他為長老，接著我講，他大有聖靈的能力口才，李雅各（李永慶）也放膽宣講了一回，我又給他們宣講了許久，聖靈很幫助我們就大大地歡喜快樂，非常地讚美主。

回到聖堂，我又寫這聖靈真見證書。少時，任信友又預備了飯，我們吃了，我們每逢吃的時就藉此祝謝禱告祈求。少時，美以美會的教師王寶善來了，他早已就不棄這個真道，也接待真信徒，我們一見就非常地歡喜，在任信友屋裡談論了許久。又到了聖堂，我就靠著聖靈，講論更正教的聖約條例，他不甚反對，我們又禱告祈求，聖靈大降充滿了我的心，就將一切的恩典，我蒙主顯現的異象各種的大異象、異夢等事，並種種的奇事、奉耶穌的名趕鬼醫病的大舉，各種要緊的道理都與他詳細說到後半夜，先已經禱告祈求，聖靈降臨，大大地感動他的心，就歸榮耀給真神聖子耶穌，他總算是都佩服了，又睡了一小時，聖靈叫我們起來禱告、祈求、感謝、讚美主，工夫很大，聖靈幫助我們大獲全勝了，就異常地歡喜快樂。

第二天（1917.08.30，星期四）我們又到了任信友屋裡，聚會禱告談講聖經，讚美主，我們又到了李雅各家聚了一個禱告會，也講了馬太福音五章，就大大地與他們夫婦二人大有益，聖靈充滿了我們的心，又回到聖堂，我就給北京的撒拉女信徒寫信，這是極要緊的信，因為她有聖靈的大能大力在北京教會，女信友中大有用處。

我們又到了韓家，蒙聖靈所派指示，如何去我們就唱詩祈禱，講論天國的福音，真道工夫不小，陳文彬也來聚會，聖靈大降充滿了我們的心，非常地歡喜快樂。又到了陳文彬家的地方，陳太太受了魔鬼迷惑，因為前者李永慶在說話上有點錯處，故此她很大大地逼迫雅各，說了很多的逼迫很不好的話，雅各此次大有忍耐，就過去了。我們又唱詩、禱告、祈求、讚美主，耶穌就歡喜得勝有餘了。

又到了前者，在假教會打我的那個人，名叫劉五（劉繼永）的家，我們唱完了聖詩歌，又祈禱，聖靈大降指示我說：「他家的病人必要好了。」我們進了病人屋裡，問病人說：「你信耶穌能給你治病否？」他說：「我信耶穌能治。」我們就跪下切心為他禱告祈求，我按手在他頭上，聖靈說：「他好了。」我們就起來，病人說我好了，歸榮耀給耶穌，阿們！

這就是主將我們的仇人變成朋友了，又到了郭信友（據下冊第 17 章看來，郭信友最終仍未信，但郭太太有歸入真耶穌教會）家，我們講道真理給他一家人聽，又唱頌主詩，李長老（李文華）給他們講工夫很大，聖靈降臨，大家甚為受感，又切心禱告祈求讚美主，又到了任義奎信友家，他老太太對我們說了許多不好的話，我們禱告、唱詩、祈求、讚美主，我靠著聖靈就對老太太說：「盼望妳受大洗，求聖靈的洗，同我們走天路。」就大獲全勝了。

回到教會，晚上我們又聚會，禱告、祈求、讚美主，哈利路亞，讚美耶穌，阿們！就睡了。

第四十九章
1917.08.31-09.01，星期五-六　黃村

第二天（1917.08.31，星期五）我們早晨起來切切地禱告祈求，聖靈大大地感動我的心，就有聲音說：「立李得生（李文華）為長老。」（李文華立長老一事以敘述口吻看來，應以此日為準較佳）這是神派責任，我們就非常地歡喜快樂，大大地讚美主，哈利路亞讚美耶穌，阿們！

又到了任信友（任義奎）屋裡，我靠著聖靈，讀唸講論羅馬人書八章講說，聖靈的大能治死肉體的情欲，聖靈大有能力感動了我們的心，任信友更受大感。我們回到聖堂，又聚會禱告祝謝祈求讚美主，我就寫這聖靈真見證書，又來教友聚了二、三回會，祈禱祝謝讚美主，聖靈時時刻刻在我心裡，就大有熱心、愛心、盡心盡力地事奉主、愛人，都是神的大恩、大功、大力、大能，歸榮耀給耶穌，阿們！哈利路亞，讚美父子聖靈，阿們！

直寫到晚六點多鐘之時，我們又聚會，唱詩讀聖經，又講論天國的福音，工夫很大，因為此日是安息六晚落日，就安息聖日了，聖靈大降，大家跪拜主，我被聖靈感動，就為許多軟弱的人痛哭起來了，大家也有哭的，晚上又聚會禱告感謝讚美耶穌就睡了。

　　第二天（1917.09.01，星期六）是安息聖日早晨，我們跪下切心禱告祈求，聖靈降臨，感動了我們四個人，同跪禱了約有二點鐘之久，主的聖靈指示了許多的大聖事，哈利路亞，讚美耶穌。我們同得生又到任信友屋去，講論安息日的題目，他大為受感，我們又跪下同心禱告祈求，唱靈歌讚美主，徐女信友也來了，我們又回到教會聖堂，唱詩講論又跪下同心合意地禱告祈求，正祈禱著呢！陳更新夫婦二人也來了，我們又切心禱告祈求的工夫很大，又唱詩，哈利路亞讚美耶穌！李長老（李文華）又給他講論聖經工夫很大，我又靠著聖靈給他大家講論更正教的聖約條例章程，還有聖經的要言，講的工夫很大，我們又唱詩、禱告、祈求、讚美主，聖靈時常與我們同在，就非常地歡喜快樂讚美耶穌，李長老又給他們讚美主，講論天國的福音、聖經。有一位李信友來了，我們就很歡喜快樂。

　　少時，我被聖靈指示上講臺，李長老也上來了，我就靠聖靈說話，先請大家站起來，切心禱告祈求，聖靈幫助我們禱告，祝謝讚美，講論也求聖靈幫助大家聽，聖靈大降充滿了各人的心，禱畢又唱頌主詩讚美神為大，又讀聖經提摩太前書第六章第六節（提前 6:6 官話和合本：「然而敬虔加上知足的心便是大利了。」），題目是不可愛世界和世界的事，要思念在上面的事，引了許多的聖經、要言，又將更正教的條約，又細細地說了許多的要言，總而言之，順著聖靈講的很多的話，這真是本著聖經順從聖靈主耶穌，聖徒的榜樣行的諸事，這不是我實實在在是全能的主在我裡面作的大聖工，李長老又給他們讀唸聖經講天國的真道，工夫很大讚美主，我們又要吃聖餐，我就唸哥林多前書第十一章第二十三節至第三十三節，我靠著聖靈又講論耶穌基督為我們受苦受難，三十三年在十字架受盡了非常地大苦大難捨身流血種種說不盡的苦處，我就先哭了，止不住地哭，一面講論一面哭，大家跪下切心禱告祈求，聖靈大大地感動大家哭得多，我就拿起餅來，祝謝了擘開，分給大家吃了，都非常地受大感動，又拿起杯來祝謝了，說吃主的肉喝主的血，哭著吃喝的，多被聖靈大大地感動，我的心在心靈上說就是將天下萬國人的大罪惡都歸到我身上，為天下人死一萬萬次也非常地願意

讚美主，我真是不配的，又唱詩讚美主，同唸禱文，每逢聚會祈禱就唸禱告文[64]，大家非常地受安慰，就歡喜了，大家歡樂而散，我就寫這聖靈真見證書，直寫到五點鐘，又有人願意聚會祈禱，讚美感謝頌揚。到了晚上，又禱告唱詩，唱靈歌，哈利路亞，讚美耶穌。

---

64 此處指的應該主禱文。真耶穌教會傳統上北派有念誦主禱文的習慣，惟魏文祥主持後開始堅持面向西禱告，則未有進一步文獻記載。

佳音百里盡直隸　福報千家至霸州

第五十章
1917.09.02-09.05，
星期日-三　黃村、大營村、魏善莊、安定鎮、蘆各莊

　　第二天（1917.09.02，星期日）我們起的很早，就切心禱告祈求，聖靈指示，我們周流各處、各鎮傳道的路程今開於左：先從北京至南苑，並所到的黃村已走了三處教會的地方了，所到的這真耶穌教會眾信徒（此處內容看來概念比較類似「真正的」耶穌教會信徒。真耶穌教會正式成為名稱，應該要等到 1918 年前後，請見下冊第 2 章內容）一切的熱心，已載在前頭了。

　　從黃村至安定教會（今中國北京市大興區安定鎮），又至蘆各莊（今北京市大興區蘆各莊）王玉貴信友，又至縣裡教會，又至朱家務（今北京市大興區榆垡鎮朱家務村）教會趙理士信友家、于堡鎮（今北京市大興區榆垡鎮）教會王寶善教師處，固安縣（今河北省廊坊市固安縣）教會王連仲瑞符、牛頭鎮（今河北省廊坊市固安縣牛駝鎮）劉鎮祥教會處、霸縣南孟鎮（今河北省廊坊市霸州市南孟鎮）吳慎修[65]。

　　我們先到了黃村南邊大營村（今北京市大興區大營村，在黃村南邊與黃村比鄰）李教友家，他是假教會的老教友，他先領受這真道，他兒子也不甚反對，我

---

[65] 此段路程總長約莫 90 公里，步行約 18 小時。黃村至安定約 25 公里；安定至蘆各莊約 5 公里；蘆各莊至朱家務約 20 公里；朱家務與榆垡鎮比鄰；榆垡鎮至固安縣約 10 公里；固安縣至牛駝鎮約 20 公里；牛駝鎮至南孟鎮約 10 公里。但由於魏保羅中途有繞路，所以實際總長是大於 90 公里的。值得注意的是從黃村一線一路往南到霸縣南孟鎮的這整條線，以美以美會的教會為主，而中華基督教會（由長老會或倫敦會改組）的傳教路線則主要是在安次地區（今北京市河北省廊坊市安次區），與魏保羅所走的路線相距甚遠，高達 50 公里。因此，在陸續篇章看到的教會多數是美以美會，請讀者知悉。其次要說明的是，雖然這次福音傳佈路線甚廣，幾乎是逐村逐鎮的傳佈，但最終擁有碩果的也僅有禮賢鎮、南孟鎮、碼頭鎮。請參真耶穌教會發行，《萬國更正教報》第三期（北京：真耶穌教會自刊，1919.10），第三面。

們一路上的時候就禱告，唱詩進村的時候，我們又禱告、祈求、讚美主，又給許多人講道，進了他的家就為他們求平安，又給一個老太太治好了眼睛，又禱告祈求，聖靈很幫我們講論天國的福音，又將更正教的聖條約給他們講論了許久，李教友他妻說這裡沒有地方住，這一家實在不願得滿足的福氣，我們於是起行往魏善莊去（今北京市大興區魏善莊，離大營村約 3 公里，步行約半小時），也為他們禱告祈求了，走的蒙主保佑，一路平安快樂，走到晚九點來鐘才到的。

有一個看村子的人領我們到了一個小舖，到小店後，我們將行李放下，就到外邊就給許多的人講論天國的福音，工夫很大。這村的人都善良，聽的人沒有一個說不好的，聖靈很幫我們的能力，主說：「你無論往何處去，我必保護你平安。」到了十一點鐘，我們祈禱完了，讚美感謝畢，就睡了。

第二天（1917.09.03，星期一）早晨我們到了一個廟臺上，跪下禱告祈求唱詩讚美主，招來的人很多，我們就給他們講道，有一個雙目失明看不見的人從廟裡出去了，聖靈就叫他回來，問他：「信耶穌能給你治眼，叫你能看見否？」他說：「我信。」我們就跪下為他禱告祈求，又按手在他頭上，聖靈說：「他好了。」我們講論天國的福音，有一個天主教人很領受此真道，他姓陳，又都願聽，我們又到了大街上，大聲宣講許久，聽的人約有一百多人，男女者老幼都有，聖靈真是安慰我們的心，這都是主的預備指示引導的，切盼望全能的主，在村子裡成全一個教會是荷，阿們！

我們蒙主保佑平安到了安定車站教會（今中國北京市大興區安定鎮，離魏善莊約 15 公里，步行約 3 小時），是美以美會，有我一個舊教米振幫（米振邦），他很接待我們，還有一個李教師（李子據）也在那裡，我就靠著聖靈給他們講論更正教的章程，又引了許多的聖經領他們禱告祈求，唱詩讚美主，李教師先對王玉貴信友說：「打我都是應當的。」這回一見了他，大大地反了、過了，他非常地倔服了，我們談論到半夜的時候才睡了，更正教的條約都講明了。

第二天（1917.09.04，星期二）早晨又起的很早，就切心跪著禱告祈求唱哈利路亞，讚美耶穌，又到一個大樹下跪下，禱告祈求熱心讚美主，回來又聚會祈禱講論了許久，就起行往蘆各莊（今北京市大興區蘆各莊，離安定鎮約 5 公里，步行約 1 小時）去，米信友送去的王玉貴歡迎了去，我們一見就大大歡喜快樂，他一家人都歡喜接待我們，大家談講主的道理，又唱詩講論天國的福音，又禱告祈求讚美主，我們又到了街上，宣講聽的人很多，回來又聚會、禱告、祈求、讚美主，感謝不盡的，這都是聖靈大能，阿們！

第二天（1917.09.05，星期三）大家起的更早，祈禱完了，又到一個村外去，禱告、祈求、讚美耶穌，阿們！回來又給他一家人講道，不外乎更正教的聖約條例聖經、要緊的道理，聖靈大降充滿了各人的心，我們又禱告、祈求、讚美主，我又給他們講論更多的真道，又查經很多，到了晚上，又給眾街方宣講天國的福音、真道，回來又聚會祈禱，感謝讚美主，就睡了。

第五十一章
1917.09.06-09.07，星期四-五　蘆各莊

第二天（1917.09.06，星期四）後半夜就起來切心禱告祈求讚美主，聖靈大降充滿了屋子各人的心，我與王玉貴信友談論道理甚多、禱告的工夫甚大，到了天明，又切心禱告祈求，聖靈又降臨又唱哈利路亞，讚美耶穌！

李雅各（李永慶）看著大家都軟弱一點，他說我要禁食，我們也都同心禁食祈禱，又到了一個村外有樹的地方，我們唱詩、禱告、祈求，聖靈非常地感動我們的心，大家祈禱的工夫又甚大，就異常地歡喜快樂讚美主，哈利路亞，讚美父子聖靈，阿們！

我們又到了一個瓜舖給李掌櫃的講道聽，王玉貴信友大大地熱心買了許多的甜瓜，天天給我們預備飯，我們在路上又切心禱告祈求，聖靈大大地幫助我們，到了家，又祈禱、祈求，聖靈又有能力在我們各人身上，少時，王玉貴信友和他大女兒許大洗去，我們先行禱告，聖靈大降充滿了我們的心，到了一個有水的地方，我們都同心合意地禱告祈求，讚美主，哈利路亞，讚美父子聖靈，我們同下水裡去，又切切地禱告祈求，聖靈降在各人身上，跪在水裡頭，面向下從水裡上來，就聖靈充充足足地感動了各人的心，他大女兒就說起方言來，並充充足足地受了聖靈的洗，大大歡喜快樂，在河裡就大聲禱告主的名，讚美主；又為王玉貴受大洗，我們切心跪在水裡，禱告祈求，聖靈大降，他面向下從水裡上來，奉我主耶穌基督的名給他施大洗，我心裡一說，求聖靈給他施洗，叫他說出方言來，於是他就說出方言來了，就大大地快樂起來，非常地歡樂不止，我們就一同跳舞大聲讚美主，唱哈利路亞，讚美耶穌，阿們！就快快樂樂的回來了。

我就寫這聖靈真見證書，直寫到晚上。少時又有聖靈指示的吃聖餐的事，我就給他們講論天國的福音，又唸哥林多前書十一章，又切切給他們講論此章，主耶穌為我們受苦受難的大事，就哭著講論，大家都受感動，王玉貴也哭了，主的聖靈指示給他起名叫復生，我兒安得烈（魏文祥）也哭了，我就拿起餅來祝謝了，切開分給大家（此處有切開餅的記載，與之後真耶穌教會強調的擘開有所不同，請讀者注意），都吃了又哭著禱告祈求許久，聖靈充滿了屋子，又唱聖靈歌讚美主，這一日慈悲的主，顯現大能大力，非常的鴻恩臨到這一家和我們了，哈利路亞讚美耶穌，歸榮耀給不改變的神，救主耶穌基督，阿們！

第二天（1917.09.07，星期五）後半夜就起來切心祈禱，聖靈大大地感動我們各人的心。王復生禁食三天，聖靈又叫他定志為主傳道，拋棄所的心，甘背苦架跟耶穌，就大大地熱心發起來了，我們到了一個樹林子裡，唱詩、禱告、祈求，聖靈又大降幫助我們禱告、祈求、讚美主，我給他們唸的羅馬人書第八章，聖靈幫講論很有能力，哈利路亞，讚美聖靈，那一天的聖工大事、主的鴻恩等奇事、聖靈的指示、種種的感動，都不能詳細完全記載，以上無非略表而已。

聖靈指示我們上王復生（王玉貴）大女家去，路過一個村子，我們就講天國的福音，此莊人都善良的多，很領受這福音的真道，我們四個人都宣講了一回，是先禱告祈求下聖靈來才講的，到了徐家就是王復的女兒婆家，他們夫婦很接待我們，給我們摘了許多的葡萄吃，我們就為他們講道，街坊去了幾個人聽道，王復生先回家辦點俗事。忽然，大魔鬼藉趙得理來了一封信，是要害死王玉貴一家子人，米振幫（米振邦）忘恩負義、毀謗保羅，他必不平安，因為他抵擋神的真道，我們三個人回來，在蘆各莊村北邊跪下禱告祈求，聖靈大降充滿了我們的心，我們讚美謝恩，又宣講天國的福音，回到家中天就黑了。

王復生未回家來，就知道有點危險，我們睡半夜起來，禱告祈求，聖靈很幫助我們的能力，又睡了一、二時又起來，禱告、祈求、讚美主，天就明了，王復生也回來了，他大女兒也來。

第五十二章
1917.09.08-09.09・星期六-日　蘆各莊、禮賢鎮

　　守安息聖日這天（1917.09.08，星期六）我們又到了曠野去，聚會唱詩禱告祈求，講論聖經真道，聖靈很幫助我們的。回到家中，假教會的李子據由安定車站教會來了，我們就談論道理，他在背地裡毀謗我們，當著我們的面他不敢說了，可見他是假信徒了。少時，他走了，我靠著聖靈給他們講論天國的真道，又講唸哥林多前書第十一章論救主耶穌受苦死在十字架的大事，我們哭了，又吃聖餐，我們大哭，祈禱工夫很大，聖靈大大地感動我們的心，就唱哈利路亞讚美耶穌。

　　少時，我就寫這聖靈真見證書；又少時，他家老少就爲主的真道起了辯論紛爭的事，因為他們老少都受了錢財世俗的迷惑，魔鬼藉此要害王信友（王玉貴），那知有聖靈的大能大力，早保守著他呢！到晚上我們又禱告祈求，聖靈大降，這就是因著禱告，常常的大得獲勝唱靈歌讚美主畢，就睡了。

　　第二天（1917.09.09，星期日）我們起的早多了，就切切地禱告祈求讚美主，感謝神聖靈指示我們走的話語等事，王玉貴送行代傳道的意思，我們四個人同心合意，歡歡喜喜地行路，平安到一個村莊，就為他們宣講天國的福音，我們每逢未宣講已先，必須先在講論的地方切心禱告祈求，聖靈大降充滿了我們的心，才宣講呢！路過村莊，必須宣傳福音要事，到了禮賢鎮（今北京大興區禮賢鎮），我們跪下就禱告、祈求，聖靈指示我們又宣講到了一個馬家店裡，有一個于教友（于用修），是個假教會的信徒，開藥舖的，在這店內他夥友陳錫武很接待我們，就禱告一會子，起行往美以美假教會去，一進門蒯國良假教師，很不願意的樣子，我靠著聖靈的大能，與他談道就辯論起來了，我問著他好幾回，就將他辯倒了。

　　此日是他們的假禮拜日，他們禱告妄稱上帝為神，實在是大錯了，切勸看這書的人，千萬不可稱上帝當稱真神，應當就稱神就得了，他禱告我們也禱告神為大，他講論了下大工夫就算禮拜完了，他講的馬可第九章，他說耶穌趕聾啞的鬼用禱告，我就站起來說耶穌趕鬼不但用禱告，還用禁食，大家聽著以為然，我們

談論天國的真道，別人都走了，就有一位王祺未走，我同王復生（王玉貴），神又派他為長老，就與他講論更正教的條例聖約，王祺大有信心，我們跪下大家同心合意地禱告祈求讚美主，唱哈利路亞讚美耶穌，就大獲全勝了。

回到店內在用修屋裡談論道理，少時王祺來了，我們禱告完了，就定第二日受大洗去，于用修也願受洗，晚上又祈禱感謝讚美主畢就睡了，這真是神的大能大力，哈利路亞讚美耶穌，阿們！

第五十三章
1917.09.10-09.11・星期一-二　禮賢鎮、南各莊、榆垈鎮朱家務

第二天（1917.09.10，星期一）我們切心禱告的時候，聖靈指示論王長老（王玉貴）之大事，說他不回家更好，如回家迅速地回來，千萬不要帶錢出來，也不要多了衣服、棉被等全不帶才好，千萬跳忘將亡城，拋棄所有的甘背苦架跟耶穌。王長老被聖靈大大地感動，也非常地願意，我們祈禱讚美主畢。

少時，我們同于用修就往王祺的村莊去，約有十餘里路。到了就為他們講論天國的福音真道，又切心禱告祈求，聖靈大降，我們就往有水的地方去。到了後，先行祈禱唱靈歌，就一同下到水裡去，又大聲禱告祈求，跪在水裡，聖靈充滿了，從水裡上來，他說：「我看救主了！」就非常地快樂起來了，又給于用修施大洗，聖靈降在他身上，說方言很多，我又給他們洗腳，大家大大地歡喜快樂，有許多人觀看，我就給他們講道大聲宣佈，之後回到他家。

（這是第二次在洗禮後，魏保羅替人施行洗腳禮。）

又聚會祈禱畢，王長老同安德烈（魏文祥）往蘆各莊去了，我們就回到店內，這是想不到的鴻恩，等了二點多鐘的時候，忽然王長老來了大喜，大喜跳出將亡城來了，就是叫任義奎來了並給王長老的信，是大魔鬼藉任義奎要害王長老，他因這封信軟弱了，我們跪著為他禱告，他就不願意，我們到了晚上，又禱告、祈求、讚美主就睡了。到了半夜，王長老忽然起來禱告、祈求，聖靈降在他身上，他說：「我看異象有一群大魔鬼，跑到你的身上我就害怕，我就口唱哈利路亞，連唱四回哈利路亞，大鬼就都跑了。」

（真耶穌教會傳統中，但凡無論碰到危險、遇到魔鬼皆喊哈利路亞，或許可能從此時期就已形塑。）

從此時他就大大地熱心發起來了，歸榮耀給神救主耶穌基督，大凡此書所記得勝的聖工大事都是神的大能大力，主耶穌基督聖靈作的，阿們！

第二天（1917.09.11，星期二）明了我們聚會、祈禱、讚美主，又給任義奎、米振邦寫了二封信，王長老出去送信，找人給米振邦帶一封可遇見安定的一個人，還有一個人大家就聚會祈禱講論天國的福音，又唱哈利路亞讚美耶穌，就起行往朱家務（今北京市大興區榆　鎮朱家務村，從禮賢鎮到南各莊約 10 公里，步行近 2 小時）去，路過南各莊（今北京市大興區南各莊鄉，距離朱家務約 4 公里，步行約 45 分鐘，但中間隔著永興河，需要渡船而過，實際抵達時間應該更久）放膽宣講天國的福音，我被聖靈大大地感動，明明地說：「五年以前，四年以外，末日來到，主耶穌審判天下，天火焚燒天地萬物萬民。」我少時切切地問主：「是這樣嗎？」主說：「一定的。」我問主說：「耶穌基督為什麼說那個日子，天使也不知道，子也不知道呢？」神對我說：「父知道，這是父在你裡面說的。」我又為此大舉要言痛哭說：「我不敢往外說，惟恐錯了。」聖靈在我心裡大發能力說：「不錯！不錯！」我開口宣講聖靈在我身上大大地能力，催著我非說不成，就說出來了，越講說越有大能力，藉此要言，大起就感動了許多的人，我切切地問過主好幾回，主都給我極大的憑據，從此我們就大大地宣講末日的大事，引聖經各樣的兆頭都應驗了，南各莊聽道的很多，由此過河（永興河），我就與大家在船上報告這大事，宣講天國的福音。

（值得討論的是，魏保羅認為並非是內住的「聖靈」向自己發出啟示，反而是「父在裡面」說的。依照魏保羅過往的解經方式，比較有可能是將《約翰福音》第 14 章 10-11 節的經文，直接作為應用。）

到了朱家務就先聚會、祈禱、讚美主，唱哈利路亞讚美耶穌，到了趙得理家（應為趙得理的老家），就為他家求平安，講論聖經真道，此時趙得理他兄弟（趙得義）將王長老叫出去了，是因為趙得理受了大魔鬼的迷惑，抵擋更正教的真理，不叫他家的人接待我們，王長老靠著聖靈聖經就勝了他們，他兄弟趙得義很順服了，我們切切禱告祈求聖靈大降充滿了我們的心，我們就禁食，每逢救人或是與眾人辯論道理的時候，就必禁食就得勝。

第五十四章
1917.09.12-09.13，星期三-四　張家務、太子務、榆垡鎮

　　第二天（1917.09.12，星期三）後半夜，起來禱告祈求聖靈大降充滿了我們的心，趙得義願意受大洗，我們早晨就下河去，給他施洗，他從水裡上來，就有能力為主宣講天國福音，我們往于垡（今北京市大興區榆垡鎮）去，路過張家務（今北京市大興區榆垡鎮張家務村，距離朱家務約 2 公里），我們大聲宣講天國的福音，聽的人很多，當中有一個立志信耶穌的。

　　又過太子務村（今北京市大興區榆垡鎮太子務村，距離朱家務約 4 公里），我們唱詩祈禱宣講真道，聽的不很多，又起行至于垡鎮（榆垡鎮距離太子務村約 3 公里，魏保羅此行由東向西移動），蒙聖靈引導將行李放在趙家店裡，就到街上唱詩祈禱，來的人非常地多，我就靠著聖靈大聲宣講天國福音，王長老（王玉貴）同安得烈（魏文祥）上王寶善教師家，勸他歸正，我講完也去，就用聖經的話禱告，很責備他。之後，我們回來就睡了。

　　第二天（1917.09.13，星期四）在店裡禱告祈求，蒙聖靈指示到礦野大樹林子裡聚會禱告去，我們讚美感謝頌祝完，就到了樹林內，唱詩讀唸聖經講論天國的大事，也是聖靈啟示的書，我們四個人都得著大能力就跪在土地上大聲禱告，祈求熱心讚美主，就大大地快樂非常，我們回來在集上大聲放膽宣講天國福音，在街上宣講了四大回，聽的人非常地多，這一天大大地蒙恩，聖靈充滿了我們四個人的心，不住地禱告祈求，讚美祝謝，宣講了一大天的時候，到了晚上，又切切地祝謝，頌揚讚美祈禱畢，就睡了。

第五十五章

1917.09.14-09.15，星期五-六　榆垡鎮、固安縣

　　第二天（1917.09.14，星期五）早晨起來禱告、祈求、讚美主畢，又到了大樹林內，聚會講論聖經的要意，聖靈充滿了我們的心，又唱詩跪著禱告，祈求李雅各（李永慶）大大地認罪悔改，講論祈禱的工夫很大，又加添了我們的信心、熱心、能力。回來我又寫了一封信，又給了新定所租的房屋設開耶穌教會聖堂的定錢，就行走至大混河（從魏保羅行經路線看來應該是古稱為渾河的永定河）邊上，我們就唱詩祈禱，聖靈大降充滿了我們的心，就大聲宣講天國的福音，給許多貧窮人聽，見著許多男女老幼逃難（應該是河北大水災的逃難潮），這也是末日災難的起頭，我們過河，又報告五年內天火必燃燒天下萬國人，宣講救世的大道，有一個女人被鬼所附，她阻擋我們宣講，我就奉耶穌的名趕鬼，連講再趕鬼就大大地獲勝。

　　到了固安縣，住在北關店內，我們就在街上，歌詩祈禱宣講天國的福音，聽的人很多，聖靈降臨，每逢宣講報告末日大事，眾人都非常地受感，聖靈就大降充滿，這也是五年內準是審判的大憑據，又感謝讚美求恩就睡了。

　　第二天（1917.09.15，星期六）是安息聖日，我們後半夜就起來，切心禱告祈求讚美工夫很大，又歇了一少時，又唱詩祈禱，我們被聖靈充滿，引導到了一個地方，正合四個人坐的所處，我們就唱詩讀經講論天國的福音真道，有幾個青年男子聽我講道。

　　少時，園子的本主叫我們到他棚舖去講講，又來了十餘位男女聽道的，我們為他們切切地講論天國的福音，又跪下禱告祈求，感謝讚美耶穌。

　　回來，我就寫這聖靈真見證書，他們三個人就上南關去傳道宣講。主的大能召選王復生（王玉貴）長老，聖靈在他身上很作大工，幫助他熱心能力口才，到晚半天他們回來，我們又到大街宣講天道，聖靈幫助大有能力，我又回店寫信到了晚上，又聚會祈禱，感謝讚美唱哈利路亞讚美耶穌，讚美父子聖靈，榮耀歸耶穌，永不改的主，快要來的主，每逢祈禱聚會就唱這靈歌，就睡了。

第五十六章
1917.09.16-09.17・星期日-一　劉家園、固安縣城、柳泉鎮

　　第二天（1917.09.16，星期日）早晨，我們因著上假教會辯論去，就頭一、二天先禁食禱告祈求，聖靈大大地感動我們的心，我們又到了昨日所去的禱告地方，又唱詩講論真道又切切地禱告、祈求、讚美主；又到了劉家園（今中國河北省廊坊市固安縣劉家園村）宣講天國的福音。

　　回到店內，就祝謝禱告祈求，聖靈指示我怎樣去假教會。夜間得一夢兆，我正講道呢！有一個人將我背起來，使我不能說出多少話來。

　　我們到了固安縣假教會（美以美會），我們很和氣與大家給他們名片，王假教師（王連仲）自高自大，不願接待我們，聖靈指示講道責備他們，不接待不聽從真道，他罵我，又要打我的樣子，他們又叫官人去辦我們，官長、官人不受他們的指使，因為法律管不著，王連仲假教師將許多的教友都遣散了。

　　這就是應驗我的夢兆，就沒有說出多少話來，我們在會堂大聲禱告祈求，讚美主，哈利路亞讚美耶穌。我們給三個人細細地講論更正教的聖約條例，他們都很以為然，有一個潘教友（潘親真）接待我們到他家，我們先在會裡禱告畢才去的。在潘教友家又講聖經唱詩，禱告、祈求、讚美主。又到一個大戲樓前，宣講天國的福音，切切地報告大家末日審判的大事，因為聖靈的大能大力，許多聽道的人都不願意走，正是在假教會西邊，這真是主的大能鴻恩，哈利路亞讚美耶穌。晚上又祝謝讚美祈求，就睡了。

　　第二天（1917.09.17，星期一）後半夜我們四個同心合意地起來，切切禱告祈求，聖靈大降充滿了我們的心，就非常地快樂讚美主，我們常行兒（即時常之意）半夜間起來禱告，我們談論天國的大事，又祈禱畢，起行到了十字大街南邊，聖靈指示在此宣講。

　　有一個官長姓張星垣，他給我們預備水喝，有許多人聽講福音，官長又接我們到他公館去，相談了許久，大為歡喜快樂，因他有信心，又到了一個南關（今

中國河北省廊坊市固安縣南關村，位在市區正南方約 1 公里處）地方，聖靈指示在此可用點食物，我們又為很多的人禱告祈求，宣講天國的真道，聖靈大大地降臨，幫助我們放膽宣講，又到了大南邊，一個地方，忽然看見一個賣玉米麵餅子的，聖靈指示說可以進裡去吃，我們站著進舖內，正用著呢！忽來了一位胡教友大有信心，我靠著聖靈，給他講更正教的大事，他都信了，我又按手在他頭上，聖靈在他身上大有能力，祈禱畢又起行。

我由受聖靈洗起，日日有神蹟隨著我們，天天賜大恩，一路平安到了柳泉鎮（今中國河北省廊坊市固安縣柳泉鎮，距固安縣城約 9 公里，步行約 2 小時），將行李放在裡邊，在外宣講天國的真道福音，到此處離老家容城（今河北省保定市容城縣）還甚遠呢！

就剩一塊錢了，我心裡說神必預備，忽然李得生（李文華）長老送了四元錢、二套衣服，這不是神的奇事大能嗎？我們非常地歡喜快樂，讚美感謝主，祈禱畢，就到大街宣講真道，聽的人大約有一、二百人，又祈禱讚美祝謝睡了。

第五十七章
1917.09.18-09.19，星期二-三　柳泉鎮、牛駝鎮

第二天（1917.09.18，星期二）起的又很早，就禱告祈求，聖靈大降，夜間下起雨來了，因道路不好走，又因還有傳揚到北頭。此時還是下著雨呢！我就靠著主的聖靈大能，寫這聖靈真見證書。

到了晚半天，我們到了北頭，唱詩祈禱，宣講天國的福音，李長老（李文華）講畢，就上于垈鎮（今北京市大興區榆垈鎮）去，見王寶善去，因他們定的約會，我們就大聲宣講這末日救世的大道，聽的人大約有一、二百人，講的工夫不小，回來我又寫這聖靈真見證書，直寫到九點鐘就禱告，祝謝讚美睡了，這都是神蹟奇事，平安歡喜快樂。

第二天（1917.09.19，星期三）早晨我們切心禱告、祈求、讚美主，祝謝畢，又寫了一封信，聖靈指示我們到集上街市宣講天國的福音，我們先在街上唱詩祈

禱，聖靈大降充滿了我們的心，就在北頭大聲宣講，聽的人很多，我們四個人都宣講了一回，又移到街當中宣講，大家熱心細聽，因為他們聽見五年以內，必然天火燒天下萬國所有的人物，就大大地注意，又在南頭宣講，大約各村莊人都知道大審判末日來到，蒙聖靈的大能大力，感動非常地聖靈用我們就像用使徒一樣了。

到了上午又祈禱感謝讚美主，我們應當時常不住地多感謝主恩，因為主的恩典比天星海沙都真，是說不盡的鴻恩。我們由柳泉鎮（今河北省廊坊市固安縣柳泉鎮）先禱告祈求讚美主畢，就起行往牛駝（今河北省廊坊市固安縣牛駝鎮，距柳泉鎮約 12 公里，步行約 2.5 小時）走，一路三個村莊（由北至南分別經過義厚村、半邊店村、田馬坊村），熱心宣講天國的福音，聖靈時常的幫助我們。

到了牛駝鎮，聖靈說：「住在美以美會假教會對面。」到了果然就有一個小店，甚為合適。將行李放在店裡，王長老（王玉貴）先到假教會去望看，他們的首領、看堂的人等都說謊言云。劉振祥教師走了，確實在家裡呢！我們就在假教會的門前宣講天國福音，並大聲述說更正教的真道。聽道的人太多，因素常他們假教師、教友們沒有好行為，就很願聽這正直的言語，我們又禱告祝謝就睡了。

第五十八章
1917.09.20-09.22，星期四-六　牛駝鎮

第二日（1917.09.20，星期四）我們起的很早，禱告、祈求、讚美主，又到了鎮南邊的橋頭兒上，聚會講論聖經的要題，聖靈大降充滿了我們四個人（魏保羅、王玉貴、李文華、魏文祥）的心，又跪下禱告祈求，我就痛哭起來了，為此鎮的眾民，又為各鎮、各村、各省、各國的萬萬人大哭，祈禱就給許多人宣講天國的福音，大家甚為受感。

我們回店，歇了一小時，又到大街去唱詩宣講，我們在當街禱告祈求，聖靈大大地降臨，對面布舖不喜歡，就用算捏打，我們就用禱告的大能趕鬼，大獲全勝了，我們正宣講著呢！有一位老太太給我們送過水來，布舖的良心也發現，送過水來，我們就大聲宣講天國的福音，報告五年內耶穌必來審判的大事，聽道的人甚多。

我們又到一個地方，宣講聖靈大能大力幫助我們，放膽宣揚這大信息，聽的人又很多，又到了十字街大聲講論了許久，眾人都為受感回到店內，用了飯又宣講了許久，都安安靜靜地聽講，因為有聖靈的大權使大眾如此，阿們！這都是神的大力鴻恩臨到我們並各鎮的兆頭，哈利路亞讚美耶穌，歸榮耀給真神，阿們！

第二日（1917.09.21，星期五）早晨起來聖靈又引我們到橋頭上，因為有一陣風，我們到石碑的南面，背點風跪在石碑座上，祈禱唱詩，又講論天國的福音，給我們自己並給外人聽，可是每逢早晨起來，先在起的地方，必須祈禱唱靈歌，才出去禱告。

又回到店內，喝了一點水，又到了鎮西邊，聖靈說：「在此講道。」我們就先唱詩祈禱，宣講天國的真道，也宣佈他們假教會的錯處，聽道的人說，他們假教會的傳教師爭用許多話罵人，到各處都有這樣說的，我們到了一個假教會的教友家門口問說：「教友在家否？」有人說他在家，他告訴他家的女人說：「就說不在家。」明明地撒謊。

我們又到了南頭廟前，大聲宣講了許久，又到了街中間，講論的工夫不小，聽的都領受這真道，回到店裡，有二個假信徒，假冒為善說：「有一個半身不遂的人，你們能治否？」魏靈生（魏保羅）回答說：「我們不能治，耶穌能治。只要他一家能信，就必好了。」聖靈指示可以去，我們就為他禱告按手，聖靈明明地說：「他好了。」

我們出來他母親說：「不要給他治了，他不願意治了。」聖靈說：「他又犯了罪，好不了。」到了晚上，我們在假教會門口大聲宣講這回大事，又講天國的福音道，宣佈他們假教會的各種各條的大錯處外，叫大眾聽見這話大大地歡喜快樂，欽佩我所講的，因為他們沒有好行為，聖靈的大恩，臨到牛駝鎮萬民了，我們又禱告睡了。

第二天（1917.09.22，星期六）是安息聖日，我們起得早，多就切切地禱告祈求，聖靈大大地感動我們的心，又引導我們到了大木廠子裡，此處非常地好，四外有土牆圍著，裡頭有橋累草木等青兒，又有太陽出來照著我們，就大大地歡喜快樂，唱詩讚美主，查經講論天國的大事真道，又跪在地上切心禱告祈求聖靈大大地降臨，也感動了好幾個人，我們給他們講道，回到店裡，又知道此日是本鎮的大集，我們到豬市宣講更正教的真道。

我們每逢宣講以先必須在講的地方就禱告祈求唱靈歌，聖靈降下來，奉耶穌的名將鬼趕出去，離的我們大家遠遠的才開講呢！這是在各處講道的法子，看這書的人千萬注意。又到了北頭宣講了工夫很大，又到街中間大聲佈更正教的真道天國的福音，又到南邊熱心放膽大聲宣講了許多，回店又禱告祈求感謝讚美才睡了。

這一天所講的福音比從前未受聖靈洗，先三年、五年所作的工都大，這真是神的大恩，聖靈的大能，耶穌基督的救恩、慈悲、愛情在我們並在萬民身上了，哈利路亞，讚美耶穌，歸榮耀給真神，阿們！

第五十九章
1917.09.23．星期日　牛駝鎮

第二天（1917.09.23，星期日）是他們假禮拜日，我們早早地起來，禱告祈求聖靈引著我們又到了木廠子裡，聚會查講聖經，唱詩跪著祈禱，聖靈大降，每逢我們四個人同心合意聚會講論聖經時，聖靈就大降感動，我們四個人的心，就得多大能力人權柄，這就應驗經上所言：「神賜給他們權柄作神的兒女。」（約翰福音 1:12，可能使用的版本中無明顯差異）故此作神的兒女，必須有作神的兒女的大權，我們又給好幾個人講道，工夫不小。

回到店裡，又禱告祈求，蒙聖靈指示，上他們假會去，我們就叫門，連叫了三、四回，才開了，我們進了屋裡，給他們講這更正教的真道，明明地指責他們一切外國鬼子各傳教士、中國家牧師（華人牧師）、教師的大錯處，我由受了聖靈之後，到各處各州府縣就放膽大聲明明地指證他們各公會、中外假牧師、教師、假道學家的大錯處、大罪過，這是聖靈的大能大力，阿們！

本堂的教習來了，他先很辯論，我靠聖靈的大能勝他，他也服了。我們又唱詩禱告祈求祝謝回到店裡，我就寫聖靈真見證書，又有人去談道，又祈禱大大祝謝讚美主，歸榮耀給神的因為凡作的好事，一切的善事，大得勝的諸事都是全能的神所作的，阿們！哈利路亞，讚美耶穌，沒有自己半點的力量。聖靈說：「是的。」

第六十章
1917.09.24-09.28，星期一-四　南孟鎮

　　第二天（1917.09.24，星期一）早晨起來，祈禱蒙聖靈指示，起行往南孟鎮（今河北省廊坊市霸州市南孟鎮，在牛駝鎮正南方，距牛駝鎮約 11 公里，步行約 2 小時多）去，先差安得烈（魏文祥）到各信徒住處送信說我們要告別了。

　　有個信友來了，我們就聚會祈禱，我給他們按手，聖靈大降，我們就大大地歡喜快樂，想不到我多年的老朋友，也是教友的毛鴻恩來了，他大大地熱心，親進我們大家送我們出了店門外，毛信友送出很遠才回去了，也談論了許多更正教的真道，我們大大地歡喜，一路平安到了南孟鎮。

　　聖靈指示先將行李放在店裡，出來宣講，我們順著聖靈行到了一個廟臺上，唱詩禱告祈求，聖靈大降，我們大聲宣講天國的福音，聽道的人很多，又回到店裡，用完了飯，又禱告祝謝祈求，就睡了。

　　第二天（1917.09.25，星期二）起的很早，切心禱告祈求，蒙聖靈指示，先到廟臺上宣講，我們就唱詩祈禱招來的人很多，我們四個人都宣講了一回，大大地蒙恩，回到店內用飯，聖靈指示我們上假教會去，聖靈說：「他們必接待你們，並且有信你們的人。」

　　我們正往前走呢！有位王志榮，遇見我們，他說：「你們拿的是什麼？」我說：「是更正教的單子。」他說：「我回頭去。」我給了他一個名片，我們進了會堂劉教師（劉振祥）、田教士（田錫年，主要負責是廊坊市內，距離南孟鎮約有 50 公里遠）等人，大家果然歡喜接待我們，我們就靠聖靈與他們談論道理，將名片給了大家，眾信友都接了，又將更正教的聖條約給他們幾個人看，就說開了更正教的真道了，大家聽著很以為然，他們給我們預備了飯，忽然有一位宏師娘進來了，她被聖靈感動說：「晚上請你領會呀！」我說：「很願意。」

　　到了晚上，召集來了有十個人，我們就聚會，先行祈禱，又讀經講論說，人不是水和聖靈生的就不能進神的國，切勸大家必須求受聖靈的洗，大家甚為受

感，講論畢，大家跪下切心禱告祈求，聖靈大降充滿了我們的心，到了晚上，我們又禱告祈求，祝謝頌揚主名才睡了。

第二天（1917.09.26，星期三）我起的很早，禱告、謝恩、讚美主，又到了一個村外高處我們蒙聖靈大能大力鴻恩，唱詩祈禱讚美，又讀講聖經，很大的工夫，甚為歡喜快樂，回來宏師娘往屋裡，請我們，我靠著聖靈給她講道，她很受大感動，還有二、三個別人，我們就跪下祈禱，唱靈歌，又定奪給范老信友治病，此早晨劉教師就犯了魔鬼了，與宏師娘爭辯了許久，宏女信士大有信心，才勝了他們。

少時，我們到了范老信友舖中，聖靈指示我將范信友拉著行走，他是有半身不遂的病，他很有信心，他說：「主是無所不能的。」聖靈說：「他的病好了。」我們又講論了許多的聖經，更正教的真道，跪下切心禱告祈求，讚美感謝主！

又到了王志榮信友家，他一見我們非常地歡喜接待，聖靈在我們心裡大大地跳舞，我們就講論這更正教的真道，也將我所見的異象，都告訴他們了，他一家人都信了，我們又唱詩、禱告、祈求、讚美主，這真是神的大恩，我們又到了一個廟前，宣講天國的福音，聽的人約有五、六十個。

我們到了一個教友家，給他一個小兒奉耶穌的名治病，我們講論許多的聖經、禱告、祈求、讚美，又按手給小兒，聖靈說：「他一請你們去的時候就好了。」讚美主，又回到會堂，用完了范老信友所請的飯，晚上有幾個教友來堂，我們靠聖靈給大家講論更正教的要題，千萬勸大家受大洗，受聖靈的洗，講了許久，又跪著切心禱告祈求，唱靈歌讚美主，此晚間聚會劉教師就沒有過來聚會，就知道他受魔鬼的大迷惑了，要阻擋真道，聖靈指示我們第二日起行，我們又禱告祈求，祝謝畢就睡了。

第二日（1917.09.27，星期四）早起來我們大大熱心，禱告祈求，聖靈大降指示我們先將行李打好，淨了面、喝了水，就到街上去宣講天國的福音，王志榮自然就請你們來了，我們遵著聖靈的旨意，到了街上，大聲唱詩、祈禱、宣講天國的福音、更正教的真道，報告五年內耶穌基督降臨的大事，講論宣佈工夫很大，果然王志榮忽然來了，接我們到他家，請我們吃飯，我們先禱告，又查了許多聖靈的大事、聖經的要題、更正教的大舉，他大為受感，我們用完飯，又細細地講論了許多聖經證明必須受大洗，更得求聖靈的洗，我們又同心合意地禱告祈求，

聖靈大降，充滿了我們各人的心，聖靈指示說今日王信友可受大洗，我們就起行，往河裡去施洗，下著雨，我們就下河裡，聖靈很幫助我們，在河邊上先禱告祈求才下去的。到水裡又切心禱告祈求，他從水裡上來，我就奉耶穌基督的名給他施洗，聖靈大大地感動他，他說有為主捨命的心，從前決沒有這樣的心，我們行洗腳的禮就歡歡喜喜地回來。

到了他家又談論道理，少時宏師娘也來了，我們非常地歡喜快樂，讚美主，少時我們吃聖餐，我靠著聖靈讀唸講論哥林多前書第十一章的要意，我就哭了，他們也都哭了，我哭著講，就拿起餅來祝謝了，分給大家，都哭著吃了，又哭著喝了，又禱告祈求許久的工夫，又唱靈詩就大大地受安慰，平安快樂了，我們又談論了許多的話，唱了一首送行詩，就往外走。

忽然天降雨，他們又留我們講道，查經許多的要題，都給他留下，寫在他們書上，我們又跪下切心禱告，祈求聖靈指示說：「可叫你兒安得烈（魏文祥）認宏師娘為異母。」素常我們與宏師娘，都是不願意認異親等等的性情的人，今日即蒙聖靈介紹認為異親，我們的心就歡喜從命，大家也都歡喜快樂慶賀此舉，因為此舉大事的手藉宏師娘救許多信徒，我們大家都非常地歡樂，不住地讚美主為大，這都是神作的極大的聖工，想不到的鴻恩。

到了晚上，我們又祈禱才睡了。

第六十一章
1917.09.28-09.29，星期五-六　南孟鎮、霸縣

第二天（1917.09.28，星期五）我們後半夜就起來禱告祈求，工夫非常之大，聖靈大降充滿了我們各人的心，哈利路亞，讚美耶穌。

又到了廟台上，講論聖經、聖靈的能力之大題，又唱詩跪在廟台上，就禱告祈求，聖靈大大地降臨在我們各人心裡，又給許多宣講天國的福音，報告五年內的大審判，回來宏師娘同著一個皮匠劉教友來了，我們就大大地歡樂，不住地讚美主，又講論更正教的真道，查了許多的聖經，也囑咐他們許多，要緊的話說，

你們一定受許多的逼迫，為主是有福的，只管放膽抵擋他們，主必保守你們不被魔鬼所害，我們又彼此哭了，又祈禱祝謝讚美主，宏師娘還給了他異兒拾千錢，又給買來吃的，等於是送我們起行，直送到看不見了，他們才回去了。

　　我們這天蒙天父的鴻恩無法一下子說盡了，平平安安地到了霸縣（今河北省廊坊市霸州市，距南孟鎮約 7 公里，步行 1 小時），我們路上祈禱了二次，聖靈說：「住第二個店。」到了大街，我們就唱詩祈禱，宣講天國的福音，報告五年內的大審判，天火燒萬民之大事，聽的人非常地注意工夫不小。人很多，在橋上已經宣講了一回了，到了南關，果然第二個店合宜，我們將行李放在店裡，又到街上講論天國的福音真道、更正教的宗旨，聽道的人很注意，大眾都不願走的樣子，我們又禱告祈求，祝謝讚美主就睡了。

　　第二天（1917.09.29，星期六）是主的安息聖日，我們半夜間就起來，祈禱了許久的工夫，又早早地起來，禱告祈求，聖靈大降，我們又唱詩讚美主，蒙聖靈指示叫我寫這聖靈真見證書，叫他們三個人傳道去，我們就遵著聖旨行，我們先禱告，聖靈差派他們傳福音，報告五年內耶穌來的大事，他們宣講了三回大大地蒙恩回來，大大地歡喜快樂，我就寫這聖靈真見證書，直寫到四、五點鐘之時，王長老（王玉貴）又到外邊去宣講了一回，他蒙聖靈的大能甚為勤勞。

　　少時，我們又到了十字路口上，唱詩禱告祈求唱哈利路亞，數次讚美父子聖靈，又唱榮耀歸耶穌永不改的主，又唱榮耀歸耶穌快要來的主（即現今讚美詩第 10 首-榮耀歸耶穌[66]），連唱四回這是蒙聖靈指示的靈歌，四年多一準末日的意思，每進宣講以先，我們就唱這靈歌，祈禱聖靈就大降幫助我們，放膽大聲宣講天國的福音真道，聽道的人約有一百多人，他們在轉以傳說，就聽見的多多了，我們回店，大大地聲喜快樂讚美主，又禱告祈求祝謝畢，就睡了。

---

66 真耶穌教會台灣總會，《讚美詩》（臺中：腓利門實業，2011），頁 10。

舌戰保府長老會　教傳安新縣城樓

第六十二章
1917.09.30-10.05，星期日-五
霸州、茶公鎮、孔碼村、雄縣各村莊、白溝鎮

　　第二天（1917.09.30，星期日）我們起的很早，禱告祈求，聖靈大降，指示我們上他們假禮拜堂去[67]，主說必然得勝有餘，平安去平安回來，祈禱畢又到了一個城南邊主指示預備的禱告的地方，我們坐下唱詩、查經、講論，聖靈降臨我四個人，很受大感動，我們常查的經講，細細講論，因為是勉勵我們四個人自己的能力，先鞏固自己站立住了，才能救眾人呢！

　　又有男女老幼來看我們，又講論天國的福音，有一個教友來，叫我們到他家聚了一個會，回到店內又祈禱，才上假教會去，他們不開門，聖靈指叫李執事（李永慶）找去了，我們就在假會堂門外看書，聖靈說：「等李雅各（李永慶）來一同進小門。」少時，雅各來了，我就起來往他們小門走，忽然，有一個田教友來叫小門，假教會使者問了是誰，聽出是他們的教友田某來了，才又問他們的教師去，問好了，同意才開了，我們也隨著進去了，這真是主的顯現，假教師將一切的教友都叫回去了，我靠著聖靈指責他許多的過錯，又將更正教的真道，他們閉口不言，靠著主的大能，就大獲全勝了。

　　又蒙聖靈指示出去，在他們假教會門口宣講，我們唱詩祈禱招來的人非常地之多，我們就放膽大聲宣講天國的福音，又講論更正教的真道，我們三個人，都講的工夫很大，少時李得生（李文華）長老忽然來了，我們就大大地歡喜快樂讚

---

67 保定是民國初期基督教發展的主要地方之一，先後有多個宗派進入傳佈福音。1900 年義和團事件後，保定多數會堂被毀，事件結束後獲得賠款。公理會與長老會協商以保定城為界，公理會向保南、保東宣教，長老會則向保北、保西發展。魏保羅活動範圍多在保北一帶，如白溝鎮、高碑店等地，接觸對象也以長老會人士居多，不知是否與此發展有關。請參張靜，〈清末民初基督新教在保定的傳播與發展〉，《東亞人文》2015 卷（臺北：秀威資訊，2016），頁 196-197。

美主，給我們送來許多的衣服、洋錢等，這真聖靈的大能、大愛，因為我們正用要之衣物錢等，李長老又大聲宣講，工夫很大，聽的人都佩服之極。

我們回了店，又談論道理，少時又到了東門宣講天國的福音，聽的約有二百人，聖靈大大地幫助我們，又回到店裡，切心禱告，祈求大大祝謝，就睡了。安得烈（魏文祥）將聖經找回來了，這更是主看著呢，阿們！

第二天（1917.10.01，星期一）早晨我們同心合意禱告、祈求、讚美、祝謝，聖靈大降，指示我們上城樓子上頭去聚會查經祈禱，我們就尊著主的啟示查講聖經的真道，禱告畢，又上去的人很多，我們就大聲宣講天國的福音，又上去的人不少，講論跪禱的工夫很大，就回到店內，蒙神的鴻恩，又租妥了一間房子，就是此店的房子，我們臨行時，有幾個人深有信心，與我們同聚起行會，聖靈大降說，這就算賀了新聖堂。

大家慶賀甚為歡喜，讚美感謝主，他們送行很遠，我們平平安安地到了一個村莊，大聲禱告祈求唱詩，宣講天國的福音，眾百姓聽路過了幾個村莊，都是放膽大聲宣講天國的福音，聽的人都是非常地多，大家都很注意領受這道，到了有一個鎮，叫茶公鎮（可能是煎茶鋪鎮，但煎茶鋪鎮在霸州市東面，距離霸州市約15公里，所以有可能此日是專程去煎茶鋪鎮，隔日再往西一路走到孔碼村。但從路途來看，也有可能是途中的某一村莊，推算可能在八洋莊一帶），又祈禱唱詩，招來的人很多，我們就被聖靈充滿，大聲放膽宣講天國福音，每逢宣講就宣佈更正教的條例，責備他們各公會，並天主的神父、牧師各國眾首領人的大罪，因為他們傳錯了教規，害了萬民，瞎子領瞎子，全掉在無站的深坑裡了，他要迅速的悔改呀，必定永遠受刑阿！我們三個宣講的約有三、四點鐘的工夫，就住在此鎮店裡了，又祈禱讚美祝謝才睡了，哈利路亞，讚美耶穌，阿們！

第二日（1917.10.02，星期二）早晨，祈禱謝恩讚美畢，聖靈指示到外邊去聚勉勵會[68]，到了一個地方是場（曬穀的地方），我們就查聖經，講論又祈禱讚美主，因為跪著禱告，招來的人不少，我們就給講道工夫不小，又回到店內，有許多的人來聽道，我又給他們談論這道，都很佩服，到了十二點鐘之時，才起行。

---

68 勉勵會是一種基督教會所附屬的善會形式，如美以美會的意賽會、浸禮會的真光培童會、聖公會的安得烈會等，倡導的內容不一，有戒菸、戒酒、放足等形式。請參謝洪賚，《中國耶穌教會小史謝洪賚文選》（臺北：周聯華牧師紀念基金會，2020），頁95。

聖靈在我們各人身上大顯能力，一路上各村莊（從此處開始魏保羅一行行動開始向西往白溝鎮方向前進）喝了祈禱，都是招許多的人，看我們就大大地放膽大聲宣講天國的福音，聽的眾人都受大感動，可見從此就將真道天國的福音傳開了，必然傳到各村、各鎮、各縣、各省、各國，因為我受了聖靈的洗起，救主耶穌顯大異象，數次醫好了許多病人，各樣病都有廣傳福音，神蹟隨著我們，我們這一路所路過的村鎮無一處不盡心盡力，宣講的到了一個孔家馬頭鎮（今河北省保定市雄縣孔碼村，距離煎茶鋪鎮 33 公里，步行約 7 小時，到孔碼村時應該已經很晚了），又宣講更正教的真道，聽道的也不少，我們就禱告，祝謝畢就睡了，此店的人很不公道。

　　第二天（1917.10.03，星期三）早晨起的很早，我們同心合意地禱告祈求，聖靈大降充滿了我們的心，由蘆各村起，我們四個人都是每日同心合意地作聖工，宣傳福音就是有時一點半點的不同或是軟弱點時，也是為道，或是大同小異，我們也就是一小時就和好了，就顯出彼此相愛來了，此日王復生（王玉貴）長老云，今日不吃飯，早晨就起行，我們同心起行，先過東柳林村（今河北省保定市雄縣東柳林村，距離孔碼村約 3 公里），又到蘆從村、董莊南柳西柳、荒荒口村（今河北省保定市雄縣東柳村莊莊口村，上述皆為隔壁村在東柳、西柳村西北邊，距離約 6 公里）、高村（今河北省保定市高碑店市大高村，在莊莊口村西南方，距離約 2 公里），大約皆有幾十人百餘人，都很受大感動，眾人全是安靜地聽受福音，我們到各村，都是被聖靈大能大力指示大聲放膽宣傳，由霸縣城起行，這一路非常地不好走，因為發大水才落下去，還淌了幾回水，我們雖然受了許多的苦難，心中是異常地快樂，因為主所受的勞苦不是徒然，想起將來永遠天國的榮耀來，這暫時的小苦處，就算不了什麼了，這實在是主的大能，聖靈的大力了。

　　此日到了白溝河東（今河北省高碑店市白溝鎮）後，又禱告祈求，聖靈臨到我們中間就大聲宣講天道真理，聽的人很多，我們到了一個平路上跪下禱告祈求唱哈利路亞，讚美耶穌，阿們！

　　忽然有一個望友，領我們上教會去，想不到的鴻恩，有我的一個多年的道友田信士（田鳳祥），他比別的教師都特別，他在此堂當首領人，他很歡迎我們，陳鎮東（原文為劉鎮東，但閱讀前後文，依邏輯判斷可能此處為誤植，因此改為陳鎮東）在此會當教習，陳太太也接待我們，就談論這更正教的道理，田信友深

信，我所的也佩服了，陳太太有害眼的病，我們跪下，切心為她禱告祈求，我靠著慈悲的主，給她按手，聖靈說：「她好了。」我們談論祈禱的工夫很大，又到了給我們所預備的睡屋子裡，又祈禱祝謝讚美主，阿們！哈利路亞，讚美耶穌。

（白溝鎮此處有天主教堂與長老會會堂，但從魏保羅在這整路佈道過程與前置送信，並未與天主教人士交流看來，田鳳祥等人應該也是名長老會人士。）

第二天（1917.10.04，星期四）早晨切心禱告、祈求、感謝、讚美主畢，我們蒙聖靈指示上街，宣講天國的福音，從北頭起宣講了九大回，約有七、八百人之多，他們再轉傳說起來呢，就無數千萬了，因為我們必須每回宣佈五年內耶穌降臨審判萬民，天火焚燒天下之大事，這災難的起頭已經應驗了，涿州（今河北省保定市涿州市，在固安縣西方）一帶大水冲沒了四十多村，還有曹錕一營的兵也冲沒了，連眾村的人民，所死亡的就無數萬了，文安縣（今中國河北省廊坊市文安縣，在霸州市南方，距霸州市約35公里）的大水有一百八十里（90公里）地長，一百四十里（70公里）地寬，冲沒有了一百多村子。各國各省均有災難，各國打仗殺害死亡的人民，約有數千萬了，地震的事、末日種種的兆頭都應驗了[69]，主的聖靈明明地對我說更正教的真福音，傳遍了天下末日來到，一定應驗這話。

此日所講的，大家非常地注意，甚為受感，這真是主非常的大恩，臨到我們並白溝鎮了，回到會堂，有一個人進來說：「哪一位是魏長老？」我說：「我就是。」他說：「我們掌櫃（邢子強）的請魏長老治病去。」我回答說：「我們不會治病，主耶穌能治病。」我說：「他有假神像否？」他說：「有。」我問：「他願入教信耶穌否？」他說：「我問問他去。」他少時回來說：「他願將假神像去了、取消，也願入教。」我說：「明日早晨去。」他又回來說：「這就請長老。」我說：「我為他祈禱必然好了，明日早必去。」我們又禱告祈求，讚美感讚主，就睡了。

次日（1917.10.05，星期五）起的很早，禱告祈求聖靈大降，我們早晨就到他

---

69 此段記載的水災，起自1917年夏季，遍即整個河北、天津、山東等地，造成大規模的氾濫，影響數百縣，六百多萬人。也因此可以推知，魏保羅在河北雨季稍歇後，關於末日審判的內容，其實是正對到當時河北居民的淒苦處境，也因此往往召聚，少則數十，多則成百。請參天津市地方誌編修委員會，《天津之最》第一卷（北京：中國鐵道出版社，1990），頁19、39。

煙舖櫃房屋內，此人病的很厲害，倒臥如瘋子，他還吐血，他是加氣傷寒的大病，經過許多醫生、吃了許多的藥、受了許多的苦，全沒有治好，有十餘天未吃飯了，我們給他講道，查了許多的聖經，凡耶穌所應許多要言，都講了，明了告訴他去，偶像他就去了，他很有信心我們跪下禱告祈求，我們按手在他頭上，聖靈大降，說他一定好了，我們又讚美主歸榮耀給耶穌，阿們！

回到堂內，又祈禱開外堂，宣講了好幾回，聽的人很多，聖靈大大地幫助我們，又到了大街的南頭起，宣講了四大回，聽的人大約有五、六百人之多，此日即是集日，各村莊的都有，必是傳說到各村萬民都聽見了，到了晚上，又與眾教友們談論，我們禱告、祈求、感謝、讚美主耶穌，就睡了。

第六十三章
1917.10.06-10.07，星期六-日　白溝鎮

第二天（1917.10.06，星期六）是安息聖日，我起的很早，切心禱告祈求，聖靈大降，指示我們又到煙舖邢子強那裡去，給他講道許久，跪下禱告祈求，聖靈大大地感動我們。又到了大街東邊大土高處，唱詩祈禱，招來的人很多，我就放膽宣講天國的福音，報告五年內的審判天火焚燒萬民大事。又到一個小舖內，有個認識的人，他很接待，我們來到他舖中的人也不少，我們為他們宣講談論更正教的大旨。

我們出來，正往南行走，後面有聲音很大，叫魏長老，我們就站回頭一看有一個要飯吃的極窮的貧人，身上有很重的病，不能起來的樣子，我就問了他許多的話，他都承認自己的罪，他說：「我信耶穌能治我的病。」聖靈指示我給他按手祈禱，神說：「他好了。」看此事的人很多。我們又到了南頭唱詩祈禱聖靈感動來了許多人，我們大聲宣講天國的福音，大家聽著非常地注意，甚為受感，又到大街南頭往北講了二大回，這一天聽道的人，又有好幾百，因為有聖靈的大能，所講的道理，與他們假教會的人所講的就大不相同了，因他們是靠自己的學問，我們是完全靠聖靈的大能宣講。

頭一日晚上，是長老會的教師馬某（馬德，W. A. Mather）來了，我與他早認

識，他與我辯論更正教的條例，很是厲害，我靠聖靈勝了他，用完飯又過去，我們先禱告祈求，聖靈大降指示我們去的，我問他說：「馬牧師你有得救憑據否？」他回答不出所以然來，我還給他們大家講了許多的更正教的道理，劉教習、杜假教友敵的很厲害，我就靠聖靈大獲全勝了，田信友（田鳳祥）放膽站起來說，我願意受大洗，也願求受聖靈的洗，也願守安息聖日，這是想不到的鴻恩，臨我們身上了，也臨他們身上了，此日我們回到會堂安歇了一小時，又到會堂南邊宣講了一大回，聽的人很多，這一天的聖工比從前在假教會中一年的工都真都大呀，因從前所作工，淨是靠自己的力量多，無什麼用處阿，又祝謝讚美祈禱畢，才睡了。

第二天（1917.10.07，星期日）我們早晨起來切心禱告祈求，讚美感謝主，又到對過德長號煙舖去，與本舖掌邢子強聚會祈禱、講論天國之真道許久的工夫，聖靈很幫助他信服這真道，病也見大好，回到堂內，聖靈指示我上田首領（田鳳祥）人，即田信友屋裡去，路過陳太太屋，聖靈說：「可先到她屋。」於是將更正教的真道給她講了許多，她佩服了，我們又跪下禱告祈求，又到了田首領人屋裡，談論許久跪下祈禱畢，聖靈指示與她說：「你先講一小時，我再講。」她許可了，我們又同心合意地四個人聚會祈禱，聖靈大降。少時，我們進聖堂禮拜，田首領講畢，我靠著聖靈，宣講這更正教的真道，聖靈大降感動眾人。

王長老（王玉貴）也作了很好的見證，大家跪著禱告，唱哈利路亞讚美耶穌，聖靈指示他們三個人在外邊去傳道，我靠著聖靈寫這聖真見證書等等的聖工，他們回來，大大地歡喜快樂讚美主，因主的聖靈叫他們得了勝回來，我們與田信友、王信友常談這更正教的道理，又禱告祈求祝謝讚美主，就睡了。

第六十四章
1917.10.08-10.09，星期一-二　白溝鎮

第二天（1917.10.08，星期一）早晨祈禱祝謝畢，我們蒙聖靈指示上邢子強那裡去講道，他很受大感動，願受大洗，我們先到南頭看一個有水的地方，又回到南頭牲口地方宣講了許久，聽道的人很多，又往回裡走遇見那個要飯的窮人，他

的病大見好了，我又靠著聖靈給他講論了許多的真道，許多人也聽著又為禱告，在當街就按手在他頭上，凡看見此事的，都甚受感，因為我們注重貧人之故也。

聖靈指示我到巡警官長處去，面見講道他非常地歡喜接待，甚是領受所講論的更正教的真道，談了許久，回堂我們又祈禱畢，到大街宣講，因為是個小集，各村莊人也有聽道的，聖靈啟示我同王長老（王玉貴）到了邢子強舖中說，我們已經看好施洗的地方，今日好天可以給你施大洗去，他很願意。我們又跪著禱告、祈求，聖靈大降充滿了我們各人的心，就歡歡喜喜地到了有水的地方，我們二個人同下水裡去，跪在水裡祈禱聖靈幫助我們，大有能力，我就奉主耶穌基督的名給他施洗，他從水裡上來，大大地歡喜快樂。他說：「水是熱的。」這真是大奇事的見證，病也好好的了，也受了大洗，觀看的人很多，我們就給他們許多的宣講天國福音，大家甚為注意，回來又到大橋西邊宣講許久，這一天聽道的人約三百多人，要再傳說出去就多多了，感謝讚美主，到了晚上，又禱告祈求就睡了。

（此處水變熱的異象，在真耶穌教會往後的發展中也有出現過。[70]）

第二天（1917.10.09，星期二）我們早晨起來，禱告祈求，聖靈大降充滿了我們的心，此日正半夜我被聖靈大大地感動，自己祈禱就大哭不止，許久的工夫，為他們三個人，也想起五年內的大審判來，這萬民如何是好阿，我們又到了邢子強那裡，他大大地好了，歡歡喜喜地接待，我們講了許多的聖經，教了他許多的聖經，唱詩靈歌。

此日下雨我就寫這聖靈真見證書，直寫到晚八、九點鐘，邢子強給我們送過來了很多的禮物，我們說是主耶穌給他治好了病，不是我們治的病，我們決不能收這禮物，他就拿回去了，歸榮耀給真神，阿們！

大家都知道這回大事，就歸榮耀給耶穌基督，哈利路亞讚美主，聖靈差他們三個人去傳道，他們出去大聲宣講天國的福音，大大地歡喜回來，非常地讚美主，因為得了勝回來，許多人聽他們宣講大大地受感這幾天所作的聖工，異常之大，這都是聖靈的大能大力，我們日日歡喜順從主命作工，主也時刻與我們同在，阿們！

我們又禱告祈求切切地祝謝讚美主就睡了。

---

70 陳豐美，〈爸爸，不要怕！〉一文收錄在《聖靈月刊》2003 年 05 月月刊（臺中：聖靈月刊雜誌社，2003.05）。

第六十五章
1917.10.10-10.12，星期三-五　白溝鎮、容城縣各村、安新縣

　　第二天（1917.10.10，星期三）早晨起來切心禱告、祈求、讚美主，聖靈指示我們又到邢子強舖中聚會，查經講論了許久，又跪著禱告祝求，聖靈很感動他的心，回到堂內，田鳳祥首領人等，大家開了一個歡送會，我靠聖靈給大家講論更正教的條例，聖靈大大地感動他們的心，少時有三個病人來了，他們深信耶穌能治他們的病，我們就跪著他們禱告祈求，按手在他們頭上，聖靈說：「他們都好了。」於是眾信徒送行到了拿完營（應為南文營），宣講天國的福音，聽道的人很多，經過了許多的村莊，都是宣講聖靈大大地幫助，這一天有好幾百人聽見主的更正教真道，報告五年內耶穌降臨的大事，聽的無不受感注意，進了容城縣福音堂，見了我最愛的朋友，又教會的首領人他非常地熱心接待我們，他給我們預備了飯，禱告、祈求、感謝、讚美主畢，就睡了。

　　第二天（1917.10.11，星期四）我們早晨切心、禱告、祈求、祝謝、讚美主，又與李敬真講論了許久的更正教的道理，我們在前堂宣講天國的福音，又到大街宣講，因為是個大集聽道的人很多，到了晚半天，我們三個人一同到了我的本莊午方村，見我叔父、妻子等人，大大地歡喜快樂讚美主，少時又到了街上，宣講聽道的人很少，因為他們有人說我是瘋了，又是在本村本地都不大注意，應了耶穌所說，大凡先知除了本家本地無有不被人尊敬的，我們又回到容城福音堂住，祈禱畢，就睡了。

　　次日（1917.10.12，星期五）我們早晨起的很早，就切心禱告祈求祝謝，聖靈指示我們定意上安心縣（安新縣）去傳道，由午方村（今河北省保定市容城縣午方村）過，至張家莊（河北省保定市安新縣張莊村，距午方村約 5 公里，步行約 1 小時），有一個老年婦人，她有身體腫痛之大症，她說信耶穌能治，我們為她禱告祈求，聖靈說：「她一定好了。」又到了小王營宣講天國的福音，聽的人很多，又到大王村（今河北省保定市安新縣大王村，距張莊村約 4.5 公里，步行約 1 小時）宣講，聽道人又很愛領受，有一個婦人，抱著一個小孩，有很重的病，她

一家夫婦，都當時戒了煙酒，將偶像假神紙像都去了，聖靈說：「她小兒的病好了。」

又有一個眼有病的人，他母親深信，也將偶像去掉了，聖靈：「好了。」又有一個婦人有身體腫痛之老症，也將她家所供的偶像去掉了，她大有信心，聖靈說：「她一定好了。」

又到了大北流村（今河北省保定市安新縣北六村，距大王村約 7 公里，步行約 1.5 小時），宣講天國的真道，從此上船至往新安縣（在北六村上傳沿著燒車淀這個淺水湖邊一路往南，上岸後就是安新縣城區），一路上非常歡喜快樂讚美主。

（保定的新安在清代時稱為新安縣，1913 年改為安縣，1914 年改為安新縣。未避免混淆，將原文新安，一律改為今地名安新，請讀者知悉。）

到了城裡大街有一位熱心信徒田逢祥信士一人在此講道，我們在他後邊聽著。少時，李敬真信友來了，接了我們至會堂去。有保府（保定府）的蕭長老（肖洄千）[71]眾教士信徒，都引見了。大家談論這更正教的真道許久，少時本堂的李教師來了，到了晚上，我們大家辯論這更正教的道理，李秀峯自高自大，用很厲害的言語說，叫我們請出去，我就靠著聖靈的大能大力勝了他們，我們又禱告祈求，切切地感謝讚美主，唱哈利路亞讚美耶穌，這真是主的大恩、大力辦的一切大事、神蹟，阿們！榮耀歸與神我主耶穌基督，哈利路亞讚美耶穌。

---

71 肖洄千長老是長老會保定城中堂會（即保定府城中教會）的長老，也是城中堂會的建堂者，城中堂會始建於 1914 年，屬於長老會建立的自立會。此時仍是在保定市內的城隍廟街的佈道所樣貌，直到 1920 年才正式獻堂。因此肖長老應該是到安新縣來領會，才遇到魏保羅一行人。安新縣的本地長老會堂會（安新教會）由李秀峯主持。另請讀者注意的是 1917 年的此時，仍是由北美長老會所建立的會堂，但至 1927 年後長老會併入中華基督教會，因此閱讀其他文獻時，會名名稱將有所差異，敬請知悉。請參河北省地方誌編纂委員會編，《河北省誌：第 68 卷-宗教志》，頁 424。

第六十六章
1917.10.12-10.13，星期五-六　安新縣

（原文第 65、第 66 章前段在安新縣內容雖然分為兩日，但實則應為同一日記載，因此將此兩日日期合併計為 1917.10.12 星期五，內容不做變動，請讀者知悉。）

第二天（1917.10.12，星期五）聖靈叫我們起的很早就禱告祈求，聖靈充滿了我們的心，唱哈利路亞，讚美父子聖靈！我每逢祈禱就常用方言禱告，因掛念的人多，必須每日為大眾一個一個地都替他們祈求了才平安，也是應盡的本分，祈禱畢，少時我們又到了城樓頂上，唱詩讀經大聲禱告，祈求聖靈在我們身上大有能力，工夫不小，就歡歡喜喜地下城，到了教會，又說了幾句話，先是請他們假教會的首領李秀峰等人，我一同見本縣的會頭去。

在戲臺上宣講，他們沒有聖靈的膽量說，我才到安新縣來，還沒有拜望本縣的紳士會頭，恐怕不成，我們少時就出去靠聖靈賜當說的話，是禱告著去的，一見會中的人，主賜給我當說的話，他們歡喜許可，最可喜是二個本廟的僧人首人，贊成許可了，我們就感謝讚美主，又到大街各處宣講天國福音，報告五年內耶穌降臨審判萬民的大事，聽的人很多，大為注意，甚是受感。

散戲後我們上台，大聲放膽宣講天國的福音，指責天主教的大錯處，宣佈更正教的宗旨，大舉也無人敢阻擋辯論，因有聖神的大威權，榮耀歸與主，阿們！約有好幾百人聽道大為受感甚是注意，又到街上宣講了，工夫很大才回去，又與他談論這更正教的大舉，蕭長老（肖泂千）、田逢祥有心裡贊成的意思，可是因著錢財迷惑住了，餘下的人，更無多大的盼望了，又聚了會，我祈禱也是求主的聖靈，感動他們的心，叫他們受大洗再受聖靈的洗，更正的祈禱話，少時我們又跪著禱告、祈求、感謝、讚美主就睡了。

次日（1917.10.13，星期六）我們早早地起來，又是禱告祈求，聖靈大降指示我們的諸事都很合適，又上城樓上祈禱唱詩讀經，下來我就在東門裡大街宣講，聽的人很多，這一日是安息聖日，我們禁食，更有力量，又到大街中間，我自己

唱詩祈禱宣講了許久，聽道的人也不少，因王長老（王玉貴）不能禁食，出去吃飯去了，少時他來了，我們到西門外大聲宣講許久，聽道的男女大大地注意，愛聽又受大感，他們問我們說：「應當怎行，方才得救？」我們就告訴他們說：「你們當信耶穌就可以得救！」我們又到城內，大街宣講了許久，又上戲臺大聲放膽宣講天國的福音、更正教的真道，聽道的人就說不清多少了，下了臺又到了南門裡，唱詩祈禱招來的人很多，我同王復生長老，大聲宣講的工夫很大，這二個月之久，王長老大大地出力，放膽大聲宣講更正教的道理，這實在是全能的神，選定幫助我這二個月之久，切願求賜這樣同伴到永遠的天國，並求主賜許多這樣同伴，為主作聖工，阿們！

又走到大街中間，宣講了許久，有二、三個人，大大地反對，說許多不好的毀謗話，我就禱告著講論勝了他們，回到教堂又談論了會子話，又聚晚會，我禱告還是求主叫他們更正的意思，我們二個人又同心祈禱祝謝讚美主就睡了。

第六十七章
1917.10.14-10.15，星期日-一　安新縣

次日（1917.10.14，星期日）早早地起來切心禱告祈求畢，少時我表兄孫振海來了，講我們到北關吃飯，談論真道他很領受這理，我們回來，這日是他們的假禮拜日，我求他們講完了，容我說話講論一會，他們許可了，少時大家都來了，聚會蕭長老（肖泗千）講畢，我靠聖靈宣講這更正教的真道，我請他們跪下，大家祈禱，我跪下了，但他們都不跪下，還有走了的，本堂李師娘也出去了，可見明他們是假的來了，我就哭著禱告畢。

少時，我們到大戲臺上，大聲放膽宣講，因為這是更正教的真道，非放膽不可，聽的人很多，甚為注意，受感下了臺又宣講了一回，就到了教堂，因為我們靠著聖靈勝了他們，就很和氣的對待我們，李秀峯首領留我們再住一天，我們說可以，這是神的大能大力，我們甚為歡喜，又祈禱聚會感謝讚美主，就睡了。

次日（1917.10.15，星期一）我們切心禱告祈求，聖靈大降充滿了我們的心，李教師請我們吃好飯，用完了，就一同上臺宣講天國的福音，聽道的人又甚多，

講到開戲之時，我們才下台，又到南北大街中間宣講了二大次，又上戲台大聲布告五年內耶穌降臨審判萬民的大事，大家聽著非常地注意，甚為受感，李教師（李秀峯）先回去了，我們又宣講了許久才下台。

　　又到了一個地方，宣講了一回，就回到教堂，一見馬牧師（馬德，W. A. Mather）來了，李教師又給我們備了飯，馬牧師給我點心吃，這一天保定府幾個傳道人都走了，他們來了幾天沒有看見他們作什麼聖工，更看出他們都是假弟兄來，我到各城、各教會沒有看見一個真信徒，他們不改過來，都是假信徒，切盼望他們悔改，受大洗，受聖靈的洗，效法耶穌和使徒都成了真信徒，又聚了一個會講論祈禱，少時我們又謝恩，祈禱讚美主就睡了。

終返午方宣父老　甫來容縣賣田疇

第六十八章

1917.10.16-10.17，星期二-三　張莊村、午方村、午方東莊村

　　次日（1917.10.16，星期二）我們早早地起來，禱告、祈求、讚美主，聖靈指示所定的回容城縣（今河北省保定市容城縣，在安新縣正北偏西，距安新縣約 16 公里，步行約 3 小時），他大家送至大門外，甚為親密的樣子，歡樂而別，我們到了北門外，我表兄請我們吃了飯，他花的錢又請我們坐船，在水當中起了大風波浪甚大，我們就禱告祈求，聖靈明說：「你放心。」果然平安到張家莊岸上[72]（靠燒車淀北邊的碼頭），我就心裡甚有倚靠平安，我們二人就唱詩讚美主，果一路平安到岸，我們在張家莊東頭（今河北省保定市安新縣北張莊村），唱詩宣講，招來的人很多，聽的人其說不一，有說好的，有說不好的，又走到午方，我本村東頭劉家莊我本家大哥，在此莊住我們就先上他家去，給他講論了許久真道，他本是一個行邪術的人，他甚是受感，我們跪下為他並他一家禱告祈求，聖靈大有力量，他想起自己的子孫，連一個好的都沒有，也就醒悟過來了，他給我們預備了飯，我們又到街上宣講了工夫不小，就走我家談論了許久，又禱告、祈求、讚美、祝謝就睡了，可見要沒有聖靈的大能大力，豈能有這樣的大效果呢？真是千千萬萬的人，聽見福音驚天動地的，醫治好了許多病人，已經撒上種子了，生長的在乎主吧！榮耀歸耶穌，哈利路亞讚美耶穌，阿們！

　　次日（1917.10.17，星期三）我們早晨起來，切切地禱告、祈求、讚美，感謝主畢。少時，我同王長老（王玉貴）到了我親族朋友各家，望看給他各家講道，報告五年內耶穌降臨審判萬民的大舉，都不甚注意呀！我們又到了東莊村（河北省保定市容城縣午方東莊村，在張莊村的西北方，距離約 5 公里，步行約 1 小時，這邊剛好是安新縣與容城縣的分界）我二姐姐家，先在村北邊給大眾講

---

72 當時的保定到天津是可以通航的，透過清河流域下的燒車淀、白洋淀、府河等流域可以將貨物、人流順利轉運，因此比起陸路，透過船運來移動可能更為便利。請參王樹才、黃誠博，《河北省航運史》（北京：人民交通出版社，1988），頁 101。

論許久，也有的也有不愛聽的，又到當街宣講了許久，聽的人很多，注意的太少，盡到了我們責任在呀，回到午方，又祈禱祝謝讚美主，就睡了。

（從前後章節看來，魏保羅在家中行序可能是第四，家中有五位兄弟姊妹，大哥、大姊、二姊、魏保羅、妹妹。）

第六十九章
1917.10.18，星期四　午方村

次日（1917.10.18，星期四）早晨起來，禱告祈求，聖靈大降充滿了我們的心，讚美耶穌，用完了飯，我們到本村張家街裡，說話之間李敬真來了，我們同在一處，宣講了四個地方工夫都不小，聽道的人很多，注意很少，這一村就算是交了帳，我們到了我表兄家，表嫂不甚接待我們，就走到容城上坡我老妹妹家地方。

聖靈指示說，先在街上宣講，你老妹必來接你進她家，我們就唱詩、祈禱，招來的人很多，就大聲宣講報告，五年內耶穌來審判萬民，大家其說不一，少時果然應驗了，我老妹妹出來，請我們到了她家，預備了飯，講論了許久，王長老（王玉貴）先回到福音堂，我又與我老妹子說了半天家務事，她也服了，她先大大地反對，也不叫賣地等等厲害言語，忽然感化過來，真是神的大能大力，回到福音堂，談論了會子，又祈禱祝謝讚美主，就睡了。

次日（1917.10.18，星期四）我們早晨起來，禱告祈求頌揚祝謝主畢，聖靈指示我們到鹽店、雜貨舖、當舖、錢店、各家燒鍋布舖等，去傳道宣講給他們聽，因為我與他們各家都認識，最可喜是當舖當櫃的劉仙方，他有信心，我們送給他們更正條約單書等，又到東關宣講天國的福音，招來的人很多，有幾個人非常地注意領受，我們又到了我表叔家吃的飯，我表妹大有信心，又給他們講論了許久，才回來祈禱祝謝讚美主睡了。

（由於原文撰寫日期錯誤，此處仍將本章所記之兩日合併為一日，記為1917.10.18，星期四，敬請知悉。）

第七十章

1917.10.19，星期五　容城縣

　　次日（1917.10.19，星期五）早晨又起的很早，祈禱祝謝讚美主畢，用完了飯，少時我們定意見本縣正堂官長去，我們先到了勸學公所[73]，見了他們勸學員[74]談論，我得鴻恩的道理，並更正教，禁食等語，他們都不大注意聽，我們就出來，又到了孫老慶、朋友劉孟德二處去，坐了二小時，才進的衙門，官長姓尹，他將我們請進去，請至上座談論更正教的真理禁食的大事，耶穌降臨要舉，他很有學問送給一個更正教的條單，闊談了許久，我們就告別，他送出我們大堂，我們感謝主，因我們素不相識，這是神能力，我們每逢宣講時，就提說五年以裡，耶穌基督降臨審判萬民之大舉，我蒙全能的神，大恩、大能、大力，叫我禁食三十九天，不餓之大事歸榮耀給神，我們的父耶穌基督，阿們！我們又到別處作了許多的聖工，就回到堂內又祈禱祝謝讚美主就睡了。

第七十一章

1917.10.20-10.23，星期六-二　容城縣、胡村

　　次日（1917.10.20，星期六）我們早早地起來禱告祈求祝謝讚美主，少時，我妻魏李氏來了，她是誠實信主的人，在公婆、父母、叔父、嬸母面前，最為行孝，待眾人都為誠實，親族朋友都為稱讚，讚她的很多，主一定是喜歡她，我們又聚會唱詩，講論又讀哥林多前書十一章，講論主耶穌為我們受苦受難死在十字

---

73 勸學公所／勸學所是在清末民初設置的機構，主要是推廣小學教育與社會教育，後來成為督責義務教育前的重要機構，即各地方教育局的前身。

74 即勸學所下設的公務人員，要負責勸學、興學、籌款等事務，直到 1923 年以後，勸學所裁撤後，由教育局來督辦地方的教育事務，勸學員也由教育委員來取代。

架上，為我們捨身流血之大事，我就哭著講說，我妻也哭了，別人也有哭了的，大大地受感動，一定是聖靈大降，我們跪著禱告祈求，領受聖餐，大家常紀念主，捨身流之大功，阿們！這一天我們平平安安地聚會祈禱，唱歌讚主，一天安息快樂，哈利路亞讚美耶穌，到了晚上，又聚會祈禱祝謝頌揚主，就睡了。

　　次日（1917.10.21，星期日）早晨切心大聲禱告祈求感謝讚美主，用完了飯，此日是個大集，我們在外堂宣講，又到大街上高聲宣講天國的福音、更正教的真道，也說我們與此假教會不是一事，他們是有外國鬼子們傳來假道理，聽的人非常地注意，大家什麼受感，講畢，到了大拜堂內，李敬真假教士大動氣怒說：「你為什麼罵人，說鬼子立的這堂。」我就打開新約約翰一書第三章第八節至第十節說：「從此就顯出誰是神的兒女，誰是魔鬼的兒女來了。」（《北京官話譯本》翻譯作「兒子」；《官話和合本》譯為「兒女」。此處取的應是《官話和合本》的內容）他們傳假道，可不是魔鬼的兒女嗎？各公會的牧師教師犯各種的罪，都是顯而易見的即如貪財，要教會很大的月金，工錢自高自大，眼目的情慾、今生的驕傲、貪愛世上虛福，種種犯罪的事都有，不是明顯他們是屬魔鬼的鬼子嗎？李敬真假教士大大動怒，無理地辯論，他一定是不平安，由打我們未到容城以先，他就在眾人面前毀謗這更正教的真道，大家都上了他的當，聽了他的假道學錯言，將來他不悔改，勸這些人也不悔改，死亡下地獄的罪，都在他身上。由北京起各公會的首領人，都沒他逼迫辯論的屬害，他是無理不按聖經的錯辯，他也是天天吃毛球的找我們的錯處，他真是大魔鬼所使出來的，阻擋真理的一個人，切盼望悔改作真基督徒行走天路，進入天國，阿們！無論怎樣魔鬼百樣的計算屬害我、阻擋我，我心中甚為平安，他們的假禮拜日，我給幾個女教友講論，我蒙恩的大事，他們都不注意，就散了。到了晚上，又祈禱祝謝讚美主就睡了。

　　（此處記載缺乏 1917.10.22 星期一的記載，請讀者知悉。）

　　次日（1917.10.23，星期二）祈禱祝謝畢，就上午方吾家去，為買地家務諸事，又給他們和我妻靠著聖靈講論了許久，我二姐姐也攔阻我去買地產，為主傳道設立教會之大事，各處親友，都是極力攔阻買產業之事，說什麼的都有，我就靠著主的大能勝了他們一切的聲音，我們起行上胡村（今河北省保定市容城縣胡村，距離午方村約 10 公里，步行 2 小時）去路過引家莊就唱詩祈禱宣講天國的福音，招來的人很多，宣講畢，有一位前來者上京作過買賣的張掌櫃，請到我們家，喝水談論了許久，就送出我們來，走到胡村，就非常地累了。

身體雖然難受，心裡是異常地平安快樂，因為是為主的聖工，我們進了張颯豐教友家，他用自己的學問就說起來了，不容我們給他講更正教的真道，這就應了主耶穌說的話了，將這道理對著聰明通達人就藏起來，對著小兒就顯出來，他因為自高，就沒有得這真道的福氣平安，我們祈禱畢，就睡了。

第七十二章
1917.10.24-26，星期三-五　容城縣、胡村、馬家莊村、大白塔村

次日（1917.10.24，星期三）我們照常祈禱祝謝讚美主畢，就查讀聖經，講論受大洗、受聖靈洗的要道，他不注意，就用鬼計將我們引到張市集去了，我們在大集上大聲廣傳宣講天國的福音，講了五、六大處地方工夫都不小，身體雖然累，心內快樂，約有一千多人聽見福音，他們再傳說起呢，知道五年內耶穌降臨審判萬民的人，就多多了，我們又回到胡村，到了一個朋友張郁軒舖中，談論了許久，又出去在大街上宣講了許久，又到了邢子強家，講說這救恩，救了他兒子，他父親信服，他母親不信，他父親眼睛雖然有病就沒有得醫治，我們又回到張郁軒家住，王長老（王玉貴）信心小、軟弱點，天都太晚了還回容城，他唯恐張郁軒不給飯吃，到了晚上，張郁軒請吃飯，他也樂了又談論了很多的道理，又祈禱祝謝讚美主就睡了。

次日（1917.10.25，星期四）早早地起來，切切地禱告祈求頌揚主，又到本街集上，唱詩祈禱招來的人甚多，我們就靠著聖靈，放膽宣講天國的福音，報告五年內耶穌降臨審判萬民之大舉聽道的人非常地注意受感，回去又吃完了飯，就往回裡走，原打算路過引家莊，不知道不覺地走到馬家莊（今河北省保定市容城縣馬家莊村，距離午方村約 5 公里，步行約 1 小時）就下起大雨來了，我們在一個小店裡，給他們許多人講道，他們大家甚為注意愛聽至晚上也沒有著了，我們就吃店裡的飯，雖然沒有帶著錢，他們店家也放心，又給他們大家講了許久，到了晚上，店家還給我們借了二床被，這也是主定的意思，恩惠臨到馬家莊兒了，又禱告、祈求、讚美、感謝主畢，就睡了。

次日（1917.10.26，星期五）我們早晨起來切心祈禱畢，又到街上唱詩祈禱，宣講天國的福音，用完了飯，才往容城走，路過大白台村（今河北省保定市容城

縣大白塔村，距離容城縣城 1 公里），我們唱詩宣講，人都不注意，我們就到了容城教會，此日是個集，我們在大宣講了許久。這一回出外傳道，蒙主的鴻恩聖靈的引導，驚天動地的大工，真是神的大能了，我們不能不感謝讚美主，歸榮耀給耶穌，阿們！又談論主的道理，到了晚上切切祈禱祝謝，讚美耶穌，才睡了。

第七十三章

1917.10.27-10.30，星期六-二　容城縣

次日（1917.10.27，星期六）是主耶和華的安息聖日，也是降福的日子，我們每逢此聖日禁食的時候多，因為是虔誠清潔事奉主的意思，就甚覺平安快樂，我們此日起的很早，祈禱祝謝讚美主畢。少時，我們就聚完了會，到了廟裡見了他們的會頭，說我們在戲台上宣講，會頭當時許可我們先到戲台下，宣講許久的大工夫，聽道的人很多人大為注意。又到教會，晚上，祈禱祝謝讚美主，非常地快樂。

次日（1917.10.28，星期日）我們起來禱告、祈求、讚美主畢，少時，我大姐姐來了，她先很阻擋我去買地產等等的反對，我靠著聖靈的大能，將她感化過來了，她同跪著求主治眼睛，她當時就應許將她家的竈王偶像（即灶神，為民間的普遍信仰）去毀了，這真是神的大能大力辦的。

我們又到了戲台上，大聲放膽宣講天國的福音、更正教的真道，報告五年內耶穌降臨審判萬民的大舉，聽道的人非常地多，大為注意，甚是受感。聖靈在我心裡大有能力權柄，這一天所傳的道，顯出神的大作為來了，散了戲，我們又上台宣講工夫許久，晚上唱靈歌讚美主，感謝祈求主畢，睡了。

次日（1917.10.29，星期一）照常切心禱告祈求祝謝讚美主，唱哈利路亞，讚美耶穌，又讚美天父聖靈，又唱永不改的主的快要來的主，每逢早晚祈禱就唱這許多的靈歌，讚美多多的感謝主的話，少時我們到了戲臺東邊宣講了許久，又上大戲臺宣講，與昨天的景況一樣萬民甚為蒙恩，他們再不悔改，罪過就不在我們身上了，散了戲，我們又到臺上大聲宣佈五年內耶穌降臨的大事，約有好幾百人聽道，也有說我不好的，晚上又聚會禱告、祝謝、讚美主，就睡了。

次日（1917.10.30，星期二）還是熱心同意的禱告、祈求、讚美主，少時我們到了臺的東邊，唱詩、祈禱、宣講天國的福音，又到了大戲臺上，廣佈正教的真福音，招來的人約有五、六百人，我們講的很累，身體大為難受，心裡還是努力地宣講，我就心裡大為平安快樂讚美主，我每逢給主多作聖工，就樂了，散了戲，又到臺上宣講了許久才回來，這天真是千萬人聽見主的福音真道。從前未受聖靈洗所講的道與受了聖靈洗以前所講的大不相同，從前都是順著人的情慾，愛聽的講論，實在是無用的，實在是傳許多魔鬼的教，現在是靠著聖靈的大能大力，講說聖經的真理，更正教的大旨，實在是傳的真神救世的道，我想起此舉來，就天天不住地歡喜快樂，讚美感謝不盡的，頌揚慈悲的父，永在的神，從死裡復活的救主耶穌，不改變的聖靈，阿們！這一日完畢，晚上又祈禱才安息睡了。

第七十四章
1917.10.31，星期三　容城縣

次日（1917.10.31，星期三）我們早早起來大聲禱告祈求，聖靈大降充滿了我們的心，大家非常地歡喜快樂讚美主。用完了飯，我們四個人同心合意地到西門外宣講許久，又到城裡放膽佈告萬民，這五年內耶穌審判萬民的大事，又到大街中間宣講許久，又到北大街宣講了許久，又到會堂門口宣講了一時，就進會堂了。這一天聽道的也不少，我妻在親友家住了五、六天，今日同吾兒回午方去了，定了明日在家吃，我們又聚會祈禱、祝謝、讚美主主就睡了。

第七十五章
1917.11.01-11.02，
星期四-五　午方村、李茂村、西牛村、段莊村、容城

（今天主要的活動區域全部都在容城縣西側。）

次日（1917.11.01，星期四）早晨起的很早，禱告、祈求、祝謝、讚美主，就起行至午方去，我們先到我表兄家，論主的真道，他很信服這道，他看透了，我去賣房產地業用這款開設教會，是一件正當的大聖事，他比別的親友都明白，我們在他家作了一個禱告會，就上我家去了，用完了飯，聚會祈禱畢，我們就往李茂村我大姐姐家去，路過公家莊，我們唱詩祈禱招來的人很多，我們靠著聖靈宣講，大大地感動，他們男女老少，他們問說，就將竈王毀去就得啦，我們就給他們詳細說了工夫不小，就又往李茂村（今河北省保定市容城縣李茂村，距離容城約 6 公里，步行約 1 小時多）走，又路過西牛村（今河北省保定市容城縣西牛村，在李茂村南），宣講了二大回，聽道的人約有一百多，進入了李茂村我們就先給許多人談道，他們聽著，非常地注意，受聽講了許久，又跟到我大姐姐家聽講，天晚上，我大姐姐給我們預備了飯，用完了就領著他們禱告、祈求、讚美主，他們走後又同我姐姐外甥一同跪下祈禱、祝謝、頌揚主，就睡了。

次日（1917.11.02，星期五）早晨我們禱告祈求聖靈總是充滿了我們的心，聖靈指示我們，先到一個學房裡去，一見尚先生大為歡喜，他很明白道理，談論了許久，我們外甥來請吃飯去，我們用完了飯，又到街上，唱詩宣講了二大回，聽道的人不少，其說不一，有說好的，有說不好，我們就往容城去，路過段家莊（今河北省保定市容城縣段莊村，在李茂村北）兒，我們唱詩祈禱宣講天國的福音，聽的人有許多，不愛聽樣子，因為報告他們五年以裡耶穌審判萬民之大事，又到了小樓德村（今河北省保定市容城縣小樓堤村，緊鄰容城縣，距離容城約 2 公里）宣講了二回，聽道的都不明白的多，又到了大樓德村（今河北省保定市容城縣大樓堤村，距離容城約 1 公里），宣講了許久，聽的人甚為注意，就到了容城堂內，又祈禱、祝謝、讚美主，這二天蒙主的恩又極大，晚上就睡了。

第七十六章
1917.11.03-11.05，星期六-一　容城縣

次日（1917.11.03，星期六）是主的安息聖日，我們起的很早，就禱告、祈求、讚美主，因為王復生長老（王玉貴）、李雅各執事（李永慶），定意要回

家，往北京一帶各處傳道作見證去，我就靠著聖靈查考聖經，談講一切要緊的道理好防備趙得理、任義奎、眾假牧師教師等人，也堅固他的大信心，種種要緊的話，談論了小一天的工夫，晚上我兒安得烈（魏文祥）和我妹夫借來的川資（泛指旅行來往的車資或路費），他們這也是神預備的，又禱告，祈求讚求主，就睡了。

次日（1917.11.04，星期日）早晨我們切切地禱告祈求，聖靈大降充滿了我們的心，我就按手與王長老頭上，又按手在李雅各頭上，又按手在安得烈頭上，為他們三個人切心祈禱，聖靈在我身上很有能力說可以給他們洗腳，也應當吃聖餐，我們就尊著主的命令行，彼此洗腳，又吃聖餐（此與目前真耶穌教會靈恩會的順序相同），講論哥林多前書十一章，耶穌基督為我們死在十字架上之大事，為我們捨身流血之大功，我們應當常常的紀念不忘，我同王長老哭了，又切心禱告祈求，唱靈歌，聖靈大降充滿了我們各人的心，大家聚會畢，送他們矣行。

我們送著一面行路，一面談論要緊的話，我送到東關大外，站著觀看著他們，天氣雖然甚冷，直看到他們無影了，才回來的，因為是親愛的一時都離不開了，我回到堂內，就給各處忠心的信徒，寫要緊堅固勉勵他們的信七封，直寫到後夜才睡了，同我兒文祥先已祈禱過了，哈利路亞，讚美耶穌，阿們！

神的大能，招選了王復生長老，很出了極大的力量，由禮賢起到各城各村，大聲宣講天國的福音，受苦受難甘心樂意，日日歡喜快樂讚美主，這真是聖靈的大能大力，所辦的越過人所想所求的，哈利路亞，讚美耶穌。

次日（1917.11.05，星期一）早晨我起來禱告祈求，感謝讚美主，又寫了二封信，這一切的信，都是先祈禱了寫的，我切心祈禱求聖靈寫這聖靈真見證書，直寫到一天晚上至半夜間才禱告、祈求、讚美主，睡了。

（由於原文日期記載錯誤，因此將第 76 章與第 77 章部分內容都調整為1917.11.05。）

以撒試啼西保定　保羅自比東馬丁

第七十七章
1917.11.05-11.07，星期一-三　容城縣

次日（1917.11.05，星期一）同吾兒祈禱祝謝頌揚主名，又寫這聖靈真見證書，直寫到半夜間，又禱告、祈求、感謝、讚美主，忽然接到李得生（李文華）長老和我妻女來了三封信，我同吾兒唸完了，就大大地歡喜快樂讚美主，因越過我所想所求的，信內言北京恩信永綢緞布莊諸事平安順利過來，馬利亞要打發李長老、吾女兒惠英送衣服來，又印了許多名片，這名片是印的聖經的要言，能感動人的詞句，最可喜的是，李長老蒙聖靈充滿忠心不退，北京的教會大有盼望，願主施鴻恩用大能大力成全，就是了哈利路亞讚美耶穌。

次日（1917.11.06，星期二）聖靈引導我們，父子二個人早晨禱告、祈求、感謝、讚美主畢，就盡心盡力，點這聖靈真見證書的詞句點[75]，因為由北京起行前，就沒有點詞句點，至今日有三個多月沒有點點子，我就禱告祈求著點這詞句點，因是主的聖工，要緊的聖書，這日我老妹夫給我們搬了一百多斤（約五十公斤）煤來了，他是非常地熱心幫助我們一切的事，這是主早已預備妥了，哈利路亞，讚美耶穌，直點到半夜間，才禱告、祈求、感謝、讚美主，睡了。

次日（1917.11.07，星期三）早晨又照常切心禱告、祈求、讚美、感謝主恩，又點這聖靈真見證書詞句點。少時，吾兒安得烈上他老姑夫家去，請次日送我們至午方家去住幾天，因為李敬真心不好，還有髒心，藉他上保定府去聚年會（長老會年會）之辭，棄的我們出離他管的會所。

此日是集，我同李敬真至外堂，唱詩宣講天國的福音，聽的人不少，我講畢，又到屋內，點這詞句點。少時，有張郁軒派來的人來取更正教的條約單，我又給他幾張教中有益的單子，又來了一位本村的謝某，我給他談講了許多的道

---

75 因書稿為直行且當時標點符號並未盛行，通常是在書寫字體右側加上頓號、句號等句讀標號，以資斷句。

理，他很以為然。到了晚上，我妹夫同他一位弟兄來聽道，我們談論了許久，又與李敬真聚會，講提摩太後書第四章第一至八節（當專一傳道），勉勵他的意思，因他第二日就上保府（保定府）去了。

首講論給大家聽他無論怎逼迫我，我靠著主的大愛，至於愛他、幫助他走天路，每日為他禱告祈求，這是聖靈洗的見證能力了，要沒有聖靈洗的能力，我決沒有買房產世業為主傳教立教會的心，這一切的事，都是人辦不到的，我靠著聖靈已經制死肉體的情慾了，讚美耶穌，真神的大能大力，阿們！我們父子又禱告祈求，祝謝讚美主畢睡了。

第七十八章
1917.11.08，星期四　容城縣、午方村

次日（1917.11.08，星期四）半夜我起來，蒙聖靈驚醒切心禱告祈求，有大魔鬼女鬼，要害我引誘犯罪，因聖靈耶穌永不睡著，我就靠著主所賜的全身鎧甲、禱告的能力，大獲全勝了，祈禱的工夫，約有一點多鐘。

又睡了一小時，又起來，同李敬真祈禱畢，又同吾兒切切地禱告祈求，祝謝讚美主。少時，外國人馬假牧師（馬德，W. A. Mather）來了，同著潘先生（有可能是潘親真），我就出去與他說了句話，他們就走了，他們雖然有為主受勞苦的樣子，要不悔改受全身洗，並聖靈的洗，實在是徒勞的，因為他們都是不尊從主的旨意，不是從門進來的，我替他們哭阿！

少時，我妹夫的車來了，就將一切的行李東西物件放在車上，告別了李太太說了幾句道謝的話，就來到午方村，見了我妻的面大為歡喜快樂讚美主，她大姐姐常在我家幫助她妹子，她也有信心，人性也很好，為多人稱讚，也常同我們禱告祈求聚會，又與妹夫談論了一路的真道，他明白多了，少時有我的一個姪兒，是個瞎子，聖靈說：「只要他信就能看見。」我們又作了一個禱告會，我靠著主給吾妻和我姪兒按手，我妻說：「我的病好了。」因她有著很厲害持續一年多的大病。到了晚上，有我一個最親愛的老朋友來了，他很是個明白人，我給他講道一大晚上，他都以為然，他走了之後，我又禱告、祈求、感謝、讚美主，睡了。

次日（1917.11.09，星期五）半夜間起來，我獨自祈禱，因為我自己在一個屋裡，聖靈充滿了我的心，用方言禱告祝謝了許久，我妻同吾兒也祈禱、唱詩、讚美主，他們大大地快樂起來。又到天明起來，禱告、祈求、讚美耶穌，我們一家三口人，同心合意地日日歡喜快樂讚美主，日日論說天國的福音，我的妻今日非常地歡樂讚美感謝耶穌，因為他有三樣大病都好了，我們夫婦同心合意地跪下切切地感謝恩主耶穌，阿們！這日早晨吾兒安得烈定意往保府（保定府）去傳道，為更正教的真理先前去一回，因藉著長老假教會聚年會人多之機會，這也是神的特恩賞賜我一個有信心的好兒子，他很有膽量慧惠口才，主必用他，阿們！這天我又寫聖靈真見證書，有我的最親愛老朋友崔喜文來給我膛煤火爐子，我又給他講道聽我心裡是日平安，因主的聖靈時刻在我心裡，引導我順從主的命令行事、說話、存心、為人，哈利路亞讚美耶穌，阿們！

　　魔鬼藉吾妻有引誘我的話，我靠加給我力量的基督，聖靈的大能，就大獲全勝了，主的聖靈已經叫我聖潔了，哈利路亞，讚美耶穌，阿們！

　　少時，崔喜文來了，我就靠聖靈講論天國的福音給他們聽，講論了許久，就領著他們三個人跪下禱告祈求，聖靈大有能力在我心裡，先是我給吾妻唸講羅馬人書第八章一至十四節，十二節上說：「你們要順從肉體活著，必要死，若靠著聖靈治死肉體的行為，必要活著。」（實際上是羅馬書 8:13）我給講論了很多要緊的話，也說我要與婦一沾身，就要快死了，她當時也說：「我沒有那樣不潔的心了。」我此時很平安了，我又給王長老（王玉貴）、李執事（李永慶）寫了二封信，很多要緊的話。

　　又到了至晚上，崔喜文也走了，我妻還不願過去的樣子，她一見我面不帶喜容，不願意叫她在這屋的樣子，她走了。

　　少時，又回來說：「我姐姐說：『你可以在她屋裡睡吧，可以給她添火事奉她不好嗎？』」我被聖靈感動說：「我不要人事奉我，獨自在遠遠地才好，不常見人才合適。」因我作這聖願真見證書，又作更正教辯論詞說（其內容應該是《卅年專刊》的〈本會教規〉與《萬國更正教報》第一期所刊所載[76]），是關乎我生死存亡之大舉，生前死後天堂地獄之大事，她一聽這話就說：「那就你永遠自己在一個屋裡吧！」

---

76 請參真耶穌教會，《萬國更正教報》第一期，第 1 面；以及真耶穌教會，《真耶穌教會卅年專刊》，頁 H1-H2。

她就走了，我就又作這聖靈真見證書，哈利路亞，讚美耶穌，感謝真神的聖靈，大獲全勝了，我又看馬丁路得改教紀略書一章說：「竊見羅馬教法之越傳越與基督教道相離，遂奮不顧身，起而與羅馬全教會相敵。」我就大為受感[77]。

　　我就靠著主的大能大力，定志就是為主受多大的苦，我也不離至死忠心，決不以性命身體為念，一定是不顧身了，一定是與各國、各省、各公教會家首領人相敵呀，自來革改鼎新之時必多經歷險阻之大事，我在這一切的世上，險阻之事一點也不介意，全能的主，必我大獲全勝阿！

　　「西方有路得，東方豈獨無路得哉？[78]」切盼不只出一個路得，切求全能的主，在各國多多的出路得偉大志謀的人，這是我真心所盼者也，我又看了二、三點鐘的路得更正教書，又獨自祈禱祝謝，唱哈利路亞，讚美父子聖靈，就後半夜睡了。

第七十九章
1917.11.10-12，星期六-一　容城縣、午方村

　　次日（1917.11.10，星期六）我獨自早晨起來切心禱告祈求，聖靈充滿我的心，讚美不盡的鴻恩，臨到我身上了，聖靈在心裡大有能力，又到了我妻（魏李氏）她們三個人屋裡，講論天國的大事，聖經的要言，同心跪著禱告祈求，讚美感謝主恩，工夫很大。

---

77 林樂知（Andrew Young John William Allen）著譯，《路得改教記略（ *The Life of Martin Luther* ）》（上海：廣學會，1898 年初版），頁 1。魏保羅比較有可能看到的是 1915 年第四版再刷的內容。

78 此句與《路得改教記略》內容近乎一致，請參林樂知著譯，《路得改教記略》，頁 5。林樂知的這本《路得教改記略》，其實本意是藉著馬丁路德的故事來啟迪各國關於「維新」的重要性，特別是印度。此內容深刻地影響魏保羅，魏保羅將自己投射在馬丁路德身上，也想要做一番「更正」的大事業。究其實，魏保羅並非是想創立一個新的宗派，的確是想把各教各會導正到他所領受的真理上，與關於末日的啟示。

我又想起此是日禁食為的是得能力，安息聖日也是禁食的時候多，也是轉誠虔心事奉主的意思，免得充俗之事為作飯吃等事，當務事主之大事。我叫家中親友都守安息聖日，無論何工都不可作，每逢安息聖日，就屬咐我妻多多的禱告祈求、唱詩、唸聖經、到各處去傳道，作種種的聖工，我妻之大姐姐，很有信心日日與我們同心，聚會祈禱、讚美主。

　　這一日我妻在夜間，夢見我與安得烈辦更正教行走天路的天事，異夢中關乎她自己本身脫離魔鬼的大事，這都是主的大恩，臨到我一家了，讚美主。

　　我到了容城大集上獨自靠著聖靈唱詩，祈禱讚美主，招來的人很多，我就大聲宣講天國福音，聽的人大大地注意，直講到大後半天，有一個三十多歲的男子，由我講他就聽著，他是極貧窮的人，他是新城縣（河北省保定市高碑店市新城鎮，靠白溝鎮，離容城縣城相當遠，約有 30 公里）人，姓張叫文德，還有一個老婦人，大有信心是三臺村（今河北省保定市安新縣三台鎮，距容城縣城 9 公里）人，此日馬利亞熱心，給我帶了許多冬天當用的衣服等等物件，我妻馬利亞大有信心、大有熱心、愛主、愛眾人，待我十分的周到、甚好，她一切的銀錢都叫我花了，我又到上坡我老妹子家，她家老幼很接待我，坐了少時，又回到午方村家中，張文德來了，我妻魏李氏大有熱心接待他，給他已經預備了飯，他吃了，我們就講論天國的福音。他很有信心，我們一家就留貧窮人文德住下了，我們就同心合意大大地熱心禱告祈求，大大地感謝讚美主，唱哈利路亞，讚美耶穌，阿們！

　　這一天真是神的大能大力，耶穌基督的鴻恩，聖靈的感動非常地恩惠，我們應當不住地感謝主的鴻恩，阿們！就安歇睡了。

　　次日（1917.11.11，星期日）起來我就講論天國的福音、更正教的真理給他們聽，他們三個人，都有大信心，這夜，我妻魏李氏受了聖靈的洗，說了許多的方言，早晨她大姐姐報告大喜之信息，我就喜出望外，因為她是我傳道的女同伴，必藉她引多人信主進天國，阿們！

　　我就給文德和他大姐姐講論亞當夏娃犯罪、耶穌贖罪之大題，又教了他們許多的唱詩等等要言，少時，我本家財主來了，我給他講道，他聽著可是對，就是不大注意。他走了，我們四個人同心合意地禱告祈求，聖靈大降充滿了我們的心，祈禱的工夫很大。

用完了飯，我就給馬利亞寫信，很長一封大信，聖靈願意叫她來容城。少時，二個買賣地業莊產的中人來了，說：「地有買主兒了。」聖靈指示我說定妥賣了吧，就接了定錢算賣准了，這也是主垂聽了我們的禱告，感謝讚美耶穌，也是喜出望外之大事。

因為是為主傳道設立教堂，印刷更正教的章程單子聖靈真見證書之大舉，這也是主早已預備的款項，讚美主。又給張文德寫了一首唱詩，許多為他到各處傳道作證，要飯吃等等的預訪之事，他走了，我就寫這聖靈見證書，又同我妻跪下，同心合意祈禱主給她起名叫靈更，因為她受了聖靈洗重生更變過來了。

我們到了晚上，又談論道理，禱告、祈求、讚美、感謝主，我又看路得改教書之要意，他所成大功者，就是以恆切常常祈禱求主，賜他全部聖經，又因老年人堅固安慰之要言，曰：「因凡愛主者，主必以其十字架置於彼身，使之忍耐受苦得大智慧矣！」路得聞此言精神較前爽快，我看此句要言，更是心懷大志，作道德中的偉人，是要論到我從前的罪，早當死多次，又經過回險大之事，當死未死，又病過幾大回，當死未死，主又從大罪惡之中，將我救出來，我是更靠著全能的大主，作這更正教的大事了。

從前眾親族朋友，都尊敬叩望想要沾我的光，幫助他們的錢財或事情等等的貪心，這回來容城一聽一看，不能再發大財了，他們就都遠離了，我看此舉更看透了塵世，避世修道，棄世離世之心更大了，眾親友聞之，為我憂愁驚訝的很多，同聲勸阻太多了，我是堅定了主意，一點也不聽他們的阻勸，因為他們不明白天路，眾親友雖棄神，但我不棄而且愛之，又看了許久改教的要書格言，大為受感越發有力量，至後夜又禱告、祈求、祝謝、讚美耶穌才睡了。

次日（1917.11.12，星期一）早晨禱告祈求，聖靈時常在我心裡，一刻也不離我，甚為平安快樂，日日如此，又同我妻靈更，她大姐姐禱告、祈求、祝謝、讚美主，又看聖靈更正教書，少時，魏小明子（魏保羅的外甥）來了，我就給談道理，他很有信心，他有病，我給按手祈禱，他立刻說：「我好了。」真是神的大能大恩。大姐姐與我叔父一說，他也信了，我們三人同他跪下，同心禱告祈求，聖靈說：「他一定好了。」又看了許久的改正教書，到了晚上又禱告、祈求、祝謝、讚美主就睡了。

第八十章
1917.11.13-14，星期二-三　午方村

次日（1917.11.13，星期二）夜間，祈禱了一回，早晨起來又禱告祈求許久的工夫，聖靈充滿了我心，又到我叔父屋裡祈禱聖靈大降感動我們各人的心，我妻她大姐姐（薛李氏）夜一夢兆，加添她大信心，少時又蒙主的大恩，神與她顯一異象，看見光明的天國，極其華美，她說：「我可以上去否？」有聲音說：「妳還沒有受大洗，又沒有受聖靈洗之印證，妳不能來呢！」她得此恩典聲音，她願領受大洗去，雖然天氣甚冷，水甚涼的時候，我們因靠主大有熱心、信心，願下水受洗。

少時，我二哥來了，他前二、三天還說：「這教道不好呢！」因他從集上回來，我說請他吃飯去，他回到家中與他妻子說：「大山兄弟不是瘋阿！他說的話甚清楚！」故此，他今日是與我談了道理，細細地聽聽是瘋否？談論了多半天，我又看了會子更正教書，我本家的姪兒給我送白菜吃。

他害眼病，我同妻子跪下為他禱告祈求，按手聖靈說：「好了。」少時，我二哥明白了，看著我是不瘋。

他走後，我們同我妻和她大姐姐同心合意地禱告祈求，聖靈大大地降臨在我們身上，讚美主畢，我們到了大河邊上，大聲禱告祈求招來的人很多，我就靠聖靈給他們宣講天國福音，我們同下水裡去，跪在水裡，禱告祈求許久的工夫，聖靈降臨，從水裡上來，我們又祈禱，唱靈歌讚美主，歸榮耀給耶穌，阿們！

我奉耶穌的名給她施了洗，她更大大地歡喜快樂了，我們到了家，又給各人在家講論，又給一個瞎子祈禱按手，聖靈很安慰我的心，我又細看更正教的書，大大地受感，因路得大有信心，壯膽我們三個人，又祈禱、祝謝、讚美主，因這一本更正教書是在南孟鎮才得的，王志榮的，這真是神預備的要書，因幫助許多的次序、要題等事，路得偉人實乃主派之魏靈生更正教之先峰者也，因前者，天主教已與基督真道相離了，再要叫他們守現在更正教之規條，更難辦了。

我又寫這聖靈真見證書。少時，我又看更正教書，直看到後半夜一面看一面記載緊要之章節詞句，大大地受感動，心中更堅固了，又禱告、祈求、感謝、讚美畢，就安歇睡了。

次日（1917.11.14，星期三）我起來祈禱、祝謝、讚美主，畢想起這夜間，夢見眾許多大官員，跪在女王面前，有一官說：「有一冤枉事。」女王說：「什麼冤枉？」我就醒了，又得一夢兆說：「我受洗未全身下去。」我醒了之後，聖靈指我這夢是這樣，有魔鬼在女魔王面前，控告我妻她姐姐之信耶穌之事，我受了半身洗之夢兆，是我為主受了一半苦了的意思，以後還得受那一半的大苦難，我靠主的大能，一點也不辭勞，讚美耶穌。

少時，果然，有她大哥被魔鬼所使，來逼迫他弟妹，甚是厲害，我這寫了一大封信，又寫這聖靈真見證書，後半天我兒安得烈（魏文祥）來，他這回保府（保定府）雖然得勝回來，他花了二元多錢（後續魏保羅賣地不過得錢46元，而魏文祥花的錢卻等同於一個月的伙食費，在經濟拮据的傳教生活中可以算是較高的開銷了），五、六天的工夫，我甚責備他，他可買了帽子、手套、火車錢等費，保府長老會牧師李本根、姜教師二個被大魔鬼所使，很逼迫我兒，他們彼此辯論許久，我兒靠主勝了他們，有多人聽見吾兒的講論，讚美耶穌，到了晚上，買賣地產中人（即房地產經紀人）來了，我靠著神，與他們說話，我們本家的財主，與我談了許久，他不注意這真道，嗳！財主進天國是真難那！我又禱告、祈求、感謝、讚美主，就睡了。

訓文小子衷腸斷　聞曲牧師應涕零

次日（1917.11.15，星期四）我起來，聖靈引著禱告祈求，感謝讚美主畢，少時我內弟（妻子李氏的弟弟，即小舅子）李老五來了，他逼迫我們很厲害，他要打我，說了許多毀謗的話，聖靈幫助我們三個人，同各樣的言語勝了他。我就又寫信等事，就是寫我兒一切的過錯一條一條的，都列出來叫他回答我，少時，他來了，我說他的過錯，他與我辯論，我就重重地責備他許多的話，我又跪著，哭著禱告，祈求聖靈大大地感動，他也跪著哭，詔己之罪過，他母親為他講情，我又給他唸所寫出來的罪過條例，我們跪禱唸說等工夫很大，才起來讚美耶穌。

現在我管兒女，與從前大不相同了，在未受聖靈洗之先都是用手打，雖然他悔改一點，究竟不能感化他的心，不能叫他切實地悔改，又反叫他生出嫉妒的心來，打人的還得生氣犯罪，可見就用禱告替他哭著，責勸他一定能責勸的過來，這也是聖靈指示的話寫在書上的。到了晚上，吾兒大大地悔改，將各條罪過，都用切實悔改的話回答出來，今將聖靈指責我兒，魏文祥諸條罪列左：

第 1 條＿不虔誠盡心盡力尊行主的命令，事奉主的大罪過。

第 2 條＿不尊神親口所吩咐五條誡命，說的你沒有盡心力順從，孝敬父母這也是極大的罪過，你自己靜坐再四思之。

第 3 條＿你不愛眾人，極大罪過，你在神面前，准盡心盡力地傳道來嗎？你不盡心盡力傳道，眾人怎得救呢？

第 4 條＿你心中順從肉體的情欲之大罪過，你叫聖靈擔憂，你不悔改嗎？豈不知順從肉體活著的，必死嗎？

第 5 條＿你私自花錢不告父母之大過。

第 6 條＿你不聽父母之良言，種種的過錯。

第 7 條 ▲你不注重更正教之大罪。

第 8 條 ▲你不用工夫看聖經、各種要書之大罪。

第 9 條 ▲你不注重給各處寫信之過錯大罪。

第 10 條 ▲不願常聚會祈禱讚美主之大罪。

第 11 條 ▲你還有人不知道但神知道的大罪，你要不悔心轉意，改過前非呀！必不平安，死後還得下地獄受永刑去，你到底打算作什麼功業？你要作什麼人物？

第八十二章
1917.11.15-11.16，星期五-六　容城縣、南庄村、午方村

（為求理解連貫，將第一條與引言內容調整至第 82 章。）

這諸條要緊的大罪問題，你要正當偉大的回答，父親一條一條地都寫清楚了，在主面前立志，許願永遠不犯，否則不能吃飯，千萬注意，靈生（魏保羅）代筆，責子教訓之大舉，今將魏文祥悔罪之回答條列左：

第 1 條 ▲吾兒文祥著載說：「我靠主說話，從今以後，必要盡心、盡性、盡意尊行主的命令，事奉主，我知道自己有什麼罪，神也知道，求主饒恕我的罪，以後如再有不虔誠事奉主時，求父親重重的責備。我靠主說的話，永不能更改的，阿們！」

第 2 條 ▲回答說：「按我的良心，沒有不孝敬的心，有時我為主作聖工，如耶穌當日說『豈不知以我天上父的事為念嗎？』。」

第 3 條 ▲我不是不愛眾人，乃是力量不足，有時軟弱，難也願作有力量的人，求聖靈充滿了我的心，求父親幫助，阿們！

第 4 條 ▲順從肉身情欲的罪是有的，心魂也知道不好，還去作，乃是肉體作的，切求聖靈治死我肉體的情欲，阿們！

第 5 條 是不小心大意作的過錯，從今日以後，必要悔改小心。作事、用錢，靠著全能的神作，阿們！

第 6 條 同上。

第 7 條 以後我必努力專心，靠聖靈幫助，辦這更正教的大事。

第 8 條 求主饒恕我不恆久看聖經之罪，以後必用工夫，看聖經，阿們！

第 9 條 我必盡力多給各處信徒寫信慰問之。

第 10 條 求主叫我多聚會有熱心信愛心，這是我從良心上所願者也。

第 11 條 要為主作工，願言阿們！

第 12 條 以上所言諸罪必盡力悔改，求主的聖靈幫助，父母勸外面，真神勸內心，阿們！求主饒恕我一切的罪過，從今以後，叫我作一個孝子，不敢再違，阿們！

看此書的諸位注意呀！作父母的作兒女的，都當細細思想研究，照著以上的條例去行，必蒙主賜鴻恩，阿們！

此日（1917.11.15，星期四）是個大集，我們父子二個人，到了城裡唱詩祈禱，宣講天國的福音，聽的人不甚多，又回到堂內，唱詩宣講一小時，又到了大街唱詩，無招什麼人來，我們到了勸學所，談論了許久真道，又回堂內坐了一小時，又到東關，我表叔家坐了一時，沒有說多少話，又到了我老妹子家，談論了會子道理，她家不都不注意給我們預備了飯，用完了，我們就往回來走，到誕家南莊兒（今中國河北省保定市容城縣南庄村），我妻她大姐姐之兒子來了，他逼迫他母親，阻擋不叫入耶穌教。他聲明說：「用刀殺之他母親，他大爺也是要動刀的。」意思他一家人早年就兇惡至極了，他爺爺就殺過他一個奶奶，他們一家，好幾個人毀謗這真道，非常地逼害，願主的旨意成全吧！阿們！親族朋友中，毀謗我們的就甚多了，我們又祈禱、祝謝、讚美主，我們心中靠主無一時不平安，阿們！少時，就睡了。

次日（1917.11.16，星期五）我們定了為此事禁食祈禱，我起來，一過到那屋裡，她大姐姐李氏早走了，我一問說，上我義母家去了，我們就禱告、祈求、讚美主。少時，李氏小兒來接他母親去，我妻也告訴他實話了，於是我兒同她小兒上南莊去了，我就被買我們地的主兒，請去寫字立約賣了，二畝半地四十六元

錢[79]。感謝恩主！成全我心所願，阿們！將性命財產，一切所有的，都獻給主，阿們！甘背苦架跟耶穌，哈利路亞。有靈歌聖詩一首為證，此靈歌和頌主詩一百三十一首相同唱：

一　今我來就主十架　己無力又瞎至窮　世界寶全然拋下　求救恩充滿我心

　　主耶穌給我施洗　水洗我重生新人　神的恩聖靈洗印　得憑據進天國門

二　走天路我今有力　因聖靈才得著的　勸眾人千萬求之　進天國永久安息

三　應獻上一切所有　親和朋性命家財　身與魂直至永久　全獻神我心樂哉

四　讚美主哈利路亞　唱靈歌感謝鴻恩　歸榮耀給主耶穌　聖靈來父救萬民

　　此日是有很為李氏擔憂的地方，我們同心合意，為大事祈禱。

　　此日還接待了幾個人，與他們講論天國的福音，我又盡力給宏女信士（魏文祥乾媽，宏師娘）寫了一封很長的信。

　　到了晚上，我們又禱告、祈求、感謝、讚美主，我睡了三點鐘的工夫，又起來，四個人同心合意祈禱，吾兒文祥也寫了半夜的字，就是回答十三條悔改的詞句，我又給王志榮信友寫了一封很大的信，又作了二首詩，天就明了，我們四個人同心合意地跪下禱告祈求，聖靈大附充滿了我們的心，我方言祈禱許久的工夫，因為我每逢祈禱，都是為眾信友，男女老幼連名祈禱為更正教的大事，各省、各城、各鄉已受了大洗的男女眾信徒一個一個地都要提著名禱告祈求，哈利路亞，讚美耶穌，阿們！

第八十三章
1917.11.17-11.18，星期六-日　午方村

　　次日（1917.11.17，星期六）早晨祈禱畢，李氏女信徒回南莊她家去了，她很

---

[79] 約合新臺幣 23,000 元。城內房產差不多大小約 200 銀元，而通常城鄉不動產金額差距，在 1920 年代前後差不多是 4-5 倍。魏保羅在大水災後還能賣到這樣的價錢，著實不差。

有信心，願主的聖靈常與她同在，我兒文祥送她，我就寫這聖靈真證書直寫到晚上。

還來了幾個人，我給他講論真道，一天一夜，雖然未睡什麼，精神很大，因為主的聖工，此日是安息聖日，我妻路得她這日不完全遵守主的聖日為世事勞累，主罰她，叫她的病又復發，甚是難過，身心不平安，因為她不聽主的話，我保羅為這每逢安息日，就必須禁食的大事，就發點軟弱，就切切地問主，聖靈指示我說：「不必一定的。」凡遇見當著為主難辦的事，或是願意為主作大聖工，必須得能力，或是為主愛眾的人的心、作要緊的書、救萬民的大事，愛主愛人，為種種的大聖工，都可以隨時隨意禁食祈禱。這也是極大要緊主耶穌、眾先知和聖徒留下的榜樣、真理，千萬要注意禁食，必能得主所賜的能力，哈利路亞讚美耶穌。因為我得著這禁食的大恩大能大力為主作大聖工，走天路大得力量我也盼望，人人都得著這鴻恩，非常地大力，勝過我去才好，阿們！此日我睡的很早，感謝祈禱讚美主畢，才安息睡了。

次日（1917.11.18，星期日）早晨起來，獨自祈禱祝謝讚美畢，又到我妻子叔父屋裡聚會，談論道理，禱告、祈求、感謝、讚美主，因為我獨自在一個小屋裡作聖工，寫更正教的書信傳單、辯論詞、條例、聖靈真見證書等等的聖工，獨自睡著，清靜、清雅氣至極，非常之平安，快樂讚美主。此日，因為我重重地責備魏路得不守安息聖日之大過，又責備她許多別的過錯，也給她講了許多的道理，她甚認罪悔改，第二天她的病好了，也因我給她祈禱、按手她是從小兒就是聾子。她現在一點也不聾了，謝主之鴻恩，阿們！有詩為證，真神恆懷慈悲唸唱[80]：

一　讚美耶穌真神名　　藉著保羅施大能　　醫治好了許多病　　治好路得耳不聾

二　因治好了多人症　　大家齊聲讚主名　　榮耀歸神我天父　　這才真是聖靈功

三　更正教會必興起　　顯明鴻恩與真理　　開了生路救萬民　　皆因受了聖靈洗

四　必歸天家亨永福　　平安快樂無災病　　哈利路亞讚美主　　救我一家喜不勝

五　切求恩主救萬民　　脫離疾病進天城　　哈利路亞耶和華　　天上地上讚美他

此日我細心看了一本啟示錄書，因為保定府的長老、大牧師（應是之前傳道

---

80 此頌詩另收錄在《卅年專刊》，頁 N13。但內容與此有所差異，推測可能是後來教會中傳唱版本有另外再做修改所致。

途中，碰到的長老會眾人）發大言要與我辯論，這五年內耶穌降臨之大事，我靠著聖靈，必然勝了他，故此靠著聖靈讀要書，細心研究考查此要理，長老會的大牧師叫李本根，他是自高自大的人，許多的人都說他沒有好行為，他還不悔改在主面前認罪，噯！我替他哭阿！他只顧眼前暫時得一點無用的錢財，虛名虛浮，就不管地獄永刑了。

此日，來了本村人，我也給他們講道，崔喜文來了，坐了一大晚上，說了許多的話，我睡了一時，又起來給賈德新長老寫回信，因為他去年犯財迷鬼起了貪心，他說：「信心會我們有很多的款，在天津銀行裡存著呢！我將此款拿出，可以放給你們恩信永舖中使二分利錢行嗎？」那時候，我保羅還沒有受了聖靈的洗呢！就上了他的當，犯了財迷的罪，因為此年又新開了恩振華綢緞布莊分號，添上的貨就多多了，到了舊歷年底年節，世界上人都面子，一概還清才好，故此就用了他二千多元錢，每月行二分利息，其實不使他這筆款，也就過去了，想著是來年正好交上買賣。這幾年買賣是很發達的，只想明年買賣大好，多賣錢的時候，就還上了。

哪知道，今年四月二十九日（同事件另一記載日期為 05.26）[81]忽然蒙主的大恩，受了聖靈的大感，神的大能大力，引導我到了永定門外，有長流水的地方，忽然耶穌顯現，給我親身施洗，我明明地看見他，水和聖靈生了我一回，我由受了聖靈洗之後，有大能大力，就離開一切罪顯了。

許多回大異象有明明地聲音叫我更正教（從此或許又可看出更正教的另外一個意義，並不單純是一個名詞，「更正」也是一個動詞），全能的神既是這樣將極大的重擔、極大的聖工放在我身上，我能作買賣嗎？於是就拋棄萬有，辦這更正教的大聖工。

此時，恩信永的綢緞布疋他物自然還是很多呢！此時賣項太小，賈德新要利錢，等來了一封信。此時，我正作更正教的辯論詞聖靈真見證書、靈歌、聖詩等等大聖工呢！聖靈指示我給賈德新一寫回信，大大地責備他說：「你受著財迷鬼

---

81 魏保羅此處說的日期是 1917.06.18，但實際上他受洗的日期應該是陰曆的 04.06，即 1917.05.26。因此，另外的可能是此處與其他記載相異，如果是陽曆，那即有可能是 1917.04.29 還有一次獨自在永定河的受洗，而 1917.05.26 才是帶其他人受洗。但從其他記載進行比對，此處魏保羅寫錯時間的可能性是比較大的。

的迷惑呢？外國人捐款是叫你放利錢來嗎？你應當取消信心會的名稱，取消牧師的名稱。」還責備了他許多的話，勸他受面向下受大洗、禁食祈禱，得著能力作完全人，這封信很長，話語甚多，直寫到天明，又祈禱祝謝畢睡了一小時。

第八十四章
1917.11.19・星期一　午方村

次日（1917.11.19，星期一）禱告、祈求、謝恩、讚美主，用完了飯，就定了主意要看完了，路加福音因從前雖看過還要看，因為路加是個有學問的人，所著作的書必是詳細，我就細心研究此書的奧秘，就大大地受感動，得了極大的益處，直看了一天的工夫，才看完了。

早晨聖靈說：「你兒文祥必來到了。」後半天果然來了，一說大得歡喜快樂，因為李氏到家未受逼迫，甚為平安，這實乃是神的大恩、大能、大力所辦的，重聽了我們的禱告，真是逢兇化吉，遇難成祥，讚美主，阿們！

此日，又寫了二封信，內信封兒一首唱詩，先是李敬真騎著自行車送來，北京李得生（李文華）長老來的信，報告王長老（王玉貴）、李執事（李永慶）二十六日（1917.11.10，星期六）到京作了好見證，這也是大喜之信息，又有信息云馬利亞差李長老、吾女兒惠英給我送皮衣來。

此日，我們一定聚了一個禱告會，我們是早晚時常聚會祈求祝謝，日日歡樂讚美主，這樣事奉神，雖然是身體累點，心裡是非常地快樂，因為經上說：「你們不可不止住聚會，效法那止住聚會的人。」（《北京官話譯本》，希伯來書10:25。《官話和合本》同節經文：「你們不可停止聚會、好像那些停止慣了的人。」）又說：「禱告要恆心，應當不住地禱告。」（經文不詳，可能是《帖撒羅尼迦前書》5:17）耶穌基督有一回整夜的禱告，又說：「應當儆醒祈禱，免得入了迷惑。」（《北京官話譯本》，馬太福音26:41。《官話和合本》同節經文：「總要儆醒禱告、免得入了迷惑。」）

此日晚上，我們又聚了一個會，祈禱祝謝讚美主畢，聖靈日日大降在我們心

裡，就大為歡喜度餘下的光陰。少時，我睡了一時，在前半夜間我起來，因為我作了一夢，說吾兒文祥被惡人所害，沾染污了，還在高粱地裡等著我呢！我說我兒子叫他所害所污，我不能與兒子被一人所染，那我就醒了，我思此夢兆，大魔鬼藉著李本根假牧師日前在保府（保定府）長老會大眾面前毀謗我許多的話，沾辱了我兒，被他所害打的，很是冷心，還有姜假教師等人也說了許多毀謗的話，他們要不悔改呀，必受今世不平安之報應，來世永遠的大報應，萬年之刑罰，聖靈說：「是的。」

　　此夜間我就大聲切切地禱告祈求，聖靈大大地感動我的心，又用方言祈禱許久，很有得著能力，就大聲讚美主，我又寫這聖靈真見證書，又作了一首詩就明了，今日夜間又寫到此處，又作詩一首於左：

一　魔鬼藉一李本根　　阻擋多人進天門　　毀謗我兒是小事　　別人聽他必沉淪

二　假牧師們都如此　　極利攔阻真道理　　並不因為別的事　　是怕飯鍋沒有的

三　外國多人也如此　　惟恐老會不來錢　　不論傳的對與否　　不思下獄並升天

四　毀謗言語順口流　　未必思想說出的　　我等替眾真擔憂　　恐怕毀謗聖靈阿

五　切勸眾牧性悔改　　升天亨福億萬載　　大眾思之此首詩　　實在愛眾所作的

六　懇求聖靈感眾人　　同我一齊進天門　　升入天國亨永生　　讚美真神樂無窮

　　此夜間所作的詩，實乃是聖靈指示的，我就大大地感謝讚美主，因為每逢夜間作聖工、作書，或是看書祈禱都是大有力量的，因為安靜之故也，切請看此書之諸君注意，阿們！

第八十五章

1917.11.20，星期二　午方村、容城縣

　　次日（1917.11.20，星期二）我到了他們屋裡，又切切地教訓督責我兒文祥一大番許多的良言，我們一家老少，又會祈禱，聖靈大降感動了我們的心，我老叔父大為受感也切切地祈求，一同讚美，感謝主！

用完了飯，我同吾兒，到了容城買一切當用紙筆等物，文祥回家給我老妹夫取洋錢去，我靠著聖靈獨自在大集上唱詩、給大家宣講天國的福音，工夫很大，又到了假教會內，李敬真熱心接待我們。

　　又到了勸學所坐了一時，他們眾談論起聽他們的口音，好人太少，更不能領受真道了，有一位崔義齋君，我看他是個好人似的，我可不知他的心，真神知道，阿們！將所有的帳都還清了，就歡歡喜喜祈禱著走路回來睡了，二、三點鐘的工夫夢見假用齋，不接待我們，又到了一個舖中說都睡了，也沒有接待我們，就想到接待我們的地方去，就醒了，此夢兆大約應在保定府長老會實在是假教會，假用齋飯，假冒為善人之意思。他真是睡著了，不接待真正信徒。嗳！替他們哭阿！引詩為證：

一　假冒為著此等輩　　不願接待真信徒　　恐他行為受責備　　在真道上有大愧

二　我等為他大哭淚　　他們死了真大睡　　切求耶穌叫他活　　天父接他永天國

三　更求聖靈感眾人　　接待聖徒入天門　　他家必定得大福　　平平安安到天家

四　神的聖旨更正教　　大家千萬別阻擾　　應當幫助辦此舉　　違背聖靈了不的

五　果然你要真幫助　　父子聖靈真歡喜　　必須恆心耐到底　　天國福樂永安息

　　我感謝慈悲的恩主，從大罪坑裡將我救出來，我幼而失學也未讀經不明字意，又未入過道學院，聖經上也未用過大工夫，此時蒙真神的天父的大恩，命派辦更正教之大舉，實乃不配得此鴻恩，擔此聖任者，敝人無非專靠聖靈盡心盡力，晝夜勤勞辦理諸聖工、作論、著書、作詩、發明，所經歷之實事，聖靈所指示的真理者也，如此書有不通文理之詞句或字意，用之不當之處，或有錯字等語，切望真信徒諸君大大地原諒是荷。因為不在虛文字意，只在實事，真道者也，願主與看此書者同賜，聖靈感之，深明此要意，亦可得救進入天國，阿們！我著此書全靠聖靈，決無自己一點意思，更無一句謊言，都是實事，或聖靈所指至小之要事聖工，全知的神可以為我見證，聖靈說：「是的。」阿們！

　　此夜間我切心禱告，祈求聖靈大大地感動我的心，讚美主又寫這聖靈真見證書，直到天明了，又祈禱祝謝頌揚主。

捐款捨身體聖意　獻詩寄語動天聽

第八十六章
1917.11.21-11.23，星期三-五　午方村

次日（1917.11.21，星期三）聖靈引領我們，又禱告、祈求、讚美、感謝主的鴻恩，真叫天星、海沙都多了，阿們！

靈生（魏保羅）靠著聖靈的大能，作一切聖工，晝夜不倦，因神到慈悲感動的能力甚為高興，因為我要作聖靈啟示，更正教辯論說、條例了，靈生就禁食祈禱就有大能力，在我身上心內聖靈大大地感動我。每逢動筆以先必須祈求，聖靈充滿，指示常寫的詞句，然後才寫，因為這不是人的工，實在是神的聖工，阿們！

到了晚上，我們又祈禱祝謝，我獨自祈禱的時候很多，獨自正禱告時，又要與主要大憑據，五年以內耶穌降臨的大事，我就痛哭著祈禱說：「求主還得再施大恩，格外的鴻恩，顯大憑據。」忽又顯出一支大手來，忽然又拳進一個手指去，又伸出來，聖靈說：「這是一定四、五年的意思。」我就非常地快樂，大大地歡喜不住地讚美主，阿們！

我就心裡大有憑據毫不疑惑了，聖靈就大大地感動我的心，啟示我作更正教辯論說、一切的條例，我就覺著不由自己了，並且都是我未曾想到的話語，先我為此大舉，甚是為難憂慮，後被聖靈大能大力啟示，就歡歡喜喜地作此聖論。

次日（1917.11.22，星期四）早晨又切心禱告祈求，聖靈充滿我的心就大為歡喜快樂，讚美主，阿們！我就專心靠聖靈著作，寫聖靈真見證冊、更正耶穌教會辯說條例草稿，我盡心竭力一面祈禱，一面寫，惟恐一點自滿，完完全全地求聖靈的意思，不要我半點意思。這一日寫的就很多，晚上又聚會祈禱，多多地感謝讚美主，從此我蒙聖靈指示，夜間寫作聖工著書等事，因為黑夜，安靜清雅，主的聖堂也容易感動、幫助，直寫到天明又獨自祈求祝謝讚美主。

次日（1917.11.23，星期五）大大地天明的時候，我們到我叔父屋裡去聚會祈

禱，我叔父的眼睛、耳朵，大見功效，好得多了，他也祈禱，同我們讚美主，阿們！每日還有親族朋友同鄉們來，我靠著聖靈與他講論神國的福音，接待他們，從我願寫說神國的福音，或說神的道理、神的旨意，或說天上的大父，或說聖父，因為本是神的國，本是天上的聖父，這天我寫得很累又禁食，也是因為禁食之故，就大有精神，腦子裡也清楚，心裡也清楚的多，就更有精神大有能力，歡歡喜喜受累受苦，因為我越為主、為人受大苦，越非常地平安快樂，阿們！

到了晚上，又禱告祈求，聖靈日日與我同在充滿我的心，我異常不住歡樂讚美，我睡了一時，又起來祈禱，跪著感謝讚美主，唱哈利路亞，讚美耶穌！

我們每日早晚，或是晝夜聚會，大家公禱或私禱，或獨自祈禱，都是此靈歌，今將聖靈啟示，靈歌開例載在於左：

一　哈利路亞　讚美救主　哈利路亞阿們　哈利路亞　讚美救主　加添我熱心

二　哈利路亞　讚美耶穌　哈利路亞阿們　哈利路亞　讚美耶穌　加添我信心

三　哈利路亞　讚美聖父　哈利路亞阿們　哈利路亞　讚美聖父　加添我愛心

四　哈利路亞　讚美聖靈　哈利路亞阿們　哈利路亞　讚美聖靈　加添我能心

五　哈利路亞　讚美聖靈　哈利路亞　讚美聖靈　哈利路亞　讚美聖靈　加添我大能

切盼望大家注意，這是一首勝魔鬼的靈歌，阿們！又寫到天明，又祈禱又大家公禱，我們全家日日同心合意地禱告祈求，歡樂讚美主名，阿們！

第八十七章
1917.11.24，星期六　午方村

次日（1917.11.24，星期六）又寫了一天，因為打算十日以內（1917.12.04 以前啟程）還要起行至北京去，聖靈的指示，必須趕到各公大會年聚會聯合大會。

八日（應為農曆 11 月初八，即 1917.12.21）的時候，好藉此大機會，宣更正教的大事、聖舉，故此晝夜的趕緊書寫至晚，又睡了一時，又起來打著精神靠聖

靈的大能大力祈禱著寫了一夜，到明的時候，我切切地禱告祈求，聖靈大大地降臨在我心裡，很大能力在心靈裡，我問主說：「五年內耶穌降臨，審判萬民用天火燒萬民嗎？」正祈禱著呢，忽然明明地看見，非常大的火焚燒萬民，我看得很清楚的，許多的萬萬人，都在硫磺火湖會被燒，受極大的苦難，我真是替他們哭哪！此等異象，我是看得明明白白，清清楚楚的，實在不是渺茫，切切地盼望諸位最親愛弟兄姐妹呀！千萬要深信不疑，打起精神來盡心盡力畫夜禱告，祈求聖靈的洗，得著能力行走天路，宣講天神國的福音，預備好進入永生神的國，阿們！不然，後悔晚矣！

此日因為也是安息聖日，我只畫夜的忘記此大舉了，就沒有記著安息日，這也是我的大錯，我就深深地、重重地責備我自己，主一定原諒，阿們！因為我在禁食三十九天的時候，畫夜不吃飯的時候，看見的異象甚多，這回也是禁食得著的異象鴻恩。

因為吾兒安得烈（魏文祥）告訴我的，此日是安息日，他很有記性，他讀了十年書，比我知道的字多，學問也不小，就年輕點才十六歲呀！他幫助作了很多的聖工，這幾天他熱心、盡心、盡力地幫助我寫字，查聖經各種書等等的聖工，他已經受了聖靈的洗，說出來許多的方言，一定能進神的國，阿們！

（從此段可知魏保羅的末日觀確實與千禧年論無關。大體上是審判後直接將被定罪者投入火湖受永刑。）

第八十八章
1917.11.25-11.26・星期日-一　容城縣、午方村

次日（1917.11.25，星期日）我們聚完了會，又到容城去，買紙交郵政局信件，種種為主、為道，有益的事，是他們的假禮拜日，我在路上就盡心，為幾個有學問的秀才講論神國的真道，他雖然聽著對可不能得著，主耶穌說的話一點錯處也沒有阿！神的真道對著聽明通答人就藏起來，對著嬰兒就顯出來聖靈說：「是的。」從前是法利賽人自高自大，不能領受這真道救恩，現在也如此，就如現在的眾牧師教師大首領人們自高自大，就不能領受這更正教的真道大恩！

噯，真為他們哭阿！此日我們進了會堂聽了會子，祈禱講論畢，我站起來給他們作了幾句見證，因為李敬真由我在黃村禁食三十九天的時候，數日就不明白，毀謗擋阻這真理、聖道，你心想教友就聽了嗎？這些個教友要下了地獄，些人的大罪都歸在他一個人身上，因為他阻擋多人進神的國，我切心求聖靈叫他從死裡復活進入神的國，他悔改後也叫眾教友受大洗，求聖靈的洗進神的國，阿們！我們父子二個人，又到大街上宣講了功夫不小，因為是個大集，聽道的很多，就是不明白真道的多，實在得救的太少阿！噯！求主的旨意成全吧，阿們！

　　我們回來又禱告、祈求、讚美、感謝主恩，就睡了，到了後半夜間，我又起來，寫更正教論到明的時候我們又祈禱。

　　次日（1917.11.26，星期一）李敬真兄弟來了，我們彼此談論道理，這日比從前強點，他到是有得救的盼望，我們唱詩，又祈禱畢，他歡歡喜喜同去了，這一天作聖工也很累，心靈裡甚為平安，阿們！

　　昨日接到李長老（李文華）來了一封信，內中提說賣德新外國人大大地無道德，他到中國來發了大財，因為財失了仁義。噯，我為他哭阿！盼望他悔改，阿們！這還是頂好的外國人呢，要是他們各公會的外國人哪！更是叫財迷著了。

　　我到此就自己在屋裡，非常地快樂，因為主施大恩，從大罪坑裡把我救出來，離開萬罪、拋棄萬有看為冀土，為要得著基督為至寶，阿們！信內之李長老同王長老來容一同傳道，我更大大快樂起來，阿們！

　　到了晚上，我們又禱告、祈求、感謝、讚美主，半夜又寫的工夫不小，吾兒同我作聖工，至到半夜，才睡一會，起來禱告、聚會、讚美、感謝主，因為這是極大的聖工，更正教的大舉、辯論詞的偉論與全球天下各國、中外各公大會、萬眾首領人大大地為敵抗拒，更辯的大舉，我就沒有敢用飯禁食，然為敵心內也沒有嫉妒的心，總而言之，全為得救。大家要求真道，切切地禱告祈求，聖靈的大能大力作此更正教稿，直寫到今日晚半天才寫完。這幾天大約寫的有二萬多字，還接待來人辦別的事等工，雖然晝夜的這樣作聖工，身體異常之累、難受，心靈裡是非常地平安快樂至極，這才進神國的憑據呢！阿們！

第八十九章
1917.11.27-12.14・星期二-下下週五　午方村

　　次日（1917.11.27，星期二）我又寫信給天下各國各公大會大眾首領人、真教會已受洗的男女眾信徒，直寫到晚上，我們禱告、祈求、讚聖、感謝主，睡了一小時又起來，寫這本聖靈真見證書，直寫到雞叫還寫呢，既是聖靈真見證書，就不敢添改什麼事，更不敢有一件虛假，自找沉淪地獄，滿是聖靈指示的實事（但從日期、寫作風格、資料記載等層面推斷，仍有部分是代筆、潤飾或事後修正之處，但大體上沒有經過過多修改），大約還有許多事，聖工沒有載在的。聖靈說：「是的。」我寫到此處，大魔鬼叫疑惑，心裡發了軟弱，我就跪下切心禱告祈求，靠耶穌基督名趕去鬼，靠救主的寶血洗淨了我的一切罪，靠他的大功贖我的罪，決不靠自己有什麼長處，我自己半點功勞也沒有，凡作的善事，都是神在我裡面作的，阿們！

　　真神耶穌基督，是大慈大悲的，常救免人的罪這話是可信的，阿們！我祈禱畢，心中就大得平安，毫不疑惑，一定準能進神的國，阿們！有詩為憑此詩與頌主詩同唱可也：

一	魔鬼百計迷惑人	叫人生了疑惑心	此時應當跪祈禱	若不禱告罪難逃
二	耶穌寶血洗淨我	自己毫無小功勞	不必疑惑主救你	信當籐牌勝魔計
三	救主特來找罪人	不認罪的必沉淪	靜坐常思自己過	別人過錯不嫉恨
四	更正教的大妙法	斷絕人罪是不公	你要信從就救你	還救別人歸天家
五	魏保羅受聖靈洗	洗淨一切大罪根	主示他禁靈祈禱	他信主能餓不著
六	更正教會必興起	因為是神的能力	歸榮耀給主耶穌	哈利路亞讚美神

　　我靠著聖靈大能、大力、大權，作這極大的聖工，著書更正教大要緊的書，就是這本聖靈真見證書，名曰：「聖靈更正教門徒行傳，聖靈真見證書。」阿們！哈利路亞，讚美耶穌。

忽然，李約翰（李得生）長老由北京來了，因為他與我魏保羅是一個真聖靈充滿的人，我們一見，就非常地歡喜快樂跳舞讚美神為大，阿們！哈利路亞，讚美耶穌。因為他也是拋棄父母兒女、買賣房產世業、甘背苦架跟耶穌，真有為主捨命的心，榮華富貴一點不貪，也不圖世上人的誇講、稱讚虛榮名譽、世界種種的浮華，真是一個頂好的真基督徒，阿們！故此他深認清了我魏保羅是一個真信徒來了，正我很是同心合意，同志熱心努力地辦更正教的聖舉，這才真是與我行走天路，夠奔神國的同伴呢，我們讚美主，否則不能進神的國，非得效法耶穌使徒眾聖徒的榜樣拋棄一切所的心，不能進神的國，救主耶穌說：「不拋棄一切所有的不配作我的門徒！」這話是可信的，也是十分可佩服的，阿們！

　　李長老報告我說，要不是就給你們送皮襖阿、錢阿、種種的衣服阿，或者馬利亞（劉愛）女兒惠英要來，忽然大魔鬼藉著賣德新牧師告狀等詞，頂要緊的藉著萬子青太太、孟省吾太太貪財的心，用百般的法子，各樣的鬼話，攔阻馬利亞熱心事奉主、行走真天路、進神的國，因為我魏保羅熱心愛他們多年，為他們的倍貞女學校[82]出大力，當務許多工夫，捐來好幾百塊錢，種種愛他們的大事，他們都忘恩失義呀，前者到他們那裡去，真是熱心愛心將更正教的真道、得救的方法傳給他們，叫他們也進神的國，他們不但不領受，反倒很嫉妒我，說好些個毀謗我的話，他們不是毀謗我呀，他們明明毀謗聖靈，阻擋真理阿！他們大愧心了，可昔他們作傳教師多年，他們不明白聖經，更不明那是真走天路的人，也不思想思想、研究研究，耶穌基督眾聖徒，是怎麼的榜樣？怎麼走天路？怎麼進的神國？噯！他們一味的留心世事，貪財貪圖虛華，他們怎麼能進神的國呢？噯！我真替他們哭阿！盼望他們悔改，阿們！

　　我們與李長老、吾兒安得烈，日日歡喜快樂晝夜的禱告祈求，用方言，同唱讚美主，李長老也幫助我寫作了幾首詩，這幾首我未更正教的唱詩，很是大大地注意，因為他們假教會的唱詩，實在不都是聖靈啟示作的，許多人的私意著的，我就切切地求聖靈的大能大力感動，啟示我著更正教，聖靈詩歌一本，天天一面唱、一面祈禱、一面著寫，甚是有滋味，也有將別的唱詩好點的，摘下來再更改添著的，約一百多首好詩，這真是神的大能大力、大權鴻恩，臨到我們身上，我真是幼而失學，從前在道學上，也沒有用過大工夫，怎能辦這大聖事呢？真是神的大能賞賜聖靈的鴻恩，先臨到我們中華，再普及天下萬國萬民，阿們！

---

82 若與美以美會有關係，文中所指當為慕貞女中；但依照時間序來看，也有可能是 1916 年前後所購
　　置的舊佟國維府邸所成立之貝滿女中，後改為協和女子大學。

最可惜的是新聖民、趙得理等人，幫助賈德新打官司告狀了，謀外國人一切的事，大大地不合道理，這都是面向上受的洗不對，沒有被聖靈充滿自高自大，貪戀世俗，愛慕世界種種的小便宜就犯了極大的罪，得真神啊！噯，我替他們哭，先他們的行為比我強，後來被大魔鬼迷惑，失迷了真道，因他們不努力的大故，也切盼望他們悔改認罪，努大力進神的國，求主饒恕他們，阿們！

我蒙神的大能大力，由受聖靈洗主耶穌親臨給我施水洗後，離開諸罪，斷絕治死了情欲，至如今平安快樂，行走天國的神路，神一定是已往不究，惟有不明神心真道的眾人，竟用世俗的事論斷人、批評人，就記念人家往日的過錯，耶穌聖徒有這個教訓嗎？噯！不明神心的人哪！真可憐哪！各界大家越知道我的罪多、罪大，越顯明聖靈洗的大能、大見證、大憑據來了，可見非靠著聖靈治不死肉身的情欲，這些日子將我一切產業快賣完了，又寫了一塊地的賣契字，進了一百多塊洋錢（約合新臺幣 50,000 元，推測應為 5 畝左右的田地），我就大大地歡喜快樂讚美主，因為刷印這聖靈真見證書，或唱詩靈歌，更正教的辯論條列說單等等，川資、大家所用的款項，現在必須得用，這錢也是主早已預備妥了，阿們！

這幾天雖然是晝夜的禱告祈求祝謝讚美，寫各處的書信著書作，靈歌唱詩，與眾人談論道理，上集宣講神國的福音真道，早晚的聚會、種種的聖工，非常地大累，心靈裡是異常歡喜快樂，因為得了生命樹、喝了生命活泉源水、吃了生命飯，滿足的平安快樂，阿們！

李長老同吾安得烈，定日主的意思起程，回北京去，我們早晨吃聖餐先講論主耶穌所受的一切大苦大難：為我們捨身流血、在十字架上為我們受的毀謗、種種的譏誚戲弄打罵等等的大難，和使健一切的要言寶訓，受種種苦難的榜樣，聖靈的大能大力感動我們大家，我們跪著禱告祈求，我拿起餅來望天一祝謝的時候，聖靈大降在我們的心裡大有能力，就痛哭起來了，擘開大家吃了，又拿起杯來祝謝了，哭著吃喝的，又祈禱了許久，就甚得安慰又唱哈利路亞讚美主耶穌，讚美聖靈，讚美聖父，阿們！

聖靈指示我將馬掛衣服給李長老穿，應當有無相通，不要多了衣服銀錢等物，免的掛念那些物，就不能一直進神的國了，又想到凡尊從主道理的人，是我的真兄弟姐妹兒女父母了，故此我就熱心真愛好信徒了，將川資洋錢交與他們，送他們到出村甚遠，談論主的聖事，直頂著不見了，我禱告祝謝著回來，他們也歡天喜地，唱著靈歌走的，阿們！

又離容縣梧桐老　首下天津楊柳青

第九十章
1917.12.15-12.26，
星期六-下下週三　保定、南孟鎮、信安鎮、辛章鎮、楊柳青鎮、天津

　　過了幾天（1917.12.15，星期六）文祥同他母親，由北京來容城，至各村、各處、親族朋友各家去望看，借此我們就靠聖靈的大能大力宣講神國的福音真道，各親友都大大地受感這真是神的大能，阿們！

　　忽然南孟鎮的王志榮信友，由家受苦走來，我們一見就大大地歡喜快樂至極，因我盼望他來幫助更正教的大舉，這真是神的大權大能鴻恩引導來，我們就同心合意的日日禱告、祈求、祝謝、歡樂讚美主，晝夜的作聖工，著更正教的唱詩、聖靈真見證書，我們送馬利亞至火車站，又到了固城長老會。

　　潘親真、陳先生、白得恩等，蒙聖靈指示認出我們是真基督徒來，我們給他們宣講談論更正教的真道，晝夜聚會祈禱二天，他們都大大地受感，我們在雪地裡走著回來，心中十分的快樂，這幾天也靠著主的大能治好了幾個病人，到各處各鄉宣講神國的福音、更正教的真道，報告五年以裡，耶穌親臨審判萬民之聖舉，布散聖經不取分文。

　　我們蒙聖靈指示定於舊歷十一月初四日（1917.12.17，星期一）起行至天津，忽然文祥受了魔鬼的大迷惑，貪愛世上的榮華富貴，淨不願跟我們至天津，私自離開我們走了，同王志榮信徒在雪地裡走，至白溝河鎮（今河北省保定市高碑店市白溝鎮）住，在邢子強舖中，又給起名聖號叫形復生，我夜作了一夢，文祥將一塊地的定錢接到手裡，賣給人家了，我問主說：「還能退此定錢否？」主說：「能。」這夢一定應驗文祥身上，我給寫了一封勉勵信帶去，他雖然將心地賣給魔鬼，神的大能耶穌基督的救恩，必然救他出離魔鬼的手，阿們！

　　我們到了南孟鎮（今河北省廊坊市霸州市南孟鎮，距白溝鎮 36 公里，步行約 7.5 小時）王志榮信徒家，他一家老幼異常地歡喜快樂接待我們，住在他家我們禱

告祈求讚美主，又到了宏太太會堂裡，有幾個婦人，大有信心，有二個有病的女信徒，我靠著主的大能給她們按手，聖靈說：「好了。」

第二天（1917.12.18，星期二）早他們又到了王信友家，眾人聚一個會，講論神國的福音、更正教的真道，王志榮之妻大有信心，很願意她丈夫王信友為主傳道，我們起行一路平安到信安鎮（今河北省廊坊市霸州市信安鎮，距南孟鎮約 25 公里，步行約 5 小時），聖靈指示我們進入教堂，張厚存先生接待我們進堂，晚上他打鐘招聚來了幾位教友，我們就給他們宣講更正教的真道，他們都很受感動，何玉文執事有熱心，愛聽真道。夜間我們著煤薰醒了，我就在院裡跪下禱告懇求，又叫醒了王志榮信士到院裡。少時，我們又禱告，張厚存熱心唱詩多首，我與他同唱，他一家老幼都很歡喜接待我們，真是有福的，阿們！

第二日（1917.12.19，星期三）早晨，我們同心合意，禱告祈求，聖靈大降充滿了大家的心，眾人送行至冰床[83]，雖然是非常地冷，又是大風，但我們是異常地快樂，唱歌讚美主。平安到了辛章鎮（今河北省廊坊市霸州市辛章村，距信安鎮約 15 公里，步行約 3 小時），在小飯舖屋裡，給許多天主教人宣講更正教的真道，大家甚為受感，很願意我們多給他們講論。

大家送我們出來，我們又坐著冰床至楊柳青（今中國天津市西青區楊柳青鎮，距辛章鎮約 30 公里，步行約 6 小時），聖靈指示我們進教堂，此會是美以美會，首領人劉子哲牧師與我們談論，我問他說：「你有得救的據憑嗎？」他說：「沒有。」可見各公會假牧師、教師、假道學家們，都沒有得救的憑據，何況男女教友呢？嗳！真是替他們哭阿！他們還不認罪求聖靈的洗呢！劉子哲既不願接待我們，他就是不接受真道，不願得永生阿！他一定還有虛假謊言種種的情欲，因為他用謊言計，叫出我們去，叫龍教習領我們至店去，可巧小店太亂，又無單屋，我們就到了信昌店，掌櫃的李德林是個信徒，他大有熱心照應我們，我就靠著聖靈給他論更正教的真道，述說我看見的一切異象、一切的聲音、所經歷的一切事情，他都深信了，我們跪下同心合意地禱告祈求，我按手在他頭上，他便受了聖靈的洗，說出許多的方言來，我們二人異常地快樂，工夫很大，我們受了感動，我就又將一切的真道講給他聽，多人進神國，他先很熱心的樣子幫助信心會傳道（不知李德林為何是想要幫助信心會傳道，但李德林在之後的 1918.09.03 有

---

83 冰床是冰上滑行的工具，上面搭上木板可以供乘坐，以拉乘方式前進。

紀錄受洗歸入真耶穌教會），我這才看出他是假信徒來了，我們辯論了許久，我靠著聖靈的大能勝了他們。最可喜的，有一位趙世本，他大有信心，送我們至河北店內，熱心接待照應我們，送給許多煤炭等所用東西，我們又跪下禱告，祈求祝謝讚美主。

忽然李雅各（李永慶）執事來了，這真是神的引領，他見了我們的面，阿們！哈利路亞，讚美耶穌。忽然魔鬼借著中華教會的假牧師、假道學家們，又大大地迷惑了趙世本，因為他不明白聖經，他就聽了假信徒的話，受了極大的病。

第二天（1917.12.20，星期四）我們上他舖子裡去，他就大大地反對我們所傳的真道，噯！我真為他大哭阿，切盼他還能悔改，阿們！我們又到了太陽宮前石文明舖中聚會，趙寶珍、劉寶元等，有幾位弟兄有信心我們栽培他一大番，我同王志榮信徒，就寫聖靈更正教辯論說條列、真見證書。

（原文無 1917.12.21 記載。）

1917.12.22，星期六

我們早晨，禱告祈求祝謝頌揚主名，此日是安息聖日，少時，李德林請我們至他屋去聚會祈禱，我就靠著聖靈給他們講論神國的福音，他夫人很受感動，他有病，但我奉耶穌的名，給他按手好了。

1917.12.23 星期日

我們起行到了天津，趙二老兄信友領我們到了鼓樓西假教會，王假教師冷待至極，顯明他們許多人都是假信徒，聖靈指示我開口，重重的責備他們，因為他們沒有真道在心，都不受責備，想不到的王小川，起來反對真理，阻擋更正教的真道，他是受了魔鬼王假教師的指使，就犯了大罪，敵抗神所派的聖徒，攔阻我，又寫了幾封信，給各處真信徒，聖靈引導我們先到了後堂談道，所見了王小川，我靠著聖靈，用極大的愛心，與他說了幾句話，他很得安慰，忽然我兒魏文祥由容城縣我老家來了，我就異常地歡喜，這就應驗神說的，他必能退了魔鬼的定錢，悔改跟從我傳更正教的真道，哈利路亞，讚美耶穌。

我們進入了大堂，此日（1917.12.24，星期一）是主耶穌降生的日子，男女信友滿堂，他們講完了，我靠著聖靈的大能，放膽宣講主耶穌降生的大苦難，是為我們所受的，心中有哭淚的聲音，大家甚為感動，他們請我們吃飯，完了，有許多大的信心的人與我談話，我就靠著聖靈的大能大力，給他講論更正教的真道許

久，他們大大地受感，愛談論更正教的真道、神國的福音、唱詩祈禱，聖靈大大地感動我們，又與劉寶元談了許久，至十一點鐘回到店內，又禱告祈求睡了，此日我們還到宋則久（宋壽恆）信友舖中，他素常是大有熱心的人，也很有好行為、好名譽，他請我們到了樓上相談許久，我靠著聖靈的大能大力，給他講論更正教的大舉、我所得的一切的鴻恩、所看見的一切異象、離開罪的法子、聖靈的洗印、說方言、要緊種種的真理，他也沒有加可否，我們有禱告，就離別了。

次日（1917.12.25，星期二）聖靈指示我們上中華基督教會去，我們同心合意地禁食祈禱，聖靈大降，充滿各人的心，就大有能力，有聖靈的聲音說：「主保護你們平安去，平安回來，必然得勝有餘。」阿們！

聽到了晚半天又聚會，王講師宣講說：「如何能振興教會？請大家可說。」這真是大好機會，有一個人他說：「必須多多捐錢財款項才好。」聖靈指示我站起來說：「不可靠錢財，興旺教會，應當靠著聖靈的大能大力，振興教會，切盼望大家眾位弟兄姐妹，都求聖靈的洗，得著涉力，振興教會。」阿們！

（附帶一提，同一時間在北京崇文門教堂，劉芳幫馮玉祥受洗。）

我們又與幾個人，談論的許多的話，就平安回到店中，將行李移至楊德理雙合店，給許多人講論神國的福音真道，我們又跪著禱告、祈求、讚美、感謝主之鴻恩，這真是神的大思，聖靈的大能大力，成全更正教的大舉，哈利路亞讚美耶穌，阿們！

次日（1917.12.26，星期三），我們又跪著禱告祈求，聖靈大降，我就給店中許多的講論神國的福音。

以上是民國 6 年陰曆 11 月為止

校注按：

第 90 章在內容上其實比較屬於下冊天津篇的開頭，但在當時分章時即以定下，遂按照原文不另行改動，權且做為下冊開篇的一段介紹。

天津，作為當時北方最為重要且外籍人士眾多的城市，傳教策略自然與在北京、保定不同。天津主要更正的是各基督教會，並藉由辯道來吸引受眾。而主要

的活動地點將集中在天津城區的鼓樓兩側（今天津鼓樓東、西街一帶），然後逐漸往海大道散發（今天津大沽北路一帶），並再向天津的外圍逐步擴展。

其中比較著名的幾個基督教會會堂分別是：中華基督教會的倉門口會堂（位在鼓樓東街）；倫敦會的鼓樓西會堂與海大道會堂（位在大沽北路）；公理會的西沽會堂（靠近西沽公園）；美以美會的衛斯理會堂（位在天津法租界）；英國循道宗聖道堂的成都道會堂（位在天津英租界）與宮北會堂（位在東馬路）；以及青年會（會址位在東馬路）。

魏保羅即數次在天津多在這些會堂行走，拜訪天津各教會的重要人士，當中影響較深的是天津的中華基督教會與青年會，我們將在下冊看到魏保羅如何舌戰群雄，差點身陷囹圄，經過幾次風波，又最終轉危為安，開拓傳教的新篇章。

下冊

聖靈真見證冊

耶穌降世一千九百十七年

中華民國六年耶穌門徒魏保羅 著

聖靈啟示門徒行傳更正新教真耶穌教會

見證略書新付梓　聖職名冊覆函封

第一章
1917.12.29-12.31，星期六-日　天津、安定、北京城

聖靈啟示門徒行傳，更正新教之大舉，耶穌真教會、聖靈真見證記略書、萬國更正教報等件，本是神的聖旨大能、大權，耶穌基督的鴻恩、聖靈的能力，大感啟示魏保羅靈生等人著的，這實乃是救天下萬國人民的目的，凡相信的必然蒙恩得救，進入神國，阿們！哈利路亞，讚美耶穌。

上卷頭本，已經著成印出，大家千萬求聖靈的能力，啟示幫助，詳細研究考查，用靈心、靈眼看此書的，實事得救法子之要意，萬不可因幾個錯字，或文意深淺，錯會了本意。其實不在虛文字意，乃在乎實事者也，今將神的鴻恩，耶穌的慈惠，聖靈的大能大力，真見證詳左：

耶穌基督的僕人：魏保羅長老、李約翰（李文華）長老、王復生（王玉貴）長老、李雅各（李永慶）執事、魏再造（魏文祥）、王志榮等人，由北京至天津，蒙主的大恩，顯現了許多次，諸事亨通利達平安，得勝有餘，最可喜的是全知全能的神，早己在天津預備了更正教的人才，有數十位己受聖靈洗的人幫助更正教。這回我們到了天津，見了趙寶貞、王世榮、劉寶元、劉仲林等眾位信友。他們又起了熱心，願為主出力，幫辦更正教的聖舉，這實乃是神的大能大力，鴻恩臨到天津，必借著這些人救天津萬民出離假教會的水火，進入神國，阿們！

這些個日子，常有神蹟奇事隨著我們，真是應驗耶穌基督所應許的話，說：「信的人，必有神蹟隨著他們，就是奉我的名趕鬼，說新方言，手能拿蛇，若喝了什麼毒物，也必不受害，手按病人，病人就必好了。」我們靠著主的大能，果然都實行出來了，真是和使徒一樣了，耶穌應許說：「我作的事，信我的人，也能作，並且能作比這個更大的事。」

舊歷十一月十六日（1917.12.29，星期六）是個安息聖日，我們起的很早，禱告祈求，聖靈大降，充滿了我們的心，就非常地歡喜快樂，讚美耶穌。少時，趙

寶貞、劉仲林二位來了，我們聚會唱詩講論神國的福音、更正教的真道，我們吃聖餐，我們痛哭著吃的，我們讚美、感謝、祈求講論了許久。晚半天，劉寶元來了，我們又談講許久，聖靈又大降，又同劉寶元到了西頭[1]，又聚會祈求，聖靈大大地感動我們，這幾天，我們晝夜的禱告祈求，聖靈充滿我們的心，劉寶元也願意進北京，幫助更正教的大舉，大家送我出門，至新浮橋盛興棧[2]又唱詩祈禱，我又寫聖靈真見證書，到了晚上十二點多鐘，我又禱告，睡了。

次日十七日（1917.12.30，星期日），我們起的很早，四個人同心合意地禱告祈求，感謝讚美主，聖靈充滿了我們的心，少時，劉馬可來了，我們又歡喜快樂讚美主，祈禱的時候，聖靈大降，都讚美主為大，我們五個人上火車站，蒙聖靈指示，在此宣講神的福音，更正教的真道。

先有巡警官人阻擋我們的意思，又不礙交通，魏保羅靠著神的大能勝了他們，他們就都不攔阻了，忽然，魔鬼借著查火車票的首領人夥友試探我們說：「你們五個人不用買票了，省好幾塊大洋。」他們四個人也想著是合點理，魏保羅猛一聽，似是而非的理，魏保羅禱告，主有聲音說：「不合理。」我們就一定買了票坐車，這是不好的事，大家千萬注意，因為魔鬼常借著錢財的便宜迷惑人，叫人犯罪。

我們在火車上，開口談論此舉，借此大聲宣講神國的福音，真道一面講，一面唱靈歌，讚美主，又禱告了二、三次，這真是神的大能、大力，聖靈之大功，哈利路亞，讚美耶穌，平安到了安定車站（今北京市大興區安定鎮）下車，走路到了蘆各莊村（今北京市大興區蘆各莊村，離安定鎮約 5 公里，步行約 1 小時），見了王玉貴長老，在他家聚會祈禱，住在他家，魔鬼借他母親、妻子，攔阻他走天路，不叫他跟我們上北京傳道，他也是軟弱，他不當聽母親、妻子的話，勝過聽真神聖父的話，看此書的，千萬大注意，萬不可被自己家裡的父母、兒女、妻子攔阻上神國呀！

我們一路禱告著，平平安安地到了北京，神早己委派張之瑞長老、李約翰

1　1900 年辛丑事變，天津城牆拆除後，原先西馬路以西的區域，即稱為西頭，大致上都在今天津市西青區的位置，真耶穌教會早期發展的如意庵一帶即在此處。

2　位於現今天津河北區金鋼橋附近靠三馬路的位置，新浮橋大街則是在紅橋區的大胡同附近，通常客棧與商舖多在新浮橋大街一帶，盛興客棧推測應該也坐落在此附近。

（李文華）長老等候著呢！我們一見就大大歡喜快樂讚美主，握手跳躍非常地歡樂，不住地讚美主。馬利亞（劉愛）大大地熱心歡迎大家，供著眾信徒的衣食，日日歡喜快樂，唱歌讚美主，我們在鋪中大家祈禱祝謝，唱靈歌讚美主，保羅就哭了，因為大受安慰，為萬民哭的意思，又上樓聚會祈禱，與張長老述說我保羅由蒙主大恩聖靈的大感起，所經驗的大事、所親眼看見的大異象、一切的夢兆、種種啟示異象、蒙主鴻恩禁食三十九日榮耀歸於神、宣講神國的福音、真道、到各處辯論更正教的大舉，救了許多的人，受大洗的很多，種種景況，主顯現的大能大力、更正教、萬國更正報、大功成就的憑據。張長老大有信心，素常也是一個好牧羊的長老，我們又聚會祈禱，談論了許久，聖靈差遣，見趙得理長老去，因為他抵擋更正教魏保羅好幾個月，很是逼迫我們，用手筆打了數仗。此時保羅蒙聖靈指示，願與他和好。

少時，孫教友來了，我們同李長老聚會，公共祈禱，聖靈大感，我們又談論主的道理，聖靈借著保羅說預言，說：「孫某，少時必受聖靈。」我們禱告祈求，孫某果然受了聖靈的洗，說出方言來很多。少時，王志榮信友、康久如信友等人都來了，我們正談論著呢！張長老同趙得理長老來了，保羅與他一見面，就非常地歡喜快樂，握手讚美主，二人說了許久謙虛的話，趙長老深痛認錯悔罪。（此處指的應該是 1917 年 11 月時，新聖民與趙得理還在幫貴德新打官司向魏保羅討借款一事）張長老、李長老都說了許多要緊彼此相愛的話，我們大家同心合意地禱告祈求，聖靈大降，充滿了大眾，都大聲地懇求讚美主，都大大地痛哭起來，祈禱的工夫很大，我們同唸主禱文，又熱心唱詩數首，真是有無相通了，都歡天喜地的散會了，趙長老願大家與趙長老和好，也是保羅早就有意與他和好，我們禱告著睡了。

次日（1917.12.31，星期一）後半夜我們起來，切切地禱告祈求，聖靈大降充滿了王志榮的心，我們祈禱工夫約有一點鐘之久，大家都歡喜了，我保羅就靠著聖靈寫這聖靈真見證書，哈利路亞，讚美耶穌，阿們！

第二章
1918.01.01-01.02，星期二-三　北京城

　　少時，我們聚會祈禱，講論更正教的大舉，聖靈大大地感動保羅宣佈聖經的真理，大家都甚受感動，都發起熱心來，願幫助辦更正教、萬國更正教報，眾人都跪下切心禱告祈求，聖靈充滿各人的心。

　　少時，又聖靈引導劉馬可信徒來了，張之瑞長老也來了，我們就談論了許久，聖靈指示我見賁德新長老，我就同王志榮信徒去，一面走一面祈禱，見了賁長老（賁德新），果然大大地歡喜，他一家都很接待我們，談論許久，又跪下同心禱告、祈求、讚美主，就和好了。這真應驗主指示的預言，說今日必與賁長老和好，哈利路亞，讚美耶穌。

　　我們回來，見恩信永綢緞布莊樓上來了許多的人，我就靠著主大能大力，宣講神國的真道、更正教的要理，蒙主鴻恩所經驗的諸事，大家靜心細聽，又講論了許多的聖經，眾人甚為受感，大家跪著祈禱，聖靈大大地降臨，充滿各人的心，就同心合意地大聲全都發言，熱心禱告祈求，許久的工夫，大家非常地歡喜快樂，讚美主。

　　劉馬可述說他經驗的一切諸事，神顯現的大事，眾信徒靠著神的大能大力，所行的神蹟奇事，治了許多人的病，諸信徒大大地受感；張之瑞靠著神的大能大力，叫二、三個人從死復活[3]，也作許多的神蹟奇事；趙得理，主又名趙約翰也來了，聖靈大大地降臨，我們大家就像天使的形狀，都手拉著手兒跳舞，非常地快樂無比，又唱靈歌同聲讚美主，大家歡樂而散，我們又祈禱祝謝，就睡了。

　　次日（1918.01.01，星期二）聖靈啟示我們起來，禱告、祈求、祝謝、讚美主，祈禱的工夫很大，我就寫這聖靈真見證，大家異常地歡喜快樂，不住地讚美主。少時，我們又聚會講論神國的福音，更正教之大舉，一切當辦的秩序，大家熱心合意的祈禱，祝謝讚美主，最可喜的是主差遺張長老（張之瑞）來這一回，

3　該內容可能是 1916 年時張之瑞在元氏縣的工作，詳見《通傳福音真理報》第十期第 1 面。

大家甚受感動，藉著他與趙得理長老和好了，真是神的鴻恩臨到多人，與更正教萬國更正教報大大地有益了，主感動魏馬利亞大發熱心，願為主花費許多的錢財，開立打磨廠真耶穌教會，也很願幫助貧窮教友。

少時，賣德新長老來了，他被大魔鬼錢財迷惑常常的替別人打官司、告狀等等不合理的事，我靠聖靈的大能大力，給他寫信大大地責備他，他心裡太硬，不願悔改，替他很哭，大家也切切地為他禱告祈求，願他迅速的悔改，阿們！

少時，我們又聚會講論神國的福音，更正教進行的大舉，萬培貞女士大有熱心，為恩信永布鋪說合了事，也一同大家聚會，我們眾信友，唱靈歌數首，真是歡樂至極，祈禱聚會的工夫很大，張之瑞長老定次日（1918.01.02，星期三）起行至正定府（今河北省石家莊市正定縣）教會（應是信心會在正定府的教會），這也是神差遣他到各處，證明魏保羅是主耶穌基督所派的真聖徒，與更正教的大舉，甚是有益。因為賣長老種種不好的行為，大家眾信徒全都不佩服他了，諸位信徒千萬注意，小心謹慎、警醒祈禱，免得魔鬼用似是而非的道理迷惑你們，這幾日神的鴻恩臨到大家，哈利路亞，讚美耶穌，阿們！

次日（1918.01.02，星期三）我們蒙聖靈催著起的很早，大家同心合意地跪拜禱告祝謝頌揚主名，我就寫這聖靈真見證書。少時，眾人都起來聚會祈禱，大家唱靈歌讚美主，又唱送行詩歌，趙得理長老也來送行，我們吃完了點心，一同歡送張長老至火車上，聖靈大降，感動我們的心，在車上唱歌、祈禱、講論神國的福音，大家歡樂而別。回到打磨廠教會，又祈禱唱詩，又到了恩信永樓上，我就寫這聖靈真見證書，大可喜的是聖靈感動劉馬可、王志榮二位信友，此時與我同心合意地禱告祈求傳神國的福音，辦更正教的聖舉，正要用寫好字的人呢！王志榮請了一位金子清先生來了，此人早就望道六年，未得著真理，我靠着神的大能，給他將更正教的真道，述說我經驗的一切聖工、所見的異象、神所賜的一切鴻恩，金子清都信了他給更正教的大事，寫信給吳總監（吳炳湘，字鏡潭），因前者總監已經批准在打磨廠恩振華的地方，開立真耶穌教會，今將給警察總廳吳總監去的公函於左：

鏡翁總監英鑒，敬肅者。睽違雅教，時切縈思五內，衷曲願為披瀝。鄙人前在黃村鎮傳教，禁食三十九日，蒙神特恩命派辦萬國更正教，前者奉函上書己蒙總監鼎力玉成，批准在案，同人等深為欽佩，感激莫名。今又蒙示下索閱敝會職員名姓，理合謹具銜名　恭呈

鈞閱　謹將銜名列左

魏恩波長老

李約翰（李文華）長老張之瑞長老王復生（王玉貴）長老李雅各（李永慶）執事
王德順執事王志榮先生劉馬可先生

男女教友六十二

耶穌教會公啟

全備弟兄多共事　屬靈信友更相從

第三章
02.14-02.16，星期四-六　北京城

（第 3 章為新開篇開始，日期為由後向前推測，與第 2 章並不接續，敬請知悉。後續的日期推演也有些須依靠猜測，會逐一在後續補充說明。[4]）

此日（1918.02.14，星期四）我們大家祈禱唱詩，好幾次聖靈時常幫助我們，李雅各（李永慶）執事、王德順執事、陳更新信徒，他們三個人辦理一切的雜事，在打磨廠真教會聖靈所多派的眾信徒，各有各的用處，都甚合適，哈利路亞，讚美耶穌。陳太太給作飯，到了晚上大家都發言講論研究神國的真道，祈禱祝謝唱詩讚美主，工夫很大，又跪下切心禱告祈禱，就睡了。

次日（1918.02.15，星期五）我們起來禱告祈求聖靈大大地感動我們的心，大家都很熱心。少時，又聚會唱詩祈禱講論馬太福音第八章之要意，大家都為受感，又跪下切心禱告祈求，聖靈大大地降臨充滿了我們各人的心。少時，魔鬼借著別人有點錯處，叫魏馬利亞（劉愛）起驕傲很厲害，我同馬可（劉寶元）跪下禱告，少時，平安了，我就寫這聖靈真見證書，主賜的鴻恩甚多，各樣的事情，都顯出神蹟來了，我同王志榮至警察總廳見吳總監呈稟公函去。回來，到了打磨廠西頭刀子鋪，與謝教友聚會祈禱唱詩，聖靈大降，充滿了我們的心，又到了一間小飯館，吃著飯，與大家講論神國的福音真道。又到了趙得理局中，同他兄弟學生等人談論道理聚會，跪禱許久，回到鋪中樓上，同全鋪中夥友、魏馬利亞、眾位信徒聚會禱告祈求，唱詩歡樂讚美主畢，就睡了。

次日（1918.02.16，星期六）是安息聖日，聖靈叫我們起來禱告、祈求、讚美主，真是感謝主的鴻恩，每逢安息聖日，就降福賜異常地平安快樂，哈利路亞讚美耶穌！少時，趙得理來了，也一同聚會祈禱，大家歡樂將一切的板凳桌椅都帶至打磨廠教會去一同聚會，凡關乎真正聖事合乎良心，是主的善舉，安息日矣可

4　詳細的日期討論請參唐紅飆，《真耶穌教會歷史史蹟考》，頁 79-82，注 13。

作，萬不可錯會了意，拿自己的私事，也當了聖事，萬不可給魔鬼留機會地步，應當由早晨起來，就一心的守安息聖日，禱告祈求，唱靈歌，讚美主，講論神國的福音，必蒙主耶和華降福賜平安，阿們！

我們大家又聚會，祈禱唱詩，都聚在打磨廠教會，王德順執事同他二個孫子也都來了，還有一位陳教友是買書的。少時，劉明老教友來了，王興甫老教友也來了，我靠著主的大能大力，給大眾講論這更正教的真道許久，李長老（李文華）又給他們講論了許久，我又論大家講論哥林多前書第十一章：耶穌受苦受難死在十字架捨身流血之大功，我們都當用愛人如己的話，思想思想，對得起主否？噯！願真信徒都當為主耶穌，和眾弟兄捨命，阿們！

世上的革命家，他們還有為世上的國捨命呢？何況是我們，為天上神的國呢？更應當的了。眾人大大地受感，我就哭了，大家跪下祈禱吃聖餐，工夫很大，又起來唱詩，劉明老信徒被聖靈感動說預言，大聲說：「成了。」我們大家鼓掌快樂讚美主，我們又到了恩信永樓上，賈長老（賈德新）、趙得理、賈太太、含立（賈含立）等人，為恩信永的借款，賈德新還叫大財迷鬼迷著呢！我靠著聖靈的大能，放膽責備他許多的話，他蒙了主的鴻恩，不要多利錢了，要還一點，大家先禱告了才說的，真是神的大能，阿們！

惟有趙得理，反覆無常，成不了什麼大事，無什麼用處，當了賈長老的小洋奴兒，胳膊肘往外扭，他給假教會寫信說魏保羅種種的不好，他實是阻擋真理的，他種種的錯處多了，也是被自高自大驕傲，世俗種種的鬼給迷著了，此人再不迅速的悔改呀，大大地危險哪！切求主救他，可見魔鬼多厲害，他能害這樣的信徒，也是他不小心的之故，我們又聚會感謝、祈求、讚美主，此晚上，我們四個人，都上打磨廠教會住的，我們這一家老少、夥友、眾信徒，大大地歡喜快樂讚美主。

第四章
1918.02.17-02.19，星期日-二　北京城

次日（1918.02.17，星期日）我們早晨起來，禱告祈求，聖靈大大地感動我的

心，我們四、五個人都同心合意地禁食祈禱，為的是上他們假教會辯論去、打仗去，這仗可不是有形的仗，乃是無形的美仗，神的大能大力、聖靈的感動，指示我很多的大事，進會堂都有次序地指示的合適，真神的聖靈明明的對我說：「你們平平安安去，平平安安地回來。」又顯現了一條魚的異象，有聲音說：「得勝有餘了。」（魚的異象在上冊第 40 章也出現過）

我們祈禱完了，就給他們二、三個人講論福音書的要意，為的是壯他們的膽量，我們又到了恩信永樓上，聚會祈禱，就同李約翰（李文華）長老、魏再造（魏文祥）、劉馬可（劉寶元）、王志榮至中華基督教會去，趕上他們查經班，我站起來為大家講論應當受聖靈的洗，離開罪。

少時，又聚大禮拜，許先生講的有不少對的地方，他可不能遵著去行，我在談道所，給一個瞎子講道，說：「你有信心，能叫你眼睛好了。」他們幾個在大堂，唱詩也有人受感動。

我們又到了崇文門內孝順胡同美以美會（即北京亞斯立堂），極大的會堂，在將更正教的聖條約，散給各公眾男女信徒的很多，我們是禱告著去的，又到了後門，進入會堂坐下聽講，見他們吃聖餐，不受什麼感動，明明的看出他們是假的來，都沒有得著能力，大家聚完了會，聖靈引導，平平安安地回到恩信永，因自己不甚虔誠吃了飯，就因覺著自己軟弱，大魔鬼又借著魏馬利亞（劉愛）有逼迫我的話，我就靠聖靈的大能，得勝有餘了。回到教會，又聚會畢，他們睡了，我就靠著聖靈寫回信答復王富昇（王玉貴），因為他有指問我的三件事，又寫這聖靈見證書，直寫到大後半夜，哈利路亞，讚美耶穌，阿們！我睡了一小會！讚美耶穌。

次日（1918.02.18，星期一）我們起來，禱告祈求，聖靈指示我們往假教會去，明說：「平安去，平安回來。」我同王志榮，至燈市口公理會，在門房與給幾位弟兄談論道理，有一位關教友，大蒙恩惠很有信心，又到了廣學書會[5]，買了幾本書，要緊的用處，與書鋪掌櫃的談了許多的話，我們進了談道所，我靠著聖靈的大能大力，給大家講論更正教的真道，散佈聖條約，少時李引之（李本源）

5　即廣學會，主要是清末時期開始引介西洋科學、實務知識與宗教神學的翻譯書籍。1917 年時，由瑞思義（Rees William Hopkyn）擔任廣學會總理，期間翻譯了著名的 James Hastings 的 *Dictionary of the Bible*。

假牧師進來了，我問他：「有多少產業？都在什麼地方呢？」他不大願意回答我，他眼著我們散佈更正教的條約，他不加可否，又到大堂院內，廣佈聖約條很多的，我們進入教堂，男女教友很多，因為是年聚禱告會，准別人禱告，我就靠著聖靈，大聲祈禱二次，眾人甚為受感，這是神的大能鴻恩，臨到北京了，就應驗主指示我的果然成就了我們，回到恩信永報告魏馬利亞，眾人大喜之信息，大家同心大聲讚美主，我們每日常聚好幾個會，讚美耶穌主日日顯現大能大力，鴻恩回到恩振華教會住，哈利路亞，讚美耶穌，阿們！

次日（1918.02.19，星期二）我們早晨起來，切心禱告、祈求、讚美、感謝主，聖靈大降，感動我們各人心，到了恩信永又聚會祈禱，正要用一個寫好字的呢，忽然曲信友（曲提摩太）來了，他寫了幾對信，蒙聖靈指示，我們到了五條胡同公理教會（即公理會的東四北公理會堂），我們到了，他們正打鐘，這也是神的大能，引導的合適，此會又有說話祈禱的機會，我就靠聖靈給大家宣講更正教的真道、救人的法子。祈禱了二、三次，大家甚為受感，又請我們三個人到談道所，我靠聖靈給眾人講論更正教的真理，我所得著的異象鴻恩、種種的大恩，大家都很注意聽，講了少時，忽然有一個吳云生，他是大道學院（推測是華北協和大學的神學院）畢業，他與我大大地辯論許久，我就靠主的聖靈勝了他，眾信徒都佩服的多。我們平安回到恩信永，報告魏馬利亞、眾信徒，忽然聽說賈德新又告下我來。又不欠他的利錢，本錢是不到日期，魏馬利亞叫我去過堂（通常這類型的問案會在警察廳與其附屬機構進行），我說：「我問問聖靈准我去否？」我們大家切心禱告，聖靈指示不准我去，我就一心跟著耶穌學，因為弟兄彼此告狀是太不合理的，我要一去，就未免的有點告他的話，一定就不合聖經的真道，我就靠著聖靈能力說講真道。

第五章

1918.02.20-02.21，星期三-四　南苑

在恩信永又聚了二次會，都是切切地禱告祈求神的大能，聖靈聲音說：「平安過去。」這都是主的意思，用百般的法子成全更正教的大舉，阿們！回到打磨

廠教會住，又祈禱、感謝、讚美主畢，就歡樂安然他們睡了，我就靠著主寫這聖靈真證書，還有一封信，直寫到後半夜睡了一小時，我獨自又祈禱畢才睡的。

次日（1918.02.20，星期三）我們同心合意地禱告祈求，聖靈大降，充滿了我的心，大家異常地快樂，讚美主，聖靈指示我們早早地起來，往南苑去，出了永定門外，有一個禱告的地方，我們唱詩祈禱，招來的人不少，我就給他們宣講神國的福音，報告五年以裡，耶穌降臨審判萬民之大舉，聖靈很有能力，在我們身上，阿們！

平安又到了大紅門，唱詩祈禱，招來的人很多，我就靠著聖靈的大能大力，給許多的人宣講神國的福音，也述說耶穌的審判，聽的人很愛聽的，又走到南苑北大橋頭上，宣講神國的真道，聽道的人非常之多，聖靈明說：「先見賈潤齋信友，他必接待你們。」

我們進了潤齋鋪中，神的靈感動潤齋信友，很熱心接待我們，談論了許久，又祈禱祝謝頌揚主名，潤齋請我吃飯，聖靈引著我到了街上，忽然見了張重生，這真是神的引導，就定了在他家晚上聚會。少時我們到了張重生家聚會祈禱，我們彼此講論神國的福音、更正教的真道，又唱詩祈禱，聖靈大降，充滿我們各人的心，就大大地歡喜快樂起來了，又回到潤齋信友家中，談論真道，我們又禱告祈求，跪禱的工夫不小，聖靈很幫助我們，就住在潤齋鋪中。

次日，耶穌降世一千九百十八年，既中華民國七年正月十一號（1918.02.21，星期四，原版記為陰曆的 1 月 10 日，但依照前後文與安息日來比對日期，此處正確日期應該為 1918.02.21，即陰曆的 1 月 11 日，故此修改原文），聖靈引導我們起來，同心會集在一處，切心禱告祈求，聖靈大降充滿了我們的心。

我不到南苑以先，張仲三、張重生與賈潤齋都不合，聖靈指示我們，靠著主給他們取合，於是就差王志榮、李雅各（李永慶），請他們二位來賈潤齋鋪中，因為潤齋信友鋪中地方便宜，也是賈潤齋比他們都年歲大，應當就大哥地方和好見面。少時，他們來了，我靠著聖靈首先提說給他們和好的話，張重生說了幾句謙虛的話，張仲三自高自大驕傲的樣子，強說話。

頭一天晚上，我同王志榮就看出他是被魔鬼所迷，錯講了許多的聖經，說了許多的錯話，少時，我蒙聖靈指示，願叫王志榮上北京去，報告魏馬利亞（劉愛）一切的景況，他走後，我同李雅各到了張仲三成衣鋪中，張仲三被大魔鬼所迷，由在永定門外大紅門受錯洗起，至今日魔鬼總沒有離開他的身，他不聽別人

靠著聖靈所說的良言了，淨聽他一個人說才好，我奉耶穌的名禱告祈求，他也不大愛聽的意思，怎麼才顯出來呢？因我未祈禱畢，他就唸禱告文，唸完了他就不說話，就出去辦俗事去了，他妻一點真道也不明白，鋪中人無信道的，也都不願意，我們聚會祈禱，可見張仲三無真道德，也不明白聖經，口裡是一天胡說八道，我們也沒有吃他的飯，就出來了。

他應許晚上，在賈信友鋪中聚會，他也失了信，未到會，我甚替他們憂傷難過，潤齋給我們講道一晚上，少時，張重生來了，他也是被妻子攔阻走不動天路，我們講論了許多的道理，又祈禱唱靈歌，讚美主，我們大眾同心合意，又切切地跪下禱告祈求，聖靈大降在我們心裡，這才歡喜睡了。

第六章

1918.02.22-02.25，星期五-一　南苑、北京城

次日（1918.02.22，星期五）定的賈潤齋上北京去，我們起的很早，就切心禱告祈求，聖靈大大地降臨，充充滿滿的有恩典、有真理，在我們心裡，又有大能大力在我心裡，我們又唱詩數首，大為高興，因為頭一日晚上，我同李雅各（李永慶），就定了為得能力、得恩典，禁食禱告，果然應驗，每逢禁食的時候，就得大恩典、大能。方才這一定是神最喜歡的聖意，阿們！切盼望大家真信徒，要得能力、得鴻恩，千萬禁食祈禱，阿們！

少時，來了一位劉履堂畢官（有可能是蹕官，即負責出巡警蹕的官員），有難治之病，聖靈指示我給他按手，聖靈明說：「他一定好了。」又給他講論了許多的真道，祈禱唱榮耀歸耶穌畢，他同潤齋信友歡喜快樂上北京去了。我同李雅各又到了內小屋同心合意地禱告祈求，為眾真信徒凡受了全身洗禮的，或己立連禱約的，每日必須代禱的，為更正教的大舉，為萬民各教會，一切的信徒，凡認識的眾親友，每日必須祈禱周到了，才心裡平安，阿們！這也是主最喜歡的，也是可蒙悅納的，此時我又靠著聖靈寫這聖靈真見證書，哈利路亞，讚美耶穌，阿們！

少時，王志榮來了，說：「總廳批准耶穌教會，請你去說明教規。」於是，魏保羅同王信友，又回北京，到了大紅門北邊，我們唱詩祈禱，招來的人很多。

我保羅，就靠著聖靈大聲宣講神國福音，又走到永定門外小火車站[6]，唱詩祈禱，招聚的人異常之多，我就放膽宣講神國的福音、更正教的真道、五年內耶穌來審判天下萬民的大舉。

又到了北京恩信永，我們聚了一個會，唱詩祈禱畢，又走到打磨廠真耶穌教會，這一天為主作聖工，大大地歡喜快樂讚美主，魏馬利亞（劉愛）到了教會，我們大家同心合意，切切地禱告、祈求、讚美主，聖靈大降充滿了我們的心，就非常的歡樂了，我就住在教會。

次日（1918.02.23，星期六）我們同腓力（賈潤齋）信友，早晨起來禱告，聖靈大大地感動我們的心。會畢，我就到各家街房拜望，談論主的福音真道，少時本地面巡官來，談論了許久，將真耶穌教會、更正教的道理教規，都與他說明了。此日，是安息聖日，巡官走後，恩信永夥友、安得烈（魏文祥）、惠英（魏惠英）、王志榮信友都來了，有一個雙失目人左永祥也來，王得順（王德順）執事帶著他孩子，大家就聚會禱告，唱歌讚美主，我就靠著聖靈，給大家宣講更正教的真道福音的奧秘，大家異常地受感平安，快樂領受主的鴻恩。李約翰（李文華）長老給大眾宣講了許久，一同跪下切心禱告祈求，聖靈大大地降臨，哈利路亞，讚美耶穌，大家聚會談論。

至到晚上，王子明來了，聖靈指示將新聖民請來，我們就禱告祈求，唱靈歌讚美主，我將一切所見的異象、所得的一切鴻恩、到各城宣講福音、醫治病人、種種的景況、種種的效果，全都告訴他了，他很有信心。從前聖民長老（新聖民），比我強得多了，我們講論工夫很大，又跪下切心禱告祈求，聖靈大大地降臨，感動了眾人，新聖民走後，我們與馬利亞，大家又談論了會子，讚美主，又回到恩信永就睡了。

次日（1918.02.24，星期日）是假教會的禮拜日，聖靈引領著我們起來，禱告、祈求、讚美主，我同王志榮信友到喬蔚亭書房，他大大地有學問，我靠著聖靈給他講論更正教的真道，報告他一切蒙主鴻恩種種的景況，他很信這一切的事，我們又祈禱讚美主，又到了中華基督教會，與臧教友辯論了許久，他也服

6　今北京南站的附近，為清末至二戰前在京山鐵路上的站點之一。戰後，一直作為北京火車站的輔助車站，直到 1988 年後改稱北京南站。2008 年遷至原永定門車站附近處，並連通高速鐵路，成為複合型車站。

了，談道所還有幾個教友，都聽見了，就算勝了大眾，又到了雙其杆假教會（北京雙旗竿教會，即米市教堂，此時為中華基督教會的主要聚會點），此日是各公會聯合聚會、祈禱、講論的日子，我們進去看見人不多，我們也坐下聽著谷子榮（谷子容）假牧師錯講聖經，不受聖靈洗的人，聽不出來，請高誠齋假牧師祈禱，一點能力也沒有，因為他是靠己禱告，不是先求下聖靈來才禱告，凡一切偽信徒、偽牧師，都不愛聽真正的道理。散會後，與安廣秦教士談論了許久更正教的道理，也有幾個人聽著，又到了青年會（北京青年會），散了許多更正教的聖約條單，與周幹事談論了許久，見了張佩之，與從前用著我魏恩波的時候，就大不相同了，可見人在人情在，也就認出他們都是假信徒來了，都是貪圖世上的榮華，富貴虛名，就自找沉淪地獄呀！真替他們哭阿！

又到了雍宅，給雍先生（雍濤）留下了一個更正條約、一本聖靈詩歌，又到高教友（應與上冊第 25 章所載為同一人，但不知其名為何）家聚會祈禱，講論讚美主，又到了陳新三教友家，談論了許久，走到中華基督教會，是個公共的祈禱會，我就靠著聖靈禱告了二次，回到恩信永聽見裡頭人說話，不知是何人，少時安得烈出來告訴我說：「有官人為賈長老（賈德新）的事，傳你去。」我同王志榮先用完飯後，回到鋪中，官人走了。少時，李長老來了，我們大家聚會禱告祈求，歡樂讚美主，這一日蒙主的鴻恩非常，阿們！

此時，賈潤齋信友也來了，次日（1918.02.25，星期一）我們起的早，聖靈引著我們禱告、祈求、感謝、讚美主，魏馬利亞極力攔阻，不許我上廳，也是我自己甚不願意再管鋪中之事件，我們就同潤齋（賈潤齋）信友，起程至南苑。

正在南苑潤齋鋪中聚會呢！有總廳二個官人，力逼我們回去，到廳有事，我們又回北京，我一面走一回祈禱，聖靈在我身上大有能力，雖然不知道是什麼事，有聖靈的聲音，說：「平安。」自想著也許是各公教會舉告了我也未可定，可是心裡大有能力，一點也不害怕，因為心裡無有愧心事。到了廳上，官說：「傳了好幾次怎麼你不來呢？」我回答說：「神差遣我往那裡去，就往那裡去，不能聽人的。」官說：「你欠賈德新，這筆款怎麼著？」我回答說：「一、不欠他的利錢；二、本錢不到日期，他為什麼告狀呢？[7]」官就無正當的理由回答我，

7　此事件亦記載於《傳道記》中，張巴拿巴認為賈德新確將錢放在魏保羅布莊，但魏保羅經營生意越來越差，賈德新才想要取回原本款項，但魏保羅無法償還，而因此對簿公堂。故此，賈德新是否如

就放我出來了，既已被放出來，就大大地歡喜快樂，讚美主。

到了打磨廠教會，與李長老（李文華）、胖立（賈潤齋），一同禱告、祈求、感謝、讚美主，工夫很大。又到了恩信永，魏馬利亞正憂心與王志榮大家議論此事呢！我們到了樓上，大聲禱告、祈求、感謝、讚美主，就非常地快樂了，聖靈指示我給官長寫了一封信。

少時，安得烈（魏文祥）說：「中華基督教會請咱去，今日歡迎雍先生（雍濤）。」因他才從獄裡出來，聖靈許我們去，一見雍先生，聖靈指示，我將所經驗鴻恩：禁食三十九天的大事、傳道的事、醫病的大事等等要言，又與許多有名望的人、教會的眾首領人，宣講談論更正教的真道，散了幾個聖約條單與聖靈詩歌，很驚動了大公會，大約佩服的人很多，這真是神的大能大力，鴻恩臨到中國，更正教興起的兆頭，神用百般的法子，成全更正教的大舉，回來，又到恩信永樓上，報告大家都歡喜讚美主，又聚會禱告祈求，聖靈大降充滿我們的心，哈利路亞讚美耶穌。

第七章
1918.02.26-08.28，星期二　北京城、黃村

次日（1918.02.26，星期二）因已定準王志榮、李永慶，起程至黃村回家，我們五點鐘，就起來禱告、祈求、感謝、讚美主畢，我送他們至天橋兒，又回到打磨廠教會，同李長老（李文華）禱告，祈求感謝讚美主，我們二個人到了澡堂子（即公共澡堂，近年已隨著拆遷逐漸消失）洗著澡，宣講神國的福音給大家聽。又到了恩信永吃完飯，又到樓上聚會，談論祈禱，少時新聖民長老，同康久如信友來了，分心為說和賈德新之事，我們聚會唱詩，祈禱談論神國的更正教之大舉，他們二個人預備了飯，魏馬利亞（劉愛）就上了總廳。

魏保羅所說如此不堪，如貪財、失了仁義，這可能還需要更為謹慎的判斷。此外，這樣的「經營」關係，究竟能否主張有期前延遲解約？或主張對造未盡善良管理人注意義務？可能有待後續的判決，我們才能知道結果了。該事件請參張巴拿巴，《傳道記》，頁27。

我們吃完飯，趙子享（趙子亨）牧師來了，我將一切的異象、一切的鴻恩、傳道的大效果、各城各鄉醫病趕鬼的大事、種種的神蹟奇事、離開罪的法子、到各城與各公會辯論的景況，都述說給聽了，他很有信心的樣子，可是他還有自恃自高的樣子，也是沒有受聖靈洗之故，一定沒有能力勝罪，我們禱告、祈求、感謝、讚美主。

少時，總廳官人將我叫去，官長很是優待，與我說了許多的私話，我就同魏馬利亞回到教會，禱告、祈求、感謝、讚美主，又回到恩信永聚會禱告畢，有大魔鬼借著魏馬利亞談說別人的不好話，入了我的心，我就奉耶穌的名趕鬼，又跪下切心禱告祈求，說我為主死一百次，也是願意的，阿們！後來鬼就退了，平安睡了一夜，讚美耶穌，阿們！

次日（1918.02.27，星期三）早晨起來，禱告祈求，全鋪中人早已就一同聚會多年了，這也是主格外的施恩，與一家全鋪中、眾親族朋友，也借我得鴻恩，又上到樓上，同馬利亞祈禱唱靈歌、讚美主，我就靠着主的大能大力，寫這聖靈真證書，此日我靠著主禁食禱告，果然得能力精神，勝過一切的罪惡。

此日新聖民、康久如為說和事也來了，李長老來了，他們說的工夫很大，就是沒有聚會祈禱、唱歌，實在是大為錯處、缺點，切盼望諸信友千萬到一處就當聚會、祈禱、唱歌讚美主，阿們！新聖民已認出我是真信徒，被聖靈充滿地來了，他們和和平平的回去了。

此日，我寫這聖靈真見證書，直寫到四點多鐘。到了打磨廠真耶穌教會，腓立（賈潤齋）信友一人在屋裡看堂呢！我們二個人就同心合意地禱告祈求，聖靈大大地感動我們的心，就不住地感謝讚美主為大。少時，王子明假信徒來了，我就給他宣講聖經，責備他許多的要言，他口頭上可是贊成責備之言，但看他的心一定不悔改。我又往回走遇見李長老，就格外歡喜快樂讚美主，我們蒙主指示定為第二日起程，先至黃村，然後再至天津。

此日，朱鼎臣帶來一封信，很長話語甚多，不外毀謗反對更正教條列之言，總而言之他們都不明白聖靈的真道，我看了許久的工夫，都看完了可謂一笑而已，大約此信有假牧師、假信徒們大家的話，添雜在其內的。此時，我同吾兒安得烈（魏文祥）整齊給多行李，最注重的是更正教所用的一切書阿、更正教的條例呀等等的要物，我們又同魏馬利亞，在樓上聚會講論神國的福音、更正教會的要事、臨別的要言，又跪下禱告、祈求、感謝、讚美主畢，就平安睡了，

次日（1918.02.28，星期四）我們起的很合適，因為有聖靈啟示引導，事事都亨通，順利平安，我靠著聖靈講論神國的大事，又告訴了魏馬利亞許多的要言，她大為受安慰，我們唱聖靈詩歌，我切切地問主說：「我們怎麼走？」有聲音說：「你們坐火車走。」我又問說：「是什麼意思呢？」主說：「一定有用意。」我自想或者主派我們在火車宣講神國的福音。此次，李長老意思，就送我到黃村，取他自己的物件行李等物，就迅速回北京，我們聽聖靈的吩咐，又到樓上跪著切切地禱告祈求，聖靈大大地感動我們，魏馬利亞大受聖靈，就發起大熱心來，為更正教會接待眾男女信徒，真實行有無相通了，大家常在我們家吃飯，聚會讚美主，日日快樂，她供著大家傳道。

　　此日給了我們路費川資，給我們預備的衣服行李等等所用的甚為周到，我們又歡樂唱等再見一首詩，就起行至東便門火車站，我被聖靈感動，願給大家講道，因為還有一點多鐘的工夫才開車呢，我同李長老的行李東西又甚多，可是誰看著呢？正思念之間，忽然有一位曲信友（曲提摩太）趕了我們來，由去年我們就認識他很信心熱誠，我說：「你看著行李東西吧！」看好我們二個人，好給他們大家講道去，於是乎他就看著，我們二個人大聲唱詩招來的人很多，我就給大眾宣講神國的福音，工夫不小，聖靈大大地幫助我們，李長老接著宣講許久，就到買票的時候了。

　　我們買了票，往北邊走，有一個頂無知的人，他問李長老說：「你們是什麼教會的？」李長老回答說：「我們是耶穌教會的。」他說：「哪有個耶穌教會呀？你們到底是什麼會名子？是美以美會呀？是倫敦會？是哪一會？」你們大家眾信徒，聽聽有這樣無知的嗎？可惜他還是一個站長的樣子，他還讀了許多的聖經呢！大約他是美以美會的大學畢業生、大道學家的樣子，也未可定他真是給教會現眼呢！他一點道德也沒有，也不明白聖經，他淨批評人家從前的錯處，他不按著聖經與我們辯道，可謂一笑矣！真是為這樣人哭阿！盼望他們悔改，還進神國，阿們！

　　我與曲信友一談道就知道他被聖靈差遣，到我們這裡走，幫助辦更正教的，聖靈就指示我，買了三個火車票，他也就順從上了火車，這真是神的大能、大力、大恩臨到更正教了，這都是成大功的兆頭，我們在車上唱詩，宣講到黃村，下車到了真耶穌教會，我們就感謝讚美主，祈求禱告，我們非常地歡喜快樂，讚美耶穌，因為聖靈的大能，幫助我們得勝有餘了，見了李雅各信友、李太太非常

之歡喜，因為他們是誠實信主的，他們給我們預備飯吃了，又唱詩靈歌，禱告祈求頌揚主名，就睡了。

校注按：

　　從李文華與該人的討論可以側面看出，當時對外說自己是「耶穌教會」，僅表明了是「信仰基督教」的立場，至於宗派則未可知之。也因此，當解釋「真耶穌教會」的形塑過程，「真正的」耶穌教會群體的想像可能是先於一個宗派概念的出現，較為符合當下的情境。

第八章
1918.03.01-03.04，星期五-一　黃村、安定

　　次日（1918.03.01，星期五）早晨祈禱畢，又到了任義奎鋪中櫃房，談講了許多，又聚會禱告、祈求、讚美主，任義魁（任義奎）還是照常的熱心接待，定下晚上請我們吃飯。

　　少時，我們用完飯，到了假教會（從前後文看來以及所遇人士推測，應是去了美以美會）見了苑先生，書房坐了一時，有看堂的曲先生（曲提摩太）將我們請至他談道所，彼此辯論了許久，有打我的那一個劉五哥（劉繼永）也去了，我們很和好了，在談道所祈禱了二次。

　　少時，米振幫（米振邦）教士首領人來了，我們談論了會子，任義魁（任義奎）執事請我們吃飯去，用完了飯，就過到教會去，徐女信士、陳女信徒，與眾男女信徒都來了，我就靠著聖靈給他們大家講論神國的福音，報告這些個日子裡，蒙主鴻恩所醫治的病、主顯現的大能大力、所指示的一切事、所結的果子、種種效驗、一切的大恩等等，都報告大眾信徒了，大家唱詩祈禱，跪著讚美感謝主之鴻恩。因為此日晚是安息聖日了，少時，又聚會禱告祈求，讚美感謝主恩，就睡了。

次日（1918.03.02，星期六）因為是安息聖日，起的就很早，大家禱告、祈求讚美、感謝主，去一位我們就與他聚個會，祈禱講論更正教的要理，這一天聚了好幾個會，眾人都受感動，最可喜是有李宴臣先生，他很有學問也願受大洗去，我與他談論了二、三天，都很有意思，此日蒙主的聖靈指示我，我給他們的教會眾執事、首領人寫了一封公函，說明本禮拜日，容弟領首，所講的要題，不外乎叫眾教友求聖靈的洗，得著能力，行走天路，維持和平之要旨，如蒙許可，請賜一回音。到了晚上，本堂首領人米振邦、本堂執事任義魁（任義奎）二位來了說：「城裡大會說派人來，如他不來人也可以。」我們又禱告祝謝讚美畢，就睡了。

次日（1918.03.03，星期日）我們懇懇切切地求主，大施鴻恩，叫他們准了僕人在他們堂裡講道。少時，米振邦首領人來了，他說城裡的講員還沒有來，大約可以請大哥講，這真是越過我所想的去了，我們又跪下禱告、祈求、感謝、讚美主，就至他們的會堂，首領人米教士（米振邦）先講了會子，說可以請魏大哥、徐先生、某某先生補足講論。聖靈引導我起來，放膽痛哭的心，宣講說：「諸位最親愛弟兄姊妹，萬不可錯想了，兄弟不是拆散教會的，實是成全教會的，無非是叫大家都改過來，還可以仍舊在本堂聚禮拜未嘗不可，頂要緊的是求受聖靈的洗，離開一切的罪過，可以得救。」聖靈在我心裡所說話，大家很以為然。（雖然自 1918.01.02 以後已大致都使用真耶穌教會的名稱，但魏保羅在一定程度上也可接受這種更改信仰，而不用更改教籍的做法）

散會後，北京的大道學家來了，米振邦請我們至他的屋子裡談話，這位大道學家姓狄，他目中無人，自高自大，與我們辯論更正教的道理，他總不按著聖經和耶穌使徒的傳教而辯，我靠著聖靈，我問住他許多的話，他都無正當的言語回答我，說：「你還傳道呢！你別給傳道的現眼拉！」

後來，米振邦、曲先生送出我們來了，最可喜的是主的大能大力，叫曲先生受了聖靈的洗，說出許多方言來，很與我同心同志，主派他為更正真教會的執事，主又給他起名叫曲提摩太，神派他為萬國更正教會報的書記，他也願意任職，真是主重聽人的禱告越過人所想的，阿們！

此日任義魁（任義奎）執事，請我們吃很好的飯，更可喜的是徐女信士大有熱心，每日早晚來堂好幾次聚會，祈禱聽道，主派她為女報事，也配個女執事。晚上我們又聚會祈禱，祝謝畢，就安歇了。

主指示我們次日（1918.03.04，星期一）起行至天津，米振邦、任義魁（任義奎）都過來唱送行詩，祈禱求平安，我早晨起來靠聖靈給魏馬利亞、李長老、北京的真教會眾信徒寫了一封信，報告他們一切的喜信佳音，又給雍劍秋（雍濤）信徒寫了一封信，叫他改革教會，也責備他幾句良言，求主叫他能領受才好，阿們！我們又祈禱祝謝，唱送行詩，就起程，一面走路一面祈禱，最可喜的是這一路將我所得的鴻恩，所見的一切的異象，從入教以來，如何離開的罪，如何得的這一切大能力，一一地都述說給曲提摩太了。他大有信心，雖然有時軟弱點，我靠神的大能，勸他的話他都聽了，主必保守他大大地強健起來。

　　到了安定（今北京市大興區安定鎮）車站，將行李先放在雙義居飯鋪裡，我與提摩太到美以美會見了劉教士，他很接待我們，祈禱畢，他請我晚上去查聖經，我就給王復生長老，寫了一封信打發李雅各（李永慶）送去請他來，談談心志。我又到劉教士堂內，查經祈禱講論，必須求受聖靈的洗，才能得救，得大能力，離開一切的罪，回來又給王志榮信友寫了一封信，提摩太就寫記錄事，我歇了一小時，起來就寫這聖靈真見證記略書，直寫到天明我又寫信回答朱鼎臣之要函，又祝謝祈禱。

旗帳揚揚傳獨步　經綸凜凜辯爭雄

次日（1918.03.05，星期二）禱告、祈求、感謝、讚美主，少時，王復生（王玉貴）長老來了，我們一見就大大地歡喜快樂讚美主，又談論了許多的要言，聖經的寶訓，又唱聖靈詩歌好幾首，快樂之極，王長老送我們到了火車站，又唱詩宣講神國的福音，聽的人很多，講的工夫不小。少時，有在黃村打過我的那個人劉繼永，同范教習也上火車，他們本是假信徒，不認識真聖徒，雖然是說幾句和氣話，究竟心裡還有不好的念頭。

我們上了火車。在火車上，唱詩宣講神國的福音真道，一大火車人都聽著，每人奉送給他們一本小書，真是撒了美好的種子，直講論到天津新車站，下車，哈利路亞讚美耶穌，阿們！異常地快樂讚美主，走到大經路（今天津市中山路），蒙聖靈指示進了春秋印刷局，坐了一小時，也告訴他們將唱詩本印錯了許多的字，又帶了一百本聖靈真見證記略書（應是本書上冊），聖靈引導的路程，一點也不差正合適，正應驗大衛王詩篇經上說：「凡他所作所行盡出真神美意。（經文不詳，可能是詩篇 1:3）」雖然有時天路不平，終究與他順利。

此日走到天津西頭（今天津市西青區），趙寶珍信友在石文明鋪中門前站著，我們一見大得歡喜，還有一個信徒最為忠心，他（可能是張萬春）會糊頂棚。

忽然，又見了劉更生（劉仲林），都同著到了范家胡同[8]，前者租的教會地基，請了房東信，通知明白，房東姓范，行為很是一個溫柔，人甚為和氣，是有福的樣子；那一個忠心的門徒叫張萬春，熱心為主的教會，盡義務糊窗房等工。

8　今天津市紅橋區東側，位在傳統俗稱西沽大街一帶的范家胡同。范家胡同始建於 1880 年代，是西沽一帶眾多胡同之一。此處存留至今的尚有原屬公理會的西沽堂。

趙寶珍信友，熱心為主的教會，東走西跑的買東西等等義務作工；劉更生為主的教會也是熱心辦事，這是主早預備的人，幫助辦更正教之大舉根基的人。當日晚上，趙寶珍信友同我魏保羅，叫范守信教友的門，要見他的面，他睡了，又同幾位弟兄在教會事務所禱告、祈求、讚美、感謝主恩，真是說不盡的鴻恩，臨到北京、天津眾信徒與中華大國了，這都是更正教成功的大兆頭，哈利路亞，讚美耶穌，阿們！

次日（1918.03.06，星期三）早晨我們起來，禱告、祈求、感謝、讚美主畢，趙寶珍信友、劉仲林信友，主給他起的聖名叫更生，有幾位教友都來了，幫助辦教堂的諸事。少時，范六（范守信）先生，就是守信教友來了，他就在聖所對邊住，我們一見，就大大地歡喜；另一個滋味，因為他很有信心之故，我們在門口外談論主的道理，我所蒙的鴻恩，請我至他家坐，聖靈許去，我們二位靜坐，我將蒙全能的主慈悲的神，從死裡復活的救主耶穌基督，聖靈的大能、大力，所顯現的異象、一切聲音、禁食三十九天、主耶穌的能力、醫病趕鬼的諸事，廣傳福音與各城的聖工，都詳細告訴論說給他聽了，他都信了。於是我們二個人同心合意地切心禱告祈求，聖靈大大地降臨，就有聲說：「立他為長老。」我就遵著主的聖旨，按手在他頭上，聖靈用膏膏了他，神派他為長老之職，他也真配長老之任，主又給他起聖名字叫范彼得，是天津西頭，頭石之意，我們二人，就非常地歡喜快樂，不住地讚美主。

他請吃飯，我問主許可，用完了飯，我過到聖所，范長老為主拿到聖所二個桌子、四條板凳等等的東西，趙寶珍拿來許多物件，後來劉馬可（劉寶元）、王世榮、徐重生，眾信徒都來了，我們都同心合意的，熱心大聲禱告祈求，聖靈大大地降臨在各人心裡，大有能力，晝夜的懇求，祝謝大聲讚美主，有個李二奶奶病的很厲害，我同劉仲林，就是更生至他家祈禱，講道勸他深信耶穌能治人的病，劉更生一說的時候，就有聲音說：「她好了。」

次日（1918.03.07，星期四）果然好好的了，范七先生之少君的病，也是當日就好了，大家應當感謝讚美主，哈利路亞，讚美耶穌，阿們！神大施鴻恩，派趙寶珍主給他起聖名叫約翰、劉馬可、劉更生、王世榮，主又他給起聖名，叫王印靈等人，共四位為真耶穌教會執事，神所派定設立的絕無錯處，千萬要保守你們的神職聖任，是禱。

大家發起熱心來同心合意的在天津靠著主的大能大力首先發起辦更正教之大舉，我們大家早晚晝夜不住地禱告、祈求、感謝、讚美主，時常聚會講論研究聖經，宣佈更正教的宗旨，我與曲提摩太信徒定於次日（1918.03.08，星期四）給各省、各處、各城、各鎮發公函。我們每逢早晨或是辦什麼聖工等等大事，或是種種的小聖工事件，都是先懇切祈求禱告畢，才去作呢！我就寫給各處去的公函、底稿預備好了，曲執事手筆很好，我們將所印出來的聖靈真見證記略書，都拿了去，直寫了二天的工夫，還未寫完，因為各省、各城、各教會、各信徒，也是太多。

本禮拜五日（1918.03.08，星期五），就算安息聖日了，來的人不少，我靠著加給我力量的基督、五旬節顯大能的聖靈給眾信徒宣講神國的福音、更正教的真道，聖靈大大地感動大家的心，都平安快樂的常在一處，讚美主名，阿們！

有一天范長老（范守信）領我和趙執事至曠野去，禱告路過石文明信友局子家中，進去談論了幾句話，就出來走到一個地方，名開窪（今天津市紅橋區三興里附近），我們三個人就同心合意地跪下切心禱告祈求，聖靈大大地感動我們的心，阿們！中華基督教會的張執事來辯論更正教的道理，很厲害，他受了大魔鬼指使來的，我靠著聖靈很責備他，我與范長老說過，必須這樣責備他，他才能悔改呢！神的大權、大力，叫我們日日得勝，因為是晝夜不住地祈求，禁食禱告之大故也。

第十章
1918.03.09-03.14，星期六-四　天津

次日（1918.03.09，星期六）是正當的安息聖日，我們早晨起來，就定志禁食，同心合意地禱告祈求，為的是第二天到假教會去，打無形的美仗、辯論更正教的真道，少時來堂的人，很虔誠，我們就聚會講論神國的福音、更正教的真理，大家甚為受感，王世榮執事被聖靈說：「每逢安息聖日，我們可以到各處宣講佈道。」我們很贊成。

此日我們安息聖日，聚會畢，大家就到了范長老的地方，臨街眾聖徒唱聖靈詩歌讚美主，招來的人很多，我先宣講的，趙執事（趙寶珍）、劉馬可（劉寶元）執事接著大聲宣講神國的福音，工夫很大。

回到聖堂，又來了幾個弟兄，我們又聚會講論更正教的真理，已經定奪本安息聖日，大家吃聖餐，我靠著聖靈的大能大力，給大家講論，主耶穌受苦受難受盡了委屈，捨身流血之大事，又辯明吃聖餐，必須擘開餅，不許用刀切開，這是一定的，與主耶穌學的（真耶穌教會後來的聖餐禮至今都仍是使用手擘餅，而非用刀切，可能是從此為根據），大家跪下，先行祈禱，我有痛哭的心思，因為有外會的人，就不能那樣大哭就是了，我就照著主耶穌的禮實行祝謝了，擘開給大家呢！喝了，眾聖徒都甚為受感，聖靈大降充滿了我們的心，聚會畢，有一個宋教友大大地辯論這更正教的道理，大家靠著主就勝了他，他又回來佩服多了。

這幾天，都是每日聚好幾個會。此日到了晚上，又聚會大家禱告、祈求、感謝、讚美主，我們蒙聖靈指示，次日必須上鼓樓東中華基督教會（即倉門口教會，位在今天津市南開區鼓樓東街）去，大家也甚同心願去。

次日（1918.03.10，星期日）我們還是禁食祈禱，同心懇求聖靈大大地幫助我們的膽量能力，我同劉馬可執事、劉更生（劉仲林）執事、徐重生信友、曲提摩太執事，五個人去的，聖靈的隨時引導指示著我們，他們三個人從前門進了會堂，我同劉馬可進的後門坐下，他們三個人就散更正教的聖條約，我們就禱告著，平平安安地散完了也沒有人攔阻。散會後，忽然有一個舊友，張國體見了面大大地親熱，他領我到了會堂的樓上，切切地談論了許久，又祈禱唱聖靈詩歌，讚美主，祈禱了二次，聖靈大降感動張國體的心，他甚有痛悔前非哭的意思；也與李進德信友見了面，這真是神的大能，又定了在西頭真耶穌教會見面，細細地談論一切，先到了李進德信友住處坐了一時，又祈禱了一回。

又起行走到西頭教會，已經有弟兄來堂等著聚會的。少時，張國體來了，我將一切的大事、蒙主鴻恩所經驗的諸件、所看見的大異象、廣傳福音的大舉、更正教的聖事、萬國更正教報的大發，都告訴他了，主給他的信心很大，還有二位教會著名的人來了，也聽著很以為然的樣子，張國體也將他得恩典感動，發明了許多的話，眾信徒很受感動，都非常高興，又禱告、祈求、感謝、讚美主，唱聖靈詩歌數首，直講論到晚七、八點鐘，大家歡歡喜喜散會，這真是全能的大主、慈悲的神，救主耶穌基督的鴻恩，臨到天津了，阿們！哈利路亞，讚美耶穌，張國體定請我們次日至他家聚會，為他妻禱告治病。

次日（1918.03.11，星期一）早晨我同曲提摩太、李進德禱告畢，起行到了他家先行唱詩、祈禱又講論許多的聖經，他一家都很有信心，聖靈說：「他一家得救了。」阿們！他妻的病也好了，哈利路亞，讚美耶穌，在他家聚會祈禱好幾次，他請我們三個吃飯，這日聖靈差遣曲提摩太上北京作見證，報告天津一切的景況、大喜之信息。到了晚上，張國體叫他自己的車，送到我教會，甚為歡喜快樂，讚美主，大家應當齊聲讚美主，唱哈利路亞，讚美耶穌。到了晚上，大家又聚會禱告、祈求、讚美、感謝主恩，就安歇了。

次日（1918.03.12，星期二）趙約翰（趙寶珍）執事六點鐘就起來了，我們同心合意地禱告、祈求、感謝、讚美主，聖靈大降臨，我們更火熱起來了，少時又唱詩祈求禱告畢，聖靈又差我上馬日新家去，給他母親禱告治病，他母親信心太小，我同徐重生信友去的，我們先行禱告祈求，唱聖靈歌讚美主，又給他母子講論神國的福音、耶穌的應許、聖經的一切應許，談論了許久，又跪下禱告，我靠聖靈按手在他母親頭上，聖靈說：「她好了。」

又回來，有弟兄幾個人，也來聚會，我們大家又聚會講論更正教的真道。少時，張恩甫執事來了，很有認罪的樣子，我們站著禱告祈求，聖靈大降充滿我們的心，張恩甫還有點辯論，我們靠聖靈的大能大力勝了他，我們又禱告第二次，范長老大受聖靈的能力，大聲呼曰主名說：「哈利路亞，讚美耶穌！」張恩甫臨走時，歡歡喜喜、和和平平地走的，聖靈已經得了他，為更正教的用人，天津西頭的眾教友沒有大反對的了，這真是神的大能大力，阿們！

這一天（1918.03.13，星期三）從早至晚，連聚會祈禱唱聖歌講論聖經、更正教的大舉，晚上又祈禱祝謝了才睡的。

此日又定了次日（1918.03.14，星期四）五、六點鐘起來大家祈禱，我睡了一小時就起來，盡力寫這聖靈真見證略書，直寫到天亮，范長老（范守信）四點多鐘大約就起來了，趙執事起的又很早，少時大家都來了，有劉更生執事，也來的不晚，大家聚齊了，我給眾人念這聖靈真見證書，大家同聲祈禱感謝讚美畢，同唱哈利路亞，讚美耶穌，我們大眾每逢聚會，祈禱都是必須唱聖靈詩歌，第一首、第二首、第領禱告畢，又念聖靈真見證書，大家歡喜而散，我還是寫這聖靈真見證書，直寫到至九點多鐘，阿們！

聖靈大施鴻恩感動我們眾人的心，日日這樣熱心事奉主，每日早早地就起來祈禱，祝謝讚美主。常來聚會的真信徒，有：范彼得（范守信）長老、趙約翰

（趙寶珍）執事、劉馬可（劉寶元）執事、王印靈（王世榮）執事、劉更生（劉仲林）執事、徐重生信友、張萬春信友、李雅各（李永慶）執事等人，恆心執事，由在黃村我靠著主的大能大力，禁食三十九天起，他晝夜的跟從我們傳道，甘心樂意受苦受累，拋棄所有的為主到各處、各城、各教堂放，但跟著辯論，神國福音的奧秘，直到天津二次了，這都是主早已就設立預備妥了，一切辦更正教的人，應當讚美，全能全知的主，阿們！

曲提摩太執事、李得生（李文華）長老、魏安得烈（魏文祥），都由北京來信，述說報告京都教會，傳道一切順與不順的景況，我靠著神的大能，聖靈的感動給他們寫回信說：「凡事應當謝恩讚美主，無論遇見何事，順與不順，都是主的恩典神的旨意，因為我們所辦的事，是神的聖工，哈利路亞，讚美耶穌。」

第十一章
1918.03.15-03.18．星期五-一　天津

次日（1918.03.15，星期五）祈禱祝謝畢，眾信徒來堂聚會，大家日日歡歡喜喜地常在一處，講論聖經、唱聖靈詩歌讚美主，到各處靠著主耶穌的名醫病趕鬼，少時，有凌四（徐凌四）先生教友，為許牧者（據考美以美會天津教區當時為景平在任，找不到有其他許姓工人的紀錄，因此魏保羅筆誤的可能性較高）之獨生子，禱告治病，許家（徐家）倒是有接待的樣子，心裡不是十分地信服，許牧師（徐景平）因他獨生子病重的事故，還有點信的意思，與他談論了良久，我同趙約翰執事去的，因為他很有熱心、信心，我們回來，又與眾信徒聚會，祈禱、感謝、讚美主，因此日是禮拜五，每逢此日晚滿日就算安息聖日了。

次日（1918.03.16，星期六）是正當的安息聖日，我們起的很早，我們祈禱，每逢早晨祈禱，范長老（范守信）、趙執事（趙寶珍），來的時候多，先二、三天，趙約翰到各家，叫起信友來禱告，眾信徒甚為高興。這聖日，我們同心禁食祈禱，由頭一日就禁食起，為得能力，因蒙主指示，次日至美以美會辯論更正教的大舉，只要來人我們就聚會、講論、祈禱，由到天津起，每日聚七、八回會，禱告祈求，因為必須時常聚會，警醒祈禱，才能勝過魔鬼，大家千萬注意，阿們！

次日（1918.03.17，星期日）起的更早，我們同心合意地切切禱告祈求，聖靈大大地感動我們的心，神指示我們上假教會禮拜堂去的次序，有聲音說：「平安去平安回來，得勝有餘呀！」我們起行，有范長老（范守信）與趙執事（趙寶珍）二位上倫敦會，現已交與中華人自立。

我同徐重生至美以美會，還有一個青年信友，也跟了去，我們進了會堂，看堂的說：「你是魏先生吧？」我說：「你怎麼認得我？」他說：「我聽見你說過。」我們給了他一個更正條單，又來了一個教友，也給了他一個更正條單。聖靈指示徐重生在會堂門首散此約單，就佈散了，男女眾信徒，都看此聖約單。少時，凌四（徐凌四）教友來了，楊連錫信友也來了，是自己的朋友，我就給他們講應當守禮拜六為安息聖日，我站起來大聲說：「外國洋人們傳錯了教規，應當守禮拜六為正當的安息聖日。」有幾個人攔擋不住我的口，少時王假牧師（王治平，據下冊第 13 章此處應指的是王治平）上台宣講，他說不拋棄所有的不算真基督徒，所講論的有是自己的私心意思，我看他們這些個假牧師，都是魔鬼兒子們被魔鬼所差遣，傳假道阻擋真理的，神一定打他們、教訓他們。

他們要不悔改都得下地獄受永遠的重刑，王假牧師講畢，說：「我們禱告。」我就大聲告說：「牧師能說不能行，假冒為善，假先知就是指著現在個公會假牧師們說的，求主鑒察，大降聖靈充滿了我們眾弟兄姐妹的心，都要明白過來，快快的回頭認明真道，離開罪惡，夠奔神國，阿們！」

會畢，王卓臣（王卓忱）執事留我說明安息日應當守哪一天，有許多人聽著，我們就辯論起來，我靠主不住地禱告，聖靈的大能大力勝了大眾，我們跪下禱告祈求，唱了好幾首聖靈詩歌，與王卓臣談論了許久，歡喜而別，回到徐重生家為他老母親禱告治病畢，又到教會，大家異常之歡喜快樂，不住地感謝讚美主為大，范長老、趙執事也算得勝回來，我們就更歡樂了，晚上又大眾聚會祈禱，祝謝頌揚讚美主名，此晚得勝畢，才吃了玉米麵湯飯。

次日（1918.03.18，星期一）早晨趙執事、范長老，幾位弟兄來堂禱告，由早晨起，眾信徒禱告祈求、聚會、唱聖靈詩歌，聚了約有八、九回會，聖靈大大地幫助我們。到了晚上，張國體信友來，大家異常地歡迎，談論了許多的要言、聖經的訓意、更正教的真道，眾信徒歡喜而別。

第十二章
1918.03.19-03.21・星期二-四　天津

　　次日（1918.03.19，星期二）早晨又切心的禱告祈求，聖靈大降充滿了我們的心，前日晚上有徐重生云：「咱們求翻說方言哪！」我就禱告問主說：「可否？」聖靈說：「可以。」我們就禱告，懇求聖靈充滿了我們三個人的心，聖靈藉著劉馬可（劉寶元）執事說：「主耶穌一定五年以裡來，大家千萬要警醒祈禱、努力傳道、為主作證。」還說了許多教訓人的要言，聖靈藉著徐重生說了許多教訓大家的話。有一回聖靈藉著王印靈（王世榮）執事說方言預言，說：「快傳道！耶穌快來了、快來了！」這都是很要緊的教訓。

　　此日，我同趙執事取了三百本聖靈真見證書，又有一位教友來求耶穌治病，大家查考聖經數章，講論了許多，大眾禱告祈求，祝謝讚美主，歡喜而別。還有幾個弟兄沒有走，我們就被聖靈指示翻說方言，又跪下同心合意切心禱告，祈求聖靈又藉著劉馬可、徐重生二位說了許多的方言，我都給他們翻出來，說：「我們這就到天堂了，神的國在我們心裡，大家要警醒祈禱天天來才好，千萬都就了魏靈生（即魏保羅）來，他能幫助你們走天路。」還說了許多教訓的要言，大家歡喜而別，我靠著聖靈寫這聖靈真見證書，直寫到天明，哈利路亞，讚美耶穌，阿們！

　　次日（1918.03.20，星期三）天明，范長老（范守信）、趙執事（趙寶珍）也來禱告，由到天津以來趙約翰、范彼得等四、五個人，早晨常常的來堂禱告祈求，祝謝讚美主，真是熱心，我睡了一小時，雖然是身體乏倦，來了信徒，我還願接待，為他們講論神國的福音、更正教的真道，忽然曲提摩太來了，說：「我們已同魏馬利亞、李長老（李文華）由北京來，他們二個人都在張國體家呢！」我們就非常地歡喜快樂讚美感謝主，大鴻恩臨到天津了。

　　因為姐妹這一方面也是要緊的，我們同范彼得長老，幾位弟兄坐著冰床到了張國體家，見了魏馬利亞，非常歡喜快樂，讚美感謝主之鴻恩，張國體他夫人很熱心接待我們大家，就唱詩禱告祈求，講論工夫很大，就留下魏馬利亞一個人住

在張宅，我們同李約翰（李文華）長老，歡歡喜喜地回到天津西頭真耶穌教會，眾弟兄都歡迎李長老，是因為他被聖靈充滿了，講論唱詩都很有能力，諸信徒聚會，禱告祈求感謝讚美畢，就定了明日，都可以上張宅去聚會。

次日（1918.03.21，星期四）五點鐘就起來，大家禱告祈求到六點鐘，大家聚齊了一同至張宅，張國體大有熱心接待眾信徒，他將自己的二間房子，作了真耶穌教聚會所禱告的地方，大家熱心唱詩禱告祈求，聖靈大降，充滿各人的心，有聲音說：「立張國體為真耶穌教會執事。」我們三個長老一同按手在他頭上，大眾都受了大感動，蒙聖靈指示，說：「他是叫司提反。」他又給大家買的點心等物，眾信徒吃了，我靠著聖靈的大能大力，給大家講神國的真道、更正教的要理，工夫很大，范長老也作了好見證，張國體執事，也說了幾句話，大家又跪下禱告祈求唱哈利路亞，讚美耶穌。（從後續的內容得知，張國體此時仍尚未受洗，請見下冊第 60 章）

會畢，歡喜之異常，都回到西頭真耶穌教會，祈禱畢，魏馬利亞（劉愛）上范長老家，給眾女信徒宣講談論更正教的真道，我們在教會宣講，到三點多鐘，魏馬利亞過來，要回北京，大家挽留，聖靈也不願她走，她就不走了，我們在會堂前面就唱詩，宣講神國的福音，報告五年以內，四年多一點，耶穌一定要來審萬民，惡人必下地獄，受永苦；信靠耶穌的，必升天堂，享永福，招來的人很多，魏馬利亞在教會屋裡，宣講給許多婦女們聽，講的工夫都很大。

我們又到了石文明家，聚會祈禱，大聲宣講神國的福音，最可喜的是徐重生說方言二次，我給他翻出來，很警教大家，真是驚天動地的，聽道的人，約有一百多人。我們回來，又同范長老、李長老、徐重生、眾執事弟兄們到了美以美聚會，勉力會見寶英堂，我靠著主與他談論許久，將我由受了聖靈洗之後，所蒙主特恩選派，辦更正教之大舉、所見的一切異象、禁食三十九天、問主一切的要言都告訴寶英堂了，又對大家講了一番，范長老也作了好見證，李長老領唱了一首詩，大家不但沒有反對，還有歡迎的樣子，這真是神的大能大力，成全更正教的大舉，回來又聚會祈禱，感謝讚美主，才睡了。

第十三章

1918.03.22-03.23・星期四-五　天津

　　次日（1918.03.22・星期四）我們起的很早，同心合意地禱告祈求，唱歌讚美主，少時，馬利亞過到教會裡來就起行回北京，我們送她上火車站，曲提摩太執事同魏馬利亞去京，我們到車站，還得等二點來鐘才能買票呢！我們就唱詩祈禱宣講神國的福音、更正教的真道，聽道的人，約有六、七十個人，又到火車上，宣講了一會子更正教的真道，大家甚為佩服，歡喜而別。

　　我同李長老（李文華）到了春秋印字局（即春秋印刷局），給李長老定印了三百名片，載在有聖經的要言，以救人之用意，出來用完了飯，一想將大領失下了，就又往回走，我就禱告說：「主莫非有用意嗎？」聖靈大大地感動我就寫了一個名片底稿，定妥印一千張，這真是主的大能鴻恩，神用百般的法子，大力幫助此大舉，今將些名片，載在之聖言，於左：

　　「各國都傳錯了教，眾信友都上了外國人的當，諸位弟兄姐妹，還不迅速受全身洗禮，求聖靈的洗麼，耶穌說，不是水和聖靈生的，就不能進神的國，諸牧者、眾首領人、不怕踢飯鍋的，必然贊成，歸榮耀給主耶穌，阿們！」

　　當我們又到了李長老同響鋪（有可能是香鋪）正趕上他們放工，我們給他們宣講神國的福音，工夫很大這真是神的旨意大力，阿們！

　　又到了海大道倫敦教會（今天津市和平區大沽北路，於清末民初時為臨近租界所在，歐美人士多在此出沒），見了李福生教者，他雖然多年的道學家，不明真道，我將一切的異象、夢兆、禁食三十九天之大事，種種鴻恩都告訴他，他不大甚動心的樣子，他的女人更是無道德了，她不願意接待的樣子。

　　到了六點半鐘，我們到了他們的會堂聚會，李福生講請三個人禱告，我靠著主禱告的聲音很大，大家受感的不少，李長老唱五旬節詩一首，我將名片給了大眾，李先生給我們引見了幾個信徒，就歡喜而別回至真教會，大家甚為歡喜快樂讚美主，眾信徒不住地禱告，祈求時常聚會。

次日（1918.03.23，星期五）早晨起來，我們弟兄幾個人都同心合意地禱告、祈求、感謝、讚美主，我給上海的趙義民信友寫了一封信，又同趙約翰執事、徐重生信友，到了一個老婦家，她病的很厲害，我們去了，她說：「我好了。」感謝主恩，阿們！又到了馬日新家，他母親也說：「好了。」真是神的大能，哈利路亞，讚美耶穌，將啞吧他母親也叫了來聽，加添她的信心，我靠著主的大能大力，給他講論了許久，又跪下禱告祈求聖靈，大大地幫助感動我們的心。

又到了張小勤家，因為他女兒病的很厲害，我奉耶穌給按手好了，他母親不願意接待，也不叫我們禱告，我已看出她是被魔鬼所指使著。

我們又到了鼓樓西假教會（倫敦會鼓樓西會堂），李二先生信友在家裡，他很有信心，他身體有病一定好了。我正與幾個教友談道呢！張恩甫執事與我辯論，論到倫敦教會的名稱對否，他無正當的話回答我，談道所又黏著好些個挽留王教士（王治平）的人名條子（王治平1917年甫剛歸國，仍在北京匯文任教授，但1919年時即接任了天津基督教青年會的總幹事，請參下冊第15章。此處很有可能就是為了挽留王治平在天津而寫的人名條子），聖靈指示都給他們取下來，說：「聖經上有這個教訓嗎？有這個理嗎？拿我父的地方當作賊窩了。」有一個學生說：「你為什麼將我們學校的眾名子撕下來呢？」我回答說：「這是我父的地方，不許在牆上糊貼。」又對王教士說：「你辭職頂好，不可當人的奴僕，應當作神的僕人，萬不可要教會每月好幾十塊洋錢。（時值自立運動雖如雨後春筍般建立，但大多數教會、宣教士或牧師仍由差會進行部分的補貼）」還說了很多責備他們的話，我們又到了三不管地方，唱詩祈禱，大聲宣講神國的福音，徐重生又說方言，我都給他翻出來，聽道的人非常之多，甚為注意。

回到教會，又聚會祈禱，唱歌講論，到了十點多鐘，有劉馬可執事、徐重生信友、馬日新信友、李約翰（李文華）長老、李雅各（李永慶）執事，我們六個人談論神國的真道，唱聖靈詩歌讚美主，聖靈大大地感動我們的心，就都被聖靈充滿，就都願意為主、為人捨命，大家就非常地快樂，大聲禱告祈求，神又派徐重生為真耶穌教會的執事，徐重生又說了許多的方言，我靠著聖靈都給他翻出來，我們大大地歡喜快樂，讚美主，哈利路亞，讚美耶穌，阿們！他們就睡了，我就靠著主，寫這聖靈真見證書，直寫到天明。

校注按：

　　關於當時在華的教會運作模式，通常是由差會的西教士自行挑選、指揮並發薪給華籍傳教士、助手，來維持數個傳教站的營運，直到逐漸成熟後，方開始讓這些華籍人員進入學校系統學習，而後華籍傳道人再工作數十年後，方可被考慮按立為牧師；因此，在中國牧師是相當鮮少的，反而是維持在尚未按立傳道人階段者眾多，也是魏保羅在各地會堂接觸的主體之一。這些傳道人對於差會的依賴性頗高，主要是由於其營運資金與薪資均來自於差會，大體上西教士的薪津可能高過華籍傳教士 28 倍，華籍傳教士所領薪資不過等同於一名鄉村教師[9]，這可能也助長了傳道人們難以擺脫差會走向自立的原因，這也是魏保羅向來所主張反對的。

第十四章
1918.04.06-04.07，星期六-日　天津

　　（此處的日期為推算，可能並非正確日期，請讀者知悉。）

　　次日（1918.04.06，星期六）是安息聖日，眾信徒起來，到堂大家同心合意地禱告祈求，聖靈充滿了我們的心，就大聲懇切祈禱，祝謝讚美主，日日為更正教禱告，更為天下諸假教會、千萬教友禱告，並且為萬民懇求，我魏保羅每日為眾信徒，並受了全身洗禮的一切，受了聖靈洗的，必須禱告祈求。

　　少時，大家聚會，我靠著聖靈的大能大力，給眾信友宣講神國的福音、更正教的真道、辯論各教會的要題，大家非常的熱心，彼此實行相親相愛，又真有愛各教會、愛萬民的心。眾弟兄唱聖靈詩歌數首、禱告祈求畢，聖靈指示我們上天津三不管大舞台前頭傳道去，我們都靠聖靈充滿幫助，很是勇敢，走到大舞台前，聖靈指示了一個地方很合適，我們就唱詩先行祈禱，又唱聖靈詩第一首、第二首，招來的人很多，我就靠著主的聖靈講給大眾聽。趙約翰（趙寶珍）執事接

9　趙天恩，《中國教會本色化運動（1919-1927）-基督教會對現代中國反基督教運動的回應》（新北市：橄欖出版，2018.12），頁 76-85。

著宣講，李約翰（李文華）長老熱心大聲唱詩，宣講神國的福音，劉馬可執事宣講的很有能力，馬日新講的也有聖靈的大能，宋國用、張復生、劉更生（劉仲林）執事三個人也都作了真見證，最可喜是張重生說方言很多，我靠著聖靈都翻出來給大眾聽，這翻說方言的能力，就大多了，大家聽著很以為然，約有五、六百人聽見真道。我們臨走時，有許多的人跟著走，直到大街才慢慢散了，我們歡歡喜喜地回到真教會，又禱告祈求，祝謝頌揚讚美主，就睡了。

　　次日（1918.04.07，星期日）早早地起來，就懇切祈禱，少時又來了幾位弟兄，聚會講論禱告祈求讚美主，唱聖靈詩歌數首，聖靈大大地感動我的心，指示我們上天津西沽公理假教會（即公理會西沽堂，位於今天津市紅橋區紅橋北大街龍王廟東街 3 號，此會堂赫赫有名，也是張伯苓 1909 年受洗時的會堂）辯論更正教的道理。有聲音說：「他們必叫官人干涉你們，必然得勝回來。」我同趙約翰、劉馬可、徐重生等人去了進了會堂就散傳單，散完了，徐重生說方言，我給他翻出來，講論給大眾聽，男女眾信徒都願聽的樣子。忽然有幾個無道德的外國人反對攔阻，更有幾個小外國奴兒打罵我們，又叫了不信主的官人來干涉這聖道，真是太無知了，保羅說：「弟兄控告弟兄，這已經是你們的大錯了，他們還不明白聖經呢！怎麼能傳教教訓別人呢？可見傳錯了教，都作了魔鬼的兒女。」嗳！我替他們哭阿！他們還在大罪坑裡呢！他們要不速地迅悔改呀，必是到地獄裡受萬年的刑罰。我們靠著聖靈的大能，與全教會大眾大大地辯論神國的福音許久，我問倒巡警官人，他們將我們打罵趕到大門外，我們就在會堂門口，唱詩放膽宣講，招來的人也多，聽的人約有三分之一佩服的，忽然有一位熱心的教友張銘亭，他請我們至他寓處，聖靈也許到他屋裡，聚會祈禱，唱靈歌讚美主，講論更正教的真道，他很有信心，正聚會的時候，他看見救主耶穌，又祈禱畢，就歡喜而別回到教會。

　　眾信徒都非常地快樂讚美主，我們日日歡喜快樂，晝夜禱告祈求，感謝讚美主，真是神大能大力，就是來教會一個人，魏保羅一定叫他聚會，祈禱一天不定聚多少回會，眾信徒一天比一天長力量，必是長成基督的身量。

　　聖靈指示我作一個大旗，寫的是真耶穌教會，兩邊寫的是小字，是萬國更正教報廣傳神國福音真佈道團（今天津市紅橋區東側一帶），由天津范家胡同（今天津市紅橋區東側）舉到南門（今天津南開區南城街一帶，在鼓樓倉門口教會附近）外（兩地距離約莫 2 公里，步行約 30 分鐘）大舞臺前，眾信徒大聲唱詩祈

禱，宣講神國的福音，招來的人就多多了，一連幾天這樣大聲宣講報告，五年內四年多耶穌必來審判萬民之大舉，更正教會之宗旨，真假教區別也，宣佈天下各公會假牧師、假道學家，眾首領人傳錯了教規之大罪過，叫萬民認明真假，這幾天聽道的人千千萬萬，就多多了，就招動了各公會紛紛議論，他們招聚議事會，抵擋怎樣除治魏保羅和眾真信徒，或是起訟告狀，大眾正議之時，有一位多年的老牧者（許靜齋）站起來說：「我聖經背通本，可是我沒有得着聖靈的洗，魏保羅所傳的對了，必須水和聖靈生才能進神國。」於是大家就不想告狀除治等事了，就有許多佩服這更正教的真道了，後來魏保羅等常到許靜齋老牧者家聚會、祈禱、唱靈歌、講論更正教的真道，神有聲音派他為真耶穌教會的執事，他也認可。

後來公會（主要指的是中華基督教會）有幾個重要人物，就是方卓陳、竇英堂、松子光、王卓臣（王卓忱）等人定了日子，在天津西頭真教會開辯論會。是日到會，大家雙方面舉出首領代表來，首先開辯公會，大眾就舉出方卓陳來，真教會就舉出魏保羅來，方卓陳不深明聖經，更不明白靈界的大事，他說：「先取消聖靈再辯。」這話太無道理了，魏保羅靠著聖靈的大能大力說：「這更正教本是神的大能，萬不能取消聖靈。」又辯論了許多的話，魏保羅靠著聖靈的大能大力，就勝他們，大家禱告祈求畢，歡喜而散。

後又招聚在青年會（天津青年會，始設於 1895 年，是中國第一間建設的青年會[10]。此處的青年會位置為 1914 年遷徙至天津東馬路的會址）開討論會，竇英堂大有信心順從主的真道，方卓陳也贊成，不稱上帝為神，他每逢念聖經時就念真神，別的條列多有人佩服的，又在天津倉門口中華基督教會，定期開討論話會，公會重要人物竇英堂、方卓陳、張國體、張曉齋等公送一大塊帳子，寫的是大字：「耶穌教佈道團，魏恩波愛政，盡心、盡意、盡力，真信、真傳、真行。」竇英堂、張國體、方卓陳、張曉齋敬題，從此佩服更正教的大舉，就多多了，日日加添人數。（同一事也記載在萬國更正教報第一期第二面，排版上以「耶穌教佈道團」置中，「盡心盡意盡力」、「真信真傳真行」各列左右的一張布帳）

---

10 另有學者認為，中國最早的青年會應該是 1900 年成立的上海青年會，而非天津青年會。請參侯傑、馬曉馳，〈天津中華基督教青年會與平民教育運動〉，收錄在《澳門理工學報》（澳門：澳門理工學院，2017 年，第 3 期），頁 78，注 9。

我們又到了聖道堂（即英國聖道堂，就與青年會的位置研判，應該是位在天津東馬路上的聖道堂宮北教堂），是他們的禮拜日，我們坐下，魏保羅蒙聖靈指示，佈散傳單與男婦老幼，傳單的詞句，是說：

「各國都傳了教，眾信友全上了外國人的當，諸位弟兄姊妹，還不趕緊著回頭，信真耶穌教會，受全身的洗禮，求聖靈的洗嗎？耶穌說：『不是水和聖靈生的，就不能進神的國。』大家注意呀！注意！中國眾牧者、眾首領人，不怕踢飯鍋的，必然贊成，哈利路亞，讚美耶穌！魏保羅字靈生，真耶穌教會神派為長老魏恩波，恩信永、恩振華，綢緞布莊二號總理、前任舊教會佈道團總辦、滿清發起中華基督教會、又發起建築聖堂會副會長、青年會奉贈為特別會員、發起內國公債一分子，各會職任很多，不全載在，由受了聖靈洗斷絕罪之後，榮華富貴名譽，全然拋棄，甘背苦架跟耶穌，禁食三十九晝夜，未吃食物，真是神的大能，成就更正教的聖舉，歸榮耀給主耶穌，阿們！現住天津西頭如意菴真耶穌教會。」

此是日去的人很多，散完了單子，魏保羅蒙聖靈指示，要對大眾講道，李安素假牧師阻擋真理，開口罵魏保羅，就聳動了幾個無知的假信徒打罵我們，徐重生受了打，我們受打罵的時候，總沒有動過手，他們叫官人辦著我們走。惟有青年會總幹事郝先生（郝瑞滿）攔住不叫辦著走，可見這個外國人比公理會那個要叫官人的外國人就強多了，將來他有受大洗，受聖靈洗，進神國的盼望，仲子鳳（仲偉儀）幹事也很有信心，從中替主耶穌基督的真道作見證。

第十五章
1918.04.08-04.14，星期一-日　天津、北京

（本章節起始日不詳，以前章結束日期為接續。）

魏保羅、范彼得、劉馬可、徐重生、張萬春、李約翰（李文華）等眾信徒，都到法界維斯理教會（美以美會維斯理堂，位在梨棧大街，今天津濱江道），此日是各公會為佈道、招聚大會的日子，我們同范彼得坐在前頭，陳恆德講的好聽，就是不能行，我們要散傳單，劉廣慶假牧師攔阻，我同范彼得到堂外去，眾

真信徒都蒙聖靈引導聚集在堂外，商議好了，有幾個門上那個北門口去散傳單，更正教條列單正散著呢！陳恆德假牧師反對叫了官人來干涉我們，有張國體、寶英堂、方卓陳等信徒，派假教會假牧師們的錯處，劉廣慶假牧師也生著氣出去叫官人，大眾接著傳單，又聽見魏保羅大聲宣佈說：「劉廣慶是假牧師。」會眾就紛紛議論，其說不一，有說魏保羅不對的，有說對了的，從此更正教一天比一天鞏固發達，信真教會的人就多多了，天津各公會當得救的人，必然與我們同心同志，真耶穌教會成了，主必在天津先成大工，然後再回北京，復興警動各會，必救許多的人進入神國，哈利路亞，讚美耶穌。

忽然，聖靈引導，魏保羅同張國體上北京去傳道，在火車上，宣講神國的福音，平安到北京，聖靈引導王長老（王玉貴）來了，賈潤齋，神派他為真教會的執事也來了，我們就非常地歡喜快樂，讚美主，聚會禱告祈求，講論神國的福音、更正教的真道、報告天津這些個事、為主所作的聖工、一切的效果。王復生長老、賈潤齋執事，與我們同住、同用飯，由魏保羅起實行，有無相通的真道，決不能說你的東西是你的，我的東西是我的。

我同張國體到了徐裕源家，他未在。華秋招（華澤宣，字秋昭）信徒接待我們，進他屋細談心志，魏保羅將一切的大事並蒙主之鴻恩、所見的一切異象、親眼看救主耶穌顯現、神命派更正教之大舉、所經驗的一切諸事、極大之聖工，都述說給他聽，他無加可否，就說：「你要百折不回，必然成功。」又說：「應當先更正四外各城各鄉。」又說：「我在外洋見一教會非面向下受洗不算教友。」（以面向下條件而言，較有可能是東正教會。當時東正教會主要在現今河北區、俄國租界一帶活動，有很少數的華人受洗，在小關大街，即今由海河、中山路、昆緯路、獅子林大街圍起來的區域附近活動）他也認出劉廣慶是假牧師來了，說：「于乃寬是真信的、李和真信、雍劍秋（雍濤）半真半假，他要不悔改，還有大禍臨到他身，某某是假的。」相談了許久，惟徐裕源是個頑固糊塗信徒，被大魔鬼所使；曲老先生迷惑，就是用這是似而非的理迷惑的。從前有人說，曲老先生是聖人，我們一見他的面，就不說好話，又動大氣，聖人決不那個樣子，華秋招（華澤宣）所說的都是與更正教相合有益，很幫助加添魏保羅的信心、高興、能力，他說各教會，不但三十七條錯處還多。

我們到了青年會，見了許多的重要人物，真正好道的人很少，都不反對更正教的真道，有幾個信徒，很幫助佩服更正教的大舉，又到了美以美會與李福田教

習、劉芳等人，大大地辯論神國的福音，我靠著主的大能大力勝了他們，有一位使牧者（可能是史覺魁），勉勵了幾句話，說：「永不可變更正教的宗旨，必然大工成就。」他很願意幫助更正的意思，我們辯論研究聖經。

經二、三天之久，又見了賈德新長老，他將真道傳錯了，他又守假禮拜日為安息日，往後退了，犯等等的罪，他還與我辯論等語，他有收到我獄的心，我靠著主，以善勝惡，與他和好的心，因此張國體、曲提摩太很佩服魏保羅的行為；趙得理、王先生、新聖民、王小川眾信徒，都聚集在恩信永綢緞布莊樓上，禱告祈求宣講更正教的大舉，哈利路亞，讚美耶穌，看這個樣子，神的大能必使我們不久就和睦了，阿們！

與朱鼎臣信友辯論了二、三天，也勝了他，他服了。陳新三很接待我們，到他家聚會祈禱，金得恩（金得思）也願意求聖靈的洗，有許多人也都願意蒙這鴻恩，魏馬利亞（劉愛）有熱心蒙主鴻恩，賜大能大力，幫助我們傳道，我們同張國體這回等等的費用，連臨走給八元火車錢，種種的用度，好幾十元錢，這樣熱心接待眾聖徒，我想天下這樣人很少。

他們的假禮拜日（1918.04.14，星期日），我們到了會堂，趕上他吃聖餐，他們不給張國體、曲提摩太吃，魏保羅靠著主問倒了孟假牧師（孟省吾），講了許多的真道、更正教的要意，孟假牧師說：「聖餐是給本會的人吃，不給外會人吃。」魏保羅說：「何為本會，何為外會呢？」他無話回答。

（由於 1927 年前的中華基督教會並非聯合情況，因此孟醒吾拒絕天津的張、曲兩人確有道理。）

這回北京到各處會堂，與許多信友見面談道，大大地有益處，平安又回到天津聖靈指示，我們先歸真教會，一見眾信友，就非常歡樂，感謝讚美主，報告了一番。

我們從北京回天津，到各處都是晝夜的禱告、祈求、感謝、讚美主，我們見了李愛德女教士，給她講論這更正教的道理，她很佩服深信了。到張國體家聚會祈禱，他一家很蒙鴻恩，都圍著聚會聽講，唱詩讚美主。

我女兒魏惠英來天津住了幾天，與主的道理，也很有大益，魏保羅、曲提摩太早晨送女兒惠英至老車站，我同李約翰（李文華）長老在火車上大聲宣講神國的福音，聽的人很多，蒙聖靈指示，我們上寶英堂家去，一見了他的面，就非常

地歡喜快樂讚美主，我們禱告祈求，聖靈大大地降臨在我們身上，充滿了我們的心，神有聲音說：「派竇英堂為長老。」我就按手在他頭上，他就受聖靈的大感動，我們就歡喜快樂之極讚美主，歸榮耀給主耶穌，阿們！

第十六章
1918.04.20-04.22，星期六-一　天津

次日是安息聖日（1918.04.20，星期六），我們大家同心合意地守安息聖日，祈禱讚美主，每逢安息日就得大福，甚為平安，蒙聖靈指示我們上倉門口中華基督教會去散傳單，神的大能平平安安地散完了傳單，大家男女老幼都接收了。因魏保羅到天津來，各公會眾信友，大得恩惠，方卓陳、竇英堂等人請我們吃飯用著飯，給大家講論神國的福音、更正教的真理，我們到了青年會，散了許多的傳單，就是耶穌四年多，必來審判萬民，王化卿（王治平，字化清）領宣講大會，問大眾說：「誰願意勝過罪去，請說話。」魏保羅站起來說：「不受聖靈的洗，離不開罪。耶穌說：『不是水和聖靈生的，就不能進神的國。』約翰第一書第五章第十八節說：『神生的，必不犯罪。』非得神生一回才能勝過罪。」後來仲子鳳（仲偉儀）大幹事，很替更正教的道理說話，魏保羅給大眾宣講談論的工夫很大，很有受大感動的，都辯論不倒，我因為我靠著聖靈，就勝了他們。

此假禮拜聖日（1918.04.21，星期日），晚間到了劉廣慶假牧師教會，他不願意接待我們，他勉強著定為禮拜三日十一點鐘與我們談話，在北京是多年認識的人，又同志在滿清發起中華基督教會，到魏保羅鋪中去的時候，魏保羅熱心接待他，這回魏保羅到天津來頭一回見，他就冷淡不接待，按著外貌說這還是頂好的牧師，可見是牧師都是假基督來了，都是假冒為善的人。

次日（1918.04.22，星期一）劉信友請我到倉門口中華教會談話會，他們多少人都聽見我靠著聖靈大能更正教會。這幾天，在天津各堂、各處、各家醫病趕鬼，宣講神國的福音。鼓樓西教會（倫敦會鼓樓西會堂）眾信徒郭祝三、徐信友，大得平安，願叫我們講道，忽然蒙聖靈啟示發起建築聖堂會，魏保羅對眾信友們說：「大家可建築聖堂。」范彼得（范守信）長老發起熱心來，將一支船捐

上了；石文明也贊成了。劉馬可（劉寶元）長老、趙約翰（趙寶珍）執事、王印靈（王世榮）執事，眾執事，都發起熱心來了，魏保羅靠著聖靈，就寫了一張克己樂獻建築聖堂會捐單底稿，這一天魏保羅寫了一夜的聖靈真見證書，天津西頭蒙主招選的真信徒很多，最有熱心的就是劉馬可長老、范彼得長老、趙約翰執事、徐重生執事、劉更正（劉仲林）執事、王印靈執事、馬日新信友。

今將天津克己樂獻建築聖堂會[11]職員列左：會長一人范守信、副會長一人石文明、書記一人王世榮執事、司帳一人劉寶元、司庫一人趙寶珍、幹事四人劉更生、徐重生、張萬春、馬日新勸捐委辦，無定額。

（由於內容與日期衝突，因此將第 17 章部分內容挪移至較合理的日期範圍，即將原版的劉廣慶一事，上移至 1918.04.20 星期六，即安息日之後續接；將克己樂戲會成立一事移到 04.21，以符合邏輯上之通順，特此說明。）

---

11 克己樂獻指的是一種甘心樂意捐款的奉獻活動，並非教會名稱，實際上教會名稱仍看其宗派、組織或其他因素而定。傳統上由發起者會定明每月節省多少錢下來向教會奉獻，為期一定期間，待奉獻款項水位達標後，開始建築會堂工作，多數這類的募捐建堂活動，為期 1 至 3 年不等。中華基督教會的各會堂早期，多採用此種方式建立。

憶爾聖徒遍地在　感懷李氏天家逢

第十七章
1918.04.23-04.26・星期二-五　天津

　　次日（1918.04.23，星期二）我們早晨起來，禱告、祈見、感謝、讚美耶穌，聖靈大大感動我們的心，范彼得（范守信）、趙約翰（趙寶珍）等，常上曠野去祈禱，每逢早晨大家都是先懇切禱求祈求，感謝讚美，工夫很大，因為各處眾信友，各教會萬人祈禱。

　　我們祈禱畢，就到了中華基督教會，見了劉教友，他從前是個官長，他自高自大，一點謙卑的心也沒有，他切切地勸魏保羅，不要再禁食才好（魏保羅也的確從與劉教友辯道被勸不要禁食，此日開始起禁食，直到05.04），這是大魔鬼，藉著他用的手段可見魔鬼就怕禁食祈禱，切勸諸位弟兄姊妹，千萬多多的禁食祈禱，必能勝魔鬼，離開一切的罪，得著能力，進入神國，阿們！

　　我們幾個同人，實在是蒙主的鴻恩，被聖靈充滿，大得能力，不顧性命，膽大廣佈宣講神國的福音、更正教的真道，日日晝夜的聚會，祈禱講數次，大家都熱起心來，都同心合意地常在一處用飯，歡樂讚美主，到各處醫病趕鬼，各教堂辯論神國的福音，魏保羅辯倒一切大道學家，魏保羅蒙聖靈充滿，大有膽量與各國、各公會首領人反對，因此作論、著書、傳單、辦萬國更正教報，著寫作論佈天下會眾，一切首領人傳錯了教規之罪過，聖靈啟示，寫一大旗曰：「真耶穌教會。」督領眾同志，高舉各處，宣講神國的福音、真道，廣佈正教的要理，眾教會的錯處，並無人替辯論，同志人就增添多多了。

　　禮拜三日（1918.04.24，星期三）早晨祈禱畢，十點鐘到維斯理教堂，見了門房兒的人，不願接待的樣子，還有謊言支吾，我們可見假教會所傳受、所教訓的教友，都不遵守真道的多，能說不能行。

　　見了劉廣慶假牧師（魏保羅與劉廣慶有舊識，此處應該已經到了倉門口教會而非繼續在衛斯理教會）太無道德了，他先與我們說：「限你們幾分鐘，可以與

我談話。」又不恭敬不願接待的樣子，魏保羅被聖靈大大地感動說：「不但我在大會中宣佈，你是假牧師，華秩昭（華澤宣）長老也認出你是假牧師來。」他就大怒生氣說：「你請出去，你要再說，我就將你交與巡警。」又說：「是瘋子嗎？」我們就出來了，按著不懂真道的人，看這邊是頂好的牧師，可不細想細查他的行為，可見各公會是當牧師的，沒有真基督徒了，真如是，為假牧師們哭阿！都是能說不能行，就是沒有受聖靈洗之大故也！切盼望各國、各公會，假牧師們悔改，認罪求聖靈的洗，離開罪，取消牧師，都改為長老的名稱，是至禱，阿們！

（魏保羅的觀念看起來是將牧師的職能比作長老了。真耶穌教會往後主要是傳道人專司傳道，地方牧會主要是交由監督、長老與執事進行，並未按立牧師。）

天津各公會中最有名望信主頂好的信徒，都是半真半假，就如宋則久（宋壽恆）、張國體、竇英堂、方卓陳、張曉齋、松子光等人，那許多別的眾教友，就不用提了，可見是錯傳了教規，沒有得著能力，離不開罪，成不了聖，更不能作完全人，都是有血氣治不死肉體的情欲，仍舊犯罪，與世俗人無異，噯！真是苦阿！為他們哭阿！

方卓陳等人叫取消「更正」二字，先是叫取消「聖靈」二字，這實在是糊塗話，明明地說，神有大聲音說：「你要更正教。」作更正條例的時候，實在是被聖靈充滿，正禁食三十九晝夜期的，作的明明地說，聖靈明明地說，他們還抗拒主，無非主愛仇敵就是了，我們都當愛仇人，我們辦萬國更正教報，正是愛各公會眾信徒了。青年會幹事仲子鳳（仲偉儀）君倒很明白，靈界的大事，不但無抗拒主的話，反倒替更正教說許多的話，證明靈界的真道。有一位瑞先生（有可能是瑞麟甫）也明白靈界許多的真道。

魏保羅在青年會宣講更正教的真道，有許多人都愛聽，有人說：「魏保羅是瘋了。」魏保羅靠著聖靈的大能日日辯論神國的福音，各公會不能敵勝他，因他被聖靈充滿大有口才智慧。神用魏保羅在天津施行神蹟奇事、醫病趕鬼，至各處、各家傳道，講論神國的福音，到處救人，用自己的款供著幾個傳道的人，在天津西頭真耶穌教會日日盡心盡力，牧養羊群，真是克己背著十字架跟從耶穌，晝夜地這樣勤勞為主愛人、為眾信徒。所知，神可為他作見證，李約翰（李文華）、范彼得（范守信）、劉馬可（劉寶元）眾信徒也都要效他的榜樣。

有幾位信徒，常跟著魏保羅一同至天津各教堂去放膽辯論更正教之大舉，常叫假教會的人打罵，回到聖堂就大大地歡喜快樂，不住讚美感謝主，這就顯出眾信徒是被聖靈充滿的，有先知講道之能，大有膽量勇敢。

由耶穌降世一千九百十七年，魏保羅進天津各教會，都是抵擋打罵趕出教堂時候很多，後來就好多了，就有許多信徒，認出魏保羅是真聖徒來了，真耶穌教會從此就加添人數，就多多了。天津最文明的對待，就是中國基督教會（即中華基督教會），因為有竇英堂、方卓陳、徐靜齋（許靜齋）、于乃清（于乃寬）、李文謹、松子光幾個好信徒認出魏保羅等人，是真基督徒來了，他們從中調停加美言，為主耶穌基督的真道、更正教的大舉作見證說許多好話，就是這一個教會，最有福平安。

惟有基督教青年會與法界維斯理堂一樣的大犯教規，非常之野蠻，魏保羅等進堂，聽講美國人費慕禮（Murray Scott Frame）假牧師領首，出題是基督徒與非基督徒永生之觀念，魏保羅指問四件，請費某回答：「一、何為基督徒？何為得永生之憑據？上帝是神否？怎麼講？耶穌應許什麼力量？」他都沒有回答對。魏保羅大會中講說明白了，一沒有基督的靈，就不是他的門徒，必須受聖靈的洗，說出方言來，才有得救之憑據，上帝不是神，耶穌應許賜聖靈的力量。忽然，方卓陳真信徒指示問說：「非基督徒怎麼講還有永生之觀念，請費君給我們講明。」他沒有講明正論說著呢！徐春山假道學家主持散會，方卓陳大不滿意，深責徐春山。

散會後，青年會總幹事郝瑞滿，用野蠻的手段對待我們，往外推拉真信徒，徐重生、魏保羅問費某說：「基督教青年會是你自己的？是公共的？」他無話回答，惱羞變成怒，就拉魏保羅往外走。少時，他叫了巡警官人來干涉此聖舉，仲子鳳（仲偉儀）大幹事，也犯了大罪，不聽使徒保羅的教訓，要打官司告狀去，有好信徒松子光，請我們已經走了，有個美國人大大地動野蠻，將真信徒曲提摩太打了一大頓，巡警又將提摩太帶到區上去了。

魏保羅聽見說將曲提摩太帶到區上去了，於是回來，又在青年會門口大聲宣佈青年會一切的錯處。忽然，方卓陳來請著魏保羅上區見巡警去，張恩甫執事也跟去了，最可喜的是劉馬可長老、徐重生執事、馬日新真信徒、宋國用信友等人，都被聖靈充滿，大有膽量，一同與魏保羅進衙門，作見證辯理，大家在衙門裡大聲禱告祈求，聖靈大降，充滿各人的心，眾警巡也大受感動都佩服了更正教

的真道，曲提摩太說：「沒有什麼理由將我帶來！我不走！」巡警無正當的理由，回答曰：「有。」方卓陳、張恩甫二位說和，魏保羅指問巡官等人說：「他們外國人就白打了人嗎？」巡官等曰：「外國人不夠格。」少時，本區長官將方卓陳請上堂去，問了幾句話，就出來，請我們大眾走，眾巡警並巡長官等都歡送我們。在衙門外，歡別而歸，到了教會，眾信徒大大地歡喜快樂，都大聲禱告祈求，說感謝主，叫我們配挨打，我們配上衙門。眾信徒又禱告說：「我們願意為主、為人捨命求主的大能，藉著我們醫治許多病人，求聖靈充滿了我們各人的心，大放膽量，宣講更正教的真道。」大眾禱告許久，都充充滿滿地受了聖靈，大得能力，就非常地歡喜快樂，讚美感謝主，就同心合意地擘餅歡喜用飯[12]。

　　日日這樣歡樂讚美主，哈利路亞，讚美耶穌，最可喜出奇的大事，就是神早預備了一個天下未有的婦人，就是魏保羅之妻魏馬利亞（劉愛），她將自己的銀錢都獻給主，供助大家傳道救人，設立教堂，膽量極大，不顧性命，晝夜領著男女多人，聚會禱告祈求，講論更正教的真道，日日歡喜勤勞，盡心盡力地感謝讚美主，她從幼兒就好憐恤眾貧窮人，由信道以來，十好幾年的工夫熱心接待各公會諸男女信徒，幫助大家的衣食需用等等的事，就說不盡了。

　　此次為更正教之大舉，她對她丈夫魏保羅說：「你恆心立志，百折不回，我願供你們到底，我什麼也不怕，就是為主死，我也願意。」等語，真是實行盡心供助大家，傳道救萬民之目的，種種的熱心，愛心事主，待人就不及備載了，筆難數盡了，這實在是天下萬國未有的婦人，願眾弟兄姊妹努力效之，是禱，哈利路亞，讚美耶穌，歸榮耀給神，阿們！

今將受全身洗禮乃受聖靈洗的人開列於左　由一千九百十七年起至

今將神派職任列左

魏保羅長老（北京教會，1919.10.29 離世）

李約翰長老（李文華，原屬天津南苑教會，後離開真耶穌教會另組公同會）

王復生長老（王玉貴，北京禮賢鎮教會）

---

12 此事另見於：真耶穌教會，《萬國更正教報》第一期（北京：真耶穌教會，1919），第 6 面。

范彼得長老（范守信，天津西頭教會，1918 年 7 月離世）

劉馬可長老（劉寶元，原屬天津西頭教會，後離開真耶穌教會另組公同會，未見於《萬國更正教報》第二期的名單，但卻見於《卅年專刊》名單上）

寶英堂長老（由於未見諸後續記載，推測已離開真耶穌教會）

方卓陳長老（由於未見諸後續記載，推測已離開真耶穌教會）

王忠湧執事（所屬不詳，有可能是北京教會的王勇敢執事）

趙約翰執事（趙寶珍，原屬天津西頭教會，後續記載不詳）

劉更生執事（劉仲林，天津范家胡同教會）

王印靈執事（王世榮，原屬天津西頭教會，後離開真耶穌教會另組公同會，未見於《萬國更正教報》第二期的名單，但卻見於《卅年專刊》名單上）

徐重生執事（天津西頭教會，後續未有記載）

許靜齋執事（推測已離開真耶穌教會或已離世，但 1918 年記載時年紀已相當大，是否於 1919 年 7 月前過世，則未見諸記載）

張國體執事（推測已離開真耶穌教會）

朱鼎臣執事（已離開真耶穌教會，後回到貴德新所辦教會）

曲提摩太執事（天津范家胡同教會）

董桂林執事（天津范家胡同教會）

郭視真執事（天津范家胡同教會）

邵藍執事（邵瀾，聖名盡忠）

馬日新執事（天津北宜興埠教會）

蘇存仁執事（天津北宜興埠教會）

馬孟村長老（天津北宜興埠教會）

李馬大女執事（李永慶妻，北京黃村教會）

魏路得女執事（魏李氏，魏保羅妻，1918.09.21 離世）

徐趙氏女執事（北京黃村教會）

魏馬利亞女執事（劉愛，魏保羅妻，北京教會）

馬太太（馬日新母親，天津北宜興埠教會）

魏金城（聖名得福，所屬教會不詳）

趙明典（聖名重生，所屬教會不詳）

周化南（聖名更生，所屬教會不詳）

范鴻恩（范守信子，天津西頭教會）

張寶田（未見諸其他記載，所屬教會不詳）

范鴻書（聖名馬太，范守信子，天津西頭教會）

李靈啟（未見諸其他記載，所屬教會不詳）

四月二十號受洗人於左：

陶崇裕（未見諸其他記載，所屬教會不詳）、湯子明（未見諸其他記載，所屬教會不詳）

舊曆三月二十四日（1918.05.04，星期六）受大洗的人：

劉聚廷　徐重生　劉馬可（劉寶元）　范彼得（范守信）　趙約翰（趙寶珍）　馬日新（1918.05.18 受洗）　陳啞吧　孫錦文　宋國用　張寶田　王印靈（王世榮）　劉更生（劉仲林）　王耕雲（可能是王文德哥哥，受洗日1918.05.11）　邵藍（邵瀾）　姚新生　劉道生　郭春泉（推測是在 1918.06.24 受洗）　王文德太太邵美德（王邵氏，天津西沽教會，受洗日 1918.05.18）

舊曆四月初九日（1918.05.18 受洗）受大洗的男女於左：

李新德太太（未知是誰，可能是李文榜太太，於 1918.08.19 受洗；也可能是傳教士李愛德）　楊得恩太太　劉選得太太　張大聆　徐亞颯　李文林（李德林，1918.09.03 受洗）　李文吉（李文榜，1918.08.19 受洗）　馬柏年（馬成興

子，1918.07.23 受洗）　馬松年（馬成興子，1918.07.23 受洗）　馬鶴年（推測是馬柏年的堂兄弟，1918.07.23 受洗）　劉俟英

二十七號（1918.06.05。但實際上此段落將 1917、1918 年受洗的人全部混在一起）又受洗的於左：

王復新（1918.05.11 受洗）　王復靈（1918.05.11 受洗）　范馬太（范鴻書，1918.05.11 受洗）　曲提摩太（1918.05.11 受洗）　雪李民　王太太（王復新或王復靈妻子 1918.05.11 受洗）　趙得理（1917.05.29 受洗）　李文華（1917.07.04 受洗）　張重生（受洗日不詳，推測在 1917 年）　張太太（張重生太太，受洗日不詳，推測在 1917 年）　賈潤齋（1917.08.05 受洗）　賈麗華（賈潤齋子，1917.08.06 受洗）　李玉芳（1917.07.04 受洗）　馮世祥（賈潤齋門生，1917.08.05 受洗）　趙信友（南苑趙成會，1917.08.06 受洗）　任得恩（無其他記載可資參考，受洗日期不詳）　王女士（推測是王德順媳婦，1918.08.12 受洗）王少君（推測是王德順子，1918.08.12 受洗）　謝信友（受洗日不詳，推測在 1917 年 8 月以後受洗）　劉鎮東（1917.06.16 受洗）　王志榮（1917.09.27 受洗）　于用修（1917.09.10 受洗）　王琦（1917.09.10 受洗）　王復生（王玉貴，1917.09.06 受洗）　王女士（1917.09.06 受洗）　左仰德（左仲德，1917.08.24 受洗）　形自強（邢子強，1917.10.08 受洗）　魏李氏（1917.11.13 受洗）　薛李氏（推測為魏李氏姐姐，1917.11.13 受洗）　李水生（無其他記載可資參考，受洗日期不詳）　王德順（1917.07.18 受洗）　李永慶（1917.05.29 受洗）　魏文祥（1917.06.09 受洗）　韓寶田（1917.06.23 受洗）　葛撒拉（1917.08.19 受洗）魏劉氏（劉愛，1917.06.09 受洗）　李恒芳（李恆芳，1917.06.06 受洗）　孫查林（1917.05.29 受洗）　馮星喬（1917.06.09 受洗）　董鴻藻（1917.06.16 受洗）陳文彬（1917.06.30 受洗）　崔女信士（1917.08.19 受洗）　魏惠英（1917.06.09受洗）　李馬太（李永慶妻，1917.06.12 受洗）　徐女士（徐趙氏，1917.06.23 受洗）　任義奎（1917.05.29 受洗）　任寶海（1917.06.12 受洗）　張永立（無其他記載可資參考，受洗日期不詳）　郭太太（1917.06.30 受洗）　范信友（范廉能，1917.05.29 受洗）　劉信友（劉德玉，1917.05.29 受洗）　趙信友（黃村趙信友，1917.06.30 受洗）　趙傻子（趙更靈，1917.08.06 受洗）　陳信友（陳更新，1917.06.12 受洗）　陳太太（陳更新妻，1917.06.12 受洗）　韓世傑（1917.06.30受洗）　韓太太（1917.06.23 受洗）

（以下為魏保羅對其與家人的回憶自述，也可能是後來補述的，在時間上的先後順序與前後章節並無相關性。）

還有出奇的女信徒，聖潔的婦人，就是魏保羅頭一個妻子，她的聖名字叫路得，她從幼兒就有信心，到長大就更有信心了。她在迷信時候，她信大先爺（推測是北京的民間信仰五大仙的狐仙大仙爺），能燒香跪禱治病，雖然是迷信，因為她的誠心也能如願，因她從前不知道真神，她從此就不願意出嫁，無論親友誰要給她提親，她只知道了，就大不滿意，就說反對的話。到了二十好幾歲，她父母專制才將女兒給了魏保羅為妻，由到魏保羅家以來大有忠心，孝敬公婆，真是盡心盡力，為本縣本村以至北京，親族朋友均知，魏保羅光緒二十七年（1901年），同母親、妻子、一個小兒文祥，奶名叫小羊子，又叫張群。

到了北京二十八年（1902 年），信了真道，一家老幼都信了，老太太信心更大，晝夜的禱告，祈求讚美主，為主到各家、各處傳講神國福音，為眾人同鄉所稱讚，為主愛人，至到臨終，滿臉的善容而歸，眾親友都說這老太太一定得救了，進了天堂，因為她的行為太好。

魏路得大有信心無論向主求什麼都應驗，她為恩信永鋪子求的話也都應驗了，恩信永布鋪甚是發達興旺，各教會男女眾信徒，都知道他們婆媳二人虔誠事主。魏路得最誠實，不會說謊言，後來又回了本縣老家本鄉，雖然是發了財，過富足日子，在北京好幾年。到了本村，還是照舊貧窮時候一樣的儉省，吃苦飯、穿粗布衣等，這真是可效法的。魏保羅有叔父、嬸母，膝下無有兒子，又貧窮年邁，七旬真無一點倚靠，魏保羅慈愛之善心對他妻路得說：「你可去事奉叔父、嬸母去。」魏路得就聽從遵丈夫之命，去事奉叔父、嬸母，真是盡心盡力孝敬、順從、扶持、敬養他們老公母二個多年，眾親友都稱讚她，要論到他叔父、嬸母當初待伊父親的時候，就不能再奉養他們了，因為他們很苦待魏保羅的父母，他們富足的時候都一點也不管，魏保羅之父母就甘受苦挨餓。

魏保羅之父親是一個大忠厚義人，本村眾人都稱他大善人，又有外號叫大樂，因為他無論見了男女老幼都是樂，故此都與他叫大樂，又有個外號，叫傻張蘭，又叫大老實人，估不透，因為他永不借人的錢，一輩不欠人家情、不欠人家帳，為什麼受窮呢？因為將自己的地土越種越少，莊稼也叫人家偷，他就是看見偷他的莊稼等物，他也不打不罵、不說人家，受人家的欺負等事就多了。他在世

六十歲去世，他這一輩子，沒有一個人說他不好的，這都是實話，並非謊言，察看人心的神，可以為他作見證。

此次魏保羅受了主耶穌親身的大洗，從水裡上來，明明的看見救主，在他西邊上頭，被聖靈充滿，得著大能力，斷絕了罪，治死肉體的情慾，空中聲音說：「你永不可與婦人沾身，行情慾事。」魏保羅從此永遠遵守此聖旨，聖聖潔潔的事奉主神，看得清楚，親族朋友都說他瘋了，或吃了藥兒，或有什麼病，其說不一，也有說他得了真道的。

（此處仍重新再次敘述上冊第 4 章的受洗描述，但簡化了當初同行的張錫三等人。）

民國六年八月間（1917 年 10 月左右），由北京起程廣佈福音，在各城、各鄉醫病趕鬼，搭救萬民，傳到容城縣，本家魏路得一見一聽，雖然她的相貌與從前大不相同，就知道她沒有瘋，沒有受什麼病。魏路得大有信心在九月間（1917.11.13），在河裡受大洗，她說：「水是熱的。」真是神的大能，過了幾天夜間，她看見救主耶穌駕著天上的雲降臨，按手在她頭上，她就受了聖靈的洗，說出許多的方言來，第二日早晨才告訴魏保羅說：「並且說我也聖潔了，一點情慾的心也沒有了。」魏保羅大大地歡喜說：「你看亞當夏娃未犯罪以先，是聖潔的，快樂至極，現在咱們夫婦二人，就像亞當夏娃未犯罪以先一樣了。」哈利路亞，讚美耶穌，神又用水和聖靈造新人，造出來就像神的形象，阿們！魏路得歡歡喜喜地並甘心樂意地將所有的地土產業變賣了，為主傳道，天天晝夜的切心禱告，祈求感謝讚美主，到各家去宣講主耶穌的真道，更正教的大舉，她姊姊（薛李氏）也受了大洗，眾親友都願聽她講道，這也真是出奇的女聖徒，都當效法她。

魏路得生了一個兒子，聖名字叫魏安得烈（魏文祥），他受了全身洗禮，又受了聖靈的洗，說出許多的方言來，他就甘背苦架跟耶穌，永遠為主傳道救人，他由北京跟著他父親傳道，走遍直隸（保定府）東邊各城鄉，到處大聲宣講神國的福音、更正教的真道，安得烈很有膽量，與各教堂牧師們辯論都敵不著他，因為靠著聖靈，他又同李約翰（李文華）長老到各城、各鄉傳道去，許多的人接待他們，願聽他的講論，並且都願意受大洗，真是好樹結果子，切願信主，眾學生都效法他，安得烈才十六歲，就這樣熱心。

魏保羅有個女兒叫惠英，聖名叫撒拉，年十歲，很是通達，是個極聰明的人，上學讀書三年多，很有信心，到親友家中，常給主作見證，在家也很有大用，晝夜跟著聚會祈禱，唱詩讚美主，這是神格外賜的鴻恩，哈利路亞，讚美耶穌。

（此處實際發生的時間可能是 1918.09.22，星期日前後，詳情請見本書下冊第 27 章。）

校注按：

本章關於名單的記載，許多人的受洗日期其實是在 1918.04 以後，受洗日期方面，原文亦多有錯植，因此，將在人名後方寫上正確的受洗日期，並記錄其原屬教會。

在記載上，許多按立為長老、執事者，都還有在非屬真耶穌教會的其他堂會聚會，如中華基督教會的許靜齋、張國體、竇英堂、方卓陳等人。由於這些人未見諸於 1919 年 7 月 27 日的《萬國更正教報》第二期的名單，也未見諸《卅年專刊》上，故推測其已是離開真耶穌教會。

此外，1918.04.22 發起的天津西頭教會建堂活動中，有范守信、石文明、王世榮、劉寶元、趙寶珍、劉仲林、徐重生、張萬春、馬日新等人的出現，除後已有歸屬如天津北宜興埠教會的馬日新、天津范家胡同教會的劉仲林等人除外，其餘為便利區隔，將所屬記為天津西頭教會；未出現於西頭教會建堂名單者，不另記載所屬教會。

郭視真、邵瀾（邵藍、邵瀾）、葛撒拉（葛撒拉、葛女信士）、趙信友，原文重複出現，將刪除多餘重複的部分。

下冊第 17 章內容到下冊第 26 章 1918.09.03 李德林受洗為止，往後章節至下冊第 45 章魏保羅整理受洗名單前，約有至少 50 人以上受洗。但據魏保羅自己所述總共有 170 多人，具有一定程度誤差，請讀者知悉。

最後，關於此名單的完成時間，合理應是在 1918 年 9 月前完成，為事後補充記述。從記載人員之活動、部分人員離世時間等時點點，更有可能這份名單是1918 年 6 月前後的書寫紀錄。

至於為何要把名單放在下冊第 17 章，尚不得而知。

正氣自勝諸訟獄　從容無懼滿弓刀

第十八章
1918.04.27-05.01，星期六-三　天津

　　當安息聖日（1918.04.27，星期六）魏保羅禁食祈禱的時候，聖靈有明明白白的聲音說：「神派魏保羅，全球的監督。」少時又聚會，大家正禱告祈求的時候，又有聲音說：「神又派范彼得（范守信）為監督。」於是魏保羅、劉馬可（劉寶元）長老，按手在他頭上，眾人大受聖靈充滿，都歡喜慶賀讚美主，眾信徒都很佩服，這二位得監督，大家均是日日早晚的切心禱告，祈求讚美，感謝真神。

　　第二日（1918.04.28，星期日）聖靈指示，我們就上聖道堂教會（即英國聖道堂的宮北教堂，與天津青年會皆位在天津東馬路，距離十分近）去散「耶穌四年多一定審判萬民」傳單，假首領人、假道學家、假信徒、假冒為善的人們攔阻，不叫散此傳單，我同徐重生與他們就辯論起來，幸有一位王信友（王天民）是個官長的樣子，他說：「可以叫他們散散。」於是乎徐重生又散佈各男女教友，眾教友倒有真信的，我們按著規矩坐下，同大家唱詩祈禱聽講，首領講了許多的錯話，他說各公會有各公會的教規，都是自己說自己的會好，這話大錯矣！既外頭掛著耶穌教牌子匾，為什麼各會有各會的教規呢？應當一律一樣的教規，可見他們傳錯了教還不承認，又妄稱真神的名，拿上帝稱呼當真神稱呼，大錯矣！種種的錯話就多多了，魏保羅蒙聖靈充滿大有膽量，指問首領劉假信徒說：「你講錯了許多的話。」他不敢回答，魏保羅又問了許多的話，他都不能辯論，有幾個魔鬼的兒子，推打我們。

　　惟有王天民信友用話勸我們，到了外頭會堂門口大聲宣講神國的福音、更正教的真道，招來的人很多，忽然有一個魔鬼的兒子，小魔鬼將我們阻擋，我們進了教堂，又與他辯論許久，魏保羅說：「你明白聖經沒有辯論的價值。」他反抗抵擋的甚厲害，魏保羅說話如同對牲口說話一樣，於是我們就出了會堂，又蒙聖靈指示，到了基督教青年會，對許多人談論更正教的真道。

下冊
正氣自勝諸訟獄　從容無懼滿弓刀　235

仲子鳳（仲偉儀）假信徒是當大幹事，他說：「你是假先知。」大會場上，魏保羅指問說：「仲子鳳，你給我講講何為假先知？」他無話回答，大家都聽見外國鬼子總幹事郝瑞滿，這個假道學家又叫了巡警官人來干涉此聖舉，魏保羅同徐重生跪著祈禱，官人來的很多，連推帶打。還有假信徒三十來歲，真正的魔鬼的兒子，牢籠我們頂厲害的假信徒就是宋愚溪（宋愚溪也是青年會的華人幹事之一），真是魔鬼的兒子，他同外國鬼子上衙門告我們，實在是鬼子奴兒。

　　魏保羅受的打罵甚多，又遇見臟官李季周，不懂國家之約法，又不明白聖經，又是野蠻的性情手假，又怕外國鬼子，問了魏保羅許多的話，魏保羅都一一的回答，沒有問著一句，臟官出口大罵，又要重打，將魏保羅收在監獄，問他說：「你為什麼下我監牢？我又沒有犯法律警章。」臟官說：「你沒有犯法律警章，我要收起來。」魏保羅說：「你不配作官長，神必打你。」

　　魏保羅下到監牢獄裡，與眾囚犯談論道理，大家非常的受感、愛聽，神的大能聖靈的感動，叫魏保羅又禁食十二天，在監獄切心禱告祈求，聖靈大降，充滿了心，眾囚犯也佩服，夜間聖靈叫醒了魏保羅，起來祈禱，忽然有極美好的大樓房，很多很多，有一座頂高至大的樓，說：「這是魏保羅的大樓。」許多的樓是信更正教眾同人，與魏保羅同戰爭的諸信徒住的樓房，都是金頂兒小樓房，還沒有甚齊，又看見大光，表明救主耶穌，還見了別的異象，魏保羅哭著說：「我不配呀！」甚得安慰平安，又快樂起來。

　　第二日（1918.04.29，星期一）早晨起來，問眾難友平安，又為他們祈禱，盡心盡力為他們講論神國的福音、真道、更正教的要理，大家很以為然，到了放茅（放風如廁）時候，魏保羅就著機會，各屋的囚犯都出來驚放茅，大聲宣講福音，聽的很多，魏保羅等回獄，大聲說：「冤哪！冤哪！我為你們和眾官長哭阿！」驚動了眾巡警，魏保羅述說一切的理由，更正教會的真道給大眾聽，眾人都受感動，有一個野蠻巡警小官，要給魏保羅帶上手銬子，魏保羅說：「我懂的警章，沒有犯帶手銬子的罪。」官人一聽見說懂的警章，他不敢給他帶了，又給大眾宣講一切的聖經、更正教的真道，又祈禱，一天是不住地禱告祈求，講論唱靈歌讚美主，監獄裡每一天給十個銅子的飯錢，魏保羅既許願十二天不吃，就用不著，連自己帶進去的錢，都給大家散了，眾人更佩服了耶穌的真道，晚上又切心的禱告祈求，睡了一、二時候，夢見松子光，明明地在眼前站著，聖靈說：「今日一定出去。」又顯出一個大定字的異象，又看魏馬利亞幾個字，又看范彼得監督、曲提摩太執事等夢兆異象。

第二天（1918.04.30，星期二）早晨祈禱畢，告訴大眾囚犯說：「我今日一定出監獄。」他們也都信服必應驗，又為大眾宣講許多的要言、真道。魏保羅又跪下切心祈禱說：「奉耶穌的名求天上的父，大降聖靈，充滿了我的心，求聖靈幫助我禱告，祝謝祈求感謝讚美主，萬王之王，萬君之君，亞伯拉罕的神，以撒、雅各的神，眾先知的神，領以色列民的神，出伊國的神，顯現大異象的神，保羅彼得雅各約翰的神，那賞賜我大放膽量賜所羅門的大智慧，五旬節顯大能的聖靈不改變的神，賞賜我大權能像救主耶穌和保羅一樣的膽量，大能大力宣講，指問贓官違了公法，民國成立以來，在載約法上信教自由，贓官違背約法了違了警章，種種的錯處。」

　　魏保羅大大地被聖靈充滿膽量極大，就大聲說：「叫贓官過堂。」於是巡官報明贓官，先是有一個巡警，因魏保羅講道勸眾囚犯出了監獄不再犯罪，巡警說：「你要再講要拿冰灌你。」魏保羅說：「警章有這一條嗎？」於是說：「你是魔鬼的兒子。」眾巡官、巡警都不佩服他了。

　　少時過堂，魏保羅出監獄，大聲說：「贓官！奉耶穌的名趕鬼。說你是魔鬼的兒子贓官，你不懂得聖經，怎麼能問這案？你違背了民國的約法，又違背了警章，罵人又失了官體，沒有定罪又要打人，外國人傳錯了教三十多條，你不辦他，反倒收我二日，你違背種種的事很多。」贓官無話回答。

　　正大大地責備贓官呢！廳長的長兄楊臨齋（楊以儉）在此答聲云：「魏保羅是一個富貴、有大買賣的人，又是有名望的人，官長因在天津不知道，你要在北京，無論什麼官長，都不能這樣辦。」又對魏保羅說：「我勸你一句話，回北京吧！別與他們動氣了。」魏保羅說：「我沒有與他動氣，無非辯明真道，你是明白聖經的人，他們傳的道對否？」楊臨齋說：「請他先到外頭坐一坐。」

　　少時，有巡警官來說：「廳長之兄，請你上樓談話。」於是魏保羅祈禱上樓見了楊臨齋，非常地歡迎接待，魏保羅將所得的鴻恩、所見的異象、所受的全身洗禮、受了聖靈的大能大力、離開一切的罪、拋了一切所有的甘背苦架跟耶穌、廣傳福音、又述說贓官一切的罪、又勸楊臨齋誠心信靠耶穌進入神國，楊臨齋又捐助了五大元錢，魏保羅又切切地為他祝福禱告，祈求感謝畢就告別，楊臨齋派人用車送到教堂，大家非常地歡喜快樂，大大地讚美主，魏保羅述說一切經驗的事，大家又熱心大聲禱告祈求，又講論使刑律書，大家又禱告許久又談論許多的話，魏保羅寫了一大封信，呈楊敬林（楊以德，楊以儉的弟弟）廳長，到後半夜才睡了。

此日（1918.05.01，星期三）劉馬可長老也被他們拿了去，贓官過堂，勸他不要與魏保羅一同瘋鬧，比審判徐重生還輕點，因為徐重生大有膽量，對待贓官聖靈藉著他教訓贓官許多的要言，說你應當信耶穌等語，劉馬可也為魏保羅作了好見證，真是神的大能，阿們！榮耀歸給全能的主，哈利路亞，讚美耶穌。

校注按：

魏保羅與楊以儉本有舊識，宣教過程中也有寄信給過楊以儉。此次還好有楊以儉出面，才讓楊以德主管的警察廳對魏保羅的態度軟化。實質上，民國初年的警察制度，許多情況是軍兼警政與部分民政，特別是在北洋政府時期，尤為如此，因此辦案方式，是有可能較之於晚清時期執行力度更為強烈。

第十九章
1918.05.02-05.05，星期四-日　天津

第二天（1918.05.02，星期四）我們早晨起來切心禱告祈求，感謝讚美主，聖靈天天大降充滿各人的心，因為我們不顧別的俗事，專心祈禱傳道的事，阿們！此日（原文為次日，然而依日期推算與內容記述判斷，應仍為 1918.05.02 為合理，故而改動）我們到了李愛德傳道的地方，許多的婦女們聽我們講論，又祈禱祝謝，大家很愛聽，都掛念魏保羅被囚，更紀念在監獄裡為主受苦受難，李愛德姊妹二位都願幫真耶穌教傳道，又談論更正教真道。

許久，又到了張國體家，他一家老幼都很掛念魏保羅受難之大事，魏保羅述說在監獄上一切的景況、榮耀主的一切聖工，他一家都歡喜了。劉馬可（劉寶元）長老又講了許多的話，大家唱詩祈禱，聖靈大降充滿了各人的心，就非常地歡喜快樂，讚美主，一家歡喜快樂送出來各公教會，知道魏保羅出來，也有願意歡喜的、也有不願意的，凡有信心的人都佩服、都盼望魏保羅快出監獄，惟有王玉名假教師、眾假牧師都不願意魏保羅出獄，哪知道神的大能，不稱假信徒的願，神所派的范彼得（范守信）監督，有大膽量又有學問、智慧為教會，給魏保羅所作的事大大地作證，就將榮耀歸給神了，阿們！

次日（1918.05.03，星期五）祈禱聖靈指示，魏保羅同劉馬可到大街至很遠的地方，李雅各（李永慶）舉著大旗，真耶穌教會宣講大字，各界大家甚為注意，到了王天民教友處，他大有道學、信心、愛心，深佩服更正教的真道，深談許久，祈禱告畢，回到教會，大眾聚會禱告唱詩，彼此研究聖經都有發言之權，有先知講道的、有唱詩的、有說異象的、有提夢兆的；有時候說方言、翻方言的、有要祈禱的、有念聖經的，都是按著次序規矩。

次日（1918.05.04，星期六）大家祈禱畢，因為是安息日降福的日子，也是魏保羅禁食十二天有能力的時候，眾執事、長老、監督、眾教友都願受大洗，我們就到了一個地方，那裡的水很好，大眾先行切心祈禱靈聖，大大地降臨充滿眾人。

范彼得、趙約翰教內人都不怕冷，劉馬可（劉寶元）、邵藍（邵瀾）等人都沒有下過水，也都虔誠地從水裡上來，都有能力，水是熱的。徐重生定志禁食十天，眾信徒都禁食的不少。李雅各（李永慶）大有信心，熱心在河裡幫助大家，受洗工夫很大，眾信徒都跪在地上，切心禱告祈求聖靈，大有能力在各人身上，歡喜地回來又吃聖餐，魏保羅先給他們講論主耶穌被釘十字架的道理，紀念主捨身流血之大苦大功，魏保羅哭了，大家非常地受感，眾祈禱工夫太大。

這一天聚會祈禱七、八回，魏保羅雖然是禁食十二天（應該就是自 04.23 當天與人辯道開始禁食至 05.04，共計 12 日），更有精神能力，宣講祈禱、聚會多次、著書寫信、萬國更正教稿子等種種的聖工就多多了，天天很晚睡了，也有時一夜，此日十二點鐘才睡了，因為寫這聖靈真見證書的工夫很大。

次日（1918.05.05，星期日）是他們的假禮拜日，我們早晨祈禱畢，聖靈差遣我們上天津鼓樓東中國基督教會（即中華基督教會天津倉門口教會）去，見一切當得救人，此教會男女眾教友，都是闊人物多，有幾個真信徒，最好的就是寶英堂、李文謹、張國體、方卓陳、于乃青（于乃寬）等人，還有幾貧窮教友，很佩服更正教的真道，魏保羅常去堂宣講辯論，領著他們禱告祈求聖靈，總是大降很有能力。

此日，大眾信徒很歡迎提說青年會野蠻，對待魏保羅等人要舉，到三點鐘，我們又到了基督教青年會，所有人在門口，把守不容進門聖靈指示說，可在會所門口宣講更正教的真道，許多教友出入門時聖靈指示，就宣佈青年會總幹事，仲子鳳（仲偉儀）、宋愚西（宋愚溪）這二個人都是外國奴兒總幹事，實在是大魔

鬼王的兒子，撒但的大差使，用強權惡待中國人等語。魏保羅、李雅各換著宣講了約有二點多鐘之久，又散了許多「耶穌四年多一定來審判萬民」之傳單，聽道的人約一千也多，因為隨來隨走的很多，青年會眾幹事、警察廳長官等，也想不到什麼法子除治魏保羅等人來，因為都是靠著聖靈作的聖工，救萬民博愛之宗旨。

又到了鼓樓西福音堂（應是天津西門內福音堂，在今天津市南開區西馬路與鼓樓西街一帶，現已不存），本會二首領人徐憲章病在坑上，他請魏保羅等為他祈禱，魏保羅就給他祈禱，按手，第二日就好好的了，哈利路亞，讚美耶穌。這幾天禁食十二天未滿日期之故，又有能力被聖靈充滿的時候，就到各處宣講更正教的真道，到各家、各堂提說，為主愛人被囚監獄，受苦受難，主有聲音又顯大異象說預言，種種的奇事，從此更正教在天津就算是無擋兒了，如同繞耶利哥城是一樣，各會整繞了七回，巡警是七天，又是七個教會，靠著神的大能大力，已經克復天津，推倒各會，高舉真耶穌教會大旗，圍繞天津城裡關外。

李雅各被聖靈充滿，大有膽量，一面走一面大聲宣佈說：「耶穌快來審判萬民哪！快悔改呀！不悔改必用火燒死你們哪！」種種責備，警教勸勉人的要言。

教佈天津現恩典　步傳直隸顯劬勞

第二十章
1918.05.11-05.18・星期六-六　天津

　　我們到各處、各家，奉耶穌的名醫病趕鬼，聚會祈禱講論，最可喜的邵瀾之大女兒（邵美德）吐血不止，她請我們到了她婆家為她祈禱，按手立刻就止住了，她女兒婆家姓王，她婆母（即婆婆，丈夫的母親）也信了，她丈夫（王文德）很有信心，同她親兄都受了大洗，定志守安息聖日。她女兒更大有信心，天天為主到各處、各家去傳道，作真正見證，他一家都信了，主藉著她一家必救許多人。

　　這幾天治的病人很多，凡真心相信的都好了，這真是神的鴻恩臨到中國，更正教普救萬國的兆頭，無論什麼病，只要信，魏保羅一按手，奉耶穌名一禱告，就好了。由北京傳起，治好了各種各樣的疾病，都歸榮耀給主耶穌，阿們！哈利路亞，讚美耶穌。

　　張國體一家老幼都歡迎接待我們，每逢到他家，就都唱詩聚會，給他們宣講更正教的真道、神的國的福音，大家都熱心禱告祈求祝謝，大聲讚美主，神所按排的定下的人，就是李愛德傳道的太太（但李愛德是女性，可能是誤植，或指的是她的姊妹），她在婦嬰醫院在眾婦女面前為更正教魏保羅、所傳的聖靈洗一切的、聖經要言真道，大大地作見證，因為早已她知道，魏保羅一家人的熱心行為，故此作真見證，阿們！最可喜的是神派的監督范彼得（范守信），由受了大洗之後，大有能力，被聖靈引到各城各鄉傳道，宣講神國的福音，更正教的真道，各處很接待他，這真是神用他。

　　徐重生，由從水裡上來，定禁食十天，歡歡喜喜禁食滿期了，劉馬可（劉寶元）長老、徐重生執事大有膽量，被聖靈充滿，不顧性命，常跟著魏保羅到各會大大辯論，眾信徒由受了大洗之後，都大有長進，熱心天天在聖堂裡、禱告、祈求、讚美、感謝主，此次受洗的一共十四個人，都是有大信心的人。（徐重生是1918.05.04 開始禁食，最快 05.13 才禁食完畢，此段卻寫在 05.10，為求內容連貫性，權且依照原文順序，不另做改動）

又到了安息聖日（1918.05.11，星期六），有五個人大有信心，願受大洗去，曲提摩太看見異象從水裡上來，就大有能力；范鴻書聽見有聲音招呼他：「馬太（范鴻書）。」

王復新、王復靈弟兄二人，有大信心，從水裡上來，更有能力。

這二個安息聖日都降大福，被聖靈充滿，我們實行洗腳的禮，吃聖餐實行擘開祝謝，大家非常的受感動，痛哭的時候很多，每逢吃聖餐的時候，就有聖靈的大能力，我們蒙神大恩晝夜禱告祈求讚美主，有無相通的心，大家非常地歡喜快樂讚美主。

次日（1918.05.12，星期日）早晨祈禱畢，聖靈指示我們上海大道（今天津市和平區大沽北路）倫敦教會去，真神是大能，本堂先住李福生，很有好行為，在北京就蒙主大恩，眾信徒都佩服他許靜齋領首，這也是神的意思，早預備的使本教會請他領講題目，是耶穌快來，大家甚為受感。

李福生幫助散佈「耶穌四年多五年內一定來審判萬民」傳單，男女信徒都願接受，外國人一定是不願意，因為有神的能力，他們也無法子。

少時，李福生與魏保羅談論，他雖是大先生，所說的都不對，他請我們吃飯，又相談許久，他說更正教的條例都佩服了，我們祈禱了二次，許靜齋也請我們到他家，我們由海大道回來又到了中國教會（倉門口教會），與幾個信徒相談許久，禱告祈求，又回到教會，大家同心合意地，禱告、祈求、讚美主，阿們！

次日（1918.05.13，星期一）早晨祈禱畢，就寫書信，忽接吾女兒魏惠英、吾兒魏安得烈、李長老（李文華）共三封書信，都是很要緊的大事，我就靠著聖靈給他們寫了三、四封回信，主准大魔鬼用百般的計謀要害魏保羅同人等，可是究竟害不了更正教的真道，不但害不了，魏保羅等反倒使之有能力順利亨通。到了晚上，大魔鬼藉著趙約翰（不確定這邊指的是趙德理或趙實元，但依照過往相處情形而言，可能是信中有記載了關於趙得理的事情）打了李雅各，又打魏保羅，將燈也打下去了，眾信徒都看不起他了。

第二日（1918.05.14，星期二）都又認錯又都和好應當感謝主，魏保羅靠主給王教友（有可能是王復新、王復靈或王文德）的兒子祈禱治病回來，范彼得長老傳道來了，靠著神作所的工，就挺難計算了，我又寫了一天的聖靈的真見證書，半夜才安歇了。

第二天（1918.05.15，星期三）我們早上起來禱告、祈求、讚美、感謝主，我們每日早、晚，都是盡力祈禱聚會，這一天常有祈禱聚會六、七回的時候，神的大能鴻恩，在天津顯現又有七位受大洗的男女。

又到下安息日（1918.05.18，星期六）有二位受大洗的女子，自是聖靈大降充滿了各人的心，每逢受洗日期，天津西頭男女跟著看的男女很多，有時二、三百男女跟看我們，就在河邊先行祈禱，唱詩讚美主，就大聲宣講神國的福音，男女都愛聽，給大家講明受洗的真理，神的大能聖靈的感動，王邵氏（邵美德）女信徒禁食九晝夜、馬日新男信徒定志禁食十天、李約翰（李文華）禁食十五天、還有幾位男女信徒禁食祈禱，都為得能力，勝魔鬼、勝罪惡情欲，都平安禁食滿期，這都是最可喜，應當讚美全能慈悲的神，哈利路亞，讚美耶穌。

天津西頭有許多弟兄姊妹，得著醫病趕鬼的能力權柄，哈利路亞，王邵氏大大地熱心為主，到各處為主傳道、作見證，眾信徒日日早晚熱心聚會，祈禱唱詩讚美感謝主，都有為主傳道的心。

更可喜的是神早已就預備妥了的，范家胡同路（今天津市虹橋區西沽大街一帶，多數胡同現已不存）北有二間房子作教會很合適，又有一個小院又是臨街，修理得很好，神早已就感動了魏馬利亞（劉愛）捐助的建築，聖堂二十元錢現借著，用了十三元，我們移過去，就大得平安快樂讚美主，每到晚半天，開門給男女宣講神國的福音，聽的人很多，天津各教會男老幼真正信徒，都佩服更正教的真道，就是關人的面子，領首的人攔阻也太大，因為他每月得薪金月分，就阻擋真理，神必與他們算帳，耶穌三年多一定審判萬民，最可喜的就是張國體、竇英堂、方卓陳、許靜齋、王天民各家接待我們，去了便會祈禱、唱詩讚美主，哈利路亞。

第二十一章

1918.06.22-06.29，
星期六-六　天津、北倉村、漢口村、武清縣、廊坊市

按著外貌（此句原文在第 20 章，為求語意通順，挪移至第 21 章），說這幾

家都是有大明希望的人家，又是財主，餘下者真基督徒很少，都是不明真道的人多。他們是白在教會裡瞎鬧假冒為善人，不受大洗，不受聖靈的洗，又不守主的真教規、真道，全得救不了，他們離真道還遠著呢，噯！替他們哭阿！

曲提摩太被聖靈充滿，他定志為主傳道也會禁食了。

魏保羅由去年四月至今年四月整一年工夫，為主愛人傳道，晝夜勞累，今四月問身體，就不健壯軟弱，雖然是身體有病的樣子，心靈裡是非常地快樂，讚美主，因為是為主，累的病也是離開罪的大故，早已就定好的志向，永不靠醫生吃藥，過了半個月，魏保羅的身體就健壯多多了，真是神大能。

李約翰（李文華）大有熱心能力幫助魏保羅傳道；李雅各（李永慶）大有忠心、恆心同走天路，我們三個人，在天津很是同心合意，為主作工與神同工，哈利路亞，讚美耶穌，我們蒙主聖靈充滿甘心受苦受難，為主、為弟兄捨命的很多，實在是效法耶穌的榜樣、使徒的行為，各省受聖靈洗的，就多多了，更正教一定成了，因為是神的能力大權，阿們！

天天有神蹟隨著我們，到各處醫病趕鬼，宣講神國的福音、更正教的真道，魏保羅蒙主的鴻恩，有魏馬利亞（劉愛）供給的銀錢，各處用自己款傳教，真信徒全然佩服，哈利路亞讚美耶穌，這是神早預備的更正教之大舉，阿們！聖靈指示，魏保羅等往各城、各鄉宣講更正教的真道，往北京走，聖靈啟示魏保羅說：「北京必有苦難等險。」魏保羅心裡甚是平安，說我就是為主、為弟兄捨命也是歡喜的，於是就定奪下安息日開歡別會。

是日（1918.06.22，星期六），男女信徒來的很多，滿滿的一堂，魏保羅靠著聖靈之大能給大家宣講，不外乎託付勉勵述說由去年至天津來所說的所行、一切榜樣，說：「神即派你們作長老執事，我去後千萬要盡力幫助真耶穌教會，我走後必有魔鬼藉著王小川假信徒阻擋真理，用似是而非的假學問，破壞咱們的真教會，大家千萬要抵擋他們一類的人。」又說：「我蒙聖靈差派，由到天津來傳教，我貪圖你們的金銀來嗎？我作榜樣給你們，我用自己的銀錢，傳教還供著好幾個人，大家也要想想。」又唸使徒行傳二十章（即保羅在特羅亞使猶推古復活的故事），很合此日的題目，聖靈大降充滿男女信徒的心，甚為受感，大家非常地快樂感謝祈求讚美主，這真是神的大能。

少時，又給二位信徒施洗，回來又聚會、祈禱。此日聚了十來回會，吃聖餐畢，大家又唱送行詩，歡樂而別散會。主施的鴻恩、早晚的聚會禱告、祈求的大

事、晝夜的勤勞、聖靈種種的啟示感動，或是夢兆、各種的聖工，就太多多了，要都寫出來工夫就不夠了。

次日（1918.06.23，星期日）我同最有忠的李雅各，至郭春泉聖名叫新生家去，為他切心祈禱，神的大權能將他救出，將之城來，同去傳道，一路上有神蹟，同著我們到了宜興埠（今天津市北辰區宜興埠），離天津十八里地（約9公里，路程步行約2小時），我著了一個真門徒馬孟村，聖名道生，請我們到了他家，聚會祈禱，講論更正教的真道，聖靈大降充滿他們一家，還有個門徒馬信友說：「明日請魏長老，給我們施洗。」大家唱詩感謝祈禱畢，就歡喜而散。

次日（1918.06.24，星期一）請我們吃完了飯，就出村到有水的地方，就給他們施洗，一共五個人（當中可能包含了蘇存仁與姚心明），當中有一個病了一年多了，請我們去為他祈禱，按手就好了，他也受了洗。還醫治了好幾個男女病人，都好了，是神的大權能施他的鴻恩，用我們這卑賤的人，哈利路亞，讚美耶穌，榮耀全歸真神，阿們！

聖靈指示，我們到了北倉村（今天津市北辰區北倉鎮，離宜興埠約10公里，路程步行約2小時）公理會，有一個熱心的好信徒于老教友，又有幾個門徒一同聚會祈禱，都佩服更正教，也願受大洗，又到漢口村宣講，聽的人很多。

在楊村鎮（今天津市武清區楊村鎮，離北辰區約20公里，步行時間4小時）宣講了一天（1918.06.26，星期三），又到皇后店鎮，住在公理會。

次日早晨（1918.06.27，星期四）到甄家營（今天津市武清區甄營村）公理會，眾執事、教友都佩服更正教，一同聚會祈禱，談講更正教的真道，大家受了感動，又到落垡鎮（今河北省廊坊市安次區落垡鎮）倫敦會龐繼卿首領人，大大地熱心，接待我預備了兩回飯，一同跪拜主，聚會祈禱，非常的佩服更正教的真理。

我們來到武清縣（今天津市武清區）公理會，韓先生和龐先生一樣的熱心款待，於是住了一夜（1918.06.28，星期五），次日至廊坊鎮（今河北省廊坊市），因為我們定志專守禮拜六為安息聖日，就住在義順成棧裡。

次日（1918.06.29，星期六）是安息日，我們出村鎮到了大樹林子內，唱詩讀聖經講論三人同心合意地跪下，切心禱告祈求，聖靈大大地降在我們心裡身上，就非常的歡喜快樂，讚美主，哈利路亞，讚美耶穌，阿們！

由天津起行，在此經過各村鄉，都是大聲禱告祈求，唱詩畢，放膽宣講神國的福音、更正教的真道、耶穌速來審判萬民的大舉，聽道的男女非常之多，我們弟兄二人同心合意，與神同工，天天有神蹟奇事，隨著走我們到各處、各城、各鄉醫病趕鬼，治好了許多病人，無論有什麼重病，只要信耶穌，就准好了，因為耶穌是不改變的神，哈利路亞，讚美耶穌，雖然正在五月二十間（即 1918.06.28-07.07 之間），太陽很熱，曬的肉身體很難受，又走路非常之累，可是心靈裡異常地平安快樂，哈利路亞，讚美耶穌，因為愛主、愛眾人的心，就勝過百樣的苦難去，現在我心很願意為主、為弟兄姊妹受盡萬苦捨命，哈利路亞，讚美耶穌，由去年傳更正教起受大洗的一百多位，受聖靈洗說出方言來的有好幾十位，不顧命的很多，各省同志人就多多了。神又派了二位監督、八位長老、十八位執事，都是非常的熱心，用自己衣食錢財傳道，大都有古聖使徒有無相通的樣子，哈利路亞讚美耶穌，阿們！神知道魏保羅晝夜的勤勞，宣講、祈禱、聚會，搭救萬民，阿們！

校注按：

與下冊第 17 章對照，監督是魏保羅、以及從長老提升上來的范守信；長老有李文華、王玉貴、劉寶元、竇英堂、方卓陳、馬孟村，但漏列了張之瑞；此外，從下冊第 23 章的稱謂來看，許靜齋可能已經是被算入長老的名單之中。

執事則有趙寶珍、王世榮、徐重生、許靜齋、張國體、朱鼎臣、董桂林、曲提摩太、郭視真、邵瀾、馬日新、蘇存仁、李馬大、劉愛、徐趙氏，漏列了賈潤齋、劉仲林、王德順、李永慶、任義奎，扣除許靜齋總計後，應該有 19 位，而非18 位執事。

第二十二章
1918.06.30-07.13，
星期日-六　廊坊鎮、采育鎮、馬駒橋鎮、小紅門、十八里店鄉

（第 22 章至第 24 章記載內容應在 1918.07 -08 間，但由於記載日期不連貫，故日期僅能推測，敬請知悉。）

神的大能，聖旨更正教，去年是聖靈啟示，命派魏保羅、王復生、李雅各、魏再造（魏文祥）四人，由北京至保府各城鄉一帶的地方，廣佈神國的福音，靠耶穌基督的聖名，醫病趕鬼、搭救萬民，今年神又差派魏保羅、李雅各（李永慶）、郭新生（郭春泉），由天津起程至北京，大聲宣講，到各城、各鎮、各鄉廣傳神國的福音真道，二次都是到各公會教堂，與他們的首領人和一切有道學的辯論，聖靈的權能大力，總是叫魏保羅等得勝，這二次約有三個多月之久，天天有神蹟奇事、聖靈的大能隨著我們，哈利路亞，讚美耶穌。

（此次的行程是天津到北京，一路上的記載行徑主要是從南向北走。）

我們遊歷各教會，最浮華無道德的假信徒，多就是美以美會，其次是公理會，再次是長老會、倫敦會，雖然是人少，貧窮人多，可是真心信主的，還比他們多點。

（推測此日是 1918.07.03，星期三。）

二次我們由天津走到鄉房鎮（應為廊坊鎮，鄉房鎮為誤植）美以美會[13]，首領人田某（田錫年）大無道德，又不明聖經，又阻擋真理，說許多無道德糊塗話，我們就在大街去放膽，宣講更正教的真道，聽的人很多，義順成棧的外教人倒歡迎送我們。

（1918.07.04，星期四。）

又到了采育鎮（今北京市大興區采育鎮，距廊坊約 20 公里，步行約 4 小時）住了二夜，徐信一先生半接待半不接待，比田某故然就強多了。此會是倫敦會，有幾位教友倒真有信主的樣子，最熱心者就是黨福來，他接到我們家裡去，預備了飯，我們一同聚會祈禱三、四次，他家四口人有病，我們奉耶穌的名給他們治好了，真是神的大能大力。

（1918.07.06，星期六。）

我們又到了馬駒橋鎮（今北京市通州區馬駒橋鎮，與采育鎮距離約 20 公里，步行時間約為 4 小時）倫敦教會，聶玉山倒是熱心接待，我們已道他妻子大無道

---

13 地點位在廊坊車站東大街，即今河北省廊坊市安次區一帶，教會地點自 1915 年開始使用，直到 1920 年才因米振邦另行購堂後才有所移轉。請參河北省地方誌編纂委員會編，《河北省誌：第 68 卷-宗教志》，頁 394。

德，無一點信主的滋味，很不能一時叫我們走，這一路賊匪甚多，劫打了許多的人，神的全能保護，我們平安到此鎮，主保佑至到永遠，阿們！這一路受日頭熱曬，受各種的苦累，心靈裡時刻日日，非常之快樂平安，阿們！我就是為主、為人受盡萬苦，像我主耶穌基督和保羅、彼得眾聖徒，一樣苦難，或者比他們受的更大，我都是樂意的，哈利路亞，讚美耶穌。

次日（1918.07.07，星期日），蒙主的鴻恩，聖靈的啟示，大能感動，聶玉山在他們的禮拜日，宣佈魏保羅的事，請他到前邊站立，又請男女大家起立，彼此行鞠躬禮，為的以後都相視相愛之意，魏保羅靠聖靈給大眾宣講神國的真道，說人必須受聖靈的洗，方才進神國，現在賜聖靈，給我們像給眾使徒一樣，大家只管求，必然得著，還說了許多的話，大家很以為然，在此住了三天。

大蒙主恩，哈利路亞，讚美耶穌，我們起又到了小紅門教堂（今北京市朝陽區小紅門鄉，與馬駒橋鎮距離約 12 公里，步行時間近 3 小時），此倫敦會首領人，唐朝貴，是魏保羅的老朋友，他不明白聖經的深意，更不明白聖靈啟示，能力方言預言醫病趕鬼，種種的神蹟，他是一個世智望，他悔改信從更正教的真道，他既不接受主的真道，又接待我著樣子，我們就住了一夜，並沒有吃他的飯。

次日（1918.07.09，星期二）早晨起行，到十八里店村（今北京市朝陽區十八里店鄉，與小紅門鄉距離約 3 公里，步行時間約 40 分鐘），倫敦會首領孟路特大有信心，熱心歡迎接待我們，並且甘心願意作魏保羅之門生，魏保羅按手在他頭上，為祝福祈禱，實收他為道德中的門生。

次日（1918.07.10，星期三），招聚大會，打鐘招齊了眾男信徒開會，孟路特報告開會的宗旨畢，魏保羅宣講題目，不是從水和聖靈生的，就不能進神的國，請郭新生讀唸聖經數次，章節都是於此題合益，宣講了許久，聖靈大降感動，眾人都受大洗，受聖靈洗的心，郭新生、李雅各作了許多的好見證，最熱心有信心者，就是高信友祥老信徒。

我們又到街上，宣講了許久，才回堂安歇了，定為次日（1918.07.11，星期四）早七點，開歡別會，又打鐘招齊了，男女眾信徒，魏保羅給他們講論，更正教的真道，大家甚受聖靈的大感，我們唱詩祈禱畢，就給一個男信徒在河裡施洗去，眾信徒甚願意，再留我們二、三日。

忽然唐朝貴來了，催我們當時就走的意思，聖靈許我們走，這是神的大能叫他來的，因為北京有真信徒等候呢！他們送我們出門起程，一路傳福音，到了北京恩信永見了女信徒，魏馬利亞，大大地歡喜快樂至極，於是祈禱讚美主，給我們預備了飯用畢，魏馬利亞說：「有幾位山西來的，熱心信徒，在北櫃恩振華住著呢！」

　　魏馬利亞熱心接待他們，於是請董信徒（應該是董鴻藻）請他們來到恩信永，大眾一見魏保羅的面，非常地歡喜快樂，讚美主，哈利路亞，讚美耶穌，於是大家聚會，魏保羅靠著主的大能，講論更正教的真道，述說由去年蒙主恩招現顯大異象數十次，面見救主耶穌多次，日日有神蹟，隨著我們的奇事，叫瞎子看見、耳聾的聽見、快死的重病得痊癒、吐血很重的立時好了，各種的重病都好了，廣傳福音，搭救萬民，又說我如何離開的罪、成的聖，大家很以為然，於是同心跪下，禱告祈求，感謝讚美主，聖靈大大地降臨，震動了樓房，大家高聲讚美主，眾信徒異常地歡喜快樂，此時街坊張宅聽見這大聲音，就不願意了，大大地逼迫與我們，大家就忍耐。

　　次日（1918.07.12，星期五）之聚會談論聖靈的大事，主派我們所作的工，山西來的七位弟兄，有李約翰、梁俊耀、李炳靈、賈天靈、趙橫、段生錦、續開昌（耶姓運動後，只有李約翰、李炳靈、賈天靈三人還留在真耶穌教會，其餘人等未見諸後續記載），他們都翻說方言，大有能力，續講聖經，甚是熱誠，天天三、四次聚會祈禱，都是聖靈大降，神指示他們起行，至大同府去傳道。

　　魏保羅請他們次日（1918.07.13，星期六）到恩信永，開歡別會，聖靈大大地降臨，充滿了屋子，充滿了各人的心，神的聖靈有聲音說：「派魏保羅為牧人。」於是眾長老牧者給魏保羅按手，聖靈的恩膏早經膏了魏保羅，魏保羅又充充足足地受了聖靈非常之歡喜快樂，大聲讚美主，大家同樂慶賀行拉手禮，讚美主歸榮耀給真神，哈利路亞，讚美耶穌，用了點心，歡送他們至前門。

　　這都是神的大能大權力，感動預備的一切聖工大事，如晚到京二、三日，他們就走了，一定見不著了，讚美耶穌，他們走後，我們與魏馬利亞、李雅各、郭新生，還有馮執事（可能是馮世祥），帶領幾個最有熱心的真信徒，早晚的來堂聚會，切心禱告祈求，聖靈大大降臨，充滿了各人的心，我們翻說方言，讀講聖經，大得能力，又到各教堂去散傳單，辯論更正教的道，福音的奧秘，魏保羅靠著神的大能大力，放膽宣講，辯論大大地得勝，魏馬利亞大發熱心，接待眾聖

徒，給魏保羅、李雅各、郭新生作了許多的衣服鋪蓋等伴，供給大家吃喝，種種的需用，就多多了，真是天下未有的女信徒，哈利路亞，讚美耶穌！

因在北京，魏保羅靠著主，又行了幾件神蹟，治好幾個病人，又說了許多的預言，都應驗了，魏馬利亞更有信心、熱心了，我們晝夜的禱告祈求，聚會感謝讚美主，真是異常地快樂，哈利路亞，讚美耶穌。

作監督的，應當作完全人，毫無瑕疵皺紋等類，無可責之處，行聖聖潔潔的事，奉主殷殷勤勤的，為神作工，不饞、不懶、不任性、不暴躁、不喝酒、不打人、不貪無義之財，樂意接待遠人，好善莊重公平，聖潔自持，堅守那按著正教的信實道理，能將純正教訓勸化人，又能把爭辯的人駁倒了（內文主要引用官話和合本譯本，提多書 1:7-9），監督不可有放蕩，必須服約束，因為是真神的管家，必須作羊群的榜樣，不叫一個人小看我們，叫眾人都效法我們的行為，好能叫多人，因我們得救，執事、長老都遵守這個教訓，守住了這真理，阿們！

二返往來無駿馬　一江涉渡有輕舠

第二十三章
1918.07.20-07.23，星期六-二　北京、天津

（此段日期推測為與第 22 章回到北京後應該有一定時間區隔；再次，范守信去世時到訪天津有拜訪過張國體一家，如若張國體母親此時已生命垂危，恐怕魏保羅第 23 章不會有如此輕描淡寫的記載，因此合理推測，第 23 章、第 24 章內容應該相隔一段時間。比較可能的推測是間隔約莫一個月之久。故此，將推測時間各自往前、往後挪移，得此合理的日期，敬請知悉。）

當安息聖日（1918.07.20，星期六），我們聚會，大家熱心禱告祈求，聖靈大大地降臨充滿各人的心，魏保羅痛哭著講論主的聖經，提到主耶穌從天上降臨替我們受苦難三十三年，死在十字架上，受盡了萬苦，大家也痛哭的很多，爲紀念主耶穌捨身洗血，吃了聖餐，就給田約瑟、胡信德等人，到永定門外施完了洗。

（此處也可能是另一個側面證據顯示魏保羅對於受洗與領受聖餐間的先後順序與關係並不是那麼地在意。）

因天津范鴻恩來信，請魏保羅為他父親之白事，藉此傳道廣佈福音，晚十一點鐘下火車，到了天津教會，魏保羅同郭新生（郭春泉）見了李約翰（李文華）長老，大大地歡喜，快樂讚美主。

次日（1918.07.21，星期日）早晨我們到了范家，就大聲禱告祈求，聖靈大降又唱詩，大聲宣講福音給眾人親友聽，因為離世的范長老（范守信）多年信道，大有熱心，受過聖靈的洗，每日早晨常上曠野去，跪著禱告祈求，常幫助窮人，供助眾聖徒，行為甚好，為眾人所稱讚，聖靈明明的對魏保羅說：「范彼得已經得了救，上到神國，你不要哭了。」范宅一家聽見這話甚得安慰平安，我們隨著發引一面走，一面大聲唱歌，聽見主道的人，真是千千萬萬榮耀耶穌，阿們！

次日（1918.07.22，星期一）魏保羅送伊子魏安得烈（魏文祥）回容城老家，在火輪船上大聲宣講真道給許多人聽。（路線上應是循著津保航路從天津搭到新

安縣，北轉到燒車淀的西岸碼頭，再走一小段陸路回到容城午方村，但從魏保羅的描述上看，魏保羅應該只是陪魏文祥到天津西沽，並沒有上船，因此在船上大聲宣道一事，應出自魏保羅自收到魏文祥訊息後的後續補充，或自我的預設想像）

　　魏保羅又到了天津西沽，見了郭新生，一同在此又宣講真道，又有許多人又聽、又問。郭新生見了許靜齋長老，一同上了宜興埠見了馬孟村長老，非常地讚美主，他大有熱心接待我們，又在此宣講福音，聽道的人甚多。

　　次日（1918.07.23，星期二）許長老（許靜齋）、郭新生回了天津，各歸家去了，聖靈還叫魏保羅在此傳道，天天在馬成興家聚會祈禱，因為主藉著馬成興之子馬柏年之病症厲害，他一家熱心禱告祈求。忽然，聖靈大降充滿各人，魏保羅手按誰誰就受了聖靈，大家男女都說方言，讚美主為大，馬成興、馬約伯（不清楚是馬氏家族何人的聖名）等又受了大洗，從此就興旺起來了，讚美耶穌，哈利路亞，在此住了幾天，又到天津各家教友，聚會講論更正教的真道，各家都熱心接待我們。

　　張國體一家男女老少很熱誠款待，常常的給我們預備飯、點心等等，他一家日日祈禱讚美主。更可喜的是王愛德女執事，一家大有熱心接待，因為她的吐血大症被魏保羅靠主給她治好了，她丈夫、她婆母（丈夫的母親）、她大伯等人都受了洗，並且受聖靈的洗有三個人，女執事王愛德天天以傳福音給更正教作真見證為事，真是不多得的女聖徒，她禁食九天，後大有能力為主傳道救人，哈利路亞，讚美耶穌，馬日新、徐重生、劉更生（劉仲林）三位執事都是最熱心，劉更生是常供著聖徒吃飯等事，又過了幾天蒙神啟示還回北京。

第二十四章
1918.08.17-08.24，星期六-六　北京、天津

　　神的大能感動了邵蘭（邵瀾）信友，願同走聖路，為主捨命，廣傳福音，搭救萬民。

回到北京，魏保羅同李雅各（李永慶）、邵蘭（邵瀾）三人，高舉真耶穌教會的大旗宣講，圍繞各城、各街、各處，警動了各公教會，諸男女信徒、假牧師他們都知道了，各界也都觀看，政界官長也都很注意，天天這樣宣講，大聲在街市上宣佈說：「你們要悔改信耶穌，不悔改就被火燒了，耶穌快來審判萬民哪！」這是李雅各放膽靠主的大能說的話，聖靈天天大大地降臨，在我們身上心裡，在恩信永樓上早晚聚會祈禱，熱心讚美主，魏馬利亞魏劉氏的熱心更大了，給邵蘭（邵瀾）等、李雅各眾人預備的衣食，甚為周到完全。

有一個假信徒陳葛某他姦淫他的母親，我奉耶穌的名將他交給魔鬼，任意待他的身體，他受大報應大苦難之後，或者主叫他的靈魂得救也未可定，願主的旨成全吧，阿們！（此段引用了《哥林多前書》5:5 的經節，但有可能誤讀了《哥林多前書》第 5 章的保羅的原意）

忽然，又接到天津張國體來信，請魏保羅為他母親喪事，魏保羅很願藉此廣傳福音，搭救萬民。

此日，又是安息聖日（1918.08.17，星期六），聚會吃聖餐畢，大家都是每逢安息日蒙恩，格外得大福，非常地平安，快樂讚美耶穌，主所應許的話，沒有一句落空的，都要成全，阿們！真神創造天地萬物後應許降福與此日，就是現在的禮拜六為安息聖日，阿們！

魏保羅又下了天津，次日（1918.08.18，星期日）同李約翰長老、趙執事，到了張國體家，就為他一家祈禱唱詩，大聲宣講放膽傳福音給眾親友，聽道的人很多。又送殯，一面走一面大聲唱靈歌讚美主，聽見講道的人真是千千萬萬的，聖靈引導我們到各處所作的聖工，都為合宜，天天有神蹟隨著我們。

天津西沽有一個被鬼附著三十八年的老婦人（李文榜妻子），她丈夫（李文榜）有信心，託信徒王志德同他兒子（李思聰）請魏保羅，給他趕鬼去。

次日（1918.08.19，星期一）同李約翰（李文華）長老到他家，鬼在女人身上大有能力，鬼說：「要不是你們二個人來，我不能出去。」魏保羅說：「我奉耶穌基督的名吩咐從她身上出去。」鬼就痛哭說：「我已跟了她三十八年了，不願意走阿！」李約翰問她說：「你叫什麼名字？」她說：「我叫柳，就是蛇鬼。[14]」

---

14 《山海經》中認為蛇鬼是共工氏的下屬名為「相柳」，後在民間傳說中即簡稱蛇鬼為柳，或稱呼為

還說願意上公理會教堂去，因為公理會沒有一個人能趕鬼，可見就證明他們都是假信徒，都是魔鬼的兒女們，能說不能行，盼望都受了大洗，受了聖靈的洗，重生了才能作神的兒女，阿們！少時，魏保羅、李約翰奉耶穌的名將蛇鬼趕出去，給他一家三口人都施了洗，哈利路亞，讚美耶穌，大家都應當歸榮耀給真神，阿們！

最可喜大大事，有個人名叫王志德，此時在天津西沽住，他是武清縣石各莊（今天津市武清區石各莊鄉）人，入舊教會已四年多，昔前當過國民學校教員[15]，因他早已就佩服更正教的真道，郭新生（郭春泉）領他見了魏保羅，相談良久，因他發眼甚是厲害，必須有人領著才合適，魏保羅問他許多的話，他大有信心全都應許，永不吃藥不靠大夫等語，於是魏保羅給他按手，他就跪在地上，聖靈明說：「他的信救了他了。」又給他施了大洗，從水裡來，大得鴻恩非常地歡喜快樂讚美主，後來眼睛就好了。

到了下安息聖日（1918.08.24，星期六），李約翰長老給按手，他就受了聖靈洗，說了許多的方言，讚美耶穌，此安息聖日聖靈大降充滿了各人的心，大家非常的歡樂讚美主為大。

（為符合前後文邏輯，將第 25 章部分內容上移至第 24 章，與原版不同，特此說明。）

校注按：

李文榜一家歸主一事，但同一段落內的記載，王志德在《卅年專刊》卻有一些細節上與時序上的差異。王志德首先鋪墊了李文榜為何人在天津西沽，而不在武清的原因，並吩咐其子同王志德請魏保羅來趕鬼。王志德並未記載趕鬼當天有李文華在場，而是魏保羅先去李家，後再請李思聰來請王志德前去觀看趕鬼。之後王志德與魏保羅強行帶李文榜妻子入水受洗後，鬼才趕出，也與此段記載不同。由於李文華在之前范守信過世時有一同前往天津，此次張國體母親去世李文華到場致意於情理上也說得過去，因此李文華在李文榜家出現並不會令人覺得稀

柳仙。

15 此時採取的是「王子學制」，而與 1940 年的國民學校仍有所不同。

奇。會有此差異，可能是因為李文華之後將離開真耶穌教會改成立公同會，方而在後來的描述中將李文華刪掉或將人物抽換為王志德[16]。

此外，《卅年專刊》王志德歸主時間是在農曆六月（即公曆約 7 月中旬），而李文榜一事則是王志德加入真耶穌教會後才發生的，即公曆 8 月左右。但本書在此段內容的記載上卻是先記載了李文榜一事，後記載王志德歸主。但以邏輯上而言，應該是先有王志德眼睛得醫治，方能拜訪李家而使得李家知道魏保羅，較符合常理判斷。

因此，應以王志德得醫治歸信一事在先，李文榜一家歸信一事在後，較為合理[17]。

第二十五章
1918.08.28-09.02，星期三-一　宜興埠、天津

王志德同魏保羅，民國七年舊曆七月二十二日（1918.08.28，星期三）往宜興埠（今天津市北辰區宜興埠鎮，距離天津西沽約 9 公里，步行近 2 小時）傳道去，在路上一面走一面談論主的聖經、一切的聖事、聖靈的大舉，在路中到了一個高粱地內，二人切心禱告切心祈求，到了宜興埠見了馬孟村長老，大大地歡喜快樂至極，馬孟村熱心接待我們，魏保羅預備了飯，因王志德定志禁食五天。

（王志德禁食的日子是從農曆的七月二十一日，即 1918.08.27 開始禁食的，原本預計禁食五天，渠料 08.29 又蒙受啟示繼續禁食至 39 日，亦即 1918.10.04 星期五為止。）

次日（1918.08.29，星期四）早晨，蒙聖靈引導到了一個曠野，四外都有高粱，此地方非常之僻靜，實在是主給我們二個人預備的禱告地方，我們就在此處切心懇求祈禱，我們一跪下聖靈就充滿了我們的心，魏保羅痛哭不止，為自己、

---

16 請參閱王志德，〈鬼附三十八年得解脫〉，收錄在《真耶穌教會卅年專刊》，頁 N5-N6。

17 請參閱王志德，〈瞎子好了身歸主〉，收錄在《真耶穌教會卅年專刊》，頁 N23。

為已受了大洗或已受過聖靈洗的軟弱人，更為各公會眾男女教友都沒有得了真道，與世俗人無異，還在罪惡之中，並為天下萬民大哭。王志德正切心祈禱時，天上有聲音對他說：「你要禁食三十九天，神派你為長老，賞賜你醫病趕鬼的大權，與魏保羅一同傳道，救萬民。」還與他說了許多話，堅固他的信心。他就聽命遵著主的吩咐禁食三十九晝夜，一點食物不吃。

此日，二點多鐘到了馬成興家聚會祈禱，聖靈大大地降臨充滿各人的心。

王志德，主又給他起聖名叫王更新，他按手在蘇育文女學生頭上，她就受了聖靈的洗，說了許多方言；馬老太太（馬孟村妻）也藉著王長老的手受了聖靈的洗，此日聖靈大大地降臨，充充滿滿的都受了聖靈，大家非常地歡喜快樂讚美主；馬喜年、馬少年（可能與下冊第 17 章記載的馬松年、馬鶴年為相同的人）又受了大洗，喜年也受了聖靈的洗，更可喜的是馬蔭亭老先翁和一個本地財主，最有名的人，都悔改認罪信耶穌也受了大洗，這不多的日子，就是宜興埠增添了十九位受大洗受聖靈洗的，此村人家甚多，聽見主道理的人甚多。

我們回到天津，見了許靜齋，大為歡喜快樂讚美主，又到了張國體家聚會祈禱唱靈歌讚美主，住在他家。

次日（1918.08.31，星期六）最早到了教會，是安息聖日，凡有信心真熱心都來了，魏保羅給大家宣講更正教的真道，又吃聖餐，因為紀念主耶穌受大苦難，死在十字架上流出寶貝的血來，哭的不少，此日又有母子二人受大洗，王女教友，受洗定志禁食七天，神的大能，哈利路亞，讚美耶穌。

次日（1918.09.01，星期日）又為受大洗的二位男子，主將得救的人天天加入教會，此日又到了中國基督教會（即中華基督教會），一看哪！都些個闊人物，多與社會無異，實在不是耶穌和使徒傳教的樣子，與世俗人一樣都離不開罪，就是沒有受大洗和聖靈洗之大故也。

次日（1918.09.02，星期一）早晨，王更新長老之老母親同郭新生（郭春泉）來堂，是大魔鬼，主特來地力逼她回家，大鬧而又特鬧，王更新因禁食有能力，被聖靈充滿，百折不回，一定禁食三十九天，用許多的話責備郭新生和他母親之過錯，聖靈引導她到了王愛德女執事家。魏保羅被聖靈充滿，安慰了他母親一番，他母親就走了。（魏保羅充滿安慰了……至本段結尾，原文在第 26 章開頭，為符合閱讀連貫性，調整至第 25 章）

第二十六章
1918.09.03-09.14，
星期二　天津、楊柳青鎮、王慶陀鎮、桃園村、葛漁城鎮

　　我們與新聖民，主給他起名叫新路加，大聲禱告祈求，聖靈大降，新路加大大地認錯，痛悔前非，從此他與魏保羅大大地和好，還了魏保羅大洋一元，大家歡樂而別。

　　（應該指的是之前新聖民幫助賈德新向魏保羅討取還款一事。）

　　主所指示的，必須立十二個門徒，頭一個是魏保羅、第二個是王更新（王志德）、第三個是李約翰（李文華）、第四個是趙得理、第五個是李雅各（李永慶）、第六個是新路加（新聖民）、第七個是徐重生，那另五個主還沒有指示。

　　魏保羅又到了王愛德女執事家聚完了會，用完了飯，又唱詩祈禱畢，兩點多鐘才起行，由天津往楊柳青去，路過兩個村子都是給他們宣講福音，聽道的人甚多，魏保羅同王更新，為主福音搭救萬民之心勝也不怕受累，夜間走路晚十一點多鐘才到了楊柳青鎮，見了李德林非常地歡喜，快樂讚美主，我們禱告祈求畢，就安歇了。

　　次日（1918.09.03，星期二）李德林願受大洗，從水裡上來就說了許多的方言，又到街上給大眾宣講。

　　次日（1918.09.04，星期三）圍繞此鎮，宣講十二個地方，每次招聚有百餘人，此日聽道的人，共約有一千二、三百之多。又見戴筱臣信友，相談許久，他也佩服了更正教，在此處住了四天（1918.09.03-1918.09.06，星期二-五）。

　　臨走時又到了美以美會郭先生正領查經聚會，他請魏保羅給眾男女講道，都很以為然，劉牧者夫婦都鬧眼睛病，魏保羅給他們夫婦按手就好了，歸榮耀給真神，阿們！我們又相談了許久，劉牧者給魏保羅預備了飯。用畢，劉牧者問了許多的要題，都沒有問住魏保羅，由此處往王慶坨鎮（今天津市武清區王慶坨鎮，距楊柳青鎮約 11 公里，步行約 2 小時多）去，傳更正教的真道，一路上傳福音，

到了王慶坨見了眾教友都歡喜接待，就是都不明白聖靈的啟示、聖經深意，就與他們聚會，細講更正教的道理。

次日（1918.09.07，星期六）是安息聖日，我們禱告祈求聚會讚美主，魏保羅蒙聖靈指示，寫這個聖靈真見證書，哈利路亞，讚美耶穌！這就是略略地表揚聖靈的大能功用，魏保羅同王更新晝夜地禱告，祈求歡樂讚美主，雖然禁食祈禱肉身受大苦累，心靈裡非常地歡喜，真是喜樂滿足，阿們！

聖靈啟示舊曆八月初五日（1918.09.09，星期一）起行。

安息日（1918.09.07，星期六）的頭一天，忽然來了一個半身不遂的老年病人，劉恩榮來求醫治，聖靈在魏保羅身上心裡很有能力說：「他好了。」我們給他講聖經很多的話，他大有信心，也願意受洗去，從水裡上來，為許多人作了真見證。

次日（1918.09.08，星期日）他說：「我的病好了。」眾教友大為歡喜讚美主為大，更可喜的，前者熱心接待李長老、安得烈的李祝真（李視真）信友，忽然來堂，他有淫寒之大症（類似感冒風寒症狀），魏保羅、王更新勸他受大洗，他先不願意，因為有魔鬼在他心裡攔阻我們，同心合意地祈禱，將鬼趕退，他甘心樂領受大洗，從水裡上來病就好了，他兒也受了大洗，有一位高復生，窮人大有信心，也受了大洗。

主的聖靈，給劉恩榮起聖名，叫再生。神又派李視真為長老，因為他大有信心、熱心、口才，接待聖徒，這都是神的特恩大能，大家都當讚美主，天上的眾聖者、眾長老、眾使者都當高聲日日時刻讚美耶和華，我們主耶穌基督，哈利路亞，榮耀給我們的真神大主宰聖父、聖靈，阿們！

我們步行走到桃園村（今河北省廊坊市安次區桃園村，距王慶陀鎮約 9 公里，步行近 2 小時）福音堂，可惜眾教友都不明白聖經，真道三、四十年的老教友，也沒有離一切的罪，還有許多的毛病，吸煙、喝酒、好氣等等罪過，都免不了的這就顯出傳錯了教，不能得著能力，不是水和聖靈生的，一定不能進神的國，各公會假牧師們、眾教友，都離不開罪，怎麼能進神國呢？嗳！我替你們哭阿！切切實實的勸有心的眾位弟兄姊妹，迅速悔改，領受大洗，可以洗淨你們的罪，領受所應許的聖靈之要洗，得著能力，都進入神國，阿們！哈利路亞，讚美耶穌。

耶穌在馬可福音書第十六章上說：「信心的人，必有神蹟隨著他們能說新方言，手按病人，就必好了。」怎麼現在各公會，牧師教師們，都不能作呢？怎麼全是能說不能行呢？就是沒有受大洗，沒有受聖靈洗之故也，切盼望諸位最親愛的弟兄姊妹都深信不疑，必然得著，和使徒聖徒一樣了，阿們！

主的聖靈，又引導指示我們到了葛漁城鎮（今河北省廊坊市安次區葛漁城鎮，距桃園村約 7 公里，步行約 1.5 小時），在王子健信友家住了五天（1918.09.09-16 中的其中五日，如依照前文聖靈指示的啟行日，比較可能是1918.09.09-14，星期一-五），日日早晚給他們講說更正教的真道、神國的福音，有一位許謙信友，見我們在曠野切心用方言等語祈禱，他就大為受感，甚是注意，接待我們到他家談論真理良久，他更受大感動，給魏保羅預備了飯。最熱心的就是王子健，他天天給魏保羅預備飯，細聽我們講的真道，更正的要舉條規，也有十幾位教友，早晚常去聽道。

第二十七章
1918.09.17-09.22，星期二-日　甄莊村、碼頭鎮

八月十三日（1918.09.17，星期二），我們又起行走到甄家莊（今河北省廊坊市安次區甄莊村，距葛漁城鎮約 6 公里，步行約 1.5 小時），渾河（永定河的舊稱，此處應該為永定河支系，位在今北乾渠的位置）天氣將晚，等候船隻渡過北岸，趕上此船上載不能過到南岸來，此時天氣上來，魏保羅、王更新（王志德）長老，主又給他起名叫彼得，二人切心祈禱，說：「叫我們平安過去。」又講了許多的話給眾人聽，此時，我們也沒有零錢了，因為過河當須船錢，忽然來了一位趙彬，口稱是信主的人，他說：「二位師兄，我用小船渡二位師兄去吧！」於是他將我們渡過河北岸上，真是神的大能鴻恩，哈利路亞，讚美耶穌。

這個時天氣，很厲害要下大雨的樣子，離馬頭鎮（碼頭鎮）還有五里（2.5 公里），魏保羅大聲禱告求真神說：「全能的主，叫我們二人到了李教友（李潤）家室內後再下雨。」果然方進室內坐下，大雨、大雹子（冰雹）大大地下起來了，哈利路亞，要不是神的大恩典，一定死在路中了，大家都應讚美主，阿們！

李潤信友大有熱心接待我們，此時，魏保羅又禁食二天半了，次日（1918.09.18，星期三）起就每日給魏保羅預備飯食，眾信友很熱心接待，大家早晚歡樂唱詩讚美主、禱告祈求。大眾聚集，魏保羅同王彼得（王志德）天天給他們講論更正教的真道，以聖經為見證，查了許多章節，辯明神國福音的奧秘，大家蒙聖靈感動，很以為然，張子衡、孫季仁等熱心接到家去特請吃飯，藉此給他們各家講道，都得了非常的福氣平安，哈利路亞，讚美耶穌。

李恩波（推測是李潤）熱心，也給魏保羅送飯來，孫貫一、王瑞東等大家都熱心，常來堂聚會，我們也到大街集上廣佈福音，張子衡大發熱心。

八月十五日（1918.09.19 星期四。原文為農曆八月十八日，但由於不連貫，且與後續日期所記述內容相衝突，故而依照日期順序改為農曆八月十五日，即1918.09.19 星期四，較為符合邏輯，請讀者知悉）所預備的果品、點心拿來請了本鎮眾、紳商來聽道，開茶話宣講會，魏保羅、王彼得靠主的聖靈，給大家宣講了許久，又祈禱讚美耶穌，內外二教大眾甚為受感歡樂而散，哈利路亞，讚美耶穌。

次日（1918.09.20，星期五）王彼得被大魔鬼引誘到曠野，叫他還要貪愛世俗去作買賣等事，他後來忽然醒悟過來，被真神的大能，蒙聖靈的大感，說：「我一定不能聽魔鬼的話。」哈利路亞，讚美耶穌！於是從曠野回來了。

到了安息聖日（1918.09.21，星期六，此段應該為魏保羅回溯紀錄，詳見下冊第 17 章），魏保羅禁食祈禱，後半夜起來，切心跪在中院裡禱告，就有聲音說：「你的妻魏路得離世了。」次日早（1918.09.22，星期日）忽然來一封信，果然說去世了，魏保羅切切問真神：「她上何處去了？」聖靈明示的說：「她一定升上天堂。」哈利路亞，讚美耶穌，她素常為人行事，在公婆父母面前身上非常的行孝，眾親族、朋友、鄉親們沒有一人說不好的，為大眾所稱讚，真是作了極好的榜樣了。她已經受過大洗，又受過聖靈的洗，說過許多的方言，親眼看救主耶穌給她按手，她一定進了神的國，永遠享福，大得平安，哈利路亞，讚美耶穌。這也是神的大能鴻恩，預備更正教的大舉，因為魏保羅拿定主意，將一切所有的都變賣了，為傳更正教之書，刷印一切傳單予眾同志，所費用的一切，自然就沒有錢了，怎養著妻子呢？主早早地將她接至天堂神的國去，很好，大喜！大喜！大眾都應替魏保羅讚美主名，更當替更正教之大舉，讚美真神。（「主早早……讚美真神。」一段原為下冊第 28 章內容，為求內容連貫，挪移至第 27 章）

第二十八章
1918.09.21-09.24，星期一-二　碼頭鎮、安次縣、西尤莊

馬頭鎮（碼頭鎮）會正李潤受了大洗，這也是神的鴻恩，要救他一家人，更是可喜之大事，因為不是水和聖靈生的就不能進神的國，不受全身洗禮一定不能得救，切盼大家注意，哈利路亞，讚美耶穌。

在馬頭鎮（今河北省廊坊市安次區碼頭鎮）住了六天（1918.09.17-22，星期二-日），主的聖靈啟示，我們次日（1918.09.23，星期一）起行，魏保羅蒙聖靈充滿，又定了禁食三天，到了晚八點多，就給大眾宣講更正教的道理，又述說由從到馬頭鎮（碼頭鎮），蒙真神的鴻恩，眾位弟兄們熱心接待，又將更正教的理由辯明，大家以為然，講論到十一點多鐘，才安歇了。

次日（1918.09.23，星期一）眾信徒早早地來到堂內，魏保羅又給他們講論立教會之要規，王彼得也常常的為主的更正教、主的鴻恩諸事作見證，講論一切的真道。由馬頭鎮（碼頭鎮）起行，走到安次縣（今河北省廊坊市安次區。由於魏保羅一行是由南往北走，要先渡過永定河，再經過西尤鎮，才會抵達縣城，因此此處指的是到了安次縣地界，並非指到達縣城）聖靈又指示我們上西尤莊（今河北省廊坊市安次區西尤莊村，離碼頭鎮約 9 公里，步行約 2 小時）去，主在夜間藉著夢兆，指示魏保羅、王彼得二人，必有魔鬼抵擋真理，王彼得夢見三塊木板，就是教會的三個假信徒，不接待，反對更正教的意思，我們到尤莊（西尤莊村），果然有三個假信徒，反對我們，不接待。聖靈啟示我們，就大聲宣講更正教的真道、神國的福音，男女老幼聽道的人很多。因為此村莊，教友們都沒有好行為，眾同鄉都看輕了他們，真正的好人，或是村正、副等人，就都說主耶穌這個教不好無用，因為不能改人的毛病、去人的罪惡，我們宣講到九、十點，天也就晚了。

離安次縣店還有三、四里（實際沒有那麼近，要抵達縣城仍要 10 公里左右，應該指的是安次縣城近郊有旅店的地方）來地，有一個好人姓曹，號聘卿，說：「天也晚了，還不請人家住下？或是怎樣。」有一個曹大海假信徒說：「你們為

甚麼不回堂去？」你們大家聽這等無道德的假執事所說的話，曹聘卿先生說：「要是到這時怎麼還叫人家走？我交個朋友，請兩位至學房住。」於是，請我們到學房，本學校先生、村正、村副重要人物們，都來聽我們講道，把更正教的真道講明了，大家很佩服，甚為歡迎接待。

次日（1918.09.24，星期二）早晨起來，曹聘卿與魏保羅預備了飯，為他們祈禱了三、四次，我們告別送至大門外，就歡歡喜喜地走到安次縣城裡，又宣講更正教的真道給大眾聽，又進了會堂，給許多教友們談論這更正教的真理，又祈禱，少時又到了大街十字路口中間，大聲宣講更正教的真道，說：「天主教傳錯了一百多條教規，耶穌教各公會，傳錯了幾十條教規，故此真神派我們傳更正教，會名曰真耶穌教會，因為他們都是假耶穌教會，不按著主耶穌基督的聖經真道傳，更是能說不能行。」宣講時大家很以為然。

（此處又藉著馬丁路德的事蹟來自比，並切確點出真耶穌教會與其他教會的「真假之別」，這與目前真耶穌教會對於真字的解釋有相當差異。）

第二十九章
1918.09.25-09.30，
星期三-一　西尤莊、九州鎮、禮賢鎮、蘆各莊、黃村

我們回到會堂，看堂的先生（為求文意貫通，將第 28 章最後內容挪移至第 29 章）韓某說：「本堂執事人等有話，本堂不留外人住，因為不認識你們，還得請你們找店住去。」魏保羅說：「他們的肉眼瞎，他們的心靈眼也瞎了。」於是就歡歡喜喜地出來，進了一個小店，掌櫃的異常地和氣，請至我們到他所住的上房好屋子內說：「既是傳道信徒到我這店裡來，住一個月我也不要錢，要給預備飯。」等等周到至極，他是天主教人，很願意重新受大洗，入真耶穌教會，請諸位弟兄姊妹想想這些個大事，都是真神的大能鴻恩奇事，不是嗎？哈利路亞，讚美耶穌，可見他們各公會都假了，還不好外教呢？

次日（1918.09.25，星期三）主指示我們上舊州鎮（應為九州鎮，今河北省廊坊區廣陽區九州鎮，距安次縣約 10 公里，步行時間約 2 小時）去，一路上都有神

的奇事，神蹟大能隨著我們，住在一個小店內，就寫了三大封信，都是很要緊的書信，北京、天津等處，到了晚上在大街宣講神國的福音，聽道的人甚多。

次日（1918.09.26，星期四），在集上又宣講了二次，聽道的人更多，也給舊州鎮（九州鎮）的眾信友留寫了一封信，又起程到了禮賢鎮（今北京大興區禮賢鎮，距九州鎮約 18 公里，步行時間約 3.5 小時）于用修信友處，住下為他講論更正教的真道。

次日（1918.09.27，星期五）又到了街宣講了三大次，聽道的人就多多了，我們又走到蘆各莊（今北京市大興區蘆各莊，距禮賢鎮 10 公里，步行時間約 2 小時）王復生長老家住下，同心禱告祈求，談論這一年多所經驗的聖工大事，他很有信心、熱心，去年同魏保羅等一同傳道許久，他很有好名譽，藉他也引領多人，主的更正教之要理，哈利路亞，讚美耶穌，主的聖靈引導。

我住了二天（1918.09.27-28，星期五-六），就起行到了各村宣揚耶穌的真道，總有神蹟隨著我們，因有我們二個人，同心合意地晝夜切心、早晚時刻禱告祈求，聖靈時常在我們心裡，主叫我們變成耶穌的形像，以神的心為心，晝夜以主的事為念，殷殷勤勤的事奉主，哈利路亞，讚美耶穌。

又到了黃村鎮（今北京市大興區黃村鎮，距蘆各莊約 20 公里，步行時間約 4 小時），見了我們最親愛的真信徒任義奎，他多年大有熱心，為主傳道，接待各公會的信友，由去年他更熱心接待魏保羅，大有福氣了，藉他引領了許多的人，受全身大洗，神的聖靈又立他為更正教真耶穌教會的長老；在黃村又立了二位執事（從稱呼的改變上推斷，應該是王心明與徐趙氏），真耶穌教會一定成了，必然興旺起來，此處的美以美假教會關了門，已經將教會首領人並學校的教員取消，眾假教友自然就冷淡了，這是神的大能，哈利路亞，讚美耶穌，大為可喜可賀的事。王彼得（王志德）長老，禁食滿期，大大地有精神能力，一點病也沒有受，平平安安地得了真道，主賞給他醫病趕鬼的大權，手按誰，誰就可以受聖靈，我們在黃村鎮大集上宣講了三天（1918.09.28-30，星期六-一），都是大聲放膽佈告萬民。

第三十章
1918.10.01-10.03，星期二　黃村、北京

　　更正教的真道，聽道的人非常地多，更可喜的又有二個大有信的人，就是王心明、周德明受了大洗，又受了聖靈的洗，說方言很多；最可喜的是有幾個女信徒大有信心、熱心、愛心，天天到教會來聚會祈禱，有一個徐奶奶女執事（徐趙氏），比別人更有熱心接待，給我們送來許多的食物，她早已就供著聖徒，真是有福的；還有一個大有信心的女聖徒，他丈夫李雅各，為主熱心傳道數月，留下他女人李馬大甘心受苦，為主受難，毫無怨言，時常快樂，因為她以為主受的貧窮是最寶貴的，她必得著永遠的福樂平安，神的聖國，阿們！

　　更大為可喜可讚美主的就是王彼得（王志德），被聖靈充滿說：「魏保羅長老他怎樣禁食，我就怎樣禁食！我們二人是同心、同志、同德，永不離開，至到為主捨命，同生同死，至到永永遠遠神的樂國，哈利路亞，讚美耶穌。」這樣許願立志，真是神的大能，阿們！願主保守至到永生，阿們！

　　聖靈指示我們次日（1918.10.01，星期二）起程，往北京去，因為有許多當得救的人，等著我們呢！還有可喜大事，就是魏馬利亞（劉愛）熱心不退，又給我們送來許多的衣服，四元錢、二十吊票、十吊銅元[18]，她的熱心比各國的女徒都大，她的心思明明說：「就是為主將所有的家財事業都花盡了，再為主捨了命，也是願意的。」哈利路亞，讚美耶穌，魏馬利亞見了王彼得，大大地歡喜，快樂讚美耶穌。

　　魏馬利亞，大發熱心，給王彼得預備了許多的衣服，等等的食物，周到至極，她的心思，就是供到永遠，都願意的大喜大喜，歸榮耀給主耶穌，因為這都是聖靈的大能，阿們！

18　一銀元約等於臺幣 500 元，一銀元約等於 1,000 銅元，一張 1 吊錢的吊票約等同於 50 銅元，一吊銅元即 100 銅元，即 1,000 制錢，但實際上兌換均差於此，至於多少仍看各省各城的發行兌換狀況而定，此處僅為方便理解仍以票面為參考。通常市面上銀元面額較大找零不易，而以銅元、吊票的使用居多，所以劉愛送來的反而以吊票、銅元居多。上述約等於 6 銀元，約合新臺幣 3,000 元。

約翰啞吧復話語　保羅長老又刑牢

第三十一章
1918.10.04-10.12，星期五-六　黃村、南苑、北京

　　王彼得（王志德）長老由民國七年七月二十一日（1918.08.27，星期二），禁食起，二十四日（1918.08.30，星期五）早晨，在天津宜興埠曠野祈禱時，蒙真神有聲音與他說話：「你要禁食三十九天（1918.08.27 星期二-1918.10.04 星期五），保你不餓的，我派你為長老，賜你醫病趕鬼的權柄。」還說了許多的話，他就遵命，今已八月三十日（1918.10.04，星期五）滿期，哈利路亞，讚美耶穌。

　　我們在黃村鎮住了一個安息日（1918.10.05，星期六），在此成立了一個完全教會，設立長老一位（任義奎），男女執事四位（李永慶、王心明、任義奎妻子、徐趙氏，但後來李永慶卻在《萬國更正教報》第二期上即未見其名），他們都熱心歡送我們很遠，我們到了南苑營市街，見了我們最愛的父兄，賈潤齋，聖名叫腓力，他是真耶穌教會的熱心執事，總是熱心接待聖徒，不願叫我們走，因王長老禁食才滿期，身體太羸弱，願意一時到北京安歇才好，故此就沒有住下，賈執事（賈潤齋）給買了火車票，就歡別到了北京恩信永緞莊，見了魏馬利亞（劉愛）、楊義德信徒、二個學生意的也信主；還有一位假信徒；還有一位由山西人最熱心的張天俊信友（後來山西太原教會的張天俊長老）。大家非常地歡喜，快樂讚美耶穌，聖靈充滿了各人的心，眾教友天天早晚聚會，同心合意地感謝讚美，禱告祈求真神，有病人也好了，最可喜的大鴻恩。

　　到了安息日（1918.10.12，星期六），有五個受了全身洗禮的人，又有四個人受了聖靈的洗，都說方言很多，更特別非常的大喜事，是北京刑部街大中府胡同（住在北京城刑部街大中府胡同二十二號，今北京市西城區復興內大街一帶），有一個啞吧孫子真。魏保羅等同王彼得、楊義德都下水裡去，魏保羅等奉耶穌的名將大啞吧鬼趕出去了，啞吧立刻就說出話來了，這啞吧鬼甚是兇惡，吐了許多

沫了，和我們眾人說話是一樣了[19]。他蒙神的恩典甚大，聖靈藉著王彼得、魏保羅翻說方言，叫他禁食二十天，他也歡喜遵守，更願意與我同作神工，為主傳道，搭救萬民，他母親和他妻子很不願意他走天堂的聖路，他有個長兄很能得錢養著他母親，他從此就靠主有力量，也抵擋家裡的男女眾，人也不願回家了，更不願意離開我們了，他能說各國的新方言，又能唱靈歌，讚美主，又知道天上一切的大事，主給他起名叫孫約翰（孫子真）。

又立了一位長老，叫劉雅各，也是魏保羅奉耶穌的名給他施洗，他又說方言很多，大有力量，也禁食十天，凡我們禁食祈禱的人，都得著大能權柄，這個大啞吧鬼，若不禱告禁食，就不能趕出他去，我們同許多的教友，與聖徒天天早晚的熱心聚會，同心合意地不住地禱告、祈求、讚美主，講論主的聖經。

第三十二章

1918.10.17・星期四　北京

聖靈天天大降在我們心裡，從此信主的就多多了。孫約翰（孫子真）家將這啞吧說出話來的大舉，登在了《京話日報》宣佈各界，榮耀主名，恩信永又刷了八千多張傳單，散佈各處，此單內也說著本莊總理魏恩波，聖名保羅，因得了真道，不管鋪事，故此將所有貨物一概非常特別大減價發賣，還清帳目，再為定奪。大家將此單散佈了很多，又本莊門前等處，佈散傳單本地方，巡警官長攔阻，魏保羅就給京師總監（吳炳湘）去了一封信。

我們又到外頭大街散佈了多的傳單，宣佈主的大名、神蹟大事，王彼得（王志德）禁食，魏保羅靠主作的一切聖工，治好了各樣的病症，種種的神蹟。

次日（1918.10.17，星期四）晚半天，京師警察廳總監和刑事科的傳票下來

---

19 此事件發生在 1918.10.05（即農曆九月初一）經南苑回北京的路上。受洗日期是隔日的 1918.10.06，與此記載的時間不同。請參王志德，〈啞巴說話的大奇事〉，收錄在《真耶穌教會卅年專刊》，頁 N6。另一處記載，則認為此事發生在 1918.10.10，請參〈魏保羅第二次被囚記〉，收錄在《真耶穌教會卅年專刊》，頁 M6。

了，傳魏保羅上堂聽判訊辦，大家正祈禱時，碰到二位來探訪的。於是，魏保羅又到屋內，切心祈禱問主：「許去與否？」聖靈說：「應當去。」大家祈禱畢，就去了。

進了總廳，就有許多巡警官長圍繞我講論了許多的真道、更正教的要理，所經驗的一切聖事。少時過堂，問官說：「哪裡有鬼呀？」魏保羅說：「閣下要查看新舊二約，就知道一定有鬼。」官又說：「三十九天不吃飯不餓死了嗎？」魏保羅說：「這單子上都是實事，一點也無虛假，三十九天一定餓不死，不但我一個人，三十九晝夜未吃一點食物，王彼得亦然，還有許多真信徒，禁食有二十天的、有十五天的、有十天的、八天的。」問官又說：「你們謠言惑眾。」魏保羅回答說：「一點也不謠言惑眾，都是實事。」問官吩咐說：「下去吧。」還說了許多的話，魏保羅都勝了官長，將官長問倒。

少時，將魏保羅收了獄，可是收在一個優待特別屋內，有七、八位富戶尊貴人亦被收在內，魏保羅就先禱告，被官人攔阻，魏保羅與他們辯理說：「民國成立以來，載在約法信教自由，你們不當干涉我祈禱、唱詩講道。」他們就無話回答，又給難友們高聲宣講大放膽量，又到後半夜，正祈禱時，有一個巡警，就說了幾句頂不好的話，魏保羅大聲呼叫說：「請贓官過堂阿！」又給大眾宣講，此夜就沒有睡什麼覺，就禱告祈求了三、四次，都是跪很大的工夫，又給北屋的犯人們大聲宣講了二、三次，又給巡警們大聲宣講了數次的，主的聖靈時刻充滿魏保羅的心，大放膽量，說請贓官過堂，一連十次，大聲叫贓官，又叫著吳鏡潭總監的名字，大聲說：「贓官吳鏡潭！」一連數十次，又給眾難友們唱靈歌數十首，又與大眾談論主的更正教真道，由始祖犯罪起至，到主耶穌釘十字架，從死裡復活，種種的聖言都是禱告著說聖靈的話，不說自己的言語，切切地告訴他們不可敬拜偶像、迷言等事，警察裡也有幾個信友，因為神的權能力，就將一切的巡警官長們都嚇著了。

（吳炳湘此時雖然已升任督辦，但實質上仍是兼理警務，為警界的最高負責人，直到 1920 年隨段祺瑞下野而去職。）

第三十三章
1918.10.18・星期五　北京

　　次日（1918.10.18，星期五）早五點鐘就起來祈禱，又用方言禱告工夫很大，神的聖靈施大權力，使魏保羅又定志許願，禁食禁水十晝夜，魏保羅既主面前許願立志，十晝夜是一點東西食物也不能吃，更不聖喝，我們每逢禁食祈禱，覺著大有能力權柄，醫病趕鬼，自己也覺著聖潔，正祈禱時，就悲痛大聲哭起來了，因為知道三年多就燒了世界，耶穌一定來審判萬民，為萬民的苦難和眾官長，更為各公會假牧師、假教師、假道學家，眾信徒哭了許久，又看見許多的異象，看見一個毒畜躺下跌倒了，好幾回見了魔王（從其他處關於魔鬼的記載，魏保羅所認知的魔王可能會與傳統基督教中的概念有所差異），也沒有法子了，魏保羅就知道魔鬼必敗了，又看見神的使者到了魏保羅面前，說：「大君耶穌在你心內呢！」又看見神的軍，魏保羅禱告說：「求賞給我眾先知的，智慧膽量，像使徒保羅、彼得、雅各、約翰等眾聖徒一樣的能力，就被聖靈充充滿滿的有大力量，大有口才智慧。」

　　少時過堂，魏保羅正與眾難友談講在天津責大官長的一切話呢！傳魏保羅到了大堂門口，就大聲說：「奉耶穌的名趕鬼。」又進了門，又大聲說：「奉耶穌的名趕鬼，說你這魔鬼的兒子、小魔鬼、贓官，你不明白新舊兩約，怎問這案？」又說：「你破壞約法，民國成立以來，在約法第三條上信教自由（《中華民國臨時約法》第六條第七款人民有信教之自由，並非第三條），既是信教自由，你就不當收這案，你既收這案，我要較真，非給我判清了不可，一定給你們上萬國更正教會報，宣佈天下萬國公法，都知道這回事，大總統都不敢破壞約法，上、下議院長決通過，各省各國，然後立成約法，你敢破壞？你算違背了法律警章。」

　　還責備了贓官許多的話，嚇的贓官趕緊著對魏馬利亞（劉愛）說許多的好話，先是威嚇魏馬利亞，魏保羅又給二、三百巡警官長大聲宣講真道，真神的大能，使魏馬利亞大有膽量，為主又為丈夫捨命都願意，主也給了王彼得（王志

德）大膽量，為主、為萬民捨命也願意，頭一回被傳之時，就與官人說：「我與魏保羅，同生同死。」也跟到總廳門口，官人不叫他進去，劉雅各長老也跟到門口，最可喜的是連山西張長老（張天俊）和恩信永學買賣的，連葛太太（葛撒拉）、男女眾弟兄姊妹都同心合意，不怕死，為主、為眾捨命都願意，哈利路亞，讚美耶穌！

眾官長、眾巡警都央求我們，與我們說了許多的好話，魏保羅又大聲放膽呼叫贓官，一面走，一面照樣呼叫，直到恩信永鋪子內，大家都等候，眾聖徒都同心同意，大聲禱告祈求說主是創造天地萬物，海和其中所的都是主全能者造的，現在他們威嚇我們，求主鑒察，一面伸出你的聖手來，醫治萬民叫死人復活，大家都被聖靈充滿，同聲感謝讚美耶穌，禱告祈求，頌揚許久的工夫，大家歡樂而散會，阿們！我靠主寫這聖靈真見證書，至寫到天快明，哈利路亞，讚美耶穌。

校注按：

魏保羅的主張論述是《臨時約法》第六條的信仰自由，為國會與總統所遵守，警察怎麼能干涉信仰自由。但實際上，《臨時約法》自 1917 年段祺瑞主政後，基本已不復存，縱然後經國會改選徐世昌任職（1918.10）後，亦未遵守《臨時約法》，因此魏保羅的立論可能不是當時警方所在乎的。

此段據王志德說法，是因為宣傳登在《京話日報》孫子真啞吧恢復一事，警察廳不信，加上各公會告狀，以為魏保羅與王志德等人謠言惑眾，從而逮捕他們。後經查證，孫子真一事為真正，方釋放兩人。

另王志德認為被收押是發生在 10.15 前後，與此段記載時間有所差異，請讀者知悉[20]。

---

20 請參王志德，〈啞巴說話的大奇事〉，《真耶穌教會卅年專刊》，頁 N6。

第三十四章
1918.10.19-10.20・星期六-日　北京

　　次日（1918.10.19，星期六）是安息聖日，我們同心合意地由假禮拜五日落日起，至假禮拜六落日止，遵守紀念主耶和華的安息日，因為是主應許降臨的日子，聖靈大大地充滿，真是格外的大降福，賜異常地平安快樂，此日也有受大洗、受聖靈的人。

　　又次日（1918.10.20，星期日）聖靈指示我們六個人，上北京最出名的大教堂，最有大權柄、大勢力的教會去，就是美以美會，外國人等與總統、王候、大官長多年就交結來往，平起平坐，魏保羅、王彼得（王志德）、劉雅各、孫約翰（孫子真）四位長老，茵本恭、劉寶豐，還有一位最有熱心、信心、膽量的女老信徒伊官氏也同去散佈傳單，聖靈指示，魏保羅很有秩序地就分派六位男聖徒各按秩序在大會堂門首散佈「更正教耶穌三年多必來審判萬民」的傳單，假教會的男女眾人，男女學生中外假牧師們，都接著萬國更正教會報單了。

　　忽然有一個外國奴兒，是個中國人，鬼鬼崇崇地與一個外國鬼子翻話，一定說魏保羅等不好，外國鬼子就動武力推打魏保羅、王彼得等，魏保羅大聲對男女眾人宣佈更正教的真道，少時外國鬼子將本地面巡警叫了來說，魏保羅等都是攪鬧教會的，魏保羅對巡警官長說：「何為攪鬧教會？」官人無正當的話回答，魏保羅說：「這是法律不及的。」巡警官通電與第一區署長，吩咐將魏保羅、王彼得、劉雅各、孫約翰帶去，伊官氏也大膽熱心跟去了，侍奉伺候我們水喝等事，到了區署，我們大家一同祈禱，眾警也都看著我們，巡警官說：「你們有名片否？」說：「有。」於是將我們的名片給了巡官，交給署長，大官請我們上招待屋客廳坐，官長周琴軒坐在下坐謙謙卑卑的拱手說：「諸位監督、長老尊姓台甫？（請問對方大名與別號稱呼的禮貌語）」我們回答畢，官長說：「舊教會多年一定是傳錯了許多的教規，又說你們幾位先生，一定是得了真道，道學至深，要更正各教會之不良，然而你在姑子廟（由女性出家人所主持的廟）裡去找聖靈哪有呢？」周琴軒官長又說：「我雖沒有入教，也知道許多聖經，我就看出各教

會牧師、教師都能說不能行，假冒為善來了，可見是傳錯了教，盼望你們諸位不必上他們假教堂去，可以隨便在他們假教會左右設立真耶穌教會，隨便散佈傳單，真信徒自然就找了你們去，得著真道。」魏保羅回答說：「閣下知道路得馬丁與否？」他說：「不甚知清。」魏保羅又說：「路得馬丁更正天主教就是這樣更正，必須到各教堂去，更正辯明真道。」官長周琴軒又說了許多順從、佩服更正教的要言好話，魏保羅等大放膽靠著聖靈，對與周琴軒官長宣講談論了許多的真道、更正教的要理。

周琴軒官長央求我們出署，我們又站起來切心祈禱問主說：「准我們出署走否？」聖靈有聲音說：「走吧。」又指示我們說了幾句要言，說：「錯非閣下明白道理的官長，我們一定不出區署，在此就可以作了福音教堂了。」官長謙謙卑卑地送到大門外，歡喜而別，聖靈又指示我們回到美以美會大堂門口，大聲唱詩宣講更正教的真道，內、外二教聽到的人很多，又散佈了許多萬國更正教的傳單，真是神的大能大力，歸榮耀給真神，我主耶穌基督，阿們！

（最後一段為原文第 35 章內容，由於與第 34 章內容接續故此改動。）

惟道真神獨一論　不言上帝不稱王

第三十五章
1918.10.22-10.25，星期二-五　北京、天津

聖靈又啟示我們下天津。

忽然，又接到天津張國體教友來一封信說：「除非耶穌叫啞吧能說話，別人沒有作過這大神蹟奇事，果然有此大聖舉，何不到天津作個真見證？請魏馬利亞女聖徒來津，我願歡迎接待。」

張國體是個大有名望的富貴信徒，他一家男女老少都信主，魏保羅、李約翰（李文華）常到他家聚會，祈禱宣講更正教的真道，他一家都熱心接待，魏馬利亞（劉愛）更大發熱心，為主辦更正教帶著好幾十元錢，同魏保羅、劉雅各下了天津，先到了真耶穌教會見了李雅各（李永慶）、大哥劉更生（劉仲林）、馬日新、徐重生等眾執事，李約翰長老、眾女信徒大大地歡喜快樂聚會，祈禱讚美主為大。

（天津教會自 1918.04.21 成立克己樂獻會募款建堂以來，大抵上到了 1918.10 已經獻堂，實際時間不詳[21]，此後稱為天津教會。）

次日（1918.10.22，星期二）到了大有信心的女執事王愛德家聚會，她家都信主受了洗，更受了聖靈的洗，說方言很多。王愛德領著我們到了趙信心女老童貞家聚了一個會，她願受大洗；又到呂家，他一家都信主，也都願意受洗；又到了張國體家，眾信徒男女都來聚會，魏保羅、李約翰等大聲宣講唱詩祈禱，聖靈大大地降臨，感動男女眾人，都贊成更正教的真道，他家有幾個病人也都好了，因魏保羅按手，大家歡喜至極。

次日（1918.10.23，星期三）魏保羅禁食十日滿期，開食又聚了一個頂好的會，男女信友很多，又回到教會，次日到了各家聚會。此次，魏馬利亞到了，女信徒熱起心來了。

---

21 真耶穌教會，《真耶穌教會卅年專刊》，頁 O1。

次日（1918.10.24，星期四）又到了天津西沽李文榜家聚會，王彼得（王志德）的老母親也來了，王老元同他母親也來了，就聚了二次祈禱會，我們又到大街上，宣講更正教的真道，聽道的人很多。

李約翰長老，此日被魏保羅遵主命差遣他上北京幫助王長老（王玉貴）、孫子真等作聖工。我們由此處上了宜興埠見了馬孟村長老，男女眾教友都歡歡喜喜地熱心接待、聚會祈禱，有病人也好了，都不願意叫我們走，但是聖靈的工太多，必須順從主命。

次日（1918.10.25，星期五）又聚了一個聖餐會，魏馬利亞此次來到此鎮更大有益處，更加添了眾男女信徒的信心，大家歡喜而別。

第三十六章
1918.10.26-11.10，星期六-日　天津、北京

魏馬利亞（劉愛）同魏保羅等徒步走到天津黃緯路（今天津河北區黃緯路），許靜齋家熱心接待，我們用完飯，又回到真耶穌教會，次日是安息聖日（1918.10.26，星期六），男女信徒就滿了聖堂。魏保羅給大家講論更正教的真道，又述說這回到各城、各鄉所經驗的神蹟奇事鴻恩，大眾甚為受感，讚美耶穌，歸榮耀給真神。

此日，有六個受大洗，有四個受聖靈洗的，說方言很多，因為不說出方言來，一定不能算受了聖靈的洗，耶穌說信的能說新方言，是聖徒都能說方言，查使徒行傳第二章、第八章、第十章與第十九章等處就知道了，此日魏保羅等大家講論唱詩祈禱，聚了一天會，大家非常地歡喜快樂，哈利路亞，讚美耶穌。

次日（1918.10.27，星期日）又到了二處假教會（即倫敦會的鼓樓西教會，另一處不詳，記載的人物多為倫敦會人士），有一處接待，一處假信徒王小川、王玉明、張恩甫、郭某某（郭祝三）大大地起了辯論毀謗更正教的真道，必不平安，各假教會的假信徒，誰毀謗真耶穌教會、魏保羅等誰也不能平安。因為魏保羅等成了聖，真神用他辦更正教傳真道理，與他顯現了數十次，對他親說許多的話，藉著他作了許多的奇事神蹟，誰要聽見就順從的必然得鴻恩大福。

在天津住了八天（應該指的是 1918.10.28-11.04，推測理由為從勞貴遠受洗時點與本章日期對比，應該是「又」住了八日。若是從 10.22 算起 10.29 住畢，則「本」安息日將落在 11.02，與後續日期將發生矛盾），又上火車，回了北京，在火車上一路宣講福音更正教的真道，魏馬利亞的重擔太大，內外的帳目、家務事、買賣諸事，還有各傳教的供給、眾男女教友種種的大事，還有為朋友從保帳被人家告下來過堂等等的大事，有時就甚難過，大魔鬼叫她愁惱不安，我們就為她禱告就好了，就得了勝，全靠給真神，萬事多大難處都平安過去了，故此就常常地歡喜，快樂讚美主，晝夜的禱告祈求。

在北京天天早晚的聚會，唱詩祈禱聖靈總是充充滿滿的有恩典、有真理、有能力在我們各人心裡，哈利路亞，讚美耶穌，這些個人吃喝穿戴，魏馬利亞也不心疼，真是天下未有的女信徒也。

本安息聖日（1918.11.09，星期六），又有受大洗的二位、受聖靈洗的一位，有一個眾口不語、半身不遂的人，受了全身的洗禮，從水裡上來，說出許多的話來，身體也能起來行走，定志禁食八天，李約翰長老又定志禁食也禁水十三天，這都是出奇的神蹟大奇事，真神之大能，阿們！

次日（1918.11.10，星期日）聖靈指示，我們上中國假教會（可能是中華基督教米市堂，也可能是磁器口的東井柳樹堂）去，散佈萬國更正教會的傳單，男女都接著了，我們就按著規矩次序進了教堂聽講聖經，領首人假冒為善，是假道學家，不明白聖經胡講，他說不知道是一個神哪？是三個神？或是幾個神？等等的胡言胡語，魏保羅心被靈感等他講畢，魏保羅說：「我被聖靈感動，深知天上沒有二個神，就是獨一無二的神，都應當知道，萬不可說不知道天上有幾個神，一定就是一位真神大主。我魏保羅親眼看見過真神數十次，就是一位真神，救主耶穌也是這一位真神，聖父、聖子、聖靈還是這一位真神，萬不可說三位一體的主，萬不可那樣的稱呼！聖經、眾先知、眾聖徒也沒有那樣稱呼過，三位一體，人胡稱呼真神的名字，神必罰他，真神一定不喜稱錯他的尊名。大家想想人要與父親，稱呼說三位一體的父、或是三位一體的爸爸、或稱呼三位一體的爹，父親喜歡這樣稱呼嗎？一定不喜歡，必是責備兒子，為兒子的要再三、再四的稱呼叫三位一體的爸爸，父親一定打這個糊塗兒子。」魏保羅又說：「你們永不可稱呼上帝，當真神稱呼，因為那也是胡編作的名字，你要常求呼叫上帝當真神稱呼，真神必打你，一定不喜悅你，應當迅速地改過來，萬不可胡稱呼了，願真神的聖靈，充滿各人的心，叫大家都明白過來，阿們！」

校注按：

其一、是再次強調了一次，是否受聖靈洗的依據是說方言，而非是禱告的時候聖靈感動。也從此處可以再次清楚分辨，魏保羅提及聖靈大大地降在各人的心、聖靈大大地感動等語，並非指的是得聖靈，而是聖靈感動的一種表現。

其二、魏保羅一反常態地自許成聖，恐怕是因為王小川等人唇齒相識。通常魏保羅與人辯論都記載著大勝利，唯有碰到王小川等人卻拙於口舌。昔前，魏保羅在後續離開天津時，曾強調吩咐信徒要防備王小川他似是而非的道理，卻未詳細交代原因，這邊又再次與王小川的辯論，未知有什麼特別理由。而自此次以後，魏保羅也未再到訪天津鼓樓西的倫敦會了。

其三、本章末討論了一段關於真耶穌教會最原始的獨一神觀概念。

真耶穌教會獨一神觀的概念並非指的是早期教會史上的神格唯一論（Monarchianism），而是一種基於中文本地化後，對於名稱的探討。

魏保羅並沒有反對三一神觀的「共融（Communion）」，但卻反對三一的「名稱」，其解釋論調相當地清楚易懂。

在魏保羅離世後，真耶穌教會的神觀的討論才開始緩步推進。例如黃呈聰等人的神學講義彙編《獨一神觀》[22]、董玉林的《獨一真神說與三位一體說爭論之今昔》[23]、林悟真的《獨一神觀》[24]、謝順道的《聖靈論》[25]逐漸脫離在本地化名稱的探討，進入神學與哲學思辨的層次。

學者葉先秦認為，真耶穌教會的神觀與獨一神論五旬節派的神觀大致相似，均帶有「唯獨耶穌」的基督中心論傾向，其概念並不強調「型態」，主要訴求是突出獨一的神即耶穌基督。而真耶穌教會進一步強調的是聖父、聖子、聖靈是一種關係性的描述，而非三一論相信的「位格」。聖父、聖子的描述都是指向耶穌

---

22 《獨一神觀》彙編，須田清基、神田復生、黃呈聰等人發表於 1942 年，二戰後，由臺灣省真耶穌教會將該手稿刊行出版，現存真耶穌教會台灣總會圖書館。

23 董玉林，《獨一真神說與三位一體說爭論之今昔》（檳城：真光書室，1967）

24 林悟真，《獨一真神》（臺中：真耶穌教會台灣書報社，1966）

25 謝順道，《聖靈論》（臺中：真耶穌教會台灣書報社，1966 初版）。唯此書經過多次改版，建議讀者應以目前最新版本為參考依據，請參腓立門出版的《聖靈論增訂版》。

基督這位獨一真神[26]。

此外，關於不稱上帝的名稱，早在 1852 年的《委辦譯本》（《代表譯本聖經》）即有過爭議。譯者對於使用「上帝」或是「神」的名稱意見分歧，即到底「Elohim」與「Theos」一詞要如何翻譯為佳。以麥都思（Walter Henry Medhurst）為首的英國傳教士或譯者，認為上帝一詞即是中國古典所描繪的至高主宰，例如《中庸》的「郊社之禮，所以事上帝也」或是《孟子》的「天降下民，作之君，作之師。惟曰其助上帝，寵之四方。[27]」；但以裨治文（Elijah Coleman Bridgman）、文惠廉（William Jones Boone）為首的美國傳教士與譯者們，卻認為比起上帝的帝帶有帝王統治者的意思而不夠洽當，神一詞是較具有通用性的[28]。於是雙方是爭執不下。最終美國聖經公會（American Bible Society）採用「神」，英國及海外聖經公會（British and Foreign Bible Society）則採用「上帝」的名稱，兩種版本皆於 1852 年發行。

為避免該爭議，在白漢理（Henry Blodget）的力促下，1872 年的《北京官話譯本新約》則開始採用了天主的名稱[29]，希望基督教也能夠使用，但仍開放了「神版」與「上帝版」的版本併行存在[30]，1902 年的完整版本發行以後，即成為北京一帶最為風行的聖經譯本，也影響了其後的《官話和合本》翻譯。

1915 年，賁德新採用了美國聖經公會所認可的 1906 年版《官話和合本新約》[31]，併採之前《北京官話譯本》神版版本同為使用，推測魏保羅也可能受到賁

26 葉先秦，〈奉主耶穌聖名禱告 - 回應蔡麗貞真耶穌教會的聖靈論〉，收錄在《台灣神學論刊》第四十四期（臺北：台灣神學院，2017），頁 154-158。

27 Walter Medhurst,A dissertation on the Theology of the Chinese(Shanghai: The Mission Press,1847), p205-206.

28 William J.Boone, An essay on the proper rendering of the words Elohim and Theos into the Chinese language(Canton:The Chinese Repository Office,1848), p.85.

29 Irene Eber, The Jewish Bishop and the Chinese Bible(Leiden: Brill, 1999), p131-137.

30 其實並非是英國只印上帝版，美國只印天主或神版，實則美國也會印關於上帝版。關於版本的發行可以參考唐子明，《啟示與文字 - 中文聖經翻譯的故事（1807-1919）》（香港：天道書樓，2018），頁 195-196。另現存部分版本可參看密西根大學、哈佛大學燕京圖書館的館藏。

31 賁德新，《通傳福音真理報》第七期（正定：自印，1915.10），頁 1。新使用的應該是 1906 年的《官話和合本新約》，但如果從 1916 年以後《通傳福音真理報》的引用觀之（例如約伯記

德新的影響，因而使用信心會所採取「真神」的名稱，而非倫敦會所使用「上帝」的稱呼。

福音今廣莫貴遠　真道久傳須整光

第三十七章
1918.11.10-11.11・星期日-一　北京

　　還責備了他們許多的要言，王彼得（王志德）作了許多的見證，責備了他們許多的話，李約翰（李文華）同去，放膽散佈更正教的傳單，為「必須說出方言來才算受了聖靈的洗」辯論的話很多，魏保羅講使徒行傳第二、十、十九章（即門徒五旬節受聖靈、哥尼流、施洗約翰門徒受聖靈）、馬可福音書第十六章等節，某假教師就沒有一句正當的話回答，魏保羅就勝了他們。

　　我們又祈禱畢，就回到恩信永鋪內真耶穌教會。有位出奇的信徒，勞貴遠，他是廣東人的後嗣，生在美國，他在此等候我們，要談論要緊的真道。

　　前二日（1918.11.08，星期五），魏保羅蒙聖靈指示上平樂園（今北京市朝陽區平樂園地方）信心會去，先是與朱鼎臣辯論禁食的理，又辯論未受聖靈洗，只要有大信心，或是有好行為，聖靈啟示立他為長老就可以，因為神靈知道人的心，也知道以後他必能受聖靈的洗，說出方言來，就如使徒行傳第一章上指著猶大說的，他監督的職分被別人拿去，此時，十二位使徒都沒有受聖靈的洗，還沒有說出方言來怎麼是監督了呢？要緊的都應當深明聖經，方才辯明真道，更要緊的，是被聖靈充滿，參透萬事。

　　此日晚間（1918.11.10，星期日）忽然來了一位身穿洋服的人，帶著一個人進來，就是此公勞貴遠先生，他與朱某辯論道理，朱某自高自大，不容勞先生說話，此時魏保羅禱告，求主指示我當說的話，於是就被聖靈感動，甚覺有能力，就提出來了幾章節聖經，對勞先生說了幾句要緊的話，勞先生大有熱心，就定了次日在恩信永見面談道，於是祈禱畢，歡別而散。魏保羅與王彼得還翻說了許多的方言，回到教會就大大地受感蒙恩，對與大家講論勞先生的事，不凡眾信徒非常地歡喜快樂，大家同心同聲讚美主，張天俊長老大有熱心常常地來聚會，幫助講論真道。

次日（1918.11.11，星期一），果然勞貫遠先生來到恩信永內的真耶穌教會，相談許久，大為受感，不外乎聖經的要言，更正教辯明福音的奧秘，眾信友也得大益處，此次更看出勞先生是一位謀求道理的真信徒來了。

校注按：

1918.11.10 日與朱鼎臣討論引用的經文段落是《使徒行傳》1:16。

北京官話譯本譯為：「這個人本列在我們數中、與我們同得使徒的職分。」

和合本譯為：「他本來列在我們數中，並且在使徒的職任上得了一分。」

究希臘文原文 kleros 而言，指的是抽籤或分配的所得分額，與「職分」這個中文詞彙所表現出的「職位、職務」的身分關聯性較低，希臘文應指的是猶大本來是使徒這些人當中的一員，而不是強調具有某種職務地位。推測魏保羅應是照著譯本上的字面解釋來與朱鼎臣辯論，方才有此段誤解。

第三十八章
1918.11.12-11.15，星期二-五　北京

次日（1918.11.12，星期二）晚上，又來將他一生的歷史所經驗的諸事，主和天上的使者，與他顯現的大事，並與他說話的聖舉要意、他心懷大志之要題、為主傳真道、以救天下萬國之目的，都詳詳細細的述說給魏保羅等聽，談論的工夫很多，魏保羅被聖靈充滿，切切地問主說：「他是一個被揀選的與否？」（本段原文在第 37 章，為求理解連貫，挪移至第 38 章）

聖靈明明的說：「他是我所預定的用人，與你同工搭救萬國、萬萬人民的。」於是，我魏保羅被聖靈大大地感動，聖靈又指示說：「聖經上有預言必應驗你們的大事。」於是魏保羅與勞貫遠拉手，異常之親密，魏保羅也將一切所經驗諸事、所看見的異象、種種的要言、心懷大志之目的、真神所賜的鴻恩，又述說了許多，勞先生很以為然，大為受感。

少時，大家上樓同心聚會，勞先生又宣講了許多的話，大家也都受感動，就讚美主為大，哈利路亞，讚美耶穌，聖哉！聖哉！榮耀主名，阿們！大家禱告祈求，感謝讚美主畢，歡樂而別，勞先生又定請魏馬利亞夫婦同女兒惠英，後日到他家聚會談道。

　　次日（1918.11.13，星期三）我魏保羅就寫了這聖靈真見證書，一天之久的工夫，哈利路亞，讚美耶穌。

　　又次日（1918.11.14，星期四），大家熱心大聲祈禱讚美感謝主畢，真神的聖靈許我們到了勞貴遠家聚會，祈禱、唱詩、讚美主，講論神國的福音，勞貴遠之妻大為受感，愛聽此道，她家下人也願聽真理，又給我們預備了好飯，大家非常地快樂讚美主，魏保羅將所寫的聖靈真見證書唸給勞貴遠聽，他很以為然，彼此相談良久，更加親密了，又跪禱祈求恩主工夫不小，到了晚上才回真耶穌教會。我們大家日日早晚歡樂讚美主名，哈利路亞，讚美耶穌，聖靈啟示立勞貴遠為監督，魏保羅已給他實行按手的禮。

　　次日（1918.11.15，星期五）又來到東茶食胡同真耶穌教會（即恩信永布莊），見了大家說：「我看見異象，有許多的光，有一圈大光落在地上，有許多人追趕此光，沒有追上，此光跑到勞監督面前，勞監督拿起來一看，不太甚光明。就有聲音說：『你將這光整理光了。』。」此光正應驗在魏保羅身上，故此聖靈啟示給勞監督起聖名叫勞整光，他聽見魏保羅講論，真神對他說你要面向下受洗，魏保羅從水裡上來，就明明的看見救主，榮耀的神，我主耶穌基督，從此就成了聖，哈利路亞，讚美耶穌！

　　勞整光又聽見張天俊作見證說：「必須面向下受洗才對，因為人犯罪，都是前面犯罪，耳目口鼻，都是在前面。故此，主吩咐魏保羅監督面向下受洗，面向下給人施洗，一定對了。」勞監督大為受感，就看透了非面向下受洗，決不能完全。

　　就定了民國七年，舊曆十月十三日（1918.11.16，星期六），再面向下受一回完全潔淨的洗禮（或可解釋為前洗禮並非無效，而是尚未完全），先是他很辯論奉耶穌的名施洗，因為許多的教會，都是說三回說，我奉聖父聖子聖靈的名給你施洗。後來勞整光，蒙聖靈啟示說：「你不能奉神的頭施洗，也不能奉神的身施洗，更不能奉神的腳施洗，必須說奉耶穌給你們施洗，耶穌就是聖父聖子聖靈的名。」（目前真耶穌教會依然採取此論述）勞監督從此深佩服，就奉耶穌的名施

洗，天天與魏保羅，見面談論更正教神國的真道大大跳舞，快樂至極了。（38 章
與 39 章內容連貫，未避免誤讀或斷裂閱讀，特將 39 章部分內容前移至 38 章末
段）

第三十九章
1918.11.16．星期六　北京

　　十月十三（1918.11.16，星期六）是個安樂聖日，勞監督（勞貴遠）早晨就來
到教會，對魏保羅說：「我願在河裡受洗。」大家聚完會，就走到魏保羅受洗面
見救主的河，就是永定門外，大紅門西邊，此日又刮大風，又在十月間的極冷天
氣，又是長流水更是非常的涼，魏保羅祈禱著先下到河裡去，跪下大聲切心禱告
祈求連說哈利路亞數句。

　　少時，勞監督也下到河裡去，跪下祈禱，魏保羅禱告說：「求主真神將他的
原罪本罪都葬埋在水裡，從死裡復活。」（目前真耶穌教會的罪觀也仍是採取較
為傳統的洗去原罪、本罪觀點）魏保羅按手在他頭上說：「我奉耶穌的名給你施
洗。」他從水裡抬起頭來，就連說哈利路亞數句。少時，就說出方言來，就得著
異常地能力，歡歡喜喜地回到真耶穌教會。在水裡連穿衣服等約有一點多鐘之
久，那樣非常的冷天水涼，要不是有大信心的真基督徒，決不能這樣受洗，大家
應當多唱哈利路亞讚美耶穌。

　　此日又聚會祈禱，感謝讚美主吃聖餐。每逢吃聖餐，就有多人悲痛紀念，主
耶穌死在十字架捨身流血，都願意其心定志為主、為弟兄捨命，從此更正教的真
道更發達堅固起來了，主將得救的人屢屢地加入教會，信的人都同心合意地彼此
擘餅，實行有無相通，大家歡樂，日日早晚讚美為大。

　　勞整光的僕人吳帶雄也受了大洗，有許多的病人也都好了，有一個人叫司亭
香，他被大鬼降瘋了多年，來到教會，聖靈指示給他施洗，大鬼攔阻兇惡之極，
魏保羅、王彼得（王志德）、李約翰（李文華）、李雅各（李永慶）等人奉耶穌
的名將大鬼給他趕出去了，他受了面向下的洗禮後來就好了。

我們天天晝夜早晚的禱告、祈求、感謝、讚美，用虔誠性靈敬拜真神，專心以祈禱傳道為事，決不敢錯過機會光陰去，因為主耶穌快來審判萬民，天天有神蹟隨著我們，真神的大能感動，李約翰、王彼得、李雅各，天津的徐重生、劉雅各。

魏馬利亞（劉愛）、勞整光等人與魏保羅同生同死，真是廣傳更正教的聖道、神國的福音，大家同心合意地搭救萬國人民。魏馬利亞因為給武清縣的人劉旭堂保了一千多元錢的借款，還欠恩信永綢緞洋貨布莊的一百七十多元，原要找她去，因為此款是借京話日報總理吳梓箴之親族婦人的，已成詞（即「已立契約」的意思）一年多了，魏劉氏為劉旭堂填花的錢就多多了，替她過了許多回堂，受委屈的苦楚甚多，聖靈啟示魏保羅和魏馬利亞同去，因為魏保羅每日為通州義勇佈道團[32]眾信友祈禱，好幾年了。借此事到京東一帶各處地方廣傳更正教的真道、神國的福音，聖靈啟示，魏保羅預言說：「劉旭堂必定還錢，就是還欠恩信永的款，將這筆款可以作為印刷萬國更正教報費用。」（為求內容連貫，避免誤讀，特將第 40 章部分內容前移至第 39 章）

---

32 由山東濰縣的丁立美牧師在 1910 年在通州的協和大學成立義勇佈道團。民國初年開始有許多佈道團開始出現，例如伯特利佈道團、宋尚節佈道團等，在各地傳教。詳見：應明，〈使萬民得福－歷史上的少數民族宣教〉，《大使命》第 78 期（加州：大使命中心，2009.02），頁 12-13。

河西一夢警三友　公同此會兩分將

第四十章
1918.11.23-11.26，星期六　郎家堡、劉墳村、河西務鎮

　　十月二十日（1918.11.23，星期六）安息日的頭一天，我們同心聚完會，早晨五點鐘起程，前一日聖靈引導王復生（王玉貴）長老也來了一同聚會二、三次，我們到車站就買票上車，真是神的大能，魏保羅同王彼得（王志德）、李雅各（李永慶）、魏馬利亞（劉愛）同心同聲，唱詩讚美主，大聲在火車上宣講更正教的真道、神國的福音，下車雇了二輛車到了郎家堡（今地點不詳），又宣講神國的福音，聽道的人很多，就住我們姨弟孔永福家。（可能是劉愛的表弟，而非魏保羅的表弟）

　　次日（1918.11.24，星期日）聚完了會，起行走到一個鎮店，平安又宣講福音給眾人聽，人人都愛聽，到了武清縣的劉家墳（今天津市武清區河西務鎮劉墳村）劉旭堂家，就住在他家，有一位楊子亭也信了。

　　次日（1918.11.25，星期一）祈禱畢，就到後街曹家莊（曹莊，今已不存，位在包樓村與劉墳村之間，位在劉墳村的北方，由於向南是河西務鎮，因此後街則是向北的方向，距劉墳村不到 1 公里）宣講真道。

　　又次日（1918.11.26，星期二）到了河西務（今天津市武清區河西務鎮，距劉墳村約 1 公里，步行約 15 分鐘）大集，大聲宣講更正教的真道、神國的福音，聽見主福音的人約有好幾百。被一信友請到他鋪中，談論了許多的真道，最可喜的有一位路秀青（路秀清）先生，眼光明亮，他說：「全國都當佩服魏保羅這樣的偉大，天下第一道德中的首領。」更可喜的，有一位本地面的官長蕭副爺（蕭景山）將我們請至他家，因為他少君蕭萬榮有半身不遂的重病，他願意受全身的大洗，在他家祈禱了二、三次，他很有信心，聖靈啟示說：「他一定好了。」

　　次日（1918.11.27，星期三）魏馬利亞回了北京，我魏保羅就寫這聖靈真見證書，由早晨直寫到晚七點鐘，更可喜的大事，勞整光（勞貴遠）由受洗起禁食十

天平平安安地滿期，更格外地得著能力權柄，哈利路亞，讚美耶穌，李雅各執事又禁食十三天平平安安地滿期，讚美真神的大能，阿們！

此日王彼得（王志德）監督，給宜興埠的馬孟村長老寫了一封頂長的大信，述說這些日子，主藉著我們所行的神蹟奇事，王監督在行走聖路上大有長進，這一定是真神所揀選的用人了。

前幾日魏保羅夜得一大夢兆，進到一家屋內，見有一傳道的先生，正講論之間，魏保羅、王彼得進到內房，他就不講了，有幾個婦人聽道，內中有二個淫婦不願意我們去，就背過臉去了。少時，聖靈指示魏保羅奉耶穌的名趕傳道的先生之魔鬼，此鬼大有力量，用大嘴吞了魏保羅的口，少時，從魏保羅心裡出來，聖靈大有能力，將大鬼趕出去了，給此先生換了聖靈。

第四十一章
1918.11.28．星期四　劉墳村

次日（1918.11.28，星期四）聖靈啟示，魏保羅此傳道的先生就是勞貴遠。他先有自高自大的鬼，後來真神藉著魏保羅給他換了聖靈，那幾個婦人和幾個淫婦就是信心會的幾個人，哈利路亞，讚美耶穌！

又得了一個大夢兆，有一個惡王將提督囚起來了，因此副提督要干涉此舉，故此王將正提督放出來了，聖靈啟示此惡王就是魔鬼大王，此正提督就是魏保羅，副提督就是勞整光（勞貴遠），聖靈明明地啟示說：「魏保羅是更正萬國教會全球的總監督，勞整光是更正萬國全球教會的副監督，耶穌是天上地上萬萬世界的總總監督。」阿們！哈利路亞讚美耶穌。

此日晚上我魏保羅切心祈禱時，就覺著有魔鬼在我肉體中發動力量，我奉耶穌的名趕鬼，連說了數次，後來我就禱告說：「願為主、為人捨命，被人家大眾殺害才好。」因為肉身是我的大仇敵，必須得殺他，耶穌說：「保全性命的，必要失喪性命，為我失喪性命的，必要得著性命，能殺身體不能靈魂的，不要怕他，能將身體和靈下在地獄的正要怕他。」（馬太福音 10:39、10:28）耶穌也說

過：「肉身是無益的。」按著世俗說，還是忠臣不怕死呢！何況為神國死呢？殺身成仁是一定的真道，請看救主耶穌和眾使徒，都是捨命、受大苦的多，哈利路亞，讚美耶穌。

第四十二章
1918.11.30-12.01，星期六　河西務鎮、劉墳村

　　十月二十七日（1918.11.30，星期六）安息聖日，我們夜間一點多鐘就起來，大聲禱告、祈求、感謝、讚美主為大，因為定規給河西務鎮門裡蕭副官（蕭景山）之子蕭萬榮少官施洗，他是安徽人，他父親蕭景山作過千總（約等同於現代軍制的營長或連長），前者作過好幾任官長。

　　我們此日到了他家聚會、祈禱、讀經、唱詩，先是李雅各（李永慶）在街上作見證講道，老官長蕭景山說：「我兒子為半身不遂的重病，請李執事到他家先行祈禱過一回，後來又請魏長老、王長老（王志德）同去，給他祈禱。」我到了河西務東頭澡堂子裡頭，日前就與澡堂掌櫃定奪，是日早四點鐘，不容洗澡的來，就預備好了水，我們下池子裡按手在他頭上說：「我奉耶穌的名給你施洗。」大家又禱告、祈求、讚美、感謝主恩，又給蕭萬榮洗腳，實行主耶穌行的真禮。哈利路亞，讚美耶穌，又回到蕭宅聚會吃聖餐，又講論了許多的道理，魏保羅禱告哭了二回，按手在蕭萬榮頭上，他就受了聖靈，說出方言很多，魏保羅等就歡喜快樂了。

　　（此段魏保羅一反常態不在外面河水施洗，可能是正值冬天，外面過於寒冷的緣故，選在澡堂施洗，是一段蠻特殊的記載，與後來真耶穌教會堅決反對在非活水中施洗的態度相比不同。）

　　我們在大集上宣講更正教的真道，大聲放膽，宣佈天主教神父、教友們錯處罪過，有天主教各公會的人聽著也無話回答，因為天主教傳了一百多條錯教規（可能是從馬丁路德的 95 條論綱的概念而來），各公會傳錯了好幾十條教規，我們到各城、各鎮、各村都是大聲放膽宣佈各公會，並天主教的錯處，到他們各公教會更正他們，當面大大地指責，外國洋人你和中國首領人的大罪，我們這些個

人都是不怕死的，王彼得、李雅各、李約翰、劉雅各等，都是大有膽量的人，主藉著聖徒們行了許多的神蹟奇事，證明主的真道，哈利路亞，讚美耶穌。

十月二十八日（1918.12.01，星期日），夜間有聲音說：「這世界是將亡城，必被火燒，不要回頭，若回頭必被火燒，像羅得之妻被大火燒死一樣。」魏保羅看見許多的人，也用這話勸大眾，二十七日夜間就說過一回了，這二夜所說的話，王彼得監督都聽見了，可以作真見證，真神更可以作真見證了，李雅各也聽見了，這就是主警教我們，努力面前，忘記背後，奔著標杆直跑；更是勉勵我們這凡信主行走天路的眾信徒，萬不可灰心喪志，更不可回頭，因為耶穌三年多必來審判萬民，用烈火焚燒天下，凡有形質的，都被大火燒盡。

第四十三章
1918.12.01・星期日　河西務鎮、劉墳村

（1918.12.01，星期日。）

民國六年二月間，明明地時目見大火燒北京，在三月間也看見地獄的烈火，又明明地看見天上的聖城，新耶路撒冷，有主的一個大使者挾著一抱柴火出聖城，魏保羅問主說：「這是什麼意思？」就有聲意說：「燒嗎？」在直隸容城縣午方村看見大火，這都是三年多天上從真神那裡降下來的硫磺火，焚毀萬國的真兆頭，切勸凡有心的真信徒，快快地預備妥了，盡力為主作聖工，搭救萬民吧！哈利路亞，讚美耶穌。

（此段是接續前章而來，並非另外一天。該內容記載在本書上冊的第 34 章，惟時間並不單單發生在 1917 年陰曆的 2 月，在 1917.08.02 早上禱告所見異象亦甚相似。）

此日魏保羅同王彼得（王志德）寫了一天的書信，往各省、各城、各鄉郵寄，因為萬國更正教會報聖靈啟示公函，主耶穌三年多必來審判萬民單，都是很要緊的，因為更正教必須靠主著作一切的書報章等件。

昨日（1918.11.30，因此今日仍是接續上一章是 12.01 星期日）因沒有叫蕭萬榮的重病痊癒，魏保羅非常憂傷難過，已痛哭了二回，自己心裡說：「莫非主不

用我了嗎？怎麼有許多的重病都好了，三十八年的大鬼都趕出去了，啞吧說出話來，啞吧鬼也出去，怎麼這病未好呢？」正憂傷難過之時，有聖靈的聲音說：「你放心，我永遠用你，因為蕭萬榮不許願為主傳道，當時不能叫他痊癒，他若好了，就要作官發財、殺害人民、作惡多端，你們就是幫助他作惡了，並且已叫他受了大洗，又受了聖靈的洗，這不是用你的憑據嗎？」魏保羅聽見這話的聲音，就異常地歡喜快樂，大大地受了安慰，平平安安更加高興，作主聖工，哈利路亞，讚美耶穌，晚上祈禱畢就安歇了。

第四十四章
1918.12.02，星期一　河西務鎮、劉墳村

二十九日（1918.12.02，星期一），王彼得（王志德）起的早，魏保羅、李雅各也起來了，王彼得說：「不知同心與否？我願到曠野祈禱去。」魏保羅說：「我贊成。」於是我們三個人到了村外，跪了切心大聲禱告祈求，唱靈歌讚美主約有一點多鐘之久。

此日我們得了夢兆，王彼得夜間得了一夢，有許多的人在屋內聚集，其形似念書，又像聚會，從外邊進來一人，坐下其人像倭伸佈（可能是倭伸布，漢名譚偉學）教友，王彼得就問他：「今日來的甚晚。」他大聲說：「得守鬧一功，少了熬一過。」王彼得細看此人，面目已變了像了，王彼得從此就醒了。此時就對魏保羅、李雅各說此夢語，三人研究此語，實在與我們眾信徒大有教訓，哈利路亞，讚美耶穌，阿們！

王彼得此夜內，被聖靈充滿之時，大聲喊著說：「努力進行傳道，忘記背後，努力向前，順著標杆直跑，三年多大火一定焚燒世界，千萬不要回頭，別像羅得之妻，回頭就被火燒死了。」說的時候李雅各聽見了，哈利路亞，讚美耶穌，阿們！

我們又到了蕭萬榮家聚了一個會，又到大集上宣講更正教的真道，許多人都愛聽不願走，又到郵政局與韓竹山談論了許久，回到劉旭堂家，我們又感謝讚美主。

魏保羅此夜夢見雍劍秋（雍濤），或者勇見囚的意思；又上了車，王彼得在車前底下，拉著拉著不拉了，車還是走，甚是險，魏保羅大聲叫：「王彼得！王彼得！」還夢見魏馬利亞買了一個馬掛子，給魏保羅穿上了，傳道正合適，因為寬大，又祈禱畢就安息了。哈利路亞，讚美耶穌。

第四十五章
1918.12.03，星期二　劉墳村

舊十一月初一日（1918.12.03，星期二）早晨起來，我們三個人同心合意地大聲禱告、祈求、感謝、讚美主，又用方言祈禱、用方言歌唱工夫很大，每逢祈禱時必多用哈利路亞，唱歌讚美主為大，魏保羅在夜間夢兆之中，有聲音對蕭萬榮一家說：「未嘗不是主藉著我們施恩給這一家和這一鎮的眾人，真神一定是差遣我們到這河西務來結果子。」

此日我給勞整光（勞貴遠）監督寫了一封信很長，約有二、三千字，又與王彼得（王志德）著寫受大洗和受聖靈洗之入教名冊，約一百七十多名（下冊第 17 章名單如未扣除重複約有 110 名，但如果從下冊第 26 章記載到李德林等人為止，其後第 26-45 章受洗者另約有 50 名以上）。由去年起我是晝夜的勤勞，作主聖工，這也是真神的大能，哈利路亞，讚美耶穌，阿們！到了晚上祈禱畢，就安歇了。

第四十六章
1918.12.04，星期三　河西務鎮、劉墳村

初二日（1918.12.04，星期三）我們蒙聖靈的大能催起來，早早地就到了村外曠野地方，切心跪在地上禱告祈求，聖靈大大地降臨，充滿了我們各人的心，魏保羅大大地痛哭起來了，因為三年多耶穌一定來審判萬民，又為己受了大洗和受了聖靈的人，切切地求真神保守大家不再犯罪，將一切真教會的人，交託全能的

主，祈禱的工夫約有一點半鐘之久，招來許多的人，我們祈禱、唱詩、讚美主畢，就給大家宣講真道神國的福音，又約有二個多鐘之久。

我們回到劉宅，用完了飯，又給北京眾監督、長老、執事、男女眾聖徒寫了一封信，我們就上河西務大街集上，宣講更正教的真道神國的福音，聽道的人很多，又移了一個地方，是個火通八達的十字路中間，我們先唱了一首詩，就招了許多的人，來魏保羅先宣講了一小時，叫李雅各作真見證，述說由年前跟隨我們所看見的神蹟奇事，種種鴻恩各樣的病都好了，就將榮耀歸給真神，阿們！

講論述說的工夫不小，王彼得（王志德）接著宣講的工夫又不小，魏保羅蒙聖靈大大地感動啟示接著宣講，由真神造眾使者起，天上的使者如何犯罪，被真神罰到黑暗裡，又造樂園，又用土造始祖亞當夏娃，他們夫婦如何犯罪，耶穌如何為萬民在十字架上捨命，從死裡活，前者因為惡貫滿盈，主用洪水滅過一回世，再有三年多耶穌一定來審判，必用烈火滅世。從前也是不聽挪亞的話，現在也是不聽我們的話，魏保羅蒙聖靈大大地充滿，大有膽量，宣講更正教的真道，證明十字架的真理，末日耶穌來審判萬民的兆頭，聽道的人甚多，都愛聽不願走。

王彼得又講了一小時，我們就上郵政局韓竹山先生的藥鋪，遇見了二個土聖人，被大酒鬼降著胡說八道，攔阻不住，說了許多孔聖人書和老子教的道理，又講不好，魏保羅被聖靈充滿，就向那個老年醉鬼說：「你是貴教？」他說：「我是大教。」魏保羅：「何為大教？大教怎麼講？多大才算是大教？」他無話回答，他又說：「天主教剜眼睛。」魏保羅說：「你能見證天主教剜眼睛嗎？在什麼地方作過這個剜眼睛的事，找一個天主教神父來，對對有這麼回事沒有？」他就害了怕嚇跑了。

這一個醉鬼土聖人，瞎說八道的說話更多，他也念過多年儒書，大約他們二個人都有別的假道門，魏保羅問這個土聖人說：「你是貴教？」他說：「我是儒教。」魏保羅說：「你是君子儒？是小人儒？」他說：「何為君子儒？何為小人儒？」魏保羅說：「效法孔聖人的榜樣，行為道德和孔子一樣，是君子儒，否則不按著他的道理行，就是小人儒。」他無正當的話回答，就連連地拜服，說了許多的好話，並且認他們是喝酒喝多了，也認自己說錯了話。少時，此人也走了，可見魔鬼怕真光，因為神的聖靈，在我們心裡幫助我們大得獲勝。

（從此處看起來，魏保羅所認為的「魔鬼」不見得是真的被鬼附身，而是在行為上有異樣，或抵擋魏保羅，魏保羅也認為是受到「魔鬼」的影響。）

少時有三個好真道的人，與我們談話，就是路紹菴、聶心如、劉百川，相談良久，魏保羅將一切所經應的諸事，和一切深奧的道理都對路紹菴述說了一番，他聽著很以為然，天就黑了，我們歡歡喜喜地到劉宅，又用完了飯，少時禱告祈求感謝讚美主為大，哈利路亞，讚美耶穌。

第四十七章
1918.12.05．星期四　劉墳村

初三日（1918.12.05，星期四）我們起的很早，就同心合意地大聲禱告祈求，用方言祈禱，又用方言歌唱讚美主，約有三、四鐘之久，魏保羅就靠著主的聖靈，寫這聖靈真見證書，直寫到約有九點鐘，主又指示我給天津真耶穌教會劉雅各長老、眾執事、男女眾信徒，寫了一封頂長的要函，按著名姓一一的問安，都寫在信上，我靠著愛我們的主，大有能力的聖靈，天天殷勤事奉，主寫書信給各處眾信徒。

此日大魔鬼藉著劉旭堂的信件要害魏保羅，叫他起暴躁任性的意思，因為此信叫魏保羅回京意思，不願叫魏保羅、王彼得（王志德）、李雅各住在他家，可是劉旭堂在北京恩信永吃飯借錢等等的欠情就多多了，魏保羅給他保本保利的借款一千多元（約合目前新臺幣 50 萬元），還有借魏保羅鋪中的錢一百七十多元（約合新臺幣 8.5 萬元），給劉旭堂填款錢就多多了，他要給了此款願意作萬國更正教報等等的書單印刷費用了，魏保羅起了一時的暴躁，覺著很有大罪，就立刻切切地祈求真神，因救主耶穌十字架的功勞，赦免了我的大罪，從今日起求主的聖靈，千萬保守永不再犯這樣的大罪，因為酒色財氣四樣罪，再沒有比這氣罪更大的了，求主赦免！求主赦免！聖經上保羅也說過：「動氣謹防犯罪，不可怒到日落。」（《北京官話譯本》以弗所書 4:26；《官話和合本》同節經文譯為：「生氣卻不要犯罪，不可含怒到日落。」）真神的慈悲藉著王彼得監督找出來了，提多書第一章第七至九節，是大大地教訓我自己，也藉此教訓別人，因為作監督必須無指責的完全人，可見是世俗的事，都不可貪一點，不義的錢連一個小黃錢（應該指的是一般錢幣或銅元）也不可妄貪用，一點氣也不可生，人要一生氣，就是給魔鬼留地步，千萬要小心謹慎，一舉一動、一思一想、一言一行，都

要討主的喜悅，萬不可叫聖靈擔一點憂。這一天也是吃多了，可見在食物上更得小心謹慎，因為魔鬼藉著食物，常叫我們世人犯罪，亞當夏娃因著食物犯了大罪，以掃因著一點食物把長子的名分賣了，富翁因著吃喝下了地獄受了永苦，洪水滅世，就是說他們照常吃喝嫁娶等事，世上的人民都因著吃喝穿戴衣食物件等犯大罪。

校注按：

提多書 1:7-9

《北京官話譯本》：「監督作天主的家宰、必須無可指摘、不偏執己見、不輕易發怒、不好酒、不打人、不貪財、歡待遠人、喜愛良善、謹守、公義、聖潔、自持、常守所學的真道、就能將正教勸勉人、折服好辯駁的人。」

《官話和合本》：「監督既是上帝的管家、必須無可指責、不任性、不暴躁、不因酒滋事、不打人、不貪無義之財、樂意接待遠人、好善、莊重、公平、聖潔、自持·堅守所教真實的道理、就能將純正的教訓勸化人·又能把爭辯的人駁倒了。」

從魏保羅採用的「指責」而非「指摘」；「暴躁」而非「發怒」等詞彙，推斷此處應是採用官話和合本。

第四十八章
1918.12.05 · 星期四　劉墳村

我們這信主的人，萬不可貪愛這世界的食物，吃的、穿的、使的、用的、喝的，所看得著見的萬物，凡有形像的都是偶像，不但不可拜，更是不可愛世界，萬不可因著食物錢財犯一點罪，若是這樣因世物犯罪，就太無知了。

這一回魏保羅大大地痛心悔改，靠主的大能，永不再犯，求主千萬保守，哈利路亞，讚美耶穌，救主耶穌因為禁食不吃，勝了那惡者三大回，摩西、以利亞

因著禁食，一位是領下石板來，上寫十條誡命，領以色列民打勝仗，傳流到如今大有益處；一位是用膏膏了二位國王；一位先知，尼尼微大城，因為禁食七天，就未滅萬民眾，使徒禁食，蒙聖靈差遣應當所作的聖工。魏保羅禁食三十九天、王彼得（王志德）也是禁了三十九天、李約翰（李文華）禁食十五天、孫約翰（孫子真）禁食二十天、李雅各（李永慶）禁食十三天、劉雅各禁食十天、王愛德禁食九天、葛撒拉女執事禁食十天、伊老太太（伊官氏）禁食五天、韓保羅禁食十天、楊義德禁食十天、田執事禁食十天、吳永順禁食八天，這些個人都是不但頭一回禁食，這些個日子還是常常的禁食祈禱，都得著很大的能力權柄，戰勝了魔鬼，因聖靈成了聖潔，治死了肉體的情欲行為，還有許多人受了面下的洗禮，禁食得能力的人就多多了，不及備載了，因為人要打算作完全人，必須面向下受一回洗，使罪得赦，領受所應許的聖靈洗禮，說出方言來，為一定受了聖靈洗的證據，從水裡上來，就效法耶穌禁食祈禱，還得守安息真聖日，凡事都遵從主耶穌的真道、效法他的榜樣行為、聖經的真理，哈利路亞，讚美耶穌。

第四十九章
1918.12.05，星期四　劉墳村

我們到快半夜，俯伏的跪在地上，切切地認罪說：「求慈悲的父，饒恕我這暴躁的大罪。」奉耶穌的名求的，就大大地痛哭了許久，也為一切的軟弱信徒哭，更為萬民哭，就覺著心裡平安，甚得安慰，魔鬼打算害我們，哪知道倒叫我們得了真道，作完完全全的人，毫無可責之處，純正無疵無瑕，毫無皺紋等類，聖潔地事奉主，合乎神用。我貴重自己的責任，不叫人小看我，方算我是更正教的監督，否則就不配作監督，從今以後更加添了我的力量，更覺著異常地平安快樂，哈利路亞，讚美耶穌，阿們！阿們！

作監督的應當作完全人，毫無責之處，無皺紋、玷污、瑕疵等類，不因酒滋事、不打人、不貪不義之財、樂意接待遠人、好善、莊重公平、聖潔自持、堅守那按著正教的信實道理，就能將純正的教訓勸化人，又能把爭辯的人駁倒了。
（以上內容為《官話和合本》提多書 1:7-9）

作監督的也不可任性，更不可暴躁，也不可饞懶，必須得殷殷勤勤的服事主，喜歡善工，盡心盡力，為主辦事，凡事討主的喜悅，不可放蕩，必須服約束，因為監督是真神的管家，必須作羊群的榜樣，不叫一個人小看我們，叫眾人都效法我們的行為，好能叫多人因我們得救，進入神國，哈利路亞，讚美耶穌！男執事、女執事、長老都當遵守這個真理，因為是更正萬國的教會，更得作萬國人民的模範表率是為主要，阿們！

我魏保羅在夜間得了一夢兆，夢見到了美以美會有二個牧師談道，劉馨亭（劉芳，字馨庭）、李牧師（從下冊第 15 章出現的劉芳、李福田配對看來，此處指的應是李福田）都譏誚說：「你又要起暴躁吧？」我回答說：「都是假教會人先阻擋真理，攔阻我們講更正教的真道，或是散傳單等事，大約就是這類的話，我才起辯論。」我知道起暴躁是犯罪，劉牧師講畢，我說：「我要為主作幾句見證。」正說著呢！劉牧師說：「勞整光（勞貴遠）真熱心，他已經來好幾天了，今日他還來。」正說著呢！就醒了，此夢兆實在有教訓：二個牧師，就是魔鬼，假教會就是魔鬼的殿，魏保羅起了一時暴躁，就受了大警教，永不可再起一點暴躁，說勞整光上伊會去數回，又說他今日還來，就是他數次起暴躁，我們二個人既是作監督的，必須去掉暴躁，要作完全人，哈利路亞，讚美耶穌，阿們！

此夜又睡了四、五點鐘之久，又起來。

（異夢間的人物都真有其人，其中劉芳還被列入《萬國更正教報》，北京好信徒與聖靈啟示要面向下的名單當中[33]。同樣的內容在第 51 章有不一樣的解釋。）

第五十章
1918.12.06-12.07，星期五-六　劉墳村

（從第 50 章開始至第 55 章，表定的日期顯為後續改動後的誤植，將依照實際發生情形，調整更改為合理的日期。將與原作有所不同，特此敘明。）

---

33 真耶穌教會，《萬國更正教報》第一期，第 6 面。

初四日（1918.12.06，星期五）我們早晨起來，到了村外有個禱告的地方，我們三個人同心合意地跪在地上，切切地禱告祈求，用方言祈禱工夫很大，回來又寫這聖靈真見證書，又給劉馬可（劉寶元）長老、王印靈（王世榮）執事寫信等件，十一點多鐘，我們到了大集宣講更正教的真道、神國的福音，聽道的人甚多，魏保羅講的工夫很大，王彼得（王志德）宣講的工夫更大，李雅各（李永慶）又接著作了許多見證的話，我們唱了二首詩，我們又到了郵政局，遇見金子明、路紹菴，二位有信心的人，他們都是學界有名望的人，相談許久，回到劉宅，用完了飯，劉旭堂小孫子死了，他家人信心太小，又接到北京吾兒安得烈（魏文祥）郵來要信一封，京話日報一紙，登載本報總理吳梓箴為義，臨死遺筆警告世人，就是投水死，我不贊成，這就為自殺不能得救，這話是按著我自己的思想，願主的旨意成全，得救與否，還是主定奪，在人看不能的，在主看沒有不能的，哈利路亞，讚美耶穌，阿們！到了晚上我們又聚完了祈禱會，就平平安安地睡了。

初五日（1918.12.07，星期六），我們蒙主保護，平平安安地早早地起來，到了村外曠野前者禱告的地方，又俯伏的跪在地上大聲禱告，用方言祈禱，又唱靈歌讚美主，感謝切求的工夫很大，招來許多人，就給他們講道，因為此日是安息聖日，我們回來又唱詩讚美主為大，又看了會子京話日報，有延一朋（可能是彭詒孫）的演說，本報總理吳梓箴為義之大舉，魏保羅忽然蒙聖靈大大地感動，痛哭不止，大聲說：「吳梓箴大哥的靈魂，往何處去了？求真神告訴我。」悲傷至極淚流滿面說：「吳梓箴大哥！吳梓箴大哥！」又大聲痛哭著說：「我的好友吳梓箴，我的好友吳梓箴，你到底上何處去了？求真神告訴我。」就有聖靈的聲音說：「主必恩待他。」我這才明白神是公義的，決以有法子救他的靈魂，因為他實在是為義死了，是一世為人可謂是道德家，最仁義，交朋友與眾人來往多年，在社會上為國家，有萬民出力很大，費錢、費工，為貧窮人普濟救世，晝夜的奔波受勞苦，種種的善德就多多了，各界人均知。

故此我魏保羅提筆作了一大編演說，題目是吳梓箴死靈魂不死，此題真是以警教世人，因為吳梓箴雖然未入教，他真按著良心作事為人，有許多教中人知道許多的聖經，不按著聖經上行，不本著良心作，明知故犯，罪更大了，此日作了一天演說稿子，又聚會祈禱，唱詩好幾次，我直寫到晚十一點來鐘，又祈禱畢才睡了，哈利路亞，讚美耶穌。

校注按：

　　吳梓箴是《京話時報》的主筆，也就是之前孫子真從啞吧恢復可講話時所投稿的那分報刊。《京話時報》是由彭詒孫，即彭仲翼所創報的報刊，1904 年創報，以白話文為主，在北京蔚為風行，但 1906 年因批評當局追捕康有為等人而遭到禁報，彭詒孫也因此流放新疆多年。1913 年彭詒孫回到北京，將《京話時報》復刊，但旋即又因得罪袁世凱在遭封禁。1916 年袁世凱死後，《京話時報》再次復刊。1918.05.02 彭詒孫欲表達理念投水自盡明志，為旁人所救。同年 11.10，為表達知識分子的愛國理念，主筆之一的梁濟投北京的淨業湖而死，11.29 另一位主筆吳梓箴也在同一地點投水而亡，《京話日報》後續開始由梁濟之子梁漱溟接手，直到 1922 年停刊[34]。魏保羅因與彭、吳二人交好，理念相投也因此鼎力贊助，學者葉先秦認為魏保羅贊助這樣具有鮮明抨擊權貴、帝國主義的報紙，「不難體會他對民族命途的彭湃情懷，基於這樣的情感作用，他的信仰信仰生涯出現了第一個轉折，也可以視為某種政宗經驗。[35]」

第五十一章
1918.12.08・星期日　劉墳村

　　初六日（1918.12.08・星期日），此日是安息聖日（此處應為誤植，可能誤算日期認為少了一天），早晨祈禱畢，就給魏馬利亞（劉愛）寫了一封信，自彼得（王志德）繕寫給吳梓箴殉義作的演說稿，又到蕭宅聚完了會，至大街正宣講著呢！吾兒魏安得烈（魏文祥）來了，他也宣講為主作見證，李雅各（李永慶）也作了幾句見證，我們回到劉宅，又聚會唱詩讚美主，聽說李約翰（李文華）、勞整光（勞貴遠）、魏馬利利，三個人都上了魔鬼的當。

　　魏馬利亞是暴躁的大罪、李約翰是犯了貪財的大罪、勞整光是犯了貪名的大

34 方漢奇，《中國近代報刊史》第 1 卷（山西：山西人民出版社，1981），頁 293。

35 葉先秦，《晚雨聖靈：真耶穌教會的再定位與全球五旬節派研究的想像和再現》（臺北：華宣橄欖出版社，2020），頁 140。

罪，也犯了暴躁的大罪，他們就彼此不合，彼此犯了心，這就是正應驗，我魏保羅前者，初三日（1918.12.05，星期四）所得的夢兆，說到了美以美會，有二個牧師談講道理，有位李牧師（李福田）、一位劉芳牧師，對魏保羅說：「又要起暴躁吧？」魏保羅回答說：「我知道起暴躁是犯罪。」劉芳牧師又說：「勞整光真熱心來了好幾天了，今日他還來。」劉牧師就是指著劉氏，魏馬利亞犯罪的時候說的、李假牧師就是指著李約翰犯罪的時候說的、勞整光果然常犯暴躁貪名的等罪，他們三個人都應當認罪悔改，彼此和好，因為不認罪，鬼就不能出去，還是在他裡頭，切勸眾位信友，千萬有罪就認出來是為至智，阿們！

（這段可以說是將原本異夢領受又重新新解，第 49 章認為是指著自己的暴躁，但這邊卻認為預表的是三個人，即劉愛、勞貴遠與李文華。這也跟後續真耶穌教會第一次分裂的公同會事件將有所串聯起來。）

初七日（1918.12.09，星期一），此夜由晚上，就寫這聖靈真見證書，王彼得（王志德）、李雅各、魏安得烈都睡了，魏保羅就俯伏跪在地上切心祈禱說：「父阿！你救魏馬利亞、李約翰、勞整光三個教會重要人物。」就大大地痛哭起來了，淚流滿面，禱告祈求，聖靈大大地降臨，充滿了我的心，就給魏馬利亞、勞整光、李約翰三位每位寫了很長的大信，直寫到一天一夜。魏安得烈、李雅各二人到河西務街蕭宅等處傳道，王彼得寫了二十多信皮，給各城、各鎮、各村郵萬國更正教報告單、聖靈啟示公函，佈散郵至各處。

第五十二章
1918.12.10．星期二　劉墳村

初八日（1918.12.10，星期二），我們四個人同心合意地，起得很早，就到了曠野，大聲禱告祈求，感謝讚美主，又用方言祈禱，招來的人很多，我們就給大家講道，我們四個人，都轉流著講了一番，我們回來用完了飯，魏保羅蒙聖靈啟示，今日我們四個都為主作大工，給各省、各城、各鎮寫公函，信內裝萬國更正教報單等件，寫了好幾十封信，直寫了一天半夜，魏保羅得了一個夢兆，說是我作買賣，賣了一口袋錢叫一個人偷去了，還有一個人還在擺貨物地方，因為我上

別處去回來一見，我的錢口袋叫一個人偷了去，就對這個未走的人說：「那個人是何處人？」他知道不說，我心裡的話說我不放這個人，一定就找著那個偷錢的人了，這夢兆一定應驗在李約翰（李文華）、魏馬利亞（劉愛）、魏保羅三個人身上，賣真理、作買賣的就是魏保羅，偷真理去的就是李約翰，還沒有走的就是魏馬利亞，只要不放魏馬利亞，一定還找回李約翰來。

又得了一個夢兆，就是我魏保羅被火燒著了，馬掛棉襖的袖子，我見有一缸水，我將袖往水裡一扎就滅了，此夢兆是應驗勞整光（勞貴遠）、李約翰二個人身上，他二個人是我魏保羅二個領袖被火燒了，我將袖子往水裡一扎就滅了，就是有救，這都是大喜之好夢兆，到了晚上，又聚會祈禱，謝恩讚美主畢，就歡喜而睡了。

（這幾天魏保羅連續有這些不好的預感，教會幾位領頭的人物可能呈現分裂之勢，但今天的異夢或許讓魏保羅稍嫌寬慰，事情最後仍有所轉圜。）

第五十三章
1918.12.11-12.14，星期三-六　劉墳村、河西務鎮

　　初九日（1918.12.11，星期三）早晨起來，就禱告、祈求、感謝、讚美主，聖靈天天充滿了我們各人的心，我靠主的靈給我妻魏馬利亞寫一封很要緊的信，切切地勸她與勞整光（勞貴遠）、李約翰（李文華）和好，這非是人能辦得到的，必須得真神的全能辦此大舉。我們四個人，又到了河西務大集上，大聲宣講許久，又移了一個地方，唱詩大聲禱告祈求，讚美主為大，講論了許久，又移了一個地方，我們四個人輪流著宣講了許久，我們又到了蕭萬榮家聚了一個會，此日聽道的約有三、四百人之多，我們回來用完了飯，又祈禱就睡了，此夜又有聲音說：「你們應當小心謹慎，萬不可再犯一點罪。」王彼得（王志德）也聽見了。魏保羅夜間作了一首很長的詩，早晨祈禱畢，吾兒魏安得烈（魏文祥）回北京去了，我同王彼得寫了一天的聖函要信，晚上又禱告祈求，感謝讚美主畢睡了。

　　十日（1918.12.12，星期四）早晨起來祈禱畢，聖靈啟示，我作萬國更正教報，我靠主的聖靈著寫出樣子來，王彼得謄寫這都靠著主作的聖工，哈利路亞，

讚美耶穌。夜間又起來，作萬國更正教會報稿，直寫到天明，我們三個人，又到了集上宣講更正教的真道，聽道的人約有二、三百人之多。

此日，接到方滌塵來了一封信，為魏保羅作真見證的信，很長的一篇著作，論說他自己由信道以來五年之久未得著真道，由見了魏保羅大為受感，又在天津主藉劉雅各長老的手，受了聖靈的洗，他又願意為主傳道，哈利路亞，讚美耶穌！

勞整光、李約翰，二位都各來信一封很好，讚美主，阿們！此日我們又寫了萬國更正教報稿，真是晝夜的為主、為萬民勤勞作聖工，這都是主的能力，阿們！我們又祈禱畢，就安息睡了。

十一日（1918.12.13，星期五）是安息聖日（魏保羅認為星期五落日後就屬於安息日）。因為我們的聖工太多也忘記了，我們早晨起來，大聲禱告、祈求、感謝、讚美主，用方言祈禱許久的工夫，又看信件，用完了飯，就給方滌塵、勞整光、李約翰、魏馬利亞等寫了四封要信，又靠主作了血洗的一篇論說，王彼得傳道回來，就將此稿謄寫在萬國更正教報上，我又寫這聖靈真見證書，又祈禱畢就睡了。

十二日（1918.12.14，星期六），安息日的頭一天（應該是寫作疏失，通常會將星期五當作安息日的頭一天），我們早晨起來到了村外有個禱告的地方，魏保羅痛哭了許久，我們三人祈禱畢，回到屋裡，又作魏保羅第二次為主被囚記登在報上[36]，聖靈又差遣我同王彼得上了河西務街宣講福音，有多人聽道，又到了煤油公司掌櫃的邊先生請我們在飯管上吃了飯，蕭富爺、金先生請我們相談講論靈界的大事，回來我又寫這真耶穌教會，真見證書報單。

（原文即無第五十四章，原因不詳。）

---

36 請見魏保羅〈第二次為主被囚記〉，收錄在《萬國更正教報》第一期，第1面。

第五十五章
1918.12.15-12.23．星期日-一　劉墳村、河西務鎮、良庵、肖莊村

　　十三日（1918.12.15，星期日）早晨禱告祈求讚美主最有能力，因為聖靈充滿我們各人的心，我同王彼得（王志德）著作萬國更正教報到了晚上，金老先生（金從周）、蕭老先生來到劉宅談論真道許久，他們很願意開談話會，也願幫助開辦會堂，我們又禱告祈求，讚美耶穌，我們雖然晝夜的勤勞受累，早晚時常禱告，祈求讚美主為大，心靈裡是非常地快樂，阿們！

　　十四日（1918.12.16，星期一）這天，我們靠主的聖靈常到曠野早晨祈禱的時候，真神幫吾等著作萬國更正教報，主備妥王彼得代筆等事，我惦記著了安息聖日很不平安，可見必須虔心紀念禮拜六的安息聖日，因為是降福的日子，阿們！從今以後，一定記準了安息聖日，求主饒恕我們的大罪，哈利路亞，讚美耶穌。（由於前述日期誤植關係，魏保羅為守錯日期而感介懷）

　　更可喜的是，有一位道學家金從周先生，他很願意領受真道，也願受大洗的意思；還有一位韓竹山君也歡迎接待；我們路紹萋先生也願受大洗，他們發起一個歡迎茶話宣講會，定於二十日（1918.12.22，星期日）十點鐘開會。大可喜的李約翰（李文華）長老，來了我們一見都被聖靈充滿，就異常之快樂讚美主，這真是神的大能，因為前者，我給魏馬利亞去的信，很責備她切切地勸她，萬不可與李長老、勞監督等起異見犯心等事，應當彼此相愛到永生，阿們！他們三個人，都聽了我的勸就順服了，因為是神的大能，阿們！他們都和好了，讚美耶穌，我們在一處感謝祈求，讚美主為大，阿們！日日早晚歡喜快樂讚美被聖靈充滿，真是天天有神蹟奇事，鴻恩隨著我們，阿們！

　　十九日（1918.12.21，星期六）是安息聖日，我們同李、王二位長老，到了大集上宣講神國的福音，聽道的人約有二、三百人，天氣雖然甚冷，我們甚是高興，阿們！

　　二十日（1918.12.22，星期日），早晨我們起來，熱心大聲禱告祈求聖靈充滿各人的心，用方言為凡受了大洗、受了聖靈洗的人，並一切認識的人，和各省的

教會、眾信友以及各國諸教會，又提著真耶穌教會眾教友的名祈禱，又用方言唱靈歌讚美主、感謝主，我們每日這樣祈禱聚會，哈利路亞，讚美耶穌！

此日我們因為在本鎮開宣講歡迎會，禁食早晨，我們同心合意，未用飯，就到了梁道菴（良庵，位在河西務鎮的東北角，今切確位置無法判定，從記載來看，應比較接近今天津市武清區河西務鎮北三里屯一帶）內會所。最有熱心的人韓竹山，領去的有一位路紹菴，早已就熱心預備一切，在會場等候。

少時，蕭正洪（蕭景山）官長也到會。有一位路秀清，他先不深知我們的宗旨，後來他才知道，我們是更正萬國教會之大舉，更可喜的是金從周在靈界中大有研究，已蒙聖靈的大感動，此時舉他為臨時會長報告宗旨，此日到會者有趙恒久、王香甫、陳國全、韓載陽、楊克明、楊俊臣、翟鴻軒、馬義山、魯召卿、路念農、郭印堂、楊和甫、孫永甫，還有許多人未記錄，大約共有四十來人。金從周請魏保羅宣講，我魏保羅早已就祈禱真神，專靠聖靈的啟示，大能大力，講論神國的真道，題目是成聖作完全人，真見證道義相交，此日也是成立萬國更正教籌備會，金從周學問道德很高，他先講的是靈魂不死，用許多的見證講明此理，魏保羅靠著聖靈大聲宣講，又唸羅馬人書第十五章第十八節（應為《羅馬書》15:16），就是因聖靈成聖潔，又由我得道離開罪起，論說一切的大事，如何看見救主數十次一切的異象，搭救萬民之宗旨，更正萬國教會之目的。

王彼得，又宣講作見證，將所經驗的神蹟奇事都說了一番，李約翰也作了許多的好見證，李雅各也作見證，大眾都大大地受感動，很領受真道，由十點鐘開會，就先祈禱唱詩，大家聚會很有鴻恩，到四點多鐘才散會。

我同李約翰又到了金從周家，聚會祈禱，相談靈界的大事許久，他又給我們預備了飯，又談論聖經的要言，又回到了劉旭堂家來，回約有六、七地（3公里多），我又寫這聖靈真見證書，肉身雖然是天天這樣的勞苦，心靈裡是非常的平安，快樂滿足，哈利路亞，讚美耶穌，到晚上又禱告、祈求、感謝、讚美主為大，阿們！這無非略表載，在就是論到每日所作的聖工，就多多了，實是真神的大能、大權、大力鴻恩，先臨到中國，然後普及天下萬國，阿們！阿們！

二十一日（1918.12.23，星期一），在後半夜就起來寫這最要緊的一封信，給天津的真耶穌教會、眾長老執事、眾教友，叫他們熱心接待傳道的聖徒，也要盡力地幫助真教會等費，因為我們的銀錢快用盡了，大家應當將所有的獻給主，幫助供給眾聖徒，我寫到此就痛哭說，我沒有什麼可誇的，就誇我主耶穌的十字架就是了，因為我快捨命，為主、為眾人離世，這是更美的大事。

此日，我們送李約翰長老下天津去，走到蕭村（今天津市武清區河西務鎮肖莊村，在劉墳村南方）就拉手，唱送行詩，非常地歡喜快樂讚美主，聖靈充滿了我們的心，早晨就大大地快樂滿足，聖靈在我們身上大有能力權柄，阿們！

我們在此，就給許多人講道，回到劉宅又給魏馬利亞寫了一封很長的信，我同王彼得就同心合意地祈禱、作報等事聖工，阿們！晚上我又寫這聖靈真見證書，又禱告祈求，就安歇睡了。

第五十六章
1918.12.24，星期二　劉墳村

二十二日（1918.12.24，星期二），聖靈警醒叫魏保羅後，半夜就起來給勞整光（勞貴遠）寫了一封很長的信幫助他得力，又給眾聖徒寫了幾件信，一定大有用處，必藉此信件救眾人，哈利路亞，讚美耶穌。

第五十七章
1918.12.28，星期六　劉墳村

二十六日（1918.12.28，星期六）是正當的安息聖日，我們一定是紀念主的聖日，必然得鴻福特恩，因為這是主所應許的福，哈利路亞，讚美耶穌，要打算進神國，非努大力，萬也進不去，因為耶穌說：「人人進神國，努力的人就得著了。」使徒保羅也說：「我是努力面前的忘記背後的，奔著標杆直跑的。」

這些個日子，我靠著主的大能、大力晝夜地努力著書，作寫萬國更正教會報的稿子，因為著作是第一要緊的大聖工，耶穌基督和使徒眾先知等若不留下著作、書件等，就不能傳到天下，路得馬丁若不仗著著作，就不能更正教，雖未更正完全，也算預備了主藉著魏保羅，靈界中更萬國教之大舉（從此處觀之，魏保

羅的萬國更正教概念，比較類似馬丁路德的改教，而非單純是一種創教的過程），我們是一身不敢懈怠，時刻晝夜的作聖工，專以祈禱傳道為事。

本安息聖日，我們都被聖靈充滿，早晨就有聖靈的啟示說：「今日必有人來，還有特別的大喜事。」果然應驗了，我同王彼得（王志德）翻說方言，又說預言，更應驗了，我們都被聖靈大大地充足，非常之快樂，大聲唱詩讚美主，都彼此拉著手。

忽然吾兒魏安得烈（魏文祥）由北京來了，果然應驗了，他一進門，我們跪下又切心禱告、感謝、祈求、讚美主，又是大家彼此拉著手，歌詩喜樂滿足，他帶來的聖經、更正教必須用的信封、字典、應用的衣服等件，都是傳道必須用的要物等件，又報告營京一切好景況，最大的喜事，就是山西、山東來的信件，幫助更正教之大舉，更正教一定大大地興起來了。

此鎮的重要人物，願面向下受洗的人很多，真是神的大能、大力，我同王彼得蒙聖靈差遣，到各鄉傳講更正教的真道、神國的福音，走到三個村都宣講了真道，最可喜的大事，許多外教人歡迎我們，請我們講道，我們就大聲宣講許久，聽道的人很多，當時就結了果子，本村有個頭目人的樣子，他願記上名很願受洗入真耶穌教會，這幾天的工夫，靠主作了美好的聖工，哈利路亞，讚美耶穌。真神的大能，大有神蹟奇事，天天顯現隨著我們，阿們！

忽然接到天津來的信件，毀謗王彼得很厲害，說了魏保羅許多大長處，也說有錯處。李約翰（李文華）、李雅各（從後續內容來看此處應是誤植，應是劉雅各，而非李永慶）、王印靈（王世榮）、劉馬可（劉寶元）因嫉妒王彼得、魏馬利亞就散佈傳單反對真耶穌教會，他十餘人改成基督徒公同會。大錯了！李約翰、劉雅各受了魔鬼迷惑，破壞更正教之大舉，因為前者也是有點過錯，故此起了這個大風潮，魏馬利亞等人想錯了勞整光（勞貴遠）監督，只魏保羅、李雅各回京，王彼得回了天津。

次日（1919.01.11，星期六）勞整光到東茶食胡同（即恩信永布莊）看魏保羅回北京否？這是聖靈的引導，見了魏保羅，大為歡喜快樂，讚美主名，述說談論，天津教會起風潮的大事，這才知道不是勞整光的錯處，實在是李約翰一個人的大罪。此日（1919.01.11，星期六）是安息聖日，大家唱詩祈禱，宣講真道吃聖餐，眾信徒都非常地歡喜快樂讚美主。

次日（1919.01.12，星期日）魏保羅同勞整光上河西務去，此日非常的冷，又有大雪，我們在路上雖然受大苦，心靈裡異常快樂，六十里路，勞整光素常未受過這樣的大苦，魏保羅和勞整光大大地辯論聖經更正教的道理，三天之久，夜間也說，二人切心禱告祈求，聖靈大大地降臨充滿了二個人的心。

民國七年舊曆十二月一二日（1919.01.13，星期一），祈禱時蒙聖靈充足勞整光，此日在主面前許願定志一心盡力，幫辦更正教之大舉，搭救萬萬人民，哈利路亞，讚美耶穌，他為離開舊教會等事痛哭，也看透老會首領人等的錯處，甘心願意與魏保羅同生同死，更正天下萬國教會之不良，大功成就的兆頭來到，哈利路亞，讚美耶穌，

校注按：

魏保羅之前不斷擔心的就是劉愛、李文華、勞貴遠三人的關係，但實際上更麻煩的是南苑的李文華與天津的劉雅各串連了教會的重要人物，主要是天津的王世榮、劉寶元等人共十餘人改組成基督徒公同會，這對於受洗人數不超過 200 人的真耶穌教會而言，的確是一次重大的分裂。因此，魏保羅當機立斷，與李永慶回到北京，王志德回到天津穩住陣腳。

但中間數十天並不清楚發生了什麼，只知道魏保羅後來跟勞貴遠是冰釋前嫌，勞也並未捲入此風波，因此最大的損失即是在天津教會的信徒。從 1919.07.27 登載在《萬國更正教報》第三期的名單看來，非常有可能如劉寶元、劉雅各、趙寶珍等人應該是已經離開，後續名單中也已不見記載。

此外，原本就屬於中華基督教會，但因各種原因同情、認可、幫助等，橫跨來幫助魏保羅的許靜齋、張國體、方卓陳等，在此次的狀況則不太明確。但也未見諸於之後的正式職員名單記載當中。

旋回京闕盟駟馬　再下津沽牧群羊

第五十八章
1919.01.14-01.16．星期二-四　北京

　　十三日（1919.01.14，星期二）八點鐘，我同勞整光（勞貴遠）同心合意跪在一處，大聲切心禱告，祈求感謝讚美主，忽然聖靈大降充滿了我們的心，就痛哭淚流滿面，魏保羅看見有二個身穿白衣一同行走，又看見二個十字架，又有聖靈的啟示聲音說：「你要愛勞整光。」我說：「吾不會愛人，願主幫助我如何愛人。」又看見許多神的使者圍繞著我，又有聖靈的啟示說：「大君在你心裡。」哈利路亞，讚美耶穌，又看見二個十字架並在一處，魏保羅問主說：「勞某是幫助更正教的與否？不要錯收了他。」主這才顯現此異象，阿們！

　　那樣的大雪天氣，非常之冷，魏保羅同勞整光回北京，在火車上大放膽量，高聲宣佈天主教、拜假耶穌各公教會，一切的大罪、各種的錯處，也講論神國福音的真理，更正萬國教之大舉，又散佈萬國更正教會之傳單。

　　各界人坐車的很多，後半夜到北京，這幾天我們二人晝夜的禱告，祈求感謝讚美主，辯論神國福音的奧秘，辯明如何更正萬國的教會之不良，為天下人民並假牧師、假信徒們淚流滿面，痛哭多回，同心定志為更正教主的真道捨命，以救萬國為目的，雖肉身受這樣的大苦，心靈裡異常之快樂，因為主、為弟兄之大故耳。

　　次日（1919.01.15，星期三）勞整光監督為萬國更正教會報捐助了大洋三十元（約合新臺幣 1,500 元），大家與主同樂讚美主為大，最可喜的是天津西頭，那些反對更正教的人都知道錯謬了，大家認罪悔改，自行取消他們的會名，仍歸真耶穌教會，就是李文華一、二人還未認罪。

　　（實質上應該不只李文華等一、二人，比對 1919 年之後的其他資料，離開的人比想像中的更多。）

　　我次日（1919.01.16，星期四）後半夜起來祈禱，與主說話，心裡甚是傷痛，

因為離世近了，更為萬國人民為重教會常常的痛哭不止，因世人都在罪坑裡。嗳！我甘心願意為主、為世人受盡萬苦捨命，但不要因我的錯處，願意完全為主的善道捨命，得著血洗的鴻福大恩，效法救主和眾使徒的榜樣大放膽量，更正天下萬國的教會，必搭救萬萬人民，哈利路亞，讚美耶穌。

第五十九章
1919.01.17．星期六　天津

　　凡事都當謝主鴻恩、神的全能、聖靈的大感，使勞整光監督（勞貴遠）甘心受苦，為主的更正教，我們定於本安息聖日（1919.01.17，星期六），晚車同魏保羅下天津作見證、傳更正教之大舉。本安息聖日虔誠事奉主的人都來聚會跪拜主。

　　此日預備了聖餐，魏保羅靠主宣講更正教的真道，主耶穌受盡大苦大難，死在十字架上，為我們捨身流血等語，魏保羅痛哭，對魏馬利亞說：「萬不可再犯一點罪，世界的事都算不了什麼，為主的真道救人，自己得救要緊。」又勸大眾許多的要言，因我同勞整光，為更正教捨命，離世的日子近了。

第六十章
1919.01.17-01.19 星期六-一　天津

　　故此說的話，就格外的痛切緊要，大家都醒察自己的罪過，領受聖餐的要禮，魏保羅等極其悲痛，因怕離世後這些個信徒軟弱，就切心禱告，祈求跪著領受主的聖餐，將大眾交託給全能的真神。

　　魏馬利亞要大發熱心為主的更正教，此次為天津這回大風潮，花了好幾十元，主藉著他將天津教會辦平服了，又幫助大家銀錢、用資、衣服種種的費用，真是有福的。下午晚車，魏保羅同勞整光（勞貴遠）起行至天津，大家歡送告別。

此日（1919.01.17，星期六）坐火車的人非常之多，幾乎無立足之處，就站在緊後頭，大聲放膽宣講更正教的真道、神國的福音，宣佈各國教會首領人的大罪、各種的弊病，各界人等都愛聽，因為是真道，顯出主耶穌的正道鴻恩，我們到了真耶穌教會，街坊眾人、真信徒等歡迎我們，大家祈禱祝謝畢，就說了許多更正教要緊的道理。

　　次日（1919.01.18，星期日）聖靈引導我們上中華基督教會去作見證，勞整光與宋則久（宋壽恆）相談良久倒是很佩服魏保羅的行為，還是不深明靈界的大事；又到了王天民處很起辯論，後來他說了許多佩服更正教的話，又痛哭認罪願領受面向下受洗禮；又到了張國體家聚會，很好的會，聖靈大降感動眾男女，勞整光講論，魏保羅之子安得烈（魏文祥）重說李愛德傳道女士大有信心、熱心、愛心為更正教魏保羅等常作見證；張國體家一心接待聖徒常常的給大家預備飯等，更是有福的。

　　七點鐘又回中華基督教會，與大眾談論更正教的真道。少時，他開討論會，我們對王瑞亭牧者說：「請你宣佈一聲，容勞整光給大家宣講幾句。」他說：「張伯令（張伯苓）來，可以給他翻說話語。（勞整光為美籍，張伯苓是從美國回來的歸國學者，故有此說，聊為諷刺之意）」我們與大眾一同聚會，其實勞整光說的官話，大家也都能聽的出來，眾教友未嘗不欲勞整光宣講，就是假牧師等不願意，惟恐有我們講道，顯出他們的假道來。

　　次日（1919.01.19，星期一）眾教友來，真耶穌教會，我們就給大眾宣講更正教的真理，天津西沽張銘亭大有熱心，願為主自立真教會，傳更正教的真道（未見諸其後記載，應該是沒有辦成）；更有熱心的就是王愛德女執事從很遠的路來到真教會作真見證，述說她看見真神種種的異象，夢兆所經驗的大事，說方言的要意，勞整光大為受感，甚是注意，大家唱詩聚會祈禱，聖靈大降，充滿了各人的心，都非常地歡樂讚美主名。

　　此日張國體也來談論了許久，很願意領受面向下的洗禮，從此更正教的大舉教興盛起來了，哈利路亞，讚美耶穌。定於本日勞整光同魏安得烈回北京，魏保羅同李雅各等仍在天津，傳更正教之大舉、著萬國更正教會報、聖靈真見證書等，預備為主、為萬民捨命，流血後大功成就，必救萬國人民進入神國的，哈利路亞，讚美耶穌。

　　以上是民國 7 年的資料

　　歷經 1918 年天津的多次宣教活動，雖博得當地部分重要人士的青睞，但卻因為公同會事件導致天津諸教會大致解體。從 1919.07.27 的《萬國更正教報》第二期與 1920.01.22 第四期中，碩果僅存的教會僅有西頭范家胡同、楊柳青鎮、北宜興埠、西沽、魏橫賓胡同、王慶陀鎮等，但對比人員上的差異，初期從其他教會慕名前來的人士例如張國體等人，卻已不見記載，意即當初著力最深的天津城中區域，可能未有如同預期的發展。此後，天津教會的記載指散諸於各篇報刊文書，內容並不詳盡，發展的情況還須等到 1922 年後魏文祥再度回到天津時，才有較為顯著地復興。

　　1919 年後的發展，傳教的重心開始從京、津、保三地向外發散，主要是在山東。3 月，魏保羅前往山東濰縣（今山東省濰坊市）傳教；5 月，張巴拿巴（張殿舉）按立為長老；8 月，魏保羅離開山東返回北京，指派張巴拿巴三人南下佈道；魏保羅返回北京後逐漸身體不適，10 月 29 日，魏保羅與世長辭。

　　回顧魏保羅精彩豐富的一生，從一位保定少年闖蕩京師，輾轉進入得救的恩門，雖經歷肺病的死蔭幽谷，但卻傳奇式的病癒，開始三十九日禁食後的更正運動，建立起了如同使徒時代凡物公用，帶有強烈末世色彩的教團。

　　他用一步一腳印橫跨千里，足跡遍即京、津、冀、魯。縱然百年後的現在好壞各有評說，但仍不得不佩服這一位真正具有使徒精神的華人傳道者，秉持著信念與意志，靠著聖靈，全心奉獻，不求回報，只願在神面前將最好的擺上。

　　當學界普遍在回顧在華宣教的美好過往時，或許，我們更應該關注這位本色

化的華人傳教士──魏保羅，是如何燃盡他有限的生命去為黑暗帶入光明的訊息，即使直到百年後更光照著現今每一位真教會的眾人。

誠願我們都能如魏保羅一樣，不負信仰的初心，直到永生。阿們！

■ 基督教於近代中國的時代脈絡

李政勳
Li, Cheng Hsun

本文原文撰寫於 2014 年，在臺灣的真耶穌教會景美教會舉開之真耶穌教會北區大專延伸神學，為配合當年上半年的課程主題「基督教與近代中國」，就基督宗教在中國一千多年來的時代脈絡，並特別著重於近代二百年間的發展過程進行資料研究與小組討論，最後完成本文並於課程上發表。

為因應魏保羅長老之《聖靈真見證冊》校注版，特別重新改寫本文，盼讀者藉由本文介紹，能初步掌握《聖靈真見證冊》的大時代背景，並將魏保羅長老的傳道歷程與真耶穌教會的創立過程，置入近代中國歷史之時代軸線的正確位置中。

在此特別感謝已故政治大學宗教所蔡彥仁教授於 2011 年講授「當代中國基督教」以及於 2012 年講授「當代中國社會與基督宗教」等兩門課程，在課程學習期間得到蔡彥仁教授許多研究上的指導與協助，最後得以完成本文。

一、前言

　　基督宗教在近代中國的發展過程中，由中國民間社會自己發起的本土基督教會———真耶穌教會，時至今日已經創立超過一百年。重新檢視過去真耶穌教會創立前後的整個時代背景，我們發現教會並非單純只是「信仰者」的「屬天基督身體」，教會仍舊是在地上的「信仰群體」。此「仍舊在地」的情況下，群體的創立與發展終究無法脫離自身所處的政治、社會、人文等時空環境的影響。本文試著從梳理西方基督教會差會在近代中國的發展與影響的過程，整理出在中國的基督教會如何從外國差會主導為主轉而走向以本土基督教會自治為主。而於此時代脈絡中真耶穌教會如何在這波基督教本土化的浪潮中逐漸形塑自己。

二、時代洪流：從馬禮遜來華宣教到文化大革命

（一）馬禮遜來華前基督教在中國的景況（635 年～1807 年）

　　在 1807 年英國基督新教傳教士馬禮遜來到中國廣州以前，在各個朝代都能發現基督宗教的傳教士千里迢迢遠從西亞、歐洲來到中國的土地上進行宣教的足跡。從唐代開始，635 年第一位來到中國的教士是東方敘利亞教會聶斯多流派的阿羅本（Alopen Abraham）。唐代稱此派基督教為「景教」，當時的皇帝唐太宗認同景教教義，並幫助支持在長安興建「景寺」。元代時期，1293 年天主教方濟各會傳教士若望‧孟高維諾來到大都拜見忽必烈，得到宣教許可在大都開始宣教，此時在中國的天主教與在唐代傳入的景教合稱「也里可溫教」。明代天主教耶穌會傳教士羅明堅與利瑪竇相繼於 1579 年、1582 年來到中國傳教，利瑪竇除了傳播天主教教意外，也從西方帶來天文、數學、地理等科學技術知識，而受到當時士大夫的敬重。在清朝開國初期傳教士湯若望、南懷仁更是協助清廷在曆法、科學、哲學的發展，讓傳教士在康熙年間前期得以自由傳教，但後來由於道明會與耶穌會傳教士在祭祖與祭祀孔子之議題引起禮儀之爭，於是康熙皇帝於 1720 年下令禁教，在雍正乾隆年間更是對天主教嚴厲取締，此期間大多數傳教士被遣送澳門，天主堂被拆毀，傳教活動近乎消失。

　　從唐代到清代一千多年間，基督宗教的傳教士來到中國傳教時往往需要先得到朝廷官方的認可才有機會推展。倘若在改朝換代後新的皇帝獨尊其他宗教，或是基督宗教的教義與中國的傳統文化信仰產生衝突時，從朝廷中央下到民間的宗教禁令往往使得傳教士耗費數十年的耕耘付之一炬。

（二）從馬禮遜來華到第一次鴉片戰爭（1807 年～1842 年）

1807 年，代表第一位基督新教的傳教士馬禮遜來到中國進入廣州。然而處於清廷對基督宗教禁教的期間，基督新教的發展與天主教一樣障礙重重。所有西洋人被限制在沿海都市活動，西方傳教士無法進到內陸傳教。直到第一次鴉片戰爭結束，清廷簽訂不平等條約後打破對基督教的禁令。從此西方傳教士得以再度自由進入中國內地隨意傳教。

（三）從南京條約到義和團運動（1842 年～1900 年）

從清廷簽訂《南京條約》開始，到第二次鴉片戰爭結束簽訂《北京條約》為止，傳教士在中國不僅得到傳教行動的自由，還取得相當驚人的權力以及地位。天主教傳教士於中國境內甚至可以擁有官職，擁有權力影響民間各樣民事問題與判決。雖然拘束西方傳教士的傳教枷鎖被解開了，但是他們所面對的挑戰並沒有減少太多。一方面由於語言的隔閡，傳教士難以用正確的詞語表達正確的信仰意涵。

再且，中國本土入教者們各懷鬼胎，有許多覬覦西方傳教士龐大影響力，想藉著入教從中得到好處的人不在少數。而對於原本就仇視外國勢力入侵以及西洋人的中國官員與百姓，當傳教士以自身影響力干預他們的行政運作或是民事問題時，就更進一步讓中國官員與百姓加深對西洋人的仇視與敵意。於是，當連年饑荒、天災人禍不斷時，在民間怨氣高漲難消需要尋找出口之下，基督宗教與西方傳教士就成了宣洩的對象。最後這股壓力導致在 1900 年爆發了「義和團運動」，造成 188 名西方傳教士及 2 萬多名中國基督徒被殺害。

（四）從八國聯軍到非基督教運動（1900 年～1922 年）

義和團運動的爆發，導致八國聯軍為保護傳教士與教民而占領北京。在義和團被鎮壓之後，清廷與各國簽訂《辛丑條約》，並給付各國戰爭賠款共四億五千萬兩銀。雖然巨額賠款造成清廷元氣大傷，然而有許多國家將這筆賠款轉為對中國學生的教育留學基金，因而在清末民初期間培養出許多傑出的留學生，其中有許多後來成為影響中國甚巨的政治家、學者，以及中國本土傳教士。

在八國聯軍結束後，中國民間出現兩極反應。一方面對於外國勢力入侵中國的囂張行徑更加仇視，但另一方面對比中國的委靡不振，當中國人民看見西方國家的強大，內心油然而生地認為列強所信奉的基督宗教代表的是一種破除傳統迷

信、走在理性科學進步的象徵。許多中國人民逐漸相信西方的基督宗教或許可以帶給中國新的希望與改變。於是入教成為基督徒代表著打破迂腐傳統、走在理性科學時代尖端的表現，並且相信基督宗教是「最適生存」的宗教，是「中國的希望」。清末民初間的國民黨內許多重要革命黨人都信奉基督教，孫文在革命成功之後也說：「今日中華民國成立，非兄弟之功，乃教會之功」。

然而，甜美的糖衣終究無法持續太久，現實的苦楚終究來到。國民革命推翻清廷成功後，中國並沒有就此走上平穩的康莊大道，相反的各地軍閥割據與內戰造成的動亂依舊持續不斷。知識分子們逐漸意識到信奉基督宗教並沒有帶給中國任何西方傳教士口中所傳的福氣與平安。另一方面，知識分子們也逐漸認清到一個現實：西方列強雖然信奉這個口口聲聲強調愛與和平的基督宗教信仰，但列強的信仰展現卻是對中國人民極盡所能地掠奪與欺壓。如此卑劣的行徑讓中國的知識分子們對西方列強所擁戴的基督宗教信仰極其鄙視，中國必須拋棄這樣虛假偽善的基督教信仰。在 1919 年巴黎合會的事件上讓知識分子們更加認清信奉基督宗教的西方列強的真實樣貌。在隨後爆發的「五四運動」中，其口號「外爭國權，內懲國賊」，也間接引發 1922 年的「非基督教運動」。雖然引發「非基督教運動」的原因很多，然而此運動的主要訴求仍舊在排除中國的外國勢力。抵制西方傳教士所傳的基督宗教，其目的乃是要將醜陋虛假的西方列強所代表的基督宗教從中國境內剷除滅盡。二十世紀初的 20 年代，中國的知識分子們認為要救治中國「一切的黑暗」只有仰賴民主「德先生（Democracy）」與科學「賽先生（Science）」。基督宗教只是帝國主義侵略壓迫中國的工具，並且分裂中國人民，妨礙中國內部的團結。

（五）從非基督教運動到國民政府北伐（1922 年～1926 年）

「非基督教運動」從 1922 年開始持續到 1927 年。1925 年 5 月 30 日發生五卅慘案後，進一步開啟激烈的反帝國主義運動，使得許多教會與教會學校受到很大的衝擊。直到 1927 年爆發的收回教育權運動，造成許多西方傳教士撤離中國、西方差會所建立的教會與其勢力逐漸被削弱。在此期間中國境內的基督教會，從外國差會系統到本土傳道人設立的，都急於切斷與外國差會的關係，為了在中國這塊土地繼續生存下去，不得不與外國差會劃清界線。此刻，過去差會所建立的教會已經無法繼續仰賴西方傳教士的決策來運作教會各項事務以及牧養信徒，在此信仰缺口逐漸擴大的危急時刻，中國本土的傳教士與傳道人起而接替西方傳教士，站上教會牧養運作與傳教開拓的信仰前線。

（六）從國民政府北伐到中華人民共和國成立（1926 年～1949 年）

在 1900 年八國聯軍後，基督宗教總是被塑造成救治中國最有效的處方籤。然而到了二十世紀的 30 年代，中國人民對於外國差會系統的主流教會所提倡的「社會福音」、「基督教救中國計畫」等逐漸感到失望。主要是因為基督宗教信仰並沒有真正改變整個中國，原以為基督宗教信仰將帶來個人生命與心靈的重新塑造，進而改變重塑整個國家。但最後卻發現基督宗教信仰並沒能改變中國國民政府的腐敗以及軍閥的貪污殘暴，而底層人民依舊生活在動盪戰亂的險惡處境之中。並且，過去倡導「社會福音」的差會系統的主流教會逐漸陷入社會不公不義的黑暗內，比如有錢有勢的腐敗官僚受洗後卻位居教會內的要職來教導信徒治理教會。

從 1927 年到 1949 年，中國這塊土地歷經北伐統一、對日抗戰、國共內戰等三次非常重大的戰爭。每一次戰線的展開都讓這塊土地上的人民感到焦慮、絕望，以及感受到末日時刻即將到來。當人們瀕臨生死之際，似乎只能放下無可掌握的虛浮現世，轉而委身擁抱俯拾即是的真實來世。此刻，倡導「社會福音」的主流教會已無法滿足戰亂之中的人們心靈的需求。然而，帶有強烈五旬節靈恩色彩，以及持定末日即將來臨的基要主義之基督教派，卻逐漸成為在戰亂之下許多人們的盼望與依歸。由於戰爭不斷、醫療資源缺乏，中國社會中下階層的人民只能仰賴民間巫醫的醫療。而五旬節系統的基督教會所強調與帶來的靈恩、靈醫，讓許多需要醫療的人們轉向帶有靈恩、靈醫之靈恩性質的教會尋求幫助，藉著禱告在「聖靈」運行幫助下得以產生靈醫痊癒之功效，並且能進一步靠「聖靈」趕除擾亂人心的惡鬼讓人得著平靜安寧。再且，在戰爭中失去親人、財產的，心靈受創的人們，雖於此生已失去所有，但卻能夠藉傳統民間的「劫變信仰」，從來世得著安慰。而基督宗教向來就有「天啟末世觀」，特別是在二十世紀 30 年代，有許多非差會系統的本土獨立教會如「小群」以及獨立傳道人如「王明道」、「宋尚節」，不同於主流教會在戰亂中宣揚社會服務，提供傷患醫療救助以及扶養戰亂的孤兒等，他們認為末日即將來臨，人們應該痛哭悔改、承認自己的罪，得以面對此末日大災難後耶穌基督從天而降再臨於世的大審判。於是，有許多人們在戰亂之間為尋求來世的解脫，而接受強烈末世論以及更為基要主義的基督教信仰，他們不求現世屬地的安穩，但求來世屬天的安慰。

於是，在二十世紀 30 年代中，中國社會不只中下階層的人民願意在基督宗教信仰中尋求盼望。甚至在二十世紀 20 年代極力反對基督教的社會上流階層的知

識分子們，在歷經戰亂的劫變之際竟也有許多人願意歸信基督教，盼望悔罪得著來世天國福分與安慰。而經歷過二十世紀 30 年代至 40 年代的階段之後，中國的基督徒從跟隨外國差會的主流教會並追尋「社會福音」，欲以基督宗教救中國、乞求改變現世的社會問題，漸漸地部分基督徒開始轉向追尋「靈恩醫病」、「末日將至」，接受帶有五旬節色彩的靈恩傾向與保守神學之基督宗教教義。並且更進一步，他們摒棄外國差會所掌握的神學詮釋，自身相信得著「聖靈」就得著「屬靈權柄」，在新的基督宗教信仰裡擁有「聖靈啟示」的神學詮釋權。從主流教會走向五旬節色彩的靈恩，再從靈恩得著屬靈權柄走向自立、自養、自傳。為面對劫變末日危急之際，許多本土的基督徒重新創立與歸信一種帶有靈恩、靈醫、天啟、末日將至的基督宗教信仰。

三、時代脈絡下基督宗教在中國的變化

　　回顧從景教、也里可溫教、利瑪竇來華到清末民初中國北伐統一、對日抗戰、國共內戰等各個時代階段中基督教會在中國的景況，基督宗教信仰從與中國傳統禮儀衝突而被禁教，到不平等條約開放後被中國各階層人民仇視，而在八國聯軍後又被視為拯救貧弱中國進入富強的特效藥，然而當被視為侵略中國的工具時又遭知識分子極力抵制，最後在連年戰亂下，在中國這塊土地上的人們似乎開始知道他們在基督宗教信仰內想要尋求的到底是什麼。基督宗教信仰已經不再是由西方差會傳教士強加在中國土地與人民身上的一種外來宗教信仰，相反地，這份宗教信仰幾經戰亂壓迫後，在中國本土基督徒心中逐漸被澆灌、滋養、茁壯，結出基督信仰的果實，能夠自立、自養、自傳於中國這塊土地上，散發出基督生命的馨香之氣，上達天國寶座前。

　　在此梳理過程中我們也逐漸釐清出外國差會與中國上流階層，對應於中下草根階層的中國基督宗教發展脈絡，實屬兩條相異的發展進路。當外國差會來到中國，傳教士們極力拉攏中國上流階層的官員與仕紳，推展「社會福音」與科學進步現代化樣貌，並宣揚藉由基督教信仰救中國的主張來吸引中國人入教。然而，以政治社會改革為號召的傳教終究只能吸引社會上流階層前來接受基督教信仰，卻總是無法從上而下感動中下草根階層。而在天災地變、戰亂頻仍的外在壓力下，中下草根階層卻深深被基督信仰中的「靈恩醫治」、「異象啟示」、「狂喜經驗」、「末日即臨」等原初基督宗教信仰經驗與激情所吸引，進而領洗接受基

督教信仰。在外在環境更加嚴峻之時，祈求「靈恩醫治」、「狂喜經驗」的感動以及「來世安慰」的人們將日趨越增，一條由中下階層開始由下而上的傳教發展進路逐漸觸及到上流階層。

四、時代脈絡下真耶穌教會在中國的形塑過程

從上述的時代脈絡中重新瞭解真耶穌教會的發展，我們可以觀察到真耶穌教會發源於戰亂動盪不安的清末民初，在此朝代交替之際世局詭譎多變，而中下草根階層的中國人民乞求能在絕望的此世找尋一個安身立命的容身群體，以及光明盼望的來世歸處。此時真耶穌教會的興起及其帶有的各種特色滿足許多中國人民的需求。社會中下階層的醫療需求方面，真耶穌教會標榜有聖靈親自運行，有神蹟奇事隨著，傳道長執只要靠著聖靈幫助禱告，並奉耶穌基督的名醫病，時常能讓病人獲得醫治。內心需求與安慰方面，真耶穌教會強調祈求聖靈的洗，得著聖靈說「方言」，在「靈言禱告」中得到聖靈親自安慰，甚有「靈哭」、「靈笑」、「靈舞蹈」之狂喜經驗。在面對此世戰亂失去盼望與歸處之際，真耶穌教會宣講一個「五年以前，四年以外，末日來到，救主耶穌審判天下」的末日預言，讓在此世戰禍之際失去今生盼望的中國人民得以在接受面向下的大水浸禮罪得赦免歸入「更正教」之「唯一末世方舟」的「真教會」，成為得著「全備福音」之「真基督徒」，在聖靈幫助下忍耐度過這最後末世的大災難後，必定能在新聖城耶路撒冷從天而降之際，身體復活改變被提，在空中與坐在白色大寶座上的主耶穌基督相會。

五、結語

真耶穌教會並非是在一個斷裂的時空中從天降下突然在人間橫空出世的教會，而是沿著近代中國的歷史時間軸線，座落在中國北方的地理座標逐漸發展而成。真耶穌教會為何會堅守今日的教義與信條？為何會堅持今日的傳統與規範？於本文中可以清楚知道真耶穌教會今日的教義傳統，實際上許多部分都是受到中國清末民初的政治、社會、外國差會等時代因素所影響。倘若沒有中國清末民初的時代環境，也就沒有今日的真耶穌教會。然而在真耶穌教會創立一百多年後的此刻，真耶穌教會的信徒需要思考的是，倘若內部所堅持的教義、信條、傳統等等，大多可能都只是歷史時代所形塑而成的產物，而非耶穌福音所宣揚的信仰核

心時，在這個時代的真耶穌教會的信徒是否應該去除屬地人意的「蕪」，重新建立屬天真理的「菁」？

　　一百多年前真耶穌教會早期的工人創立真耶穌教會，他們用自身的信仰經歷、感動與體驗，形塑勾繪出真耶穌教會的樣貌，並回應當時在戰亂中身心疲憊、毫無盼望的中國民間中下階層人民的需求。一百年後的今天，每個國家、每個社會、每個地方、每個處境下，各民族、各階層的人們早已面對不同於一百年前的處境、問題與艱難。而此刻的真耶穌教會所要回應與面對的是停留在一百年前的中國社會處境？抑或是重新看見今日全球各地、各文化社會、各民族的需求呢？真耶穌教會是繼續停滯於百年前在中國處境下所形塑的傳統樣貌？抑或是放下僵化的規條，學習早期工人面對此地此時人們正在遭遇的困境與艱難，重新靠著聖靈的帶領來更新真耶穌教會，讓這個世代的人們因聖靈在真耶穌教會的運行，得著從真神而來的安慰與盼望。

　　神是永活的神，教會是基督有屬靈生命運行的身體。既然生命總是更新而變化，教會隨著時代變遷，在不同的處境下就必定不是一成不變的。天地依舊照神在創世之時所命定的運行，而人間的時代巨輪也依舊隨著時間輪轉前行。「仍舊在地」的真耶穌教會終究需要面對時代的變遷與挑戰，然後在基督生命的運行下更新變化前行。盼望真耶穌教會在創立一百年後的今日能繼續不斷被聖靈充滿更新，彰顯基督屬靈生命的光彩，從過去到未來，都能用生命親身實踐耶穌所傳神國的福音──「你要盡心、盡性、盡意愛主──你的神。其次也相倣，就是要愛人如己。」

參考書目

1. 連曦，《浴火得救：現代中國民間基督教的興起》（香港：香港中文大學，2011.06）
2. 賴德烈（Kenneth S. Latourette），《基督教在華傳教史》（香港：道風書社，2010.10.01）
3. 唐紅飆，《真耶穌教會歷史史蹟考》（北京：中國文化出版社，2006）
4. 烽火金田，《太平天國那些事 1 風光起義》，（臺北：亞洲出版社，2012.04）
5. 侯宜傑，《「神拳」義和團的真面目》，（臺北：秀威資訊，2010.10）

■ 魏保羅時代的背景淺談

　　魏保羅所經歷的主要年代是在清末民初之交，也是時值中國從舊封建體制脫離往共和與現代體制探索的重要時刻。各種外來的學問不斷湧入，這當中也包含了基督宗教。無論是早從明代已在上層士大夫階級拓展開的天主教，亦或隨著各條約簽訂後逐漸深入中國內地民間的基督教，基督宗教在這世紀之交，均產生了莫大的影響。其中主要影響除了帶來許多西學、特別是在教育、醫學、體育等領域有蓬勃發展，如魏保羅本人與其子魏文祥即是進入了以西方教育為範本的現代學校就讀。

　　1900 年辛丑事變是基督徒社群在中國的重要轉捩點。雖然在整個義和團運動中有許多基督徒遇害，如倫敦會北京的東城教會失去過半的教友，西城傳教站也有多名信徒遇害[1]，但這並未真正打擊到基督教在其後的復原與發展。由於基督教索取賠款相對較薄，反而有助於獲得當時中國人民的好感，有利傳教事業發展，基督教即在 1901 至 1914 年間信徒成長數高達兩倍半[2]，呈現蓬勃發展的趨勢。

　　在這段高速發展的期間，原本受到迫害的中國信徒也開始希望建立起自立教會，透過華北的中國教會理事會推動下[3]，1912 年 5 月 20 日下午「北京中華基督教會」正式成立，位在北京東城區的米市堂、東柳樹井堂（即磁器口堂）、東直門外福音堂由原屬的倫敦會中陸續獨立出來[4]。時為華人基督徒領袖的誠靜怡則於 1910 年 10 月 13 日被按立為中華基督教會第一任中國牧師[5]，按立後便在米市堂負責繼續推動中國教會自立的工作，以「消除洋教」作為口號[6]，以建立自立教會為目標。

1　趙天恩，《誠靜怡與中國教會自立》，（新北市：橄欖出版，2017），頁 148-149。

2　王樹槐，〈庚子地方賠款〉，近代史研究所集刊 3_ 上期（1972 .07. 01），頁 52-53。

3　趙天恩，《誠靜怡與中國教會自立》，頁 162-164。

4　北京市地方志編纂委員會編，〈民族宗教卷〉，收錄在《北京志》105B 卷，頁 484-485。

5　趙天恩，《誠靜怡與中國教會自立》，頁 167。

6　北京市地方志編纂委員會編，〈民族宗教卷〉，收錄在《北京志》105B 卷，頁 484-485。

1900-1919 年間的基督教，除了基督教從差會開始轉往自立教會的內部改革外，基督教中的捨己愛人、博愛主義、救世等概念也被運用到了政治與社會改革之中，甚至是革命。信仰耶穌的革命黨人，如劉靜庵、張純一等人，無論是投身革命，或是辦報鼓吹，一種偏向激進的神學路線也逐漸在整個中國形成起來[7]。

　　這種在教會內外都要求「改革當道」的激進路線，不僅影響著那整代人，也影響著身處其中的魏保羅。魏保羅除基督教外，也投身過社會與政治方面的運動，而結識了一時的風雲人物，如報界的吳梓箴、政商界的雍濤、基督教界的誠靜怡等，在整個歷史洪流中做出了一定程度上的努力。

　　但隨著 1916 年魏保羅身染重病，魏保羅從社會上的政治運動與商業活動逐漸淡去，而輾轉來到信心會受洗。在信心會除了奇蹟般地病癒，魏保羅在此更接觸到了許多關於獨一神格五旬宗的概念，如以耶穌之名為人施洗、反對三位一體的稱謂、強調方言為得聖靈的憑據等[8]。並且在隨後，融合了 1937 年 39 日禁食中所得到的天啟，成為了往後真耶穌教會基本共信之道的基石。除了結合來自信心會、倫敦會、中華基督教會的教義與個人領受啟示外，隨著所見所得，在傳教的過程中，將整個歷史終末的輪廓逐漸描繪出來。

　　魏保羅主要的傳教路線均集中在現今北京、河北與天津一帶，即清末民初的直隸省，或稱為京兆地方。除了少數邊界的變動外，大部分的位置即座落在現今的北京市、天津市與河北省。1928 年 7 月，京兆地方被撤銷，轄下 20 縣歸於河北省；1928 年 9 月，河北省省會由天津遷到北平；直到 1930 年 12 月又遷回天津[9]。1935 年後河北省省會遷至保定，天津又成為直轄市，今日各省邊界的範圍才大致底定。

　　魏保羅主要活動的期間，京兆地區除了面對兵連戰禍，政府數度由不同軍閥易主外，亦是一個災難頻發的時期。依夏明方《民國時期自然災害與鄉村社會》中依據《紀年》與《紀年續編》以及參照有關紀錄修正、統計出的表格〈1912 至

7　曾慶豹，《經世與革命——激進的漢語神學思潮（1901-1950）》（臺北：主流出版，2021），頁43。

8　葉先秦，〈華北五旬節運動宣教先驅賁德新及其思想〉，收錄在《建道學刊》第 38 期，頁 40-45。

9　劉君德、靳潤成、周克瑜，《中國政區地理》（北京：科學出版社，1999），頁 114-117。

1948 年間各省區歷年受災縣數綜計表〉顯示，河北地區（包括京兆、察哈爾、熱河等）共有水災 752 次、旱災 350 次、蟲災 338 次、風災 10 次、雹災 118 次、冷災（包括霜、凍、雪災）21 次、震災 14 次、疫災 22 次、其他 29 次，河北地區共計 1,510 次[10]。學者李克讓等人亦點出華北平原旱澇災害特徵為少災、多災交替發生，而 1917-1949 年屬於近 500 年來第 4 個多災期[11]。顯著的如 1917 年的大水災，影響即十分嚴重，災區遍及 103 縣的京畿大水災，受災人口約有 600 多萬[12]；1919 年開始的旱災更遍及華北數省，災民高達 2,000 萬人。

這些災難的發生亦零星的被記載。例如在前往固安縣的路上，魏保羅即記載到：

「我們就唱詩祈禱，聖靈大降充滿了我們的心，就大聲宣講天國的福音，給許多貧窮人聽，見著許多男女老幼逃難，這也是末日災難的起頭，我們過河又報告，五年內天火必然燒天下萬國人，宣講救世的大道。[13]」

在白溝縣時亦有感而發的寫到：

「為我們必須每回宣佈五年內耶穌降臨審判萬民，天火焚燒天下之大事，這災難的起頭已經應驗了，涿州一帶大水沖沒有了四十多村，還有曹錕一營的兵也沖沒了，連眾村的人民，所死亡的就無數萬了，文安縣的大水有一百八十里地長，一百四十里地寬，沖沒有了一百多村子。各國各省均有災難，各國打仗殺害民死亡的人民，約有數千萬了，地震的事，末日種種的兆頭都應驗了，主的聖靈明明地對我說更正教的真福音，傳遍了天下末日來到，一定應驗這話。[14]」

伴隨著兵禍連年、天災數至，在異夢中的屢次得證，讓魏保羅從一個宣傳更正、消除宗派與本色化教會[15]的傳道人，開始轉往以廣傳末日將至當立即悔改的使

---

10 夏明方，《民國時期自然災害與鄉村社會》（北京：中華書局，2000），頁 34。

11 轉引自夏明方，《民國時期自然災害與鄉村社會》，頁 43。

12 楊琪，《民國時期的減災研究（1912-1937）》（山東：齊魯書社，2009），頁 21。

13 請見本書上冊第 55 章。

14 請見本書上冊第 62 章。

15 本色化教會或本色教會主要是中國基督教全國大會以後才比較確立下來的用語，其內涵主要是表達中國教會應該屬於中國人、為中國人服務，並且是由中國人治理、具有中國特色的教會，而不是外來的、由西教士控制，並據其民族特色的教會。但在 1922 年以前，這樣的概念已經陸續在北京、

徒，並且以此為職志直到在世的日子終了。

　　關注末世到來以及靈恩現象的蓬勃，並不單單只存在於魏保羅及其後追隨的傳道者身上，例如 1930 年代前後在山東與部分華北地區也出現了不少靈恩現象，同樣也是處在一個盜賊、飢荒與天災頻仍交織的惡劣環境下，點燃了靈恩的熱火[16]。

　　值得觀察的是，真耶穌教會與其他靈恩運動的特色，不僅是以鄉村農民為主要傳教的受眾，更以「悔罪、認罪、重生到迎接末世」為其主要得救路徑的脈絡，這相對於城市中的教會還在強調本色化的基督教，欲把基督教和中國古文化所孕育的一切真理化合為一[17]的目標可說是大相逕庭。

　　農民的基督徒群眾寄望於來世，都市的基督徒社群力求當世的改革，時至今日，我們尚難以預言是否成真或自立是否成功來做為信仰群體的成敗判斷，但對於其所產生的信仰現象，仍值得今日的基督徒深思再三。

天津、上海等大都市各自發展，並一定程度籌辦了以中華基督教會為名，消除宗派的自立會運動，魏保羅在倫敦會與北京的中華基督教會時期即投身此中，也因此在傳教的過程中不乏有關於反外來差會的論述。有關本色化教會概念可參考：趙天恩，《中國教會本色化運動（1919-1927）——基督教會對現代中國反基督教運動的回應》（新北市：橄欖出版，2018.12），頁 24-27。

16 連曦，《浴火得救：現代中國民間基督教的興起》（香港：香港中文大學，2011），頁 75-79。

17 趙紫宸，〈本色教會的商榷〉，《青年進步》第 76 期（上海：青年協會書局，1924），頁 9。

　　《聖靈真見證冊》校注
真耶穌教會魏保羅長老傳教日誌

■ 人物要略

　　為方便讀者檢索查詢書中眾多人名，將書中出現人物資料以一人一則的格式表現，並輔以簡要記事以利查詢。然由於年代久遠，人物記事難以盡全，或因推測失誤而誤植，還請不吝來函告知，以利未來新版更正。如尚有闕漏，還請讀者海涵。

　　在使用之前，請先閱讀以下說明：

1. 第一欄為姓名或稱謂。以真實姓名／最可能姓名放置於姓名欄的第一位，後續為該人物的其他別稱，括號內為該人士的英文姓名。部分僅有姓氏出現的人士為資區別，將加入足供辨識的寫法，例如皮匠劉教友。

2. 第二欄為記事要略。寫作順序為人物本名、字、號、生卒年、任職、別稱、何地人士為第一部分。以該人士與魏保羅互動的重要內容、生平重要事件等為第二部分。

3. 第三欄為相關出處。「真」字為《真聖靈見證冊》的縮寫，「上」字為上冊，「下」字為下冊；「萬」字為《萬國更正教報》的縮寫；「通」字為《通傳福音真理報》的縮寫；「十」字為《十周年紀念刊》的縮寫；「卅」字為《卅年專刊》的縮寫。

姓名或稱謂	人物要略	相關出處
于乃寬、于乃青、于乃清	于乃寬，天津中華基督教會人士。魏保羅在天津傳教期間，較為支持魏的其中一人。魏保羅、華澤宣皆評于乃寬為真信。	真下 15、17、19
于用修、于教友	于用修，禮賢鎮（今北京大興區南部禮賢鎮）某藥鋪主，推測為前美以美會信徒，1917.09.10 受洗，同時受聖靈。	真上 52、真下 17、29
孔永福	孔永福，可能是劉愛的表弟，1918.11.23 魏保羅一行前往武清時曾暫住過孔家。	真下 40

姓名或稱謂	人物要略	相關出處
尹長官	尹長官，名不詳，容城（今河北省保定市容城縣）正堂官長。學問淵博，與魏保羅、孫老慶與劉孟德等人談論更正教真理、禁食與條單。	真上 70
文子俊	文子俊，聖道會信徒，警界官長。1917.08.15 魏保羅為他妻子禱告治病。	真上 42
方卓陳	方卓陳，曾任真耶穌教會長老，天津基督教與商會重要人士，活躍於民初許多團體與公共事務。於魏保羅 1918 年天津宣教期間，與寶英堂、張國體等人一同大力支持魏的當地重要人士之一。	真下 14-17、19、20；萬 1P6
方滌塵	方滌塵，曾信仰基督教五年，原教派不詳，後於天津受洗歸入真耶穌教會。第一期《萬國更正教報》上刊載其見證〈錄信徒方滌塵致世界耶穌教諸信徒〉，在此篇見證中將魏保羅比附為施洗約翰，認同耶穌三年內必再來的預言。	真下 53；萬 1P4
毛鴻恩、毛信友	毛鴻恩，為魏保羅多年老朋友。1917.09.24 魏保羅一行人離開牛駝鎮時，出來相送。	真上 60
王子明	王子明，信心會信徒，1903 年信主。魏保羅認為王子明時常來找麻煩，也不願意悔改。	真上 1、2、5、6、26
王子健	王子健，當魏保羅一行傳教去葛漁城鎮（今河北省廊坊市安次區葛漁城鎮）時，熱心接待過魏保羅一行人。	真下 26
王小川	王小川，辛莊鎮（今天津市津南區辛庄鎮）人。魏保羅責備王假教師偏離真道，王小川則反對魏保羅。魏保羅說他也被王教師指使，後與王小川談話，王小川得安慰。後魏保羅在到天津傳道後，離開天津往北京之時，特地囑咐要提防王小川、王玉明、張恩甫、郭某某等假信徒。	真上 90、真下 15、21、36
王天民	王天民，天津人，聖道會人士。魏保羅讚其大有道學、信心與愛心，是少數在天津願意接納魏保羅的人士，後經辯論願意領受面向下洗禮，惟受洗日期並不清楚。	真下 18-20、60
王心明	王心明，真耶穌教會黃村教會執事，應在 1918.09.26-27 被立為執事。王心明歸信過程和受洗日期不詳。	真下 29、30；萬 2P3
王文德	王文德，天津人，邵瀾女兒邵美德的丈夫，1918.05.11 受洗。妻子曾患吐血重疾，魏保羅前去按手得癒，王文德一家則陸續受洗歸主，妻子邵美德立志傳道。	真下 17、20

姓名或稱謂	人物要略	相關出處
王世榮、王印靈	王世榮，聖名王印靈，曾為真耶穌教會執事，1918.05.04 受洗。魏保羅、李文華、王玉貴、李永慶、魏文祥、王志榮等人由北京至天津時，有些在天津的信徒已受了聖靈的洗，魏保羅認為他們是神在天津所預備之更正教的人才。王世榮便是其中之一。1918.03.07 被起聖名為「王印靈」，並且被立為真耶穌教會執事。天津建堂時，則於天津克己樂獻建築聖堂會任司帳一職。1918.03.19 時曾說方言預言表明耶穌快來了。原為十分熱心的信徒，然而 1918.12.28 魏保羅突然接到來自天津的信，提到李文華、李永慶、王世榮、劉寶元等十餘人，因反對真耶穌教會，改成立基督徒公同會。	真下 1、9、10、12、16、17、49、57
王玉明	王玉明，天津倫敦會的鼓樓西教會人士。1918.10.27 魏保羅前往倫敦會的鼓樓西教會時，與王小川、王玉明、張恩甫、郭祝三等人辯道。	真下 36
王玉貴、王復生、王富昇	王玉貴，聖名復生，北京蘆各莊（今北京大興區蘆各莊）人，後按立為禮賢鎮真耶穌教會長老。父親為天津青年教會總幹事，1917.09.06 受洗，同時受聖靈。1917.07.05 首次與魏保羅見面，1917.09.06 和他的大女兒一起接受大水洗，受洗後改名為「復生」，1917.09.09 被立為長老。王長老常和魏保羅到各村莊宣講福音，雖然一度在 1917 年年底時因母親與妻子的攔阻而不和魏保羅一起到北京傳道，但總體而言對北京的宣教事工有相當大的幫助，為魏保羅的得力同工。	真上 22、31、34、50-55、57、61-66、68-69、72、76、78、84、88；真下 1、2、4、8、9、15、17、22、25、29、31、35、40、42
王兆科、王假牧師	王兆科，美以美會傳教士，曾駐牧美以美會京兆教區多間會堂。惟 1917 年時，正值王兆科舊州鎮（今河北省滄州市滄縣舊州鎮較靠天津）買地建會堂，並非駐牧於黃村。	真上 11；萬一 p6
王老元	王老元，天津人。1918.10.25，魏保羅在天津西沽李文榜家聚會時，王志德的母親、王老元與王老元的母親皆來參與。	真下 35
王志榮	王志榮，南孟鎮（今河北省廊坊市霸州市南孟鎮）人，一家人都是熱心的信徒，1917.09.27 受洗。1917.09.25 聽見更正教的道理，1917.09.27 王志榮就受了洗與洗腳禮，從那之後一直是魏保羅的重要同工。1917.12.21 曾和魏保羅一起寫《聖靈更正教辯論說條列》、《真見證書》。為了在恩振華布莊開立真耶穌教會，1918.02.15 和魏保羅一起去了警察總廳見吳總監呈稟公函。	真上 60、80、82、90、真下 1-6、8、17
王志德、王更新、王彼得	王志德，聖名更新、彼得，武清縣石各莊人，家居天津西沽，真耶穌教會長老、監督，推估為 1918.08.23 受洗，1918.08.24 受聖靈，生於 1880 年，卒年不詳。原是西沽公理會信徒，雙眼失明，後魏保羅來天津，經郭春泉介紹，魏保羅與王志德相見，魏保羅為王志德眼睛禱告，禱告後見到異象並隨之復見光明，因而歸入魏保羅教團之中，與其共同傳道。魏保羅過世後，仍負擔教會重要宣教任務，曾遠赴東北傳道。	真下 24-27、29-37、39、40-49、51、53、55、57；卅 N23、26

姓名或稱謂	人物要略	相關出處
王卓忱、王卓臣	王卓忱，美以美會執事、天津中華基督教青年會重要人士。五四運動爆發時，代表宗教界加入天津各界聯合會參與支持，並作為調查股股長，在抵制日貨方面不遺餘力，甚至成為跪哭團的核心成員，在發現有店家偷賣日貨時，會集合團員扮成孝子的模樣，圍住店主跪哭，勸說其不要再為日本的帝國主義效勞，是熱血的愛國人士。1918.03.17 曾和魏保羅辯論安息日是哪一天，後來1918.04.07 方卓陳、寶英堂、松子光、王卓忱等公會中的重要人物，在天津西頭真教會舉開辯論會，公會代表為方卓陳，真教會代表為魏保羅，據魏保羅的紀錄，後來更正教的道理受到肯定。	真下 11、14
王忠湧、王勇敢	王忠湧，1918.04.24 的神職人員名單中有王忠湧擔任執事，推測也有可能是北京教會的王勇敢。	真下 17；萬 2P3
王治平、王假牧師	王治平，字化清，生於 1878 年，卒於 1964 年。美國紐約雪城大學哲學博士、匯文大學政治系教授、大學系主任、美以美會牧師、衛理公會華人會督、天津基督教聯合協助會副董事長。據魏保羅描述美以美會牧師、匯文大學校總教習，有可能是甫剛回國的王治平，適逢要去黃村的南路中學堂（現北京市第四中學，與匯文學校相距約 25 公里）洽公途經或專程到任義奎店內，進而產生這段與魏論道的插曲。後魏保羅在天津時，於天津又再度碰到王治平來領會，並聽聞有人要挽留王治平的事件。王治平在1917 年回國後至 1919 年間仍主要在北京擔任教授，但 1919 年後即留在天津 YMCA 任總幹事，後又擔任天津基督教聯合協助會副董事長。	真上 18；真下 11、13、16
王勇敢、王信友	王勇敢，真耶穌教會執事，受洗日期不詳，推測為 1919.02-1919.07 之間。曾於 1917.08.18 安息日即自行前來北京與魏保羅等共同聚會，很佩服更正教的道理。	真上 44
王香甫	王香甫，1918.12.22 參與魏保羅於梁道菴（良庵，位在河西務鎮的東北角，今已不存）內會所召開的宣講歡迎會。	真下 55
王耕雲	王耕雲，1918.05.04 受洗。後續未見諸其他相關記載。	真下 17
王假教師	王教師，辛莊鎮（今天津市津南區辛庄鎮）人。1917.12.22 安息日在魏保羅離開李德林家至天津時，魏保羅等至鼓樓西假教會見王教師，魏保羅稱王教師為假信徒。	真上 90
王教友	王教友，名不詳。在教會當教師多年，與魏保羅辯論後生氣而歸。	真上 37
王連仲、王瑞符、王假教師	王連仲，字瑞符，固安（今河北省廊坊市固安縣劉家園）美以美會人士，是魏保羅途經河北宣教更正時的主要針對教會之一。魏保羅去其教會宣教時，試圖將魏保羅趕出未果。部分章節記載也有可能是王體清或王兆科。	真上 50、56

姓名或稱謂	人物要略	相關出處
王復新	王復新，天津人，1918.05.11 受洗。與王復靈為兄弟關係。後續未見諸其他相關記載。	真下 17、20
王復靈	王復靈，天津人，1918.05.11 受洗。與王復新為兄弟關係。後續未見諸其他相關記載。	真下 17、20
王愛德	王愛德，居天津。魏保羅至天津傳教期間認識，魏保羅稱呼其為女執事。因受禱告使吐血之症痊癒，後熱心接待魏保羅一行。但後續未見諸正式的真耶穌教會職員名單當中。	真下 23、25、26、35、48、60
王瑞東	王瑞東，居於河北碼頭鎮（今河北省廊坊市安次區碼頭鎮）。應為碼頭鎮當地教會原本的信徒，後來接受魏保羅所傳的道理，熱心聽道與宣道。	真下 27
王瑞亭	王瑞亭，中華基督教會牧師。1919.01.18 魏保羅和勞貴遠至天津的中華基督教會談論更正教真道，召開討論會時，請王瑞亭宣佈容勞貴遠為大家宣講，牧師卻言請張伯苓來為勞貴遠翻譯，魏保羅認為此舉是其不願勞貴遠宣講、抵擋真道。	真下 60
王祺、王琦	王祺，前美以美會信徒，在美以美會會堂聽魏保羅證道後決心受洗，1917.09.10 受洗。	真上 52、真下 17
王德順、王得順	王德順，北京市人，真耶穌教會 1918 年第一屆總會的庶務負責人。曾於倫敦會聚會，1917.07.18 於南苑大紅門河受魏施洗，1917.08.26 首次記載成為執事。王德順是引魏保羅進入基督教內的關鍵人物，帶領魏保羅到北京崇文門外磁器口的倫敦會教堂（即北京東柳樹井堂），魏保羅才從魏雲波改名為魏恩波。帶著兒子、媳婦、孫子二人多次前來聚會。	真上 1、27、24-31、40、44、47；真下 2、3、6；萬 1P6；卅；
王興甫	王興甫。1918.02.16 的安息日曾經到北京打磨廠教會（今北京市東城區西打磨廠街）聽魏保羅傳道。	真下 3
王鴻恩	王鴻恩，從小信仰基督教，熟諳英文，曾與魏保羅辯道，魏保羅自稱用聖靈大獲全勝。	真上 29
王寶善	王寶善，于垡鎮（今北京市大興區榆垡鎮）附近美以美會人士。接受魏保羅的傳道與其他教會信徒。王玉貴從禮縣教會到達牛頭鎮劉鎮祥教會之間，途經王寶善教師處。魏保羅到于垡鎮趙家店後去王寶善家中，勸其加入魏保羅的教會。	真上 48、50、54、57
冉彼得（Nils Peter Rasmussen）、然牧師	冉彼得，丹麥人，信心會傳道人，響應賁德新號召於 1913 年來華，在正定（今河北省石家莊市正定縣）宣教。曾於 1917.08.14 被魏保羅指責關於請警來干涉人力車一事。	真上 41

姓名或稱謂	人物要略	相關出處
史覺甦、使牧者	史覺甦，天津青年會人士，1918 年魏保羅於天津傳教時，贊同更正教所傳，後於《萬國更正教報》當中稱讚其為好信徒。	真下 15；萬 1P6
司亭香	司亭香，曾受鬼附多年，受洗後鬼遭趕逐而癒。	真下 39
左仲德、左仰德	左仲德，南苑（今北京市豐臺區南苑）人，1917.08.24 受洗。經由賈潤齋介紹來信主。	真上 46、真下 17
永文彬	永文彬，1917.05.21 由趙得理的父親趙老翁領來到恩信永布舖，和魏保羅產生爭論。1917.07.07 記載永文彬與魏保羅見面，雙方關係友好，魏保羅還為他二女兒禱告治病，是否治好不得而知。	真上 1、23、27
田約瑟	田約瑟，本名不詳，1918.07.20 在北京受洗。	真下 23
田逢祥	田逢祥，安新縣（今河北省保定市安新縣）人，長老會人士。魏保羅認為田逢祥受錢財迷惑住，而沒有辦法接受道理。	真上 64、65
田鳳祥、田信士、田信友、田首領	田信士，名不詳，白溝鎮（今河北省高碑店市白溝鎮）長老會的負責人。在魏保羅訪白溝鎮時，負責接待，也願意接受魏保羅傳的道理。	真上 62、63、65
田錫年、田教士、首領人田某	田錫年，美以美會人士，主要負責區域為廊坊	真上 60、真下 22
白得恩	白得恩，以賣書為業。原本是魏保羅在固城長老會遇見，後來成為真耶穌教會總會傳道人，於 1924 年起與王志德至延吉（今吉林省延邊朝鮮族自治州延吉市）、當時日本統治下的新義州（今朝鮮平安北道新義州市）、清津（今朝鮮咸鏡北道清津市）等地傳道。	真上 90；萬 1P6
皮匠劉教友	劉教友，名不詳，一名皮匠，南孟鎮（今河北省廊坊市霸州市南孟鎮）人。1917.09.28 宏師娘和皮匠劉教友來聽魏保羅所講的道理，從後文魏保羅說「你們一定受許多的逼迫，為主是有福的……」之言推測劉教友已接受魏保羅所傳道理。	真上 61
石文明	石文明，辛莊鎮（今天津市津南區辛莊鎮）人，經營店舖。1918.03.14 魏保羅、範守信與石文明同中華基督教會的張執事辯論「更正教的道理」。在天津克己樂獻建築聖堂會任副會長。	真上 90；真下 9、12、16、17

姓名或稱謂	人物要略	相關出處
仲偉儀、仲子鳳	仲偉儀，字子鳳，號昶軒，1865.05.11 生，卒於 1936.12.25，天津人。著有《明道集》、《共和燈》、《仲補衾堂七十雙慶壽言錄》等書，為《青年會報》編輯。原屬長老會，曾於 1902 年時領導華人教會的自立運動，後應巴樂滿（Fletcher Sims Brockman）之邀，任天津基督教青年會幹事（1917 年天津總幹事是郝瑞滿，魏保羅卻認為是華人幹事的仲子鳳）；1921 年辭職離開天津開始自主傳教生涯，年老時回歸北京隱居，但仍對於長老、公理二宗自立中華基督教會盡力。在《聖靈真見證冊》下有較多的記載，於不少場合迴護魏保羅，給予魏保羅暢所欲言的空間。	真上 32、真下 14-19
任昆山	任昆山，《北京報》社長，華言印字館總經理。華言印字館位於北京南柳巷永興寺（今北京市西城區南柳巷永興庵舊址）一帶。	真上 31
任朝海	任朝海，魏保羅為倫敦會磁器口（即北京東柳樹井堂）會堂時的舊識，曾與魏一同為自立會一事捐獻。	真上序
任義奎、任義魁	任義奎，1917.05.29 在黃村第一批受洗者，曾數次受洗，魏保羅云問過主可以得救者，先被立為執事，後改立為更正教真耶穌教會的長老。因其有店鋪東義丰，為黃村早期的固定聚會點，1917.07.13 以後租用店鋪的東側三間房為教會會堂，掛牌「耶穌教會福音堂」。1917.07.23 任曾提出禱告 2 小時過長，應改念主禱文即可魏表示反對，在 07.28 聚會時魏翻張重三方言，細數任義奎與李永慶之罪過。同年 11 月，因王玉貴長老、李永慶信件事件，魏保羅認為任義奎受魔鬼引誘。	真上 7-10、13、15、18、19-21、25、29-35、43、47-49、53、76；真下 8、17、29
任寶海	任寶海，1917.06.12 受洗，本書下冊記載為 1917.06.16 受洗略有出入，但應是與黃村第一批受洗者同時受洗。義丰店的夥計。值得注意的記載是：本書上冊 33 章，魏保羅與張重三於禱告時，按手在任身上，結果任發生類似於「聖靈撲倒」的現象，魏保羅雖將任翻成正面，但又以受聖靈指示，認為這樣聖靈撲倒的「面向下」是可以的，魏保羅表示這是「又多知道一樣大事」。	真上 14、33；真下 17
安廣秦	安廣秦，魏保羅和王志榮在北京時，曾造訪中華基督教會的米市教堂（北京東單雙旗桿教堂），聚會結束後，魏保羅和安廣秦談論了許久更正教的道理，但魏保羅未記錄其反應。	真下 6
安閭亭	安閭亭，基督教教師。1917.07.28「真正的更正耶穌教新會聖堂」獻堂前去信通知的對象之一。	真上 32

姓名或稱謂	人物要略	相關出處
曲提摩太	曲提摩太，原名不詳，真教會執事，後立為長老。1918.03.01 曲先生和魏保羅在談道所彼此辯論，1918.03.03 曲先生就受了聖靈的洗，說出許多方言，被起聖名為「曲提摩太」，同時也被派任為更正真教會的執事與《萬國更正教報》的書記。1918.03.08 和魏保羅一起給各省、各處、各城、各鎮發公函宣揚更正教。從曲提摩太的傳道腳蹤來看，也可見其往來奔波，熱心傳道，1918.03.11 曲提摩太被差遣由天津往北京去報告天津的大喜信息，1918.03.14 從北京寄信回天津回報北京教會的狀況，1918.03.20 由北京回到天津，1918.03.22 又和劉愛（魏馬利亞）去到北京，甚至 1918.04.24 和魏保羅一起到基督教青年會辯道時，還被一位美國人打，又被巡警帶走，傳道過程並不輕鬆，但曲提摩太還是甘心承受，也曾立志為主傳道而禁食，是真耶穌教會早期重要工人。1919.07.27 見諸於《萬國更正教報》第二期工人名單時，已按立為長老。	真下 10、12-13、15、17-18、20-21；卅 F1
朱鼎臣	朱鼎臣，原為煤商，信主後在北京使徒信心會任傳道人，曾替王明道受洗。起先朱鼎臣反對魏保羅所提的更正教條例，後幾經辯論折服，後任真耶穌教會執事，但與勞貴遠有過爭執，後續未見其在真耶穌教會的記載。1919 年 4 月與趙得理有合寫文章〈論得救的教訓〉刊載在《通傳福音真理報》上，推測其後來又回到賁德新的教會之中。	真下 7、8、15、17、37
米振邦、米振幫	米振邦，美以美會負責人之一，曾主持駐牧廊坊、固安、霸州等地（今河北省廊坊市轄下）的教務。魏保羅曾到安定車站附近的美以美會時，被米振邦和李教師接待。後魏保羅指稱趙得理的信件對王玉貴一家不利，說米振邦也毀謗了魏保羅。	真上 50、51、53，真下 8
何玉文	何玉文，信安鎮（今河北省廊坊市霸州市信安鎮）教堂的執事，熱心愛聽真道，無其他特別記載。	真上 90
何教友	何教友，名不詳。原為公理會信徒，後來認罪悔改，魏保羅和賈潤齋為他按手禱告，治好了他的二樣大病。	真上 38、47
吳云生	吳云生，北京公理會人士。曾與魏保羅在公理會聚會後進行道裡辯論。	真下 4

姓名或稱謂	人物要略	相關出處
吳炳湘、鏡翁、吳總監、吳鏡潭	吳炳湘，字鏡潭，安徽合肥人，生於 1874 年，卒於 1930 年，中華民國警界與軍界人士，魏保羅尊稱其為鏡翁。 清朝時期即於北京任職，於 1911 年任山東巡警道兼山東警衛隊馬步營統領，後隨袁世凱調回北京；中華民國成立後，1913 年任京師警察廳總監兼任市政公所會辦，即魏保羅所不斷提及之「吳總監」。由於民政體系當時由警察廳辦理，是故 1917.08.08 申請「耶穌教會」的設立，與 1918.01.02 在打磨廠恩振華的設址，均是向警察廳遞出公函申請，也收到警察廳在 1918.02.22 的公文函覆。 值得注意的是 1917 年 7 月的張勳復辟後，警察廳的管理權限據魏的描述看來，應限於北京市內與其近郊，南苑則在南苑兵營司令部（清朝之神機營、北洋之航空署，直系馮玉祥上臺後改陸軍檢閱使署，為馮之軍事重鎮駐地）的管轄之下，這也是魏保羅的申請公文遞送至不同管轄單位的原因之一。 吳炳湘於 1918 年升任督辦；1919 年轉任京師行政局局長；1920 年直皖戰爭後，同段祺瑞下野去職，短暫轉投礦業界；段祺瑞再次執政後 1925 年派遣吳任安徽省省長。	真上 11、14、39；真下 2、3、32；萬 1P1
吳帶雄	吳帶雄，勞貴遠的僕人，於北京受洗。未見諸其他相關記載。	真下 39
吳梓箴	吳梓箴，《京話日報》主筆。魏保羅曾於 1917.06.15-06.16 將更正新教會的聖約寄給吳梓箴登報。1918.11.29 吳梓箴在北京的淨業湖投水明志而死，1918.12.06 魏保羅得知此消息後，雖不贊成自殺的作法，但對於自殺而死者能否得救持保留態度，翌日魏保羅得到聖靈啟示，認為吳梓箴雖未信教，但為義而死，神必定有方法拯救他的靈魂，因此寫了一篇「吳梓箴死，靈魂不死」的演講稿。	真上 15；真下 39、50、51
吳慎修	吳慎修，霸州（今河北省廊坊市霸州市）某教會的負責人，後魏保羅到訪霸州時並未見其與吳慎修互動的事蹟。	真上 50
宋國用	宋國用，教會信友，1918.05.04 受洗。1918.04.06 在魏保羅、趙寶珍、李文華、劉寶元與馬日新講道後，劉仲林、張復生與宋國用都做了見證。1918.04.24 魏保羅上青年會辯道。徐春由請教會散會，後青年會總幹事郝瑞滿將魏保羅等人往外拉，發生衝突。一名美國人毆打曲提摩太。曲提摩太被送至衙門，方卓陳去請魏保羅見巡警，張恩甫、劉寶元、徐重生、馬日新、宋國用等人，一起進衙門論理，最後成功把曲提摩太帶出衙門。	真下 14、17
宋教友	宋教友，名不詳。曾與魏保羅針對更正教內容進行辯論。	真下 10
宋愚溪、宋愚西	宋愚溪，畢業於通州神學院，1901 年加入天津青年會，為青年會最早期華人幹事之一。1910 年中華基督教倉門口教會自立時，任董事之一。	真下 18、19

姓名或稱謂	人物要略	相關出處
宋壽恆、宋則久	宋壽恆，字則久，天津人，生於 1867 年，卒於 1956 年。少入綢緞莊為學徒，1899 年任天津敦慶隆綢緞莊經理，1911 年任天津工商研究會會長，提倡國貨運動，1913 年辭去綢緞莊經理職務，創設工業售品所專賣國貨，迴響巨大，對於愛國事務與基督教事業均相當熱心，為天津舉足輕重的愛國商人。	真上 31、90；真下 17、60
宏師娘、宏女信士、宏太太	宏師娘，名不詳，真耶穌教會霸縣南孟鎮女執事。接受了魏保羅所傳講的道理，魏文祥認其為乾媽。後被按立為霸縣南孟鎮教會的女執事。	真上 60、61、82、90；萬 2P3
李二奶奶	李二奶奶，名不詳。魏保羅與劉仲林上其家禱告，李二奶奶病重得癒。	真下 9
李子超	李子超，魏保羅曾於 1917.06.26 由魏文祥代筆寫信給位在保定的西陵軍人李子超，內容談到的是關於更正教的領受。西陵於 1917 年時，僅殘存清代留下的官署人員與部分軍兵，後於 1925 年後被直系軍閥佔領。	真上 20
李子據	李子據，美以美會人士。1917.09.03 魏保羅路過安定（今北京市大興區安定鎮）時，有過道理上的談論。	真上 50、52
李六	李六，魏保羅曾於 1917.06.26 由魏文祥代筆寫信給李六，內容談到的是關於更正教的領受。	真上 20
李太太	李敬真妻，名不詳。魏保羅到容城縣（今河北省保定市容城縣）後，住在李敬真所管的容城福音堂中，1917.11.08 李敬真藉著他要去保定開長老會年會，請魏保羅離開，1917.11.09 魏保羅前往午方村，離開前向李太太告別與道謝。	真上 78
李文華、李得生、李約翰	李文華，聖名得生、約翰，1917.07.04 受洗。1917.08.30 由魏保羅立為長老，是魏保羅第一位按立的長老，曾任總會負責人之一。 魏保羅禁食 39 天之後，經過魏保羅曾資助李文華在南苑的耶穌教會福音堂，李文華聽完魏保羅的見證後相信，並幫魏保羅寫信把賈潤齊請來，認識魏保羅的第三天就決定受魏保羅的大洗，並於受洗隔天起禁食十天。起初魏保羅與李文華交情相當好，甚至說李文華就像他的弟弟，李文華也拋棄家產投入宣道事業之中。李文華宣道的功力相當高，魏保羅時常請李文華上臺宣道，並與魏保羅等人進行「更正」其他教會的活動。後因對於魏保羅重用王志德而產生不滿，與魏保羅決裂，並另組基督徒公同會。	真上 21、23-27、32-35、40、43、47、49、56、62、77、84；真下 1-3、6、10、12、14、17、20、21、23-26、35-37、39、42、48、51-55、57、58；卅 K3
李文榜、李文吉	李文榜，天津靜海（今天津市靜海區）人，真耶穌教會執事。因王志德向同住在天津西沽的李文榜傳福音，王發現李文榜妻子異樣，遂與李文榜兒子李思聰前去請魏保羅來趕鬼。李文榜夫人於 1918.08.19 經受洗後，鬼即趕出，人得痊癒。後按立為執事。	真下 17、24、35；萬 2P3；卅 N6、N25

姓名或稱謂	人物要略	相關出處
李文榜太太、李新德太太	李文榜妻子，名不詳，1918.08.19 受洗。由於被鬼附身多年，經王志德引介魏保羅前來趕鬼醫治，受洗後鬼出病得痊癒。	真下 17、24；卅 N6、N25
李文謹	李文謹，天津人，中華基督教倉門口教會人士。李文謹與許靜齋等人被魏保羅認為是比較接受更正教道理的人士。	真下 17、19
李本根	李本根，長老會牧師，主要活動在長老會的保定（今河北省保定市）區會一帶。魏保羅在 1917.11.19 聽了從保定市回到容城縣午方村的魏文祥的宣道經歷，對李本根、姜教師大為批判，魏並且因此作詩抒懷。	真上 80、83、84；萬 1P6
李本源、李引之、李引芝	李本源，字引之，曾任公理會眾議會的會長。與魏保羅曾在 1918.02.18 在燈市口公理會相遇。	真下 4；萬 1P6
李永慶、李雅各	李永慶，聖名雅各、更生、變更，是 1917.05.29 在黃村第一批受洗者，也是魏禁食 39 日的見證者。1917.08.04 起聖名雅各，1917.09.30 記載其執事。但在最初期黃村執事，於《萬國更正教報》第二期（1918.05）記載的執事卻是王心明、長老是任義奎，並非李永慶。但其他記載與《卅年專刊》仍將其載入為執事。李永慶性格暴躁，多次得罪同工，魏保羅多次勸導成重要工人。未見諸 1919 年的聖職人員名單，可能與公同會分裂事件有關。	真上 8、13-20、25、26、29-36、40、46-48；真下 7、17
李玉芳	李玉芳，1917.07.04 與李文華一同受洗，後續未有紀錄。	真上 22
李安素	李安素，天津聖道堂宮北教堂牧師。1918.04.07 星期日，李安素與該會信徒因反對魏保羅等人散佈傳道與傳教，請警察過來，但受到青年會的郝瑞滿勸退。	真下 15；萬 1P6
李老五	李老五，魏保羅的小舅子，魏李氏之弟。反對魏保羅賣房產地業設立教會，甚至要打魏保羅，對其說毀謗的話。	真上 81
李秀峯、李教師	李秀峯，保定府安新縣（今河北省保定市安新縣）長老會的教師。原本不認同魏保羅，但與魏保羅談論更正教的章程與條約後，反而認同更正教的道理。在魏保羅於安新縣宣道時也會為宣道的工人們備飯接待。	真上 65-67
李和	李和，《萬國更正教報》第一期中刊載的北京好信徒之一，華澤宣為魏保羅分析李和為真信。	真下 15；萬 1P6
李季周	李季周，曾任天津警察廳司法科科長，上司為時任直隸全省警務處長兼天津警察廳廳長的楊以德。	真下 18

姓名或 稱謂	人物要略	相關出處
李恆芳、 李恒芳	李恆芳，魏保羅受感認為其可得救，1917.06.06 在黃村受洗，是魏保羅繼趙得理等人後，所施洗者。經營布店生意，是魏保羅文膽，負責報刊與文字工作，參與起草更正教的聖約章程，1917.06.14，將更正新教會聖約章程的刊印內容親送給魏保羅。	真上 7、12、14、22、25；真下 17、萬 1
李炳靈、 耶炳靈	李炳靈，山西人。於 1918.07.12 夥同山西前來的眾弟兄在北京與魏保羅會面。後李約翰、李炳靈、賈天靈等人仍見諸於 1920 年《萬國更正教報》的記載當中。	真下 22；萬 2P3、萬 5P2
李約翰、 耶約翰	李約翰，本名不詳，山西人。於 1918.07.12 夥同山西前來的眾弟兄在北京與魏保羅會面，魏保羅指示七人前往大同府傳道。後李約翰、李炳靈、賈天靈等人仍見諸於 1920 年《萬國更正教報》的記載當中。	真下 22；萬 2P3；萬 4P2、 萬 5P1、P2
李宴臣	李宴臣，1918.03.02 安息日，李宴臣出現，魏保羅稱李宴臣很有學問。魏保羅與李宴臣也討論過兩、三天的道理。魏保羅說李宴臣願意受洗，惟《聖靈真見證冊》下冊受洗名單中未見諸記載。	真下 8
李師娘	李師娘，名不詳，李秀峯妻。李師娘曾於魏保羅宣講更正教真道聚會時，離席而去。	真上 67
李馬大、 李太太、 李女信友	李馬大，真名不詳，聖名馬大。李永慶妻，居黃村，真耶穌教會黃村教會女執事，1917.06.12 受洗，1917.08.01 受聖靈。魏保羅贊其為主受難，毫無怨言。	真上 14、15、32、33、47、48；真下 17、30
李掌櫃	李掌櫃，名不詳，北京市天興聚掌櫃。魏保羅曾自述犯貪財與姦淫兩大罪，其中關於貪財大罪似乎是與李的糾紛，李曾於魏傳道期間向其索要，魏後悔不已，可惜最後是否還清，後續沒有進一步交待。	真上 24
李視真、 李祝真	李視真，1918.09.08 受洗，真耶穌教會安次縣馬頭鎮（今河北省廊坊市安次區碼頭鎮）長老。魏保羅在王慶陀（今天津市武清區王慶坨鎮）佈道時，李視真患有疾症，受洗後即經痊癒，魏保羅經啟示又派李視真為長老。	真下 26；萬 2P3
李進德	李進德，中華基督教會天津倉門口教會信徒，1918.03.10 和魏保羅碰面談道，隔日魏保羅至其家聚會，說他們一家都是有信心的，李進德妻之病也好了。	真下 10
李愛德	李愛德，天津人，傳教士。曾與魏保羅在天津有過數次交流，並且幫魏保羅等人作見證。與山東博昌縣唐家莊的李愛德執事應為不同人。	真下 15、19、20、60

姓名或稱謂	人物要略	相關出處
李敬真	李敬真，保定人（今河北省保定市），長老會人士。魏保羅曾在更正新教會的聖約完成後，1917.06.08 與 06.15 分別向李寄信。後於 1917.10.21 魏保羅在容城宣道時，碰到李敬真，李相當不滿魏保羅的言論，因而發生爭辯，魏保羅則批評李敬真：「由北京起各公會的首領人，都沒他逼迫辯論的利害，他是無理不按《聖經》的錯辯。他是吃毛球的找我們的錯處。他真是大魔鬼所使出來的，阻擋真理的一個人。」後魏文祥到保定宣道時，李也到了保定。	真上 13、15、65、66、71、77、78、84、85、88；卅
李壽臣	李壽臣，應為魏保羅店鋪員工。1917.05.27 李壽臣和袁英臣一起去勸魏保羅回去，但未成功。魏保羅認為李壽臣不能得救。	真上 7
李福生	李福生，海大道倫敦教會（今天津市和平區大沽北路一帶）人士。1918.03.22 魏保羅至海大道倫敦教會宣揚更正教的道理，雖然李福生對其見證並不動心的樣子，但仍是替魏保羅介紹了幾位信徒，後來接受了魏保羅所說耶穌將在四年多、五年內再來的信息，並協助傳講。	真下 13、20
李福田、李玉珂	李福田，美以美會人士。據天津美以美會名單資料應該是李玉珂牧師，不知福田是否為李氏的字，惟《萬國更正教報》稱呼其為弟兄，《聖靈真見證冊》下冊第 15 章稱其為教習，不確定是否為同一人。魏保羅曾在 1918.12.05 夜間夢到劉芳與李福田，認為他們有著預表，後解釋劉芳預表劉愛，李福田預表李文華，因此來向兩人進行勸解。	真下 15、49、51；萬 1-P4
李德林、李保羅、李文林	李德林，楊柳青鎮（今天津市西青區楊柳青鎮）人，信昌店掌櫃，1918.09.03 受洗，後任真耶穌教會天津楊柳青鎮教會長老。魏保羅 1917.12.17 往天津方向後到達楊柳青鎮（今天津市西青區楊柳青鎮）拜訪美以美會的首領劉子哲牧師並在辯論得救的憑據後，被劉子哲驅趕。此時魏保羅請龐教習領他們去某店內，但空間太小，故而又領至信昌店。信昌店掌櫃李德林是信徒，於是熱心招待。李德林與魏保羅共同禱告、說方言，深信其道。約莫 1917.12.22 時邀請魏保羅至其家，講授福音，劉妻感動，魏保羅為其按手治病使之病癒。	真上 90；真下 17、26；萬 2P3
李潤、李恩波	李潤，聖名恩波，1918.09.21 前後受洗，真耶穌教會安次縣馬頭鎮（今河北省廊坊市安次區碼頭鎮）長老。魏保羅行經馬頭鎮時，熱心接待，並受洗歸主，後按立為長老。	真下 27、28；萬 2P3
李靈啟	李靈啟，列在《聖靈真見證冊》下冊第 17 章的神職人員名單。未見諸其他相關記載。	真下 17
杜假教友	杜教友，名不詳。白溝河東（今河北省高碑店市白溝鎮）長老會教友。	真上 63

姓名或稱謂	人物要略	相關出處
汪立元、汪健齋	汪立元，字健齋。另有記載為汪建齋，中華民國北洋政府時期的報界代表之一，汪康年族弟，與康士鐸熟識。康士鐸主編《民視報》，汪健齋主編《京津時報》，同為袁世凱稱帝的積極鼓吹者，與康士鐸被時人並稱為新聞界的「三小人」。	真上 31
狄道學家	狄道學家，名不詳。1918.03.03 魏保羅稱狄道學家來自北京，並且與魏保羅辯論更正教道理。	真下 8
肖洞千、肖長老、蕭長老	肖洞千，長老會保定城（今河北省保定市）中堂會的長老，也是城中堂會的建立者。魏保羅在安新縣時，肖洞千原本差點就同意魏保羅的更正教道理，但後來未信，魏保羅批評肖長老與田逢祥受錢財迷惑。	真上 65-67
谷子容、谷子蓉、谷子榮	谷子容，長老會牧師，北京青年會重要人士。1918.02.24 魏保羅和王志榮在北京時，曾造訪中華基督教會的米市教堂（北京東單雙旗桿教堂），當時是各教會聯合聚會。魏保羅聽谷子容講道，認為他講錯《聖經》，而未受聖靈洗的人聽不出來。	真下 6
邢子強、邢復生、形自強	邢子強，聖名復生，白溝河（今河北省高碑店市白溝鎮）煙鋪掌櫃，因身患重疾，尋求醫治，而找上魏保羅一行人。1917.10.08 受洗，受洗時感到河中之水是熱的，後病得醫治。魏保羅亦向其父母傳教，父親相信，但母親未信。	真上 62-65、72、90；真下 17
周化南	周化南，聖名更生，列在《聖靈真見證冊》下冊第 17 章的神職人員名單。	真下 17
周信夫	周信夫，恩信永布店書帳人。魏保羅記載周信夫早受了聖靈的洗，也說了很多的方言。	真上 1
周教友	周教友，名不詳。魏保羅一行人曾到訪周教友家進行聚會。	真上 29
周琴軒	周琴軒，警務官長，北京人。1918.10.20 魏保羅與王志德、劉雅各、孫子真、茵本恭與劉保豐到北京美以美會發更正教的傳單。後與外國人發生衝突，被巡警帶回警署，而王志德、劉雅各、孫約翰與伊官氏一眾也前去關切。長官周琴軒詢問魏保羅為何要去別人教會宣教，魏保羅便以馬丁路德之例證辯白，也談論更正教的道理。周琴軒最後放人，送魏保羅到警署大門。	真下 34、35
周幹事	周幹事，名不詳。青年會幹事，魏保羅在發更正教聖約條單時曾與之在青年會談道。	真下 6
周德明	周德明，真耶穌教會黃村教會信徒。後續未見諸其他相關記載。	真下 30
孟省吾	孟省吾，原公理會牧師，後應誠靜怡之邀，擔任北京中華基督教會東柳樹井堂的牧師。該會堂為魏保羅、陳新三、萬子青、金得思、曾籌款辦的自立會會堂，但卻在此處不受待見，稱領會的孟省吾為孟假牧師、孟假教師。	真上 23、26、38；真下 15

姓名或 稱謂	人物要略	相關出處
孟省吾太太	孟省吾太太，孟省吾妻，名不詳。孟省吾太太曾於魏保羅講道時請來警方干涉，並於 1917.11.27 魏保羅指出大魔鬼藉著萬子青太太和孟省吾太太貪財之心，阻擋馬利亞事奉主。	真上 40、89
孟路特	孟路特，十八里店村（今北京市朝陽區十八里店）人，倫敦會人士。1918.07.09 魏保羅到達十八里店村，倫敦會的孟路特招待魏保羅，並願作魏保羅門生。魏保羅幫孟路特按手祈禱，收為門生。1918.07.10 孟路特報告聚會主題，魏保羅為水和聖靈與進神的國宣講。	真下 22
宓治文 （Samu-el Evans Meech）、密志文	宓治文，北京東單雙旗杆倫敦會牧師，於 1903 年為魏保羅施洗。魏曾徵得宓治文的許可，發起的克己樂獻會募款三千元將一間舊廟改作會堂，魏自己投入數百元。後該會堂改為中華基督教會的自立會堂，但由於魏前已遭革除教籍，1917 年當魏還要在回來該會堂「更正」時，便遭到孟省吾牧師等人的反對。	真上 1、26
尚先生	尚先生，容城縣南張鎮（今河北省保定市容城縣南張鎮）學房的先生。1917.11.02 魏保羅和他相談甚歡，後續未有紀錄。	真上 75
松子光	松子光，中華基督教會重要人物。魏保羅稱其為好信徒，可惜還是錯傳教規、沒有能力，但當魏保羅到松子光那裡傳教時，松子光會為魏保羅說話。有趣的是 1918.04.28 魏保羅到基督教青年會與人辯道，被報警抓走下在監獄，隔天晚上做夢夢到松子光站在他眼前，以及聖靈說他今日一定出去。	真下 14、17-18
邵美德、王邵氏	邵美德，天津人，邵瀾女兒。因身罹吐血重疾，經魏保羅按手而癒，其婆家一家也因而信主，邵瀾本人則於一週後 1918.05.18 受洗，立志禁食 9 天，並立志傳道。	真下 17
邵瀾、邵藍、邵蘭	邵瀾，聖名盡忠，天津人，曾任真耶穌教會執事，1918.05.04 受洗。受洗後，立志傳道，與魏保羅同赴北京宣教。	真下 17、19、20、24
金子清	金子清，由王志榮介紹而來慕道，魏保羅與其談道後相信，惟後續未見於信徒名單或有其他記載。	真下 2
金得思、金印恆、金得恩、金教友	金得思，字印恆，中華基督教會執事。因金得思之兄僧人慈明於庚子拳亂中罹難，為作補償將東柳樹井堂前身的廟宇給與金得思作為補償，而金得思將該址捐出，即後來的東柳樹井堂。1917.08.12 魏保羅往中華基督教會去宣教時，金印恆、陳錫元、孟省吾牧師娘與其他信徒，請警察來介入處理，魏保羅無懼和警察辯論，認為警察無權干涉此事，而此事不了了之。	真上 25、26、40；真下 15
金從周	金從周，道學家，對靈界有所研究。1918.12.15 金從周接受魏保羅所傳的道理，並願意開談話會、協助開辦會堂、接受洗禮，十分熱心。1918.12.22 金從周也參與成立萬國更正教籌備會。	真下 46、50、55

姓名或稱謂	人物要略	相關出處
奎長老	奎長老，名不詳，信心會牧師、長老。1917.08.20、21 來拜訪過魏保羅，但相談不佳，也未受領魏保羅等人所辦的聖餐。	真上 44、45
姚新生	姚新生，1918.05.04 受洗。後續未見諸其他相關記載。	真下 17
姜教師	姜教師，名不詳，保定（今河北省保定市）長老會教師，魏保羅在 1917.11.19 聽了從保定市回到容城縣午方村的魏文祥的宣道經歷，對李本根、姜教師大為批判，魏並且因此作詩抒懷。	真上 80、84
段生錦	段生錦，山西人。於 1918.07.12 夥同山西前來的眾弟兄在北京與魏保羅會面。	真下 22；萬 2P3
段信徒	段信徒，名不詳。和魏保羅說了幾句話後，開始幫魏保羅趕鬼，魏保羅獲勝。	真上 6
胡信德	胡信德，名不詳，1918.07.20 在北京受洗。	真下 23
胡教友	胡教友，名不詳。1917.09.17 魏保羅在南關村（今河北省廊坊市固安縣南關村）宣教時所認識的，接受了更正教道理與按手禱告。	真上 56
苑先生	苑先生，名不詳，美以美會人士。1918.03.01 魏保羅曾提及見過苑先生，但並未詳述談話內容。	真下 8
范七	范七，名不詳，天津人，可能為范守信弟弟。魏保羅曾上范家為范七兒子禱告，禱告後病癒。	真下 9
范守信、范六、范彼得	范守信，又稱范六，聖名彼得，天津人。真耶穌教會長老、監督、天津克己樂獻會副會長，生年不詳，卒於 1918 年 7 月間，1918.05.04 受洗。魏保羅於天津傳教時相識，旋即按立為長老，起聖名彼得。天津克己樂獻會會堂建堂時，曾捐出一艘船，後任副會長，熱心福音事工，於 1918 年 7 月間蒙主恩召離世。	真下 9-13、15-20、23
范老信友	范老信友，名不詳。有半身不遂的病，1917.09.26 魏保羅到了范老信友的鋪中，范老信友大有信心，蒙醫治病好了。	真上 60
范廉能、范寫友、范有信友、范信友、范信徒、范教友	范廉能，警界人士，1917.05.29 受洗，1917.08.12 受聖靈，是黃村第一批的受洗者。魏保羅問過主范廉能為可得救者。魏保羅贊其學養，多次幫魏保羅代筆書寫，替早期福音開拓事工有重要貢獻。	真上 8、13、14、15、20、26、40；真下 17
范鴻恩	范鴻恩，范守信之子。在父親范守信過世後，去信通知魏保羅來辦理父親喪事。	真下 17、23

姓名或 稱謂	人物要略	相關出處
范鴻書	范鴻書，聖名馬太，范守信之子，1918.05.11 受洗。未見諸其他相關記載。	真下 17、20
倭伸布、 倭伸佈、 譚偉學	倭伸布，北京人，蒙族，漢名為譚偉學。早年受選赴美留學，返國後活躍於政商界。	真下 44
唐堯臣	唐堯臣，基督徒。1917.07.28「真正的更正耶穌教新會聖堂」獻堂前去信通知的對象之一。	真上 31
唐朝貴	唐朝貴，小紅門村（北京市朝陽區小紅門鄉）人，倫敦會人士。1918.07.07 魏保羅至小紅門教會（倫敦會），唐朝貴是倫敦會人士。魏保羅稱唐朝貴為老朋友，但唐朝貴不接受魏保羅的傳道。唐朝貴雖不接受魏保羅的傳道，仍讓魏保羅借宿一夜。1918.07.11 一早唐朝貴催促魏保羅離開，送魏保羅啟程回北京。	真下 22
唐聯陞	唐聯陞，基督徒，教派不詳。1917.07.28「真正的更正耶穌教新會聖堂」獻堂前去信通知的對象之一。	真上 32
孫子真、 孫約翰	孫子真，聖名約翰，北京人，真耶穌教會長老。生於 1887 年，曾任職於鐵路局，1918.10.12 受洗。因 1915 年間遭人欺負而無法開口講話，後於 1918.10.12 受洗後鬼出病癒，旋加入魏保羅教團一同參與宣道事工。魏保羅過世後，孫子真因不明原因，又無法開口說話了。	真下 31、32、35、48；卅 D1、N5、N25
孫永甫	孫永甫，1918.12.22 參與魏保羅於梁道菴（良庵，位在河西務鎮的東北角，今已不存）內會所召開的宣講歡迎會。	真下 55
孫老慶	孫老慶，魏保羅在容城（今河北省保定市容城縣）傳教時拜訪的朋友。魏保羅與孫老慶見尹姓的衙門官（容縣正堂官長），共論更正教真理、禁食與條單。	真上 70
孫季仁	孫季仁，居於河北碼頭鎮（今河北省廊坊市安次區碼頭鎮）。1918.09.18 接待魏保羅至家中吃飯、講道。	真下 27
孫查林	孫查林，1917.05.29 在黃村第一批受洗者，乃魏保羅問過主可以得救者。	真上 7；真下 17
孫振海	孫振海，魏保羅的表兄。魏保羅至安新縣（今河北省保定市安新縣）時，孫振海來訪。孫振海請魏保羅吃飯與坐船，到張家街，再至其家，但表嫂不願接待，便轉去魏保羅之妹家。魏保羅當時欲買會堂地產，受到不少親友攔阻，唯孫振海表達信服真道，支持此事。魏保羅的親屬中有許多在此期間接受魏保羅的宣道，孫振海即為其中之一。	真上 67、68、69、75、唐紅飆：《真耶穌教會歷史》，頁 47。

姓名或稱謂	人物要略	相關出處
孫教友	孫教友，名不詳。1917.12.30 孫教友在北京和魏保羅、李文華一起聚會時，魏保羅預言孫教友少時必受聖靈，接著禱告時孫教友就受了聖靈。	真下 1
孫貫一	孫貫一，居於河北碼頭鎮（今河北省廊坊市安次區碼頭鎮）。應為碼頭鎮當地教會原本的信徒，後來接受魏保羅所傳的道理，熱心聽道與宣道。	真下 27
徐亞颯	徐亞颯，1918.05.18 受洗。後續未見諸其他相關記載。	真下 17
徐信一	徐信一，采育鎮（今北京市大興區采育鎮）人，倫敦會人士。1918.07.04。魏保羅在北京市大興區采育鎮時受到徐信一接待。	真下 22
徐信友	徐信友，倫敦會鼓樓西會堂人士。1918.04.22 魏保羅至倉門口中華教會談話、醫病趕鬼，徐信友也在場聽道。	真下 16
徐春山、徐春由	徐春山，天津青年會人士。曾主持費慕禮領會的一場聚會，其後青年會數人與魏保羅等人起了不小的衝突。	真下 17
徐重生	徐重生，原名不詳，天津人，真耶穌教會執事，1918.05.04 受洗。魏保羅在天津時，慕道而加入魏保羅教團，屢參與更正宣道以及說方言講道。魏保羅十二門徒中，行序第七。	真下 9-20、23、26、35、39
徐凌四	徐凌四，美以美會人士，徐景平牧師之子。魏保羅在 1918.03.15 曾為徐牧者（可能是美以美會的徐景平牧師）的獨生子禱告治病，雖徐牧師不甚相信魏保羅，但因其子病故，而稍相信魏保羅給凌四的幫助。1918.03.17 在魏保羅到美以美會發更正條單，並在聚會中大聲說道安息日應更改、假牧師之事與辯道時，徐凌四在場。	真下 11
徐裕源	徐裕源，居北京。華澤宣說他是個頑固糊塗信徒，被大魔鬼所使。	真下 15
徐趙氏、徐太太、徐女信友、徐大姐、徐女信徒、徐女聖徒、徐奶奶女執事	徐趙氏，1917.06.23 在團河（今北京市大興區新鳳河流域的團河支流）受洗。魏保羅的妻子曾住在徐大姐家。1917.06.17 在徐大姐家聚會。徐大姐曾與康久如與魏保羅聚會。1917.06.29 在黃村北頭在趙教友（徐太太娘家）處聚會。1917.07.22 魏保羅曾到過徐女信徒家。徐女信友曾在魏保羅撰寫更正教的條約信底稿送數次食物給魏保羅。徐女聖徒曾與魏保羅、李太太、陳文彬與張教友聚會。徐女信友曾在晚飯不足時，送三個麵盒子餅。受靈洗及任職名單中有徐趙氏女執事，應為 1918.09.28-09.30 期間按立的。	真 上 15、16、19、20、29、30、31、32、33、34、35、47、48、49；真下 17、30
徐憲章	徐憲章，天津福音堂鼓樓西會堂（天津西門內福音堂，在今天津市南開區西馬路與鼓樓西街一帶，現已不存）人士。徐憲章罹病請魏保羅按手治病，1918.05.06 旋即康復。	真下 19

姓名或稱謂	人物要略	相關出處
茵本恭	茵本恭，北京人。1918.10.20 魏保羅、王志德、劉雅各、孫子真、茵本恭、劉寶豐與伊官氏等人到北京美以美會發更正教傳單的其中一人。	真下 34
袁英臣	袁英臣，與魏保羅、李恆芳是故交，魏保羅稱呼為袁堂櫃。原本就是基督徒，但當魏保羅開始凡物公用與大力傳教後，對其誇張行徑與魏保羅妻子劉愛等人提出反對，遭魏保羅斥責阻擋聖工。	真上 7、39、41
袁得充	袁得充，京師步軍統領衙門左翼總兵官，為步軍統領（俗稱九門提督）江朝宗的下屬。時北洋政府軍警系統不甚明確，各自其政，京師步軍統領衙門常與京師警察廳共享司法與治安的管轄權。	真上 15
郝瑞滿（Hall Raymond Stearns）	郝瑞滿，生於 1884 年，卒於 1966 年。曾任天津東馬路基督教青年會副總幹事、總幹事、南京基督教青年會副總幹事、南開中學講師。1906 年與崔伯（Percy Tripp）應清政府委託 YMCA 從美國前往北京任教，1914 年領導新建於天津東馬路的基督教青年會會所，1916 年升任天津基督教青年會總幹事。	真下 18
馬太太	馬太太，馬日新母親，天津北宜興埠（今天津市北辰區宜興埠）教會女執事。1918.03.12 魏保羅蒙聖靈指示為馬日新母親按手祈禱治病得癒。	真下 10、17
馬日新	馬日新，天津人，真耶穌教會執事，1918.05.04 受洗。魏保羅在天津時，受聖靈指示至馬日新家，馬日新母親蒙神醫治。馬日新後參與天津克己樂獻會的成立，任幹事。	真 下 10、13、16、17、20、23、35
馬成興	馬成興，天津宜興埠（今天津市北辰區宜興埠鎮）人，天津北宜興埠教會執事，1918.07.23 受洗。因藉著馬成興子馬柏年病症得癒，全家一同歸信。	真下 23、25
馬孟村	馬孟村，聖名道生，天津北宜興埠（今天津市北辰區宜興埠）教會長老。1918.08.28 馬孟村再度接待魏保羅，馬老太太（馬孟村妻）得聖靈。1918.11.27 王志德給宜興埠的馬孟村寫信，講述一些傳道歷程。	真下 17、20、23、25、35、40
馬松年、馬喜年	馬松年，天津宜興埠（今天津市北辰區宜興埠鎮）人，馬成興執事之子，1918.07.23 受洗。魏保羅前往宜興埠拜訪馬孟村長老時，在馬成興家中聚會，於此時受洗、受聖靈。	真下 17、25
馬柏年	馬柏年，天津宜興埠（今天津市北辰區宜興埠鎮）人，馬成興執事之子，1918.07.23 受洗。魏保羅前往宜興埠拜訪馬孟村長老時，在馬成興家中聚會，家族中數人受洗。	真下 17、23
馬約伯	馬約伯，天津宜興埠（今天津市北辰區宜興埠鎮）人，1918.07.23 受洗，可能與馬孟村、馬成興等人有親戚關係。	真下 23

姓名或稱謂	人物要略	相關出處
馬義山	馬義山，1918.12.22 參與魏保羅於梁道莊（良庵，位在河西務鎮的東北角，今已不存）內會所召開的宣講歡迎會。	真下 55
馬德（W. A. Mather）、馬教師	馬德，北美長老會牧師，光緒年間來華傳教牧養，直至中日戰爭爆發後離華，主要牧養教區在保定一帶。魏保羅肯定他為主勞苦，但認為不接受全身洗與聖靈的洗，一切都是徒勞。	真上 63、67、78
馬薩亭	馬薩亭，可能為馬成興之父。1918.08.29 受洗。	真下 25
馬鶴年、馬少年	馬鶴年，天津宜興埠（今天津市北辰區宜興埠鎮）人，可能是馬柏年的堂兄弟，1918.07.23 受洗。魏保羅前往宜興埠拜訪馬孟村長老時，在馬成興家中聚會，家族中數人受洗為其中一人。	真下 17、25
高信友	高信友，名不詳，北京市人。魏保羅多次到其家拜訪談道。	真上 25；真下 6
高祥	高祥，魏保羅在十八里店村佈道時前來參加者之一，被魏保羅稱讚最熱心有信心。	真下 22
高誠齋	高誠齋，1910 年任北京青年會董事，亦是北京中華基督教會的發起重要成員之一。1918.02.24 魏保羅和王志榮在北京時，曾造訪中華基督教會的米市教堂（北京東單雙旗桿教堂）。魏保羅認為高誠齋牧師因為沒有聖靈，都是靠自己禱告，所以沒有能力。	真下 6
崔信友、崔女信士	崔信友，於 1917.08.19 與葛撒拉、葛撒拉之女一起受洗，受洗時也得到聖靈。	真上 44-45；真下 17
崔喜文	崔喜文，魏保羅故舊，魏保羅也向他傳福音，但《聖靈真見證冊》下冊 17 章卻未見諸，推測並沒有受洗入教。	真上 78、83
崔義齋	崔義齋，保定府（今河北省保定市）長老會信徒。	真上 85
康久如	康久如，北京人，與魏保羅、張仲三、新聖民、賈得新等人熟識，與魏為曾經的教友，亦為經商者。給予魏不少幫助，曾探望魏並給予衣物，後借錢給魏保羅印書，但並未歸入更正教。	真上 1、20、23
康士鐸、康士凱、康甲承	康甲丞，原名康士凱，因袁世凱之諱，改名康士鐸，號甲丞，生於 1886 年，卒於 1952 年。曾歷任中華民國青海省省長、參議員、眾議員，擔任《民視報》總經理，並參與袁世凱稱帝的活動。民國初年，康士鐸曾率中華民國第一個新聞工作者代表團出訪日本任代表團團長，汪健齋為副團長，為當時政界與報界的重要人物。	真上 31
張大聆	張大聆，1918.05.18 受洗。後續未見諸其他相關記載。	真下 17

姓名或稱謂	人物要略	相關出處
張子衡	張子衡，居於河北碼頭鎮（今河北省廊坊市安次區碼頭鎮）。1918.09.18 接待魏保羅至家中吃飯、講道，1918.09.19 甚至預備果品、點心，邀請鎮眾紳商來參與「茶話宣講會」，讓魏保羅和王志德宣講福音。	真下 27
張小勤	張小勤，天津人。1908.03.23 魏保羅曾到張小勤家，為了張小勤的女兒禱告治病。但是張小勤的母親不願接待，亦不許魏保羅禱告。	真下 13
張之瑞	張之瑞，聖名約翰，河北省高邑人，信心會人士，後任真耶穌教會長老。1916 年起住在北京雞市口信心會會堂專職傳道，後與魏保羅認識；1917.12.30 魏保羅在開始了真耶穌教會的運動後，又與其碰面，向他訴說蒙恩與傳教經歷，也是在張之瑞的調解下，魏保羅與趙得理和好。1918.01.02 張之瑞便和魏保羅分開，前往正定府。1920 年曾與劉愛、魏文祥等前往元氏縣（今河北省石家莊市元氏縣）傳教。	真下 1-2；萬 3P4、萬 6P7；卅 K3
張天俊	張天俊，山西人，聖名亞伯，山西太原教會的張天俊長老。1918.10.05 魏保羅在恩信永緞莊見了魏馬利亞（劉愛）、楊義德與張天俊。1918.10.17，京師警察廳總監和刑事科的傳票傳魏保羅，起因是認為魏保羅登報孫子真啞吧恢復一事是假。魏保羅引用《中華民國臨時約法》反駁，實際上沒有效用。後來孫子真啞吧恢復，經過調查確認為真後，就釋放魏保羅與王至德。劉雅各、張天俊和葛撒拉也在場支持。1918.11.15 張天俊作見證，必須臉朝下受洗，認為人犯罪，都是前面犯罪（耳目口鼻在前面），所以魏保羅監督面向下給人施洗。	真下 31、33、37、38；萬 2P3、萬 4P1-2
張文德	張文德，新城縣（河北省保定市高碑店市新城鎮）人，家中窮困，聽了魏保羅在容城市集上宣講的天國福音深受吸引，甚至到魏保羅午方村家中繼續聽道、禱告和唱詩。	真上 79
張仲三、張靈生	張仲三，或稱張靈生，南苑（今北京市豐台區南苑）人，開設成衣鋪，1917.05.25 受聖靈。曾與魏一起在北京興隆街的信心會聚會，有說方言的恩賜，而翻方言的通常是魏保羅。張於 1917.05.21 夜宿於魏家，聖靈啟示張仲三將魏保羅尊為小耶穌，魏保羅將此事記錄下來，隔日（1917.05.22）也就是《聖靈真見證冊》為文的第一天，在次日（1917.05.23）魏開始 39 日禁食（但在魏保羅經歷略表真見證中是以 1917.05.26 受洗完後才在黃村 39 日禁食禱告，但學者唐紅飆認為應以 05.23 為正確）。1917.05.23 魏保羅、張仲三、張錫三等五人在永定河受洗，張仲三面向上受洗，為魏所斥責。魏保羅後續又多次訪問張仲三，宣教均無果。	真上 1、2、3、4、8、14、15、28、45；真下 5
張佩之	張佩之，參與 1906-1909 年北京青年會的創立人之一，曾任 1910 年度與 1922 年度北京青年會華籍幹事。早期魏保羅曾在青年會聚會約有半年，因而認識。	序、真上 31；真下 6

姓名或稱謂	人物要略	相關出處
張厚存	張厚存，魏保羅往天津方向宣講更正教道理，途中在信安鎮（今河北省廊坊市霸州市信安鎮）受張厚存的招待進到教堂，張厚存也受到更正教的道理感動。	真上 90
張星垣	張星垣，1917.09.17 魏保羅在固安縣十字大街宣教時，被吸引的一位當地官長，接待魏保羅去其家。	真上 56
張春長	張春長，1917.07.04 受洗，在受洗前已得聖靈，於 1917.07.04 當天又自己表示要受真耶穌教會大水洗，受洗後禁食 8 天，但後來禁食到第四天，即 1917.07.08 便藉故離開。	真上 22、28
張郁軒	張郁軒，魏保羅友人，為鋪主，住在容城縣大河鎮胡村（今河北省保定市容城縣大河鎮胡村），曾接待魏保羅，並向其取要更正教條約單。	真上 72、77
張重生	張重生，聖名路加，南苑人，原信心會信徒，從事成衣業。常說方言講道，由魏保羅翻譯，也曾說耶穌快來的預言。1917.07.11 晚上段祺瑞攻入北京，槍砲聲隆隆作響，當時魏保羅、張重生、李得生、魏文祥四人一同住在恩振華布莊，他們一起禱告完後到平安，隔天下午仍舊一起出門看望信徒。1917.08.10 魏保羅認為張重生被世俗鬼迷惑了，想要去做買賣，張重生之妻也被大女鬼所迷，她甚至叫魏保羅自己一個人傳教，後來還是可以見到張重生和魏保羅一起禱告、講道，只是也多了一些有關他「軟弱」的記述，魏保羅認為他被妻子攔阻走不動天路。在之後的歷史發展中，張重生為真耶穌教會發展的重要工人之一。	真上 24、25、28-40、42、44-47；真下 5、14、17
張恩甫	張恩甫，天津人，中華基督教教會執事。多次與魏保羅談道，期間魏保羅雖認為聖靈已經得了張恩甫為天津教會開拓的重要工人，但最終張恩甫仍未接受魏保羅所傳道理。	真下 9、10、13、17、36
張國體	張國體，聖名司提反，天津仕紳，曾任真耶穌教會執事。曾參與五四運動，後創設國民生計學校，任校長，亦曾執教於南開中學，與南開大學校長的長伯芩、天津小學校長的張曉齋並稱為「天津三張」。張國體與魏保羅本為舊識，與方卓陳、寶英堂等天津仕紳多有來往。魏保羅至天津，張國體聞之深服其理，加入魏保羅的教團之中，並提供自家作為聚會場所，魏保羅也經常造訪。	真下 10-16、19、20、23、24、35、60
張萬春	張萬春，天津人，天津克己樂獻會幹事。魏保羅稱其熱心為主，為天津教會的設立付出貢獻，後任天津克己樂獻會幹事。	真下 9、10、15、16

姓名或稱謂	人物要略	相關出處
張壽春、張伯苓、張伯令	張壽春，字伯苓，天津人，生於 1876 年，卒於 1951 年。哥倫比亞大學榮譽文學博士，天津南開中學校長、南開大學校長，曾出任中華民國考試院院長，為中國著名的教育家。1917 年 8 月赴美研修教育，魏保羅曾於 1917.07 向張伯苓致信，闡明更正要道。張伯苓於 1918 年返回天津後，開始多方奔走籌設南開大學；1919 年，成立南開大學；1923 年，設立南開女中；1936 年，中日戰爭期間將學校遷入重慶，成立南渝中學（即重慶南開中學）；1938 年後陸續多次出任公職。	真上 31；真下 60
張銘亭	張銘亭，天津西沽公理教會（今天津市紅橋區紅橋北大街龍王廟東街 3 號）教友。1918.04.07 魏保羅至天津西沽公理教會與人辯論時，張銘亭受到吸引，邀請魏保羅到家中聚會，聚會中看見耶穌，從此之後為真教會大發熱心。	真下 14、60
張颯豐、張掌櫃	張颯豐，魏保羅曾向其傳教，但張颯豐未接受魏保羅向他所傳的道理，魏保羅認為這是應證了真道而向聰明通達的人藏起來。	真上 31、71
張曉齋	張曉齋，原籍山西，天津著名人士，畢業於天津師範學堂，在天津河東區有興辦模範小學，並與寶英堂、宋則久等人主持天津孤兒院事業。1919.04.07 中華基督教會寶英堂、方卓陳、張國體、張曉齋送給魏保羅一幅帳，上面寫著：「耶穌教佈道團，魏恩波愛政，盡心、盡意、盡力，真信、真傳、真行。」	真下 14、17；萬 1P2
張錫三	張錫三，或稱二馬可，與魏保羅、張仲三等人熟識，同為昔日信心會教友。 1917.05.26 與魏保羅、張仲三等人在永定河受洗，受洗完後魏保羅進趙得理舖子以後，魏不知原因打發張回去，之後並沒有與魏一起到黃村禁食 39 日，被魏保羅認為是無法得救之人。	真上 1、2、4、5、15；萬 1、2
張寶田	張寶田，1918.05.04 受洗。後續未見諸其他相關記載。	真下 17
曹大海	曹大海，居於河北西尤莊（今河北省廊坊市安次區西尤莊村），應為當地教會的執事。魏保羅宣道至西尤莊時，曹大海不願接待他。	真下 28
曹聘卿	曹聘卿，聘卿為號，本名不詳，為學房先生。魏保羅在西尤莊村時不受當地教徒待見，又因天色已晚，魏保羅無法前往安次縣，曹聘卿便將其留宿在其學房，學校先生以及村正、村副等人都聽魏保羅講道。	真下 28、29
曹錕	曹錕，字仲珊，生於 1862.12.12，卒於 1938.05.15。大沽口（今天津市濱海新區大沽口）人，北洋軍閥中的直系代表人物之一。直系軍閥代表人物也多出自直隸省及山東省，而直系的勢力範圍多在當時的直隸省（今河北省、北京市），與魏保羅傳教路線的地緣關係密切。1917.10.04 魏保羅在白溝河時，預言五年內末世將至，地震、災禍、戰亂不斷，其中舉例包括涿州市（今河北省保定市）的水災淹沒了四十多村並曹錕一營的兵。	真上 62

姓名或稱謂	人物要略	相關出處
梁俊耀	梁俊耀，山西人。於 1918.07.12 夥同山西前來的眾弟兄在北京與魏保羅會面。魏保羅提出應面向下受洗一事，梁俊耀來信提出質疑。	真下 22；萬 2P3
許靜齋	許靜齋，1910 年倉門口教會成立時的董事之一，後來也成為真耶穌教會的執事、長老，居天津黃緯路（今天津河北區黃緯路）。在各公會商議要如何處置魏保羅時，許靜齋作為一個老牧者替魏保羅說話，許靜齋認為自己背了整本《聖經》，可是沒有得到聖靈的洗，魏保羅所傳「必須水和聖靈生才能進神國」的道理才是正確的。魏保羅在天津時，許靜齋都會熱心接待他到自己家聚會禱告，但並未見到魏保羅為其施洗或者他領受聖靈的紀錄。	真下 14、17、20、23、25、36
許謙	許謙。當魏保羅一行傳教去葛漁城鎮（今河北省廊坊市安次區葛漁城鎮）時，見魏保羅在曠野祈禱，甚有感動，因此接待魏保羅一行人。	真下 26
郭太太	郭太太，名不詳，住居在黃村，1917.06.30 受洗。	真上 21；真下 17
郭先生	郭先生，名不詳，楊柳青美以美會人士。	真下 26
郭印堂	郭印堂，1918.12.22 參與魏保羅於梁道菴（良庵，位在河西務鎮的東北角，今已不存）內會所召開的宣講歡迎會。	真下 55
郭春泉、郭新生	郭春泉，聖名新生，天津人，真耶穌教會西沽教會執事。原為公理會信徒，後歸入真耶穌教會，推測是在 1918.06.24 受洗。在魏保羅行經天津宜興埠（今天津北辰區宜興埠鎮）以後，郭春泉加入魏保羅的宣教一行人之中，1918.07.23 離開魏保羅一行回家。後按立為真耶穌教會西沽教會的執事。	真下 17、21-25；萬 2P3
郭祝三、郭某某	郭祝三，倫敦會鼓樓西會堂人士。1918.04.22 魏保羅至倉門口中華教會談話，郭祝三也在場聽道。1918.10.27 魏保羅再度造訪倫敦會的鼓樓西教會，魏保羅說王小川、王玉明、張恩甫、郭某某（郭祝三）反對真道，並有辯論。	真下 16、36
陳太太	陳太太，名不詳，為陳鎮東妻子。患有眼疾，因魏保羅一行人為她按手禱告，得到醫治。	真上 62、63
陳太太	陳太太，名不詳，陳更新妻子，居黃村，1917.06.12 受洗。	真上 14、15
陳文彬、陳重新	陳文彬，聖名為陳重新，1917.06.30 於黃村受洗，1917.08.03 受聖靈。	真上 21、32、48；真下 17
陳先生	陳先生，名不詳，固城（今河北省保定市定興縣固城鎮）長老會人士。	真上 90

姓名或稱謂	人物要略	相關出處
陳更新	陳更新，本名不詳，聖名更新、彼得，居黃村（今北京大興區黃村）。1917.06.12 受洗，1917.08.01 受聖靈，有聖靈撲倒現象。陳妻曾犯熱病，經魏保羅、張重生按手，聖靈大降便痊癒了。	真上 14、15、17、29、35；真下 17
陳恆德	陳恆德，美以美會維斯理堂（今天津市和平區濱江道一帶，當時為法國租界區）牧師。魏保羅至維斯理教會發更正教傳單時，陳恆德和劉廣慶牧師請法國巡捕來干涉，魏保羅批評他們空有敬虔的外貌，實則無道德，只會狐假虎威倚靠外國勢力。	真下 15；萬 1-P3-4
陳國全	陳國全，1918.12.22 參與魏保羅於梁道菴（良庵，位在河西務鎮的東北角，今已不存）內會所召開的宣講歡迎會。	真下 55
陳教友	陳教友，名不詳。1918.02.16 的安息日曾經到北京打磨廠教會（今北京市東城區西打磨廠街），陳教友去教會目的是買書。	真下 3
陳新三、陳信友、陳五	陳新三，又名陳五，魏保羅稱其為五哥，是倫敦會磁器口會堂（即北京東柳樹井堂）聚會時的舊識，亦為籌辦自立會出資的其中一員。魏開始傳道後，曾去訪陳新三家中傳道；後於 1917.07.15 到了中華基督教會的會堂，要求陳新三向當時領會的孟醒吾牧師在會後也讓自己講幾句話，魏保羅卻長篇大論了許久。陳新三雖沒有受洗，但依舊接待魏保羅，及至魏死後，也是葬在了陳新三所賣給的地內。	真上 1、24、26；真下 6、15；卅
陳葛某	陳葛某，名不詳，魏保羅稱其為假信徒。陳葛某姦淫其母，魏保羅對此事的態度是將陳葛某交給魔鬼，認為受苦難之後，或者靈魂能得救也未可知。	真下 24
陳錫元、陳希元	陳錫元，1917.07.11 魏保羅和李得生去陳錫元信友家中欲宣教，因其不在，故只留下必須受聖靈的洗才能進天國的名片，1917.07.17 時魏保羅為他與外教會信友及另一位天主教徒講論更正教道理。1917.08.12 魏保羅往中華基督教會去禱告時，金得思、陳錫元、孟省吾牧師之妻叫警察來介入處理，魏保羅無懼，和警察辯論，認為警察無權干涉此事。	真上 25、27、40
陳錫武	陳錫武，藥鋪店主于用修的朋友。	真上 53
陳鎮東	陳鎮東，在白溝河東（今河北省高碑店市白溝鎮）的長老會任職教習。	真上 62
陳鐵生	陳鐵生，1917.07.28「真正的更正耶穌教新會聖堂」獻堂前去信通知的對象之一。	真上 31
陶崇裕	陶崇裕，1918.04.20 受洗。後續未見諸其他相關記載。	真下 17
雪李民	雪李民，1918.05.18 受洗。後續未見諸其他相關記載。	真下 17

姓名或稱謂	人物要略	相關出處
鹿完天、陸完天、陸完夫	鹿完天，美以美會人士，北京匯文學校教習、院長，著有《庚子北京事變紀略》。曾參與舉辦自立會運動，魏保羅響應其號召捐了許多款項。	真上 1
傅布青	傅布青，一名道學家。1917.05.23 和魏保羅辯論，魏保羅稱傅布青的學問是「他的狼魔鬼的學」。	真上 1
勞貴遠、勞整光	勞貴遠，聖名整光，美籍華裔，1918.11.16 受洗，真耶穌教會副總監督、上海監督。1918.11.10-11.12 魏保羅與勞貴遠於恩信永鋪內真耶穌教會談論道理，並於 1918.11.14 至勞貴遠家聚會，也在當日受聖靈啟示按立勞貴遠為勞監督。1918.12.08 魏保羅將原先領受的異夢重新解釋，認為勞整光犯了暴躁貪名大罪，應認罪悔改，且要與李約翰（李文華）和魏馬利亞（劉愛）彼此和好。1919.01.11 勞整光於東茶食胡同（即恩信永布莊）與魏保羅談論公同會的大事，而後與魏保羅一同起行至河西務鎮宣講更正教道理。1919.01.19 勞整光同魏安得烈回北京，魏保羅同李永慶等在天津傳揚更正教真道。1920 年前後可能到了上海，後被稱為上海監督。	真下 37-41、45、49、51-53、56-60；萬 2P3、萬 6P1
喬蔚亭	喬蔚亭，基督徒，魏保羅舊友，開設書房。魏保羅贊其人品正直，大有盼望。	真上 2、38；真下 6
彭詒孫、彭翼仲、朋翼眾、彭異仲	彭詒孫，字翼仲，號子嘉，生於 1864 年，卒於 1921 年。《聖靈真見證冊》誤植為異仲、《卅年專刊》勘誤植為朋翼眾。曾辦有《啟蒙畫報》、《中華報》與《京話日報》，為白話文運動的重要推手，曾得罪當局而數次被封。魏保羅曾贊助過彭詒孫與吳梓箴創辦的《京話日報》。學者葉先秦認為魏保羅贊助這樣具有鮮明抨擊權貴、帝國主義的報紙，「不難體會他對民族命途的彭湃情懷，基於這樣的情感作用，他的信仰生涯出現了第一個轉折，也可以視為某種改宗經驗」。	真上 31；晚雨 p.140
湯子明	湯子明，1918.04.20 受洗。後續未見諸其他相關記載。	真下 17
華澤宣、華長老、華秩昭、華秋招	華澤宣，字秩昭，天津人，為清朝遺老天津八大家的華世奎長子，娶南開大學共同創辦者亦為天津八大家的嚴修之長女為妻。華澤宣伉儷皆信天主教，並任司鐸。但據《聖靈真見證冊》記載，後改宗基督教，任中華基督教天津倉門口教會長老，被魏保羅歸在北京好信徒之中。	真下 15、17；萬 1P6
詔得任	詔得任，基督徒。詔得任一開始同意魏保羅在他那邊歇息，後來不知何原因又不允許，魏保羅說他必下地獄。	真上 7、12、14、22、25；真下 17、萬 1

姓名或稱謂	人物要略	相關出處
費慕禮 （Murray Scott Frame）	費慕禮，公理宗宣教士，生年不詳，卒於 1918 年。費慕禮自 1910 年來華宣教，1913 年與著名女教育家費賓臣（Alice Seymour Browne，1905-1941 年在華）結婚，夫妻皆為公理會人士，主要貢獻在教育方面，1918 年過世。魏保羅於 1918.04 前往天津青年會聚會，以費慕禮之領會題目提出四題質問，費慕禮未能使魏保羅得到滿意答案，後旋演變為爭論而散會，青年會將魏保羅等人交官送辦。	真下 17
賁太太 （Magna Berntsen）	賁太太，中文名不詳，生於 1867 年，卒於 1935 年。和賁德新育有二子一女（Iver、Henry 和 Ruth），隨賁德新一同來華。	真上 1、真下 3
賁含立 （Henry Bernhard Berntsen）	賁含立，挪威裔美籍，賁德新子。曾為賁德新在宣教上的重要助手，後任職於漢口的美亞保險公司（American-Asiatic Underwriter）工作。	真上 1、15；真下 3
賁德新、 賁得新 （Bernt Berntsen）	賁德新，生於 1863 年，卒於 1933 年，挪威裔美籍宣教士。中國使徒信心會創辦者之一，曾加入神召會後又分離，編有《通傳福音真理報》等，1916 年後離開神召會，其信仰傾向獨一神論，並接受安息日觀點。同年，魏保羅受洗歸入信心會之中，影響其信仰深遠。賁德新與魏保羅對於教理認識極為相近，差異在於魏氏主張面向下受洗，兩人曾為此道理進行辯論。魏於創會期間仍多次前往興隆街賁氏的會堂聚會與之論道。而後，賁德新與魏保羅決裂，主要源於 1916 年間賁氏曾借錢給魏保羅，以供經營之用，但見魏保羅逐漸不理會生意，於 1918 年間向魏保羅要利錢，其後更引發訴訟糾紛，進一步更使得幫賁德新說話的新聖民、趙得理等人與魏產生齟齬。	真上 1、83、89；真下 2、3、4、6、7、15；通
馮世祥	馮世祥，賈潤齋的門生。1917.08.05 和賈潤齋、南苑趙信友一起受洗，並受聖靈。	真上 22、36；真下 17
馮星喬、 馮香喬	馮星喬，魏保羅店鋪員工。1917.06.09 與魏保羅家人、劉愛、魏文祥、魏惠英一同受洗。	真上 13、真下 17
黃廣生	黃廣生，慕名前來求聖靈。後續未見諸其他記載。	真上 25
黃廣生、 黃信友、 黃教友	黃廣生，魏保羅於黃村（今北京大興區黃村）傳教過程中，偶至其家中聚會。	真上 10、15、25
愛新覺羅· 載灃、攝 政王	愛新覺羅·載灃，字伯涵，號靜雲，為溥儀生父，生於 1883 年，卒於 1951 年。1908-1911 年任攝政王，因 1911 年辛亥革命爆發被迫辭去攝政王。	真上 38

姓名或稱謂	人物要略	相關出處
新聖民、新路加	新聖民，聖名路加，為魏保羅受主指示所立十二使徒，行序第六。前為信心會長老，曾於 1916.08.17 為魏抹油禱告，而後魏逐漸痊癒，入信心會受洗禮。新聖民才引薦魏保羅與賁德新見面，對於魏保羅的神學思想產生重大影響。曾在 1918 年賁德新討債事件中與趙得理站在賁德新一方，與魏保羅失和，但 1918.08.28 還了魏保羅 1 元大洋後，又從此和好。魏保羅即受主指示，立其為十二使徒行序第六。	真上 1、26；真下 6、7、15、26
楊子亭	楊子亭，1918.11.24 魏保羅傳道至武清縣的劉家墳（今天津市武清區河西務鎮劉墳村）時信主。未見諸其他相關記載。	真下 40
楊以德、楊敬林	楊以德，字敬林，天津人，生於 1873 年，卒於 1944 年。楊以儉的二弟，重要軍警界人士。1902 年加入警界後逐步高升，1912 年任天津警察廳廳長、1914 年官拜陸軍少將、1917 年任天津憲兵總司令、1918 年 10 月從直隸全省警務處長兼天津警察廳廳長去職，旋任甫上任的徐世昌總統侍衛，1919 年 7 月復任直隸全省警務處長兼天津警察廳廳長，1925 年離開政界。魏保羅在天津的活躍期間，因衝突而天津警察機構，所幸楊以儉出面，方得獲釋。	真下 18
楊以檢、楊臨齋、楊林齋	楊以檢，字臨齋，天津人。曾設立有鴻興汽水公司，後在北京西交民巷口（今北京市西城區西交民巷）設立臨記洋行。1918 年當選過中華民國第二屆國會參議員。其二弟楊以德於 1917 年時任天津憲兵總司令，仍兼管警政。當魏保羅被郝瑞滿所叫的警察移送天津警局後，所幸楊臨齋是天津憲兵總司令之兄，得以將魏順利救出。	真上 32、真下 18；萬 1P3
楊克明	楊克明，1918.12.22 參與魏保羅於梁道菴（良庵，位在河西務鎮的東北角，今已不存）內會所召開的宣講歡迎會。	真下 55
楊和甫	楊和甫，1918.12.22 參與魏保羅於梁道菴（良庵，位在河西務鎮的東北角，今已不存）內會所召開的宣講歡迎會。	真下 55
楊俊臣	楊俊臣，1918.12.22 參與魏保羅於梁道菴（良庵，位在河西務鎮的東北角，今已不存）內會所召開的宣講歡迎會。	真下 55
楊得恩太太	楊得恩妻子，1918.05.18 受洗。後續未見諸其他相關記載。	真下 17
楊連錫	楊連錫，美以美會人士。1918.03.17 在魏保羅到美以美會發更正條單，魏保羅與教會人士爭辯之時，楊連錫也在場。	真下 11

《聖靈真見證冊》校注
真耶穌教會魏保羅長老傳教日誌

姓名或稱謂	人物要略	相關出處
楊義德	楊義德，北京人，真耶穌教會北京教會執事。1918.10.05 魏保羅到達北京後在恩信永緞莊後，見了魏馬利亞（劉愛）與楊義德。1918.10.12，為了替孫子真趕啞吧鬼，魏保羅、王志德與楊義德皆下水去替孫子真趕鬼。1918.12.05 魏保羅舉出摩西、以利亞與尼尼微城之民的禁食，用這些例證來高舉禁食果效。魏保羅與眾人為抵抗魔鬼的誘惑，禁食多日，以斷其欲。其中楊義德禁食10日。	真下 31、真下 48；萬 2P3
楊寶珍、楊娃子	楊寶珍，又稱楊娃子，北京河北梆子名演員。清末民初時，京劇與河北梆子在北京皆為盛行的藝術表演。	真上 1
瑞麟甫、瑞先生	瑞麟甫，天津青年會幹事。魏保羅於天津傳教期間，數度到青年會論道，魏保羅認為瑞麟甫明白靈界許多真道。	真下 17
萬子青	萬子青，魏保羅為倫敦會磁器口會堂（即北京東柳樹井堂）時的舊識，曾與魏一同為自立會一事捐獻。魏保羅開始傳道後，曾寫公函致萬子青，並數次前往萬家，與萬辯論道理，但不歡而散。	真上 1、15、24、31、40、42、89
萬子青太太	萬子青太太、萬子青妻，名不詳。萬子青太太曾接待魏保羅，也曾聽魏保羅講論福音，然而於 1917.11.27 魏保羅指出大魔鬼藉著萬子青太太和孟省吾太太貪財之心，阻擋馬利亞事奉主。	真上 24、40、42、89
萬培貞	萬培貞，北京培貞女校校長。1918.01.01 魏保羅記錄她「為恩信永布鋪說合了事」，應該是指著居中調解魏保羅向賈德新借款的糾紛。	真下 2
葛撒拉、葛太太	葛撒拉，名不詳，1917.08.19 受洗。曾在恩信永聚會後領受道理，按立為執事，常見的稱呼為葛太太、撒拉等，在真耶穌教會中第一個翻說方言講道的女性。最重要的記載是在《聖靈真見證冊》上冊第 39 章，葛撒拉準備玉米饅頭後，魏保羅認為可以做為聖餐禮的餅，與真耶穌教會往後的發展教義有所出入。	真上 26、27、39、44；真下 17、33
董桂林	董桂林，天津范家胡同教會執事。	真下 17；萬 2P3
董鴻藻、董鴻早	董鴻藻，布莊學徒，1917.06.16 與劉鎮東同日受洗。	真上 15、真下 17、22
賈天靈、耶天璽	賈天靈，山西人。於 1918.07.12 夥同山西前來的眾弟兄在北京與魏保羅會面。後李約翰、李炳靈、賈天靈等人仍見諸於 1920 年《萬國更正教報》的記載當中。	真下 22；萬 2P3、萬 5P2
賈潤齋	賈潤齋，聖名腓力。1917.08.05 於南苑受洗，同日受聖靈，惟《卅年專刊》誤為黃村受洗。於南苑經營天福藥房。1918 年按立為執事。在魏保羅禁食 39 天完之後認識，教會的信徒到南苑時，常到賈潤齋的鋪裡受其招待。	真上 22、28、29、31-32、36、43、46；真下 5-6、15、17、31；萬 2P3；卅 C3

姓名或稱謂	人物要略	相關出處
賈麗華	賈麗華，賈潤齋之子，1917.08.06 受洗。	真上 37；真下 17
路秀清、路秀青	路秀清，居河西務鎮（今天津市武清區河西務鎮），1918.11.26 魏保羅傳道至河西務鎮時，路秀清接受其所傳的道理。	真下 40、53
路念農	路念農，1918.12.22 參與魏保羅於梁道菴（良庵，位在河西務鎮的東北角，今已不存）內會所召開的宣講歡迎會。	真下 55
路紹菴	路紹菴，學界人士。1918.12.04 聽到魏保羅所傳的道理深以為然，路紹菴和韓竹山、金從周一起發起 1918.12.22 在梁道菴（良庵，位在河西務鎮的東北角，今已不存，比較接近的位置約是今天津市武清區河西務鎮北三里屯一帶）的歡迎茶話宣講會。	真下 44、46、55
雍濤、雍劍秋、雍先生	雍濤，字劍秋，生於 1875 年，卒於 1948 年，江蘇高郵人，著名買辦、軍火商與慈善家、天津基督教聯合協助會董事長，亦是多所學校的主要贊助者之一。1918.02.24 魏保羅曾至雍劍秋宅邸，留下「更正教條約」與「聖靈詩歌」，想要向雍濤傳道。1918.02.25 魏保羅說魏文祥表示，中華基督教會邀請魏保羅至中華基督教會，魏保羅也與雍濤談及傳道事業。1918.03.04 魏保羅到天津時，寫信給雍濤，希望或可藉之財富勢力改革教會。雍濤曾在 1900 年八國聯軍時任北方難民慈善團體翻譯，因雍濤精通英、德語，結識外國軍官與前清權貴。後亦因此曾任天津造幣廠副廠長、德商禮和洋行與德商捷成洋行買辦，成為重要軍火商，並與北洋政府有深厚連結。第一次世界大戰後，雍濤接觸英美基督教會，捐給北京基督教青年會和教會土地和金錢。1917 年加入基督教，在北京美以美會受洗。1918 年雍濤移居天津，繼續向天津的教會捐助。雍濤也組辦「社會改良會」、「群眾運動會」和「養真社」以及教會慈善團體，任職許多團體的董事是慈善界的大人物。因雍濤在政界、軍界、商界、慈善界和教會的影響力甚鉅，使得魏保羅重視雍對傳道事業的作用。	真下 6、8、15、44
靳明倫	靳明倫，1917.07.28「真正的更正耶穌教新會聖堂」獻堂前去信通知的對象之一。	真上 31
翟鴻軒	翟鴻軒，1918.12.22 參與魏保羅於梁道菴（良庵，位在河西務鎮的東北角，今已不存）內會所召開的宣講歡迎會。	真下 55
臧教友	臧教友，名不詳，北京中華基督教會人士。1918.02.24 曾與魏保羅進行辯道。	真下 6
蒯國良	蒯國良，禮賢鎮（今北京市大興區南部禮賢鎮）美以美會教師，曾與魏保羅辯道。	真上 52
趙二老兄	趙二老兄，辛莊鎮（今天津市津南區辛庄鎮）人。1917.12.22 安息日在魏保羅離開李德林家至天津時，帶領魏保羅等至鼓樓西假教會見王教師。	真上 90

姓名或稱謂	人物要略	相關出處
趙女信友、趙信心女老童貞	趙女信友，天津人。1918.10.23 在王愛德家中聚會後，王愛德帶魏保羅等人到趙女信友家再聚會，會後遂願意受洗。	真下 35
趙子亨、趙子亨	趙子亨，美以美會人士。1918.02.26 趙子亨在魏保羅吃飯後出現，魏保羅向趙子亨分享自己傳道的故事，但趙子亨未表認同。	真下 7
趙太太	趙太太，名不詳。1917.07.28「真正的更正耶穌教新會聖堂」獻堂前去信通知的對象之一。	真上 31
趙世本	趙世本，辛莊鎮（今天津市津南區辛庄鎮）人。魏保羅至信昌店李德林處後，有趙世本送魏保羅至河北店並供煤灰以用，後李永慶執事到場共同跪禱。但趙世本於其後聽信「中華教會」而不信魏保羅，魏保羅隔天上趙世本鋪子當即被拒。	真上 90
趙成會、趙教友、趙信友	趙成會，居南苑（今北京市豐台區南苑），1917.08.06 受洗。由賈潤齋帶領入教，昔身患疾病，祈求按手後得醫治。	真上 31、36、43、46、47；真下 17
趙老翁	趙老翁，趙得理父親。雖然接受趙得理和魏保羅的傳道事業，但有時會叫趙得理回去北京辦理俗事。	真上 1、5、10、13
趙更靈、趙傻子、傻更靈	趙更靈，名不詳，聖名更靈，居黃村（今北京市大興區黃村），1917.08.05 受洗。	真上 35；真下 17
趙明典	趙明典，聖名重生，列在《聖靈真見證冊》下冊第 17 章的神職人員名單。	真下 17
趙信友、趙窮教友	趙信友，名不詳，居黃村北頭（今北京市大興區黃村），與徐趙氏有親屬關係，1917.06.30 受洗。	真上 20、21、30；真下 17
趙厚齋	趙厚齋，基督徒。1917.07.29 在黃村（今北京大興區黃村）來聽魏保羅講道。	真上 32
趙恒久	趙恒久，1918.12.22 參與魏保羅於梁道莊（良庵，位在河西務鎮的東北角，今已不存）內會所召開的宣講歡迎會。	真下 55
趙彬	趙彬，1918.09.17 魏保羅一行人欲渡河前往馬頭鎮（今河北省廊坊市安次區碼頭鎮），趙彬熱心載魏保羅等人過河。	真下 27

姓名或稱謂	人物要略	相關出處
趙得理、趙德理、趙得利	趙得理，聖名約翰，居北京大興南各莊，魏保羅友人，曾與魏為信心會教友，結為兄弟，經營布匹帽業生意，1916 年於魏保羅鋪中受聖靈，1916.11.27 趙得理在魏保羅鋪中大有感動而受洗。真耶穌教會創會元老之一，是 1917.05.29 在黃村第一批受洗者，並參與聖約條規的制定，數次受洗，為魏保羅索問過主可以得救者之一。亦是魏保羅受主指示的十二門徒之一，行序第四，著有《末世福音》。但在 1918 年在恩信永綢布莊（即 1923.12.08 以前的北京總會，後將總會遷至天津）助言賈德新，受到了魏保羅的批判：「賈長老的小洋奴兒，胳膊肘望外扭。」 趙得理受洗過數次，據考的有四次，在《卅年專刊》與《聖靈真見證冊》等記載不一。 1920 年後，趙得理與彭壽山、韓文光、賈文成等合作，成立長子會，將 300 餘信徒從北京帶出，與范新亭為長子會天使長。長子會失敗後，又曾多次傳道，足跡甚至遍及新疆、蒙古一帶。	真上 1、5、8、9、10、13、14、22、23、25、26、42、51、53、76、89；真下 1、2、3、4、17、26；卅 J202；通 13P2、通 12P5
趙得義	趙得義，為趙得理手足，南各莊（今北京市大興區南各莊）人士，於 1917.09.12 受洗。後來在發展上僅在禮賢鎮有成功建立起教會，趙得義後續未見諸記載。	真上 53、54
趙理士	趙理士，朱家務（今北京市大興區朱家務）人。魏保羅從北京到南苑的路途後；王玉貴也從禮縣教會經多處，後到達牛頭鎮劉鎮祥教會處，途經趙理士家。	真上 50
趙景元	趙景元，興隆街信心會信徒，曾與張仲三、魏保羅一起聚會，對於張仲三用方言講論神國的真道有疑惑議論，但後來 1917.07.05 據魏保羅稱，已相信了魏保羅所傳的道理。	真上 1、22
趙華甫	趙華甫，是日商吉田洋行華人夥計。劉德玉幫魏保羅撰寫公開信，經趙華甫交由《北京報》的社長任昆山與北京界人士《京津時報》總理汪健齊。1916.06.08 捲入「日商吉田洋行報運銅塊被豐台路局扣留」，以及山東黃振亭向其領銅錢並鎔鑄轉賣等事。	真上 31
趙義民	趙義民，魏保羅在上海的朋友，曾參與過基督教自立運動。1918.03.23 魏保羅給趙義民寫了一封信，但並未具體說明信函內容。	真下 13
趙橫、趙橫山	趙橫，推測又名趙橫山，山西人。於 1918.07.12 夥同山西前來的眾弟兄在北京與魏保羅會面，後起行至大同府傳道。	真下 22；萬 2P3
趙寶珍	趙寶珍，聖名約翰，辛莊鎮（今天津市津南區辛庄鎮）人。魏保羅欲栽培趙寶珍及劉寶元等人。魏保羅在 1918.03.12 與趙寶珍在石文明鋪前遇，後又見劉仲林。魏保羅形容其「熱心為主」，在趙寶珍及劉仲林幫助辦教堂，趙寶珍提供所需物件，在天津克己樂獻建築聖堂會任司庫一職。	真上 90、真下 1、9-12、14、16、17

姓名或稱謂	人物要略	相關出處
劉子哲	劉子哲·楊柳青（今天津市西青區楊柳青鎮）美以美會牧師·在美以美會接待魏保羅·但因不接受更正教的道理·把魏保羅等人趕離。	真上 90
劉仙方	劉仙方·容城縣（今河北省保定市容城縣）當鋪當櫃·魏保羅在容城傳道給各店鋪時所傳對象之一·並送其更正條約單書等。	真上 69
劉玉坦、劉教友	劉玉坦·以賣書為業·家居北京市西月牆附近。西月牆·全稱應為正陽門月城西牆·為 1917 年前後北京的交通樞紐地帶·火車車站即設於此·從正陽門到打磨廠徒步約 10 分鐘左右·打磨廠的恩振華即真耶穌教會北京教會的建堂地點。劉拜會魏時·由於適逢數日前（1917.07.12）張勳復辟事件方告結束·討逆軍沿黃村一路攻進北京後·開始實施宵禁·也因此劉教友在聚完會後·雖然時間才晚上 7 點·便已無法返回路程不過 10 分鐘的家了。	真上 20、25、32、48；真下 17
劉仲林、劉忡林、劉更生	劉仲林·聖名更生·真耶穌教會執事·1918.05.04 受洗。魏保羅、李文華、王玉貴、李永慶、魏文祥、王志榮等人由北京至天津時·有些在天津的信徒已受了聖靈的洗·魏保羅認為他們是神在天津所預備之更正教的人才·劉仲林便是其中之一。1918.03.06 劉仲林和魏保羅一起到一位生病的李二奶奶家裡禱告·勸她相信耶穌醫病之能·魏保羅記錄「劉更生一說的時候·就有聲說他好了」。	真下 1、9、10、14、16、17、23
劉名	劉名·魏保羅為倫敦會磁器口會堂（即北京東柳樹井堂）時的舊識·曾與魏一同為自立會一事捐獻。	真上序
劉旭堂	劉旭堂·武清縣劉家屯（今天津市武清區河西務鎮劉填村）人·曾在北京做生意·由劉愛為其做保向《京話日報》總理吳梓箴親戚借款 1,000 元·更欠過恩信永綢緞洋布莊 170 多元。魏索性討債兼傳教·於 1918 年 11 月前後·佔用劉家·與王志德、李永慶等人進行傳教活動·第一期的《萬國更正教報》也大抵是在此時完成。初次見於記載是在《聖靈真見證冊》第九章·給魏保羅大衣卻遭拒。	真上 9；真下 39、40、44、47、50、55；萬 1
劉孟德	劉孟德·魏保羅在容城（今河北省保定市容城縣）傳教時拜訪的朋友。見尹姓的衙門官（容縣正堂官長）·魏保羅與劉仙方共論更正教真理、禁食與條單。	真上 70
劉底家	劉底家·青年會人士。1917.08.14 魏保羅到青年會向劉底家講了一個多小時的見證。	真上 41
劉拉合	劉拉合·王德順的兒媳婦·1917.08.13 受洗。1917.08.12 魏保羅、王德順、安德烈接續講道時自己出來認罪·聖靈告訴魏保羅劉拉合可以得救·因此為她受洗。	真上 40、41、44
劉明	劉明·曾到北京打磨廠教會聚會·被聖靈感動說預言。	真下 3

姓名或稱謂	人物要略	相關出處
劉牧者	劉牧者，名不詳，楊柳青美以美會牧師。患有眼疾，魏保羅按手後得癒。	真下 26
劉芳、劉馨亭、劉首頌、劉教者	劉芳，字馨庭，河北大興人，匯文大學畢業，生於 1876 年，卒於 1965 年。美以美會牧師，1911 年駐牧北京亞斯文教堂、1914 年外派至日本任中國留學生青年會會長、1915 年回任美以美會北京教區佈教區長、1925 年任北京匯文中學校長；1949 年後任天津文史研究館館員。魏保羅對其頗有微詞，曾做異夢，夢到劉芳解釋預表劉愛，來勸戒劉愛。《萬國更正教報》第一期的北京好信徒與聖靈指示面向下受洗的劉芳與劉馨亭是同一人。	真上 15、21；真下 15、49、51；萬 1p6
劉俟英	劉俟英，1918.05.18 受洗。後續未見諸其他相關記載。	真下 17
劉恩榮	劉恩榮，聖名再生，居天津王慶陀鎮（今天津市武清區王慶陀鎮），1918.09.07 受洗。劉恩榮不良於行 24 年，但一受洗後即可棄掉拐杖自行行走，使圍觀村人稱奇。魏保羅在替劉恩榮洗禮完，旋即因不明原因移轉到附近井內，使得王志德大吃一驚。值得注意的是《卅年專刊》記為 1918 年時 30 多歲，王慶陀鎮之丐；《聖靈真見證冊》記為老年病人，記述有所差異。	真下 26；卅 N3、N25
劉振祥、劉鎮祥	劉振祥，牛駝鎮（今河北省廊坊市固安縣牛駝鎮）美以美會的負責人，長期主持廊坊地區美以美會教務。	真上 50
劉教士	劉教士，名不詳，安定（今北京市大興區安定鎮）美以美會教士，魏保羅曾到其會堂與之談道。	真下 8
劉教師	劉教師，名不詳，美以美會人士，有可能是劉振祥或劉賞辰。1917.09.25 魏保羅到南孟鎮（今河北省廊坊市霸州市南孟鎮）宣講教時進了劉教師、田教士等人所在的會堂，此時劉教師尚願意接待魏保羅。1917.09.26 劉教師和宏師娘爭辯，他不願接受魏保羅的道理，但同教派的宏師娘接受了。	真上 60
劉雅各	劉雅各，本名不詳，天津人，曾任真耶穌教會長老。曾與魏保羅共同傳道，並在天津各地開拓事工，後與王志德衝突，與李文華等人成立基督徒公會而從真耶穌教會出走。	真下 31、33-35、39、42、47、48、53、57
劉愛、魏劉氏、魏馬利亞、魏劉馬利亞、劉馬利亞魏太太、劉馬利亞、魏馬利亞愛	劉愛，魏保羅的第二位妻子，推測是在 1908 年結婚。在各處稱呼不一，有魏馬利亞、魏劉馬利亞、劉馬利亞魏太太、劉馬利亞、魏馬利亞愛等稱謂。魏保羅曾自述犯了第七誡的誡律，《魏保羅略傳》即指出是娶了劉氏為妾一事而被中華基督教會開除，但對照時間點後應為它事誤植。劉愛於魏保羅宣教活動期間被按立為執事，也擔負教會關於接待、籌款、宣教活動等事宜，也基本上主掌著整個魏保羅的經濟命脈大權，主管恩信永、恩振華兩間店鋪的經營；魏離世後，與高大齡、梁欽明等人繼續合作，也多次外出宣教，活動遍及唐家莊、東北地區。	真 上 12、15、21、24、25、28、31-34、39-45、77；真下 1-7、12、13、15、17、18、20-23、30、31、33、36、38-40、44、51-55、57、59、60；卅；萬
劉道生	劉道生，1918.05.04 受洗。後續未見諸其他相關記載。	真下 17

姓名或稱謂	人物要略	相關出處
劉履堂	劉履堂，1918.09.22 因患有疾症，前來找魏保羅治病，病得醫治，旋從賈潤齋一同從南苑到北京。	真下 6
劉廣慶、劉善亭	劉廣慶，字善庭，美以美會牧師，中華基督教會天津倉門口教會首任牧師。曾在 1897-1909 年與陳維屏籌畫教會自養運動。1910 年受張伯苓之邀，前往倉門口教會赴任牧師職。魏保羅雖為舊識，但魏保羅至天津傳教後，與劉廣慶屢發衝突。1932 年劉任天津衛斯理教堂主任牧師。	真下 15、17
劉德玉、劉得玉	劉德玉，1917.05.29 於黃村受洗，在魏保羅 1917.07.28 要為「真正的更正耶穌教新會聖堂」獻堂前，去官府立案時，因官長去北京，魏保羅留下名片後由劉德玉寫公函給官長，又寫多封信給報界、學界、魏保羅的友人以及各教會的信友。	真上 7、9、31；真下 17
劉選得太太	劉選得妻子，1918.05.18 受洗。後續未見諸其他相關記載。	真下 17
劉鎮東	劉鎮東，基督徒，在教會內擔任教師工作，曾與魏保羅辯道，後又深獲魏感動，於 1917.06.16 與董鴻藻同日受洗，由魏保羅施洗後雖有參與真耶穌教會的安息日聚會，也會攜帶親友參與，但仍於其他教會擔任教席事工，隸屬上難以清晰明確，但魏保羅與之親暱，稱其如同弟弟一般，記載上仍名列其為初期工人之一。	真上 1、14、15、44；真下 17
劉寶元、劉馬可	劉寶元，聖名馬可，辛莊鎮（今天津市津南區辛庄鎮）人。魏保羅同劉寶元至天津西頭禱告，劉寶元同意進北京幫助更正教的傳教事業。1918.03.19 曾說出耶穌必五年內再來的預言。在天津克己樂獻建築聖堂會任司帳一職。1918.04.28-1918.05.02 魏保羅被下到監獄時，劉寶元為他作見證，然而 1918.12.28 魏保羅突然接到來自天津的信，提到李文華、李永慶、王世榮、劉寶元等十餘人，因反對真耶穌教會，改成立基督徒公同會。	真上 90；真下 1-4、9-20、50、57
劉寶豐	劉寶豐，北京人。1918.10.20 魏保羅、王志德、劉雅各、孫子真、茵本恭、劉寶豐與伊官氏等人到北京美以美會發更正教傳單的其中一人。	真下 34
劉繼永、劉繼湧、劉五	劉繼永，美以美會傳教士，曾駐牧里坦（今河北省廊坊市大城縣里坦鎮）。與魏保羅原為舊識，可能由於傳教衝突，曾毆打過魏保羅。但魏保羅後來前往劉五家中，為其家人禱告治病，關係和好。但從《萬國更正教報》上看來，劉五與劉繼永又可能非同一人，詳情待考。	真上 34、48；真下 8、9；萬 1P6
潘親真、潘老萊、潘教友	潘親真，固安縣（今河北省廊坊市固安縣）長老教會信徒，受魏保羅所傳講的更正教聖約條例吸引，邀請魏保羅到他們家，認為魏保羅他們是「真基督徒」。	真上 56、78、90；萬 1P6
潘掌櫃	潘掌櫃，名不詳。曾借給魏保羅傳教時的路費資用。	真上 43

姓名或稱謂	人物要略	相關出處
魯召卿	魯召卿，1918.12.22 參與魏保羅於梁道菴（良庵，位在河西務鎮的東北角，今已不存）內會所召開的宣講歡迎會。	真下 55
蕭景山	蕭景山，魏保羅稱其為蕭副官或蕭副爺，為河西務鎮（今天津市武清區河西務鎮）官長。1918.11.26 蕭景山邀請魏保羅至家裡醫治其子蕭萬榮半身不遂的重病，雖然之後醫治未果，但蕭景山仍然繼續接待魏保羅。	真下 40、42、53
蕭萬榮	蕭萬榮，蕭景山之子，安徽人。身患半身不遂的重病，1918.11.26 蕭萬榮的父親蕭景山邀請魏保羅來醫治他，1918.11.30 魏保羅在澡堂為蕭萬榮施洗及進行洗腳禮，而後回到蕭宅吃晚餐，蕭萬榮也得了聖靈，但半身不遂並未好起來，魏保羅因此感到憂傷，擔心是否主不再用他，但聖靈回應是因為蕭萬榮不許願為主傳道，若病好必作惡多端。	真下 40、42-45、53
龍教習	龍教習，美以美會牧師劉子哲不願接待魏保羅等人，於是請龍教習領魏保羅等人至某店，但由於該店空間太小，而後領魏保羅等人至信昌店。	真上 90
謝信友、謝教友	謝信友，名不詳，經營商鋪，受洗日不詳，據考應該在 1917.08 以後，1917.08.18 受聖靈。	真上 43、44；真下 3、17
韓世傑、韓老翁、韓老先翁、韓老信徒	韓世傑，韓寶田之父，以 79 歲高齡，於 1917.06.30（亦有可能是 1917.07.07）接受洗禮。	真上 1、2、14、19、22、47；真下 17
韓竹山	韓竹山，可能工作於郵政局，也有自己的藥鋪。韓竹山和路紹菴、金從周一起發起 1918.12.22 在梁道菴（良庵，位在河西務鎮的東北角，今已不存，比較接近的位置約是今天津市武清區河西務鎮北三里屯一帶）的歡迎茶話宣講會。	真下 44、55
韓載陽	韓載陽，1918.12.22 參與魏保羅於梁道菴（良庵，位在河西務鎮的東北角，今已不存）內會所召開的宣講歡迎會。	真下 55
韓寶田	韓寶田，韓世傑之子，生於 1896 年，於 1917.06.23 受洗，1917.08.09 受聖靈。韓寶田為魏文祥匯文學校時的同學，曾與李永慶、魏文祥等人，參與 1917.07 黃村「耶穌教會」會堂的興建工程。韓寶田與魏保羅的關係甚密，多次參與魏保羅舉辦的聚會活動，在 1917.08.09 的聚會中得到聖靈。韓寶田亦為魏保羅宣教時的工人之一，有上臺講道的機會，但與魏保羅在部分觀念如聖餐上不一，因而不時受到魏指斥為軟弱。	真上 19、29、31、32、38、39、41、45；真下 17、萬一、卅 14N3、N25

姓名或稱謂	人物要略	相關出處
聶玉山	聶玉山，馬駒橋鎮（今北京市通州區馬駒橋鎮）人，倫敦會人士。1918.07.06 魏保羅抵達馬駒橋鎮倫敦教會，聶玉山接待魏保羅，但聶玉山的妻子不是很歡迎魏保羅。1918.07.07 聶玉山在馬駒橋鎮倫敦教會的禮拜時，請魏保羅到會堂前頭與信徒行鞠躬禮，以示友好。魏保羅也在此宣講聖靈的洗與進入神國的事情。	真下 22
魏小明子	魏小明子，名不詳，魏保羅外甥。身患疾病，魏保羅曾與他談道並為他按手禱告，魏小明子便憑信心得蒙醫治。	真上 79
魏文祥、魏以撒、魏義撒、魏再造、魏安得烈、小羊子	魏文祥，聖名以撒、再造、魏安得烈，乳名小羊子、張群，真耶穌教會長老。魏保羅與元配魏李氏長子。1917.06.09 受洗；1917.07.31 受聖靈。1917.07.09 被起名為「再造」，1917.08.04 被起名為「安德烈」。魏文祥在河北省、北京市和天津市的各城鄉到處傳福音、與人辯論，時常與父親魏保羅二人輪流講道，並且魏文祥也協助魏保羅撰寫《聖靈真見證冊》，為魏保羅得力助手。1919 年魏保羅去世後，克紹箕裘，繼續傳教事業，遍及華北、東北。1920 年代以後開始奠基發展教義，真耶穌教會南北教義陷入歧異，1930 年參與南北合一運動。1952 年在李正誠控制總會後，被驅逐出去。後獲罪被捕入獄。	真 上 14-22、24-27、29、30-34、35、37-40、42、44、48、51、54、60、62、76-80、81-85、87、89、90；真下 1、4-7、10、17、20、22-23、26、50-51、53、57、60；十；卅
魏李氏、路得、白溝河的那個女人、靈更	魏李氏，名不詳，聖名靈更、路得，容城（今河北省保定市容城縣）人，魏保羅元配，魏文祥生母，生於 1877 年，卒於 1918 年。1917.11.11 得聖靈，1917.11.13 日受洗，取聖名為靈更。魏保羅稱讚魏李氏是誠實信主的人，1917.11.13 魏李氏與其姐薛李氏同受洗禮，後來魏李氏也透過禱告治好了耳聾。	真上 2、65、71、74、78、79-80、82-83；卅 14N25
魏金城	魏金城，聖名得福，列在《聖靈真見證冊》下冊第 17 章的神職人員名單。	真下 17
魏保羅、魏雲波、魏恩波、魏靈生、大山	魏雲波，字大山，又名愛政，後又稱魏恩波，聖名保羅、靈生，生於 1877 年，卒於 1919 年，河北容城人（今河北省保定市容城縣）。著有《聖靈真見證冊》一書三冊，惟第三冊手稿未整理出版。1902 年信主，曾積極參與中華基督教自立運動，先後入過倫敦會、信心會，於 1917 年禁食 39 日開始傳教活動，為真耶穌教會開創的重要人物。	真；萬；十；卅
魏惠英、裏英、撒拉、瑪利亞	魏惠英，聖名瑪利亞、撒拉，1908 年生，卒年不詳，魏保羅長女（由於魏保羅與劉愛亦於 1908 年結婚，是否為準正身分不得而知），與魏文祥為同父異母兄妹，比兄長年齡小 6 歲。曾經歷大病得父親向神禱告後得痊癒，於 1917.06.17 與母親劉愛於黃村受洗。1919 年魏保羅過世後，隨母親參與部分宣教活動。	真上 1、15、21、44、77、77、84、89；真下 6、15、17；卅
邊森林	邊森林，長老會人士、中華基督教會教師，曾主持過中華基督教會保定完縣（今河北省保定市順平縣）教會、易縣（今河北省保定市易縣）的會務。1917.05.24，與魏保羅曾針對受聖靈洗、安息日、受洗等問題進行辯論。	真上 1

姓名或稱謂	人物要略	相關出處
關教友	關教友，名不詳。1918.02.18 魏保羅到燈市口（今北京市東城區東單燈市口）公理會的門房談道，關教友相信魏保羅的傳道。	真下 3
龐繼卿	龐繼卿，落垡鎮（今河北省廊坊市安次區落垡鎮）人。1918.06.27 河北省廊坊市安次區落垡鎮倫敦會的龐繼卿招待為魏保羅吃飯兩次，並一同聚會祈禱。	真下 21
竇英堂、竇英棠	竇英堂，天津河東（今天津市河東區）人，天津商界知名人士，早期中華基督教自立運動參與者，美以美會信徒，於中華基督教會的倉門口教會（位於今天津市南開區鼓樓東街）受洗。1918 年魏保羅在天津佈道時進入真耶穌教會，1918.04 月中按立為真耶穌教會長老。竇英堂其子竇長佑，為中華傳道會重要人士。1919 年創設沈王莊教堂。	真下 12、14-17、20
蘇存仁	蘇存仁，天津北宜興埠（今天津市北辰區宜興埠）教會執事，推測是 1918.06.24 受洗，按立日期不詳。	真下 17、21；萬 2P3
黨福來	黨福來，采育鎮（今北京市大興區采育鎮）人，倫敦會人士。1918.07.04 魏保羅到達采育鎮（今北京市大興區采育鎮）倫敦會後，黨福來接魏保羅到家中，招待魏保羅吃飯。魏保羅也為黨福來一家四口禱告治病。	真下 22
續開昌	續開昌，山西人。於 1918.07.12 夥同山西前來的眾弟兄在北京與魏保羅會面。	真下 22；萬 2P3

■ 重要名詞索引

大火　077, 109

大魔鬼　004, 008, 016, 018, 023, 024,
027, 037, 041, 091, 098, 105, 106, 121,
123, 124, 151, 158, 164, 172, 178, 179

中華基督教會　005, 045, 052, 060,
062, 069, 070, 096, 101, 184, 185

天火　077, 124, 126, 129, 135, 139,
140, 176

天國的真道　027, 074, 085, 110, 111,
116, 122, 123, 128, 130, 144

天國的福音真道　021, 069, 071, 082,
109, 110, 112, 123, 126, 135

方言　008, 011, 012, 014, 016, 021,
027, 033, 045, 059, 072, 073, 081,
082, 085, 086, 087, 088, 089, 090,
091, 093, 094, 095, 096, 100, 103, 104,
107, 108, 109, 120, 123, 161, 168, 172,
176, 179, 182, 184

方言禱告　016, 029, 059, 068, 076,
090, 093, 145, 159

全身大洗　022, 026, 028

安息日　007, 008, 012, 013, 014, 026,
031, 033, 039, 054, 107, 116, 169, 176

禁食　004, 005, 008, 020, 040, 046,
050, 051, 054, 057, 069, 074, 086,
088, 097, 110, 119, 120, 121, 123, 126,
144, 145, 149, 152, 160, 166, 168, 170,
173, 174, 175, 176, 183, 188, 190, 194,
197, 200, 201, 207, 208, 209, 211, 214,
215, 220, 225, 226, 235, 236, 239,
240, 241, 243, 244, 252, 255, 256,
258, 260, 261, 263, 264, 265, 266,
267, 268, 272, 274, 278, 283, 284,
291, 292, 300, 307, 318, 322, 328,
330, 331, 335, 337, 341, 342, 343,
349, 353, 357, 359, 360

克己樂獻會　070

更正教　005, 019, 030, 031, 032, 033,
037, 038, 046, 048, 051, 052, 059,
061, 069, 070, 071, 073, 075, 078,
080, 084, 085, 090, 103, 107, 108, 111,
114, 116, 119, 120, 123, 124, 127, 128,
129, 131, 132, 133, 134, 135, 136, 137,
138, 139, 140, 141, 142, 143, 144, 145,
146, 150, 151, 152, 153, 154, 157, 159,
160, 161, 162, 163, 164, 166, 167, 168,
169, 170, 173, 174, 175, 176, 177, 178,
179, 180, 181, 182, 183, 184

使徒　005, 007, 009, 014, 022, 023, 026, 029, 030, 031, 033, 037, 046, 049, 054, 061, 068, 079, 082, 103, 105, 129, 147, 179

使徒信心會　014, 045

長老會　005, 044, 045, 136, 139, 140, 157, 164, 170, 172, 173, 181

青年會　004, 005, 042, 043, 045, 080, 103, 185

信心會　004, 007, 008, 013, 014, 016, 026, 027, 042, 045, 059, 060, 068, 069, 077, 096, 103, 111, 170, 171, 182

按手　012, 016, 018, 020, 028, 033, 035, 037, 038, 039, 043, 047, 048, 055, 056, 057, 061, 063, 064, 065, 066, 076, 079, 082, 083, 084, 085, 086, 087, 088, 089, 090, 091, 093, 095, 100, 104, 105, 106, 108, 115, 119, 128, 130, 132, 133, 139, 140, 142, 143, 156, 158, 162, 163, 169, 182, 183

聖靈說　008, 009, 010, 011, 014, 015, 019, 021, 030, 031, 054, 056, 063, 075, 076, 077, 082, 088, 092, 093, 097, 100, 102, 103, 104, 114, 115, 118, 128, 129, 130, 131, 132, 134, 135, 138, 140, 142, 143, 157, 161, 162, 170, 171, 172, 173, 175, 177, 181, 208, 210, 213, 236, 267, 315, 335, 360, 361

洗腳　007, 026, 058, 123, 156

洗腳的禮　026, 033, 134

美以美會　005, 019, 035, 036, 042, 045, 048, 081, 114, 119, 127, 129, 182, 185

耶穌教會　018, 019, 031, 056, 068, 072, 081, 094, 096, 102, 111, 118, 126, 174

面向下　018, 027, 033, 043, 045, 049, 059, 061, 071, 086, 088, 120, 171

倫敦會　003, 005, 019, 044, 045, 060, 069, 080, 103, 185

悔改　010, 015, 016, 032, 033, 041, 046, 081, 082, 111, 113, 126, 137, 147, 151, 153, 158, 165, 167, 168, 169, 170, 172, 177, 179, 180, 183

真耶穌教會　012, 013, 014, 019, 033, 034, 045, 060, 077, 090, 097, 115, 118, 121, 124, 142, 156, 183

迷惑　004, 011, 016, 017, 037, 041, 043, 062, 063, 070, 071, 076, 078, 082, 096, 098, 102, 105, 106, 113, 122, 124, 133, 145, 171, 178, 181, 183

鬼魔　018, 031

禁食　005, 009, 021, 041, 047, 051, 052, 055, 058, 071, 075, 087, 089,

098, 111, 120, 121, 122, 124, 127, 145,
146, 150, 153, 161, 167, 169, 171, 174,
175, 176, 177, 184

萬國更正教　018, 019, 033, 159

聖工　012, 025, 038, 041, 044, 046,
047, 052, 087, 094, 096, 108, 112, 116,
121, 124, 134, 138, 141, 142, 146, 147,
150, 152, 154, 157, 161, 166, 169, 170,
172, 173, 174, 176, 177, 178, 180, 181

聖約　030, 031, 038, 042, 073, 075,
095, 123

聖約條例　061, 075, 103, 108, 114,
116, 120, 127

聖約規條　030, 031

聖約章程　040, 059, 069, 070, 071,
078, 103, 111

聖餐　016, 026, 033, 058, 059, 060,
062, 082, 083, 097, 106, 109, 111, 116,
121, 122, 134, 151, 156, 180

聖靈充滿　009, 028, 055, 059, 081,
089, 090, 091, 092, 093, 097, 102,
106, 110, 114, 121, 123, 125, 126, 137,
145, 157, 159, 160, 163, 166, 174, 179,
180

聖靈真見證冊　083, 085, 086, 089,
090, 094, 095, 097, 098, 100, 104,
106, 108, 113, 174

聖靈真見證書　007, 114, 115, 117, 121,
122, 126, 128, 131, 135, 142, 156, 157,
159, 160, 162, 164, 169, 170, 172, 173,
178, 180, 181

聖靈真見證記略書　186, 205, 206,
208

監督　032, 226, 235, 236, 238, 239,
241, 246, 250, 270, 278, 280, 281,
284, 286, 288, 289, 290, 291, 292,
293, 299, 302, 304, 305, 323, 336,
341, 346, 361

福音真道　154, 180, 181, 184

福音堂　005, 014, 057, 058, 081, 096,
143, 149

魔鬼　004, 008, 011, 012, 015, 016,
017, 019, 020, 021, 022, 023, 025,
027, 029, 030, 031, 038, 039, 043,
044, 056, 059, 062, 063, 067, 071,
073, 074, 076, 082, 083, 088, 091,
092, 094, 096, 098, 102, 103, 105, 107,
111, 113, 122, 124, 133, 135, 151, 154,
159, 161, 164, 172, 175, 178, 181, 183

■ 魏保羅傳教路線與重要地點示意圖

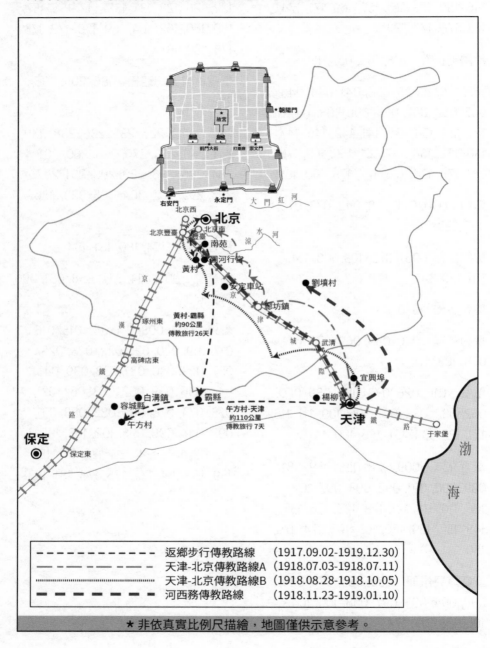

參考書目

中文書籍

Jessie Gregory Lutz 著，曾鉅生譯，《中國教會大學史（1850-1950）》（浙江：浙江教育出版，1987）

方漢奇，《中國近代報刊史》第 1 卷（山西：山西人民出版社，1981）

王樹才、黃誠博，《河北省航運史》（北京：人民交通出版社，1988）

王樹槐，〈庚子地方賠款〉，近代史研究所集刊 3_ 上期（1972.07.01）

王毓華編寫，《北京基督教史簡編（1863-1993）》（北京：北京市基督教三自愛國運動委員會北京市基督教教務委員會，2009）

左芙蓉，《社會、福音、社會服務與社會改造：北京基督教青年會歷史研究（1906-1949）》（北京：宗教文化出版社，2005 年）

林悟真，《獨一真神》（臺中：真耶穌教會台灣書報社，1966）

林樂知（Andrew Young John William Allen）著譯，《路得改教記略（*The Life of Martin Luther*）》（上海：廣學會，1898 年初版）

唐子明，《啟示與文字 - 中文聖經翻譯的故事（1807-1919）》（香港：天道書樓，2018）

唐紅飆，《真耶穌教會歷史史蹟考》（北京：中國文化出版社，2006）

夏明方，《民國時期自然災害與鄉村社會》（北京：中華書局，2000）

真耶穌教會台灣總會，《讚美詩》（臺中：腓利門實業，2011）

張巴拿巴，《傳道記》（南京：真耶穌教會總部，1929）

連曦，《浴火得救：現代中國民間基督教的興起》（香港：香港中文大學，2011）

陳明遠，《文化人與錢》（天津：百花文藝出版社，2001）

陶菊隱，《北洋軍閥統治時期史話》（北京：生活讀書新知三聯書店，1957）

曾慶豹，《經世與革命 - 激進的漢語神學思潮（1901-1950）》（臺北：主流出版，2021）

楊琪，《民國時期的減災研究（1912-1937）》（山東：齊魯書社，2009）

葉先秦，《晚雨聖靈：真耶穌教會的再定位與全球五旬節派研究的想像和再現》（臺北：華宣橄欖出版社，2020）

董玉林，《聖城》（新加坡，真耶穌教會（TJM）新加坡教會，1949）

董玉林，《獨一真神說與三位一體說爭論之今昔》（檳城：真光書室，1967）

趙天恩，《中國教會本色化運動（1919-1927）-基督教會對現代中國反基督教運動的回應》（新北市：橄欖出版，2018.12）

趙天恩，《誠靜怡與中國教會自立》，（新北市：橄欖出版，2017）

劉君德、靳潤成、周克瑜，《中國政區地理》（北京：科學出版社，1999）

鄭家政，《真耶穌教會歷史講義》（臺中：腓利門實業股份有限公司，2015.06）

謝洪賚，《中國耶穌教會小史謝洪賚文選》（臺北：周聯華牧師紀念基金會，2020）

謝順道，《聖靈論》（臺中：真耶穌教會台灣書報社，1966 初版）

謝順道，《聖靈論增訂版》（臺中：腓立門實業，2019，增訂五版）

信函、報紙與刊物

《通傳福音真理報》（正定：自刊）第 07、10、12、13、15、18、21 期

余子芳，〈真耶穌教會為得救獨一之門徑〉，《聖靈報》第一卷第一期（1926.08.15）

真耶穌教會，《真耶穌教會卅年專刊》（另稱三十週年紀念刊）（上海，真耶穌教會，1948.12）

真耶穌教會，《萬國更正教報》第一期至第四期（北京，自刊）

張撒迦（張錦章）主編，《真耶穌教會總部十週年紀念專刊》（上海：真耶穌教會總部，1937）

張靈生，〈第五次臨時全體大會記要〉，《聖靈報》第 4 卷第 8、9 期合刊（上海，真耶穌教會總會，1929）

張靈生，〈張靈生答覆上海總會原稿〉

陳豐美，〈爸爸，不要怕！〉，《聖靈月刊》2003 年 05 月月刊（臺中：聖靈月刊雜誌社，2003.05）

應明，〈使萬民得福 - 歷史上的少數民族宣教〉，《大使命》第 78 期（加州：大使命中心，2009.02）

期刊與資料選集

山東省文史資料研究委員會，《文史資料選輯》第 2 卷（山東：山東人民出版社，1982）

中華續行委辦會主編，《中華基督教會年鑑》，第三冊（上海：中華續行委辦會，1916 年）

天津市地方誌編修委員會，《天津之最》第一卷（北京：中國鐵道出版社，1990）

王惠姬，〈真耶穌教會的起源再探（二）〉，收錄在《聖靈月刊》第 459 期（臺中：聖靈月刊雜誌社，2015.12）

北京市地方誌編纂委員會，《北京誌：民族·宗教卷·宗教誌》（北京：北京出版社，2007）

河北省地方志編纂委員會編，《河北省志：第 68 卷-宗教志》（北京：中國書籍出版社，1995）

侯傑、馬曉馳，〈天津中華基督教青年會與平民教育運動〉，收錄在《澳門理工學報》（澳門：澳門理工學院，2017 年，第 3 期）

張靜，〈清末民初基督新教在保定的傳播與發展〉，收錄在《東亞人文》2015 卷（臺北：秀威資訊，2016）

葉先秦，〈奉主耶穌聖名禱告 - 回應蔡麗貞真耶穌教會的聖靈論〉，收錄在《台灣神學論刊》第四十四期（台北：台灣神學院，2017）

葉先秦，〈華北五旬節運動宣教先驅賁德新及其思想〉，收錄在《建道學刊》第 38 期（香港：建道神學院，2012）

褚瀟白，〈民國時期基督教圖像的本地化努力〉，收錄在《基督教文化學刊》第 29 輯（北京：基督教文化學刊，2013）

趙紫宸，〈本色教會的商榷〉，收錄在《青年進步》第 76 期（上海：青年協會書局，1924）

英文資料

Brian Stanley, *The world Missionary Conference Edinburgh 1910,* Grand Rapids(MI: Wm. B Erdmans, 2009)

Irene Eber, *The Jewish Bishop and the Chinese Bible*(Leiden: Brill, 1999)

Marina Xiaojing Wang, Cheng Jingyi and the Church of Christ in China, *Christian*

Study Centre on Chinese Religion and Culture, Ching Feng, n.s., 13(Hong Kong: Christian Study Centre on Chinese Religion and Culture, 2014)

Melissa, Wei-Tsing Inouye. "Charismatic Crossings: The Transnational, Transdenominational Friendship of Bernt Berntsen and Wei Enbo." *Global Chinese Pentecostal and Charismatic Christianity* (Leiden: Brill, 2017)

Walter Medhurst, *A dissertation on the Theology of the Chinese*(Shanghai: The Mission Press, 1847)

William J. Boone, *An essay on the proper rendering of the words Elohim and Theos into the Chinese language*(Canton: The Chinese Repository Office, 1848)

《聖靈真見證冊》校注
真耶穌教會魏保羅長老傳教日誌

EnBo Wei's The True Testimony of Holy Spirit: A Proofread and Annotated Edition

EnBo Wei (Author)

TsungHao Hsieh, Yurou He, KangPing Liou, ChingHua Chen, SiouJie Chen
(Proofreading and Annotation team)

ShengMing Chen (Approval)

Summary

The True Testimony of Holy Spirit is a collection of EnBo Wei's diaries in the True Jesus Church. This book depicts the details of the Elder Wei's preaching journey in various places including Beijing, Hebei and Tianjin between 1917 and 1919. It is an essential and indispensable first-hand source for the study of early histories of True Jesus Church and the history of Chinese christianity.